教育部人文社会科学重点研究基地
黑龙江大学俄罗斯语言文学与文化研究中心　学术丛书

黑龙江省高校哲学社会科学学术创新团队建设计划资助

俄汉标题对比研究

刘丽芬　著

创于1897 商务印书馆 The Commercial Press

2013年·北京

图书在版编目(CIP)数据

俄汉标题对比研究/刘丽芬著. —北京:商务印书馆,2013
ISBN 978-7-100-09505-1

I. ①俄… II. ①刘… III. ①标题(文献)—比较语法学—俄语、汉语 IV. ①H354②H146.3

中国版本图书馆CIP数据核字(2012)第226699号

É-HÀN BIĀOTÍ DUÌBǏ YÁNJIŪ
俄汉标题对比研究
刘丽芬 著

商务印书馆出版
(北京王府井大街36号 邮政编码 100710)
商务印书馆发行
北京瑞古冠中印刷厂印刷
ISBN 978-7-100-09505-1

2013年5月第1版 开本 787×1092 1/16
2013年5月北京第1次印刷 印张 24¾
定价:54.00元

目　录

序

刘丽芬同志的大著《俄汉标题对比研究》问世，约我写个序，我感到荣幸。标题从古以来几乎每篇文章都有，即使原作者不加，后代选家、注疏家也往往加上。社会上习以为常，正如一般人名阿狗、阿猫，谁认真研究！刘老师“不贪夜识金银气”，却抓个正着。

刘丽芬同志研究标题，用的却是接近现代化的两分法，如果与计算语言学结合起来，前途无可限量。“千花百草安排着，只待春雷第一声”。我们竖起耳朵听着。

李锡胤谨序

2012年初伏

前 言

标题“居文之首，勾文之要”，常被喻为“文眼”和“窗口”。清朝学者郑板桥说过：“作诗非难，命题为难；题高则意高，题矮则意矮，不可不慎也。”[①]可见标题拟制早就引起人们的重视。标题在读题时代对大众获取信息的作用越来越大，标题研究随之也越来越热。较之书面语和口语，标题语言特色独具，形成了标题体。本书采用定量统计、定性分析、对比、归纳等方法，描写与解释相结合，对俄汉标题进行双向共时对比，分析了俄汉语中典型的和特色的标题类型及其语义特点，挖掘了人类自然语言的共性与个性，以期为俄汉语标题研究及其对比教学、翻译、信息检索、智能机识别提供一定的帮助。

本书主要从语表形式、语里意义，必要时从语用价值角度探讨以下五个方面的问题：称名结构标题；并列结构标题；问—答并行结构标题；黏着结构标题；特色标题。通过研究，在相互参照的前提下从形式和语义揭示了俄汉语典型标题类型及其突出的标题特点，尤其是发现了俄汉语内所不能发现的特点，并对俄汉语潜在的标题结构进行了预测。

本项研究缘起于笔者 1994 年刊于《中国科技翻译》的《增译：标题的一种译法》一文。1995 年翻译出版了《国外石油钻采机械文献题录》（石油工业出版社），2005 年以《汉外趣味标题比较研究》获批立项，同年 9 月由教育部派赴俄罗斯普希金俄语学院做访问学者，有机会在俄罗斯国家图书馆和社科院查阅资料，在国外发表相关论文 2 篇。回国后继续本项研究，发表相关论文 13 篇，分别以《俄语标题语法》和《俄汉标题对比研究》立项，2011 年以《面向信息处理的俄汉标题对比研究》申请国家社会科学基金项目并入围，后被转为黑龙江省哲学社会科学规划项目，本书是该项目的最终成果。

---

① 清·郑燮：《郑板桥集·范县署中寄舍弟黑第五书》。

在本书行将付梓之际，回想一路写来的历程，心中充满无限感恩：感谢华中师范大学语言所徐杰教授，黑龙江大学李锡胤、尹世超、华劭、张会森、张家骅、陈国亭、王铭玉、孙淑芳、彭玉海等教授和我的外教同事在写作过程中为我解惑，感谢我的研究生聂卫东为俄语标题翻译所做的工作，感谢商务印书馆冯华英老师为本书的出版所付出的辛勤劳动。最后要感谢的两位，一位是我的母亲，多年来为我包揽家务，让我能全身心地投入到工作中，另一位是我的先生黄忠廉，本书的字里行间无不凝结着他的心血。

本书研究语料是俄汉语报纸、社科类期刊和文学期刊标题。选取报刊标题作为研究对象旨在兼顾各种语体，尽量保证研究的公允性与全面性。报纸标题取自 2006 年 «Известия»（28428 条）和《人民日报》（39497 条）；社科类期刊标题取自 2003—2007 年的 «Вопросы языкознания»、«Русская речь»、«Филологические науки»、«Вестник Московского университета»、《中国语文》、《当代语言学》、《外语教学与研究》、《现代外语》和《世界汉语教学》；文学期刊标题取自 2003—2007 年 «Знамя»、«Звезда»、«Нева»、«Новый мир»、《人民文学》、《收获》、《十月》和《当代》。

本书部分俄文报刊名称采用了一些缩略形式，如：Известия — Изв.，Вопросы языкознания — Вопр. яз.，Вестник Московского университета — Вестник МГУ，Филологические науки — Филол. науки 等。引例分析标题时，为了从结构、语义上说明某种典型的语言现象，个别地方难免重复用例。标题翻译常常涉及全文，所以在翻译标题时，会出现与字面意思不尽相同或较大差异的情况，敬请读者给予理解。此外，拙文中若有不妥和错讹之处，敬请方家批评指正。

刘丽芬

2012 年 9 月

于黑龙江大学俄罗斯语言文学与文化研究中心

第　一　章

俄汉语称名结构标题对比

标题具有称名、信息、广告、表现力、区分等功能。这些功能由一定的句法手段实现，称名功能是标题的初始功能，它是所有标题所具有的功能，最突出的表现形式是由不含评价、修辞上中性的称名句来实现，其词汇意义是称名。根据《苏联百科词典》(语言版)定义，称名是具有指称功能，即用来指称和划分事物，形成以词、词组和句子形式体现的事物概念的语言单位。称名概念既属于称名过程本身，又属于语言学分支，称名过程首先是借助再现和浓缩的语言符号，记录社会或个人的有意义的经验过程。构成称名结构主要成分的名词"言简意丰，兼具事物的形象及其内涵"。[①] 它一般通过名词的活用、感情色彩的移入来突出名词，传递特殊的意义。因此称名结构广泛用于标题是由其修辞表情性决定的。其交际任务在于称名和描写报道对象的特点，它不同于通常行文中的称名句，是用名词(人称代词或数词很少)第一格或以名词第一格为中心的词组来对文章称名，在语法上不具备作为句子特征的述谓性，只指称文章。汉语没有称名结构这一概念，汉语体词句由名词或名词性词组构成的非主谓句，相当于俄语称名句或主格句，这类句子结构上不会有谓语，而只有形式上同于主语的主要成分。俄语称名结构对应于汉语名词和名词性短语。名词性短语有同位短语、"的"字短语、方位短语、定心式偏正短语、名量词构成的量词短语和由名词构成的联合短语等。

根据俄语称名结构定义范畴，将汉语中用作标题的单个名词、同位短语、"的"字短语、方位短语、心语为名词的定心短语、名量词构成的量

① Д. Э. Розенталь, *Практическая стилистика русского языка*. М., 1965, с. 189.

词短语和由名词构成的联合短语纳入我们的研究范围,用俄语称名结构反观汉语标题,发现汉语类似的标题也很典型。为了表述简便,我们采用汉语术语。俄语称名结构有两类:非扩展性称名结构和扩展性称名结构。非扩展性称名结构分为独词结构;扩展性称名结构包括汉语定心短语、名词性并列短语(汉语单个名词并列结构属于短语,而俄语中仍是词)、同位短语和数量短语等几种结构类型。名词并列结构我们将在"第二章"中进行讨论。

第一节 俄汉语称名结构标题语法类型对比

一、独词结构标题语法类型对比

独词结构标题在所有标题结构中为非典型结构,且有体裁限制。尽管它称名性强,结构简单,但由于该类结构只有一个词,仅表示单一概念,信息量少,难以传递丰富内容,因此用作政论、事务性报道标题较少,为了达到更准确、更完整地传递文章主要思想,作者常避免使用独词结构,报纸标题的独词标题不多,因为报纸标题一般是报道性很强的标题;科学论文标题也少见,即使有,一般是人名,因为科技语体要求事物有准确、确定的名称,其基本特点是内容方面的抽象性、概括性和语言表达方面的逻辑性。科学论文的严谨、周密性要求更准确、更完整地传达文章内容;但文学作品,如小说、诗歌、散文等体裁的标题常用独词结构,不仅因其结构简单,所蕴含的语义丰富,更主要的是因为这类作品常以与作品主题有关的人物名、场所或故事线索作为标题,这些均是独词形式;其次,这些标题形式上简短明快,主题突出,表现力强,极易被读者接受;再次,独词形式本身符合文艺标题"简短"、"缺乏独立性"的特征要求,且便于记忆与流传。俄汉语独词结构均有名词和代词,俄语还有动名词、数词、名词化的形容词或形动词,汉语还有方位名词。

(一)名词

从词汇—语法类别来看,俄汉语几乎各类名词均能用作标题,无论是普通名词还是专有名词，无论是具体名词还是抽象名词，无论是动物名词，还是非动物名词，无论是物质名词还是集合名词。如例[1]和[6]为专有名词，其余为普通名词；例[4]和[9]为抽象事物名词，其他为具体名词；例[1]、[2]、[6]和[7]均为表动物（人）名词，其余除方位名词外为非动物名词；例[3]和[8]为物质名词。在所调查标题中，集合名词单独作标题的很少，俄语只见一例，如例[4]，汉语未见，汉语没有分出物质名词和集合名词，但物质名词和集合名词还是存在的。俄语名词有性、数之分，例[1]为阴性名词，例[3]为阳性名词，例[4]和[5]为中性名词，以上这些名词均为单数，例[2]为复数。俄语还有特殊一类，是汉语所没有的，即由动词构成的动名词，既有名词特点，又有动词的语法功能（语法性质属名词），如例[5]动名词相对应的动词为 путешествовать。

[1] Дина（季娜）（Звезда，2003，№6）

[2] Инородцы（异族人）（Звезда，2006，№6）

[3] Вертель（铁叉子）（Нева，2003，№9）

[4] Наследство（遗产）（Нева，2002，№8）

[5] Путешествие（旅游）（Нов. мир，2002，№1）

[6] 孙中山（《当代》，2002 年第 2 期）

[7] 爸爸（《人民日报》，2006 年 3 月 28 日）

[8] 打火机（《人民文学》，2006 年第 1 期）

[9] 本能（《人民文学》，2005 年第 3 期）

（二）代词

从词汇—语法方面看，俄语代词分为九类：人称代词、反身代词、物主代词、指示代词、疑问代词、关系代词、否定代词、不定代词和限定代词。其中并不是所有的代词都能单用。汉语没有反身代词、关系代词、否定代词和不定代词的概念，其他相同类所包含的内容有的有些差异。由调查可知，单独用作标题的代词很少。如例[1]和[4]为人称代词；例[2]为限定代词；例[3]在汉语中为指示代词，但在俄语中是副词；例[5]为互身代词。

[1] Он（他）（Знамя，2006，№3）

[2] Другие(其他人)(Звезда, 2003, №6)

[3] 那儿(《当代》,2004 年第 5 期)

[4] 别人(《十月》,2006 年第 3 期)

[5] 彼此(《收获》,2007 年第 2 期)

(三) 名词化的形容词/形动词

俄语单个名词标题的另一变体是形容词或形动词用作名词,汉语为带“的”字结构标题,在所调查标题中没发现汉语中名词化的形容词和单个带“的”字的结构,但见于俄语。如以下前两例为名词化的形容词,后一例为动词构成的形动词,在此用作名词。

[1] Посторонний(旁人)(Нов. мир, 2007, №4)

[2] Здешние(本地人)(Нов. мир, 2007, №6)

[3] Неопубликованное(未刊发之作)(Знамя, 2004, №12)

(四) 数词

俄语数词分为两个语法类别:数量数词和集合数词。数量数词包括定量数词和不定量数词,数量数词按其组成特点分为简单数词、复合数词和合成数词,汉语数词比俄语简单得多,没有简单、复合和合成之分。据调查,数词用作标题的很少,俄语发现两例,汉语未见。因为它只是单一的提供数量信息,忽视了读者,大多情况下(如果不是具体表示主题)读者弄不明白文中讲的是什么。如以下前例为集合数词,若不读原文,则无从得知该标题指的是“三个人”还是“三双(对)什么”,只有读原文后才知是“三个人”;后例为合成数词,该标题指的是人,还是物或是别的什么,仅从标题无法得知。这类标题以其未知性和陌生化特点吸引读者,读者只有在阅读标题的组成部分或正文后才能明白该文章的主题。

[1] Трое(三个人)(Нева, 2002, №4)

[2] Сорок пять(四十五)(Звезда, 2006, №8)

二、扩展结构标题语法类型对比

从语法角度来看,两种语言的结构异同体现的就是语法规则的异同，反之，两种语言语法规则的异同必然导致语言结构的异同，不同环境、不同时代和不同民族都有其特有的语言结构、句法，特有的思想特征及思路，因此俄汉语标题表现形式有同有异。扩展性称名结构即由定语和第一格名词（代词、数词）心语组成。俄汉语包括定心结构、并列结构、同位结构和数量短语。俄汉语标题定心结构、并列结构均很典型，我们将并列结构专辟一章进行讨论。又由于俄语数词作心语时，其修饰成分可看作定语，因此我们将数量短语纳入定心结构。

（一）定心结构

定心结构的形成有三个条件："心语是名词或具有名词性，前边不出现副词；定语是名词或具有名词性，后边往往带'的'；在主语宾语或介词后置成分的位置上，AB结构成分之间用'的'。三个条件中，只要符合其中一个条件，便可以成为定心短语。"[①]由于俄语称名结构是以名词（代词、数词）第一格为心语的结构，因此，我们所讨论的是心语为名词或具有名词性的定心结构标题。下面分别从心语和定语两方面来比较俄汉语称名结构标题类型。

1. 心语类型

由于研究的是称名结构标题，心语锁定为除形容词外的静词，因此用作心语的类型除名词外，还有代词、数词、名词化的副词等。从心语类型看，最典型的是名词，其次还有代词、数词，俄语还有名词化的形容词、形动词和副词。

1）心语为名词

称名结构标题用作心语的以名词为主。如以下四例中的心语философия、модели、"故事"、"欧洲" 均为名词。

[1] Философия галиматьи（胡说八道的哲学）（Изв. 2006. 09. 22）

[2] Динамические модели в семантике лексики（词汇语义中的动态模式）（Вопр. яз.，2006，№4）

---

① 邢福义：《汉语语法学》，东北师范大学出版社2000年版，第159页。

[3] 别人的故事(《收获》,2003 年第 6 期)

[4] 米沃什的另一个欧洲(《十月》,2004 年第 1 期)

2) 心语为代词

代词充当心语是非典型现象,尤其是物主代词(中性形式 моё、твоё、наше、ваше 有时可充当心语),该类只见于俄语。如例[1]心语为否定代词,例[2]为不定代词,例[3]为阳性物主代词。

[1] Великое Ничто(伟大的一无所有)(Изв. 2006.07.05)

[2] Кое-что о козырях(大人物二三事)(Изв. 2006.07.06)

[3] Сладенький наш(甜蜜的我们)(Изв. 2006.11.22)

3) 心语为数词

数词分为基数词和序数词。由于俄语词类体系中没有量词这一类别,因此俄语数词与名词直接构成数词词组,其模式是"数词+名词",而汉语"数量词"是一种相当定型的组合,"数不离量,量不离数",[①]因此汉语不是数词与名词直接组合,而是借助量词构成数量名短语,其模式是"数词+量词+名词"。俄语并不是完全没有表量的词,有少量的表个体量的名词,如 штука(一个、一件、一块等)、головка(头)、голова(头、只)、кусок(一块、一片)、кочан(一棵)等,它们可与数词一同修饰表物质名词,构成类似于汉语"数量名"短语的名词性短语,但这类物质常常可计数。俄语也存在为数不多的类似于汉语理据性借用准量词的名词,临时表示数量意义,如 бутылка(瓶)、стакан(杯)、коробка(盒)、тарелка(盘)、сетка(网)、пачка(一束、一叠、一捆、一摞、一包等)等,但它们有别于汉语量词,不像汉语那样成为数词与名词构成短语时一般情况下的必要元素。俄语因不用量词,所以数词与名词搭配时有相应的语法要求。"数(量)词+心语"语序一般为数(量)词位于心语之前,但俄语数词可置于心语之后,表示约数。如 человека три(三个人左右)。据调查,汉语用作标题的数量短语较少。如:

① 邢福义:《汉语语法学》,东北师范大学出版社 2000 年版,第 199 页。

［1］Шесть звезд（六颗星）（Изв. 2006.08.31）

［2］Десять “за”（十个“赞成”）（Изв. 2006.09.28）

［3］Двенадцать счастливых игрушек（十二个幸福玩具）（Изв. 2006.09.05）

［4］Семеро из семнадцати（十七人中的七人）（Нева，2002，№9）

［5］我从事语言文字工作的30年（《人民日报》，2006年3月30日）

例［1］—［3］和［5］心语为基数词，例［4］为集合数词，数词与名词构成数词词组时，从语法规则限制性来看，俄语的限制条件更多地来自数词的不同类型对名词的要求，如基数词 шесть 要求复数第二格名词，汉语的主要限制条件是在数词与名词之间使用名量词；现代汉语中量词使用非常广泛，这是对汉语名词没有数范畴（形态）的一种补偿。

4）心语为名词化形容词/形动词

名词化形容词或形动词可充作心语，只见于俄语，如下面的前两例分别为被动形动词和主动形动词用作名词作心语；例［3］为名词化的形容词作心语。

［1］Плененные в Корее（朝鲜被俘者）（Изв. 2006.03.23）

［2］Соединивший эпохи русской культуры（К 100-летию со дня рождения Д. С. Лихачева）（俄国诸多文化时代的联系者）（Филол. науки，2006，№6）

［3］Новое в изучении языка средств массовой информации（大众传媒语言研究新进展）（Вестник МГУ，2002，№2）

5）心语为名词化副词

名词化副词可充当心语，只见于俄语，不多。如“Наше необщее вчера”（我们非共有的昨天）（Знамя，2003，№9）。

2. 定语类型

根据定语的多少，我们把定心结构标题分为单项式定心结构和多项式定心结构标题。

1）单项式定心结构

单项式定心结构即只有一个定语。俄汉语定语可由名词、代词、形容词、动词(俄语为动词不定式和形动词)、数(量)词(俄语为顺序数词)充当,但俄汉语各有其特色类型作定语,俄语有副词、前置词结构和从句,汉语有方位结构、主谓和主谓宾。俄语分为一致定语和非一致定语,称名结构中积极使用非一致定语,非一致定语表达形式多种多样,既可用不带前置词的间接格表示,也可用带各种前置词的结构表达,甚至用动词不定式充当;汉语是逆行结构,指向左分支,定语一般居于心语前(尽管有后置情况,但极少,且标题中未见)。定语前置本质上反映了汉民族具有前置性思维方式的特点。俄语修饰名词的定语所受的限制相对较少,其位置较汉语相对灵活,一般来说,一致定语居前、非一致定语居后,但有时受语用影响,位置可置前或置后,置前时一般是在性、数、格上与心语保持一致的形容词、形动词或代形容词,置后时是不带前置词的第二格或其他间接格名词,带各种前置词的间接格名词、副词、动词不定式或定语从句;汉语定语和心语之间常可有结构助词"的"或量词。俄语定语标记主要是第二格名词、置于名词前的长尾形容词或形动词,汉语主要的定语标记是"的"。因俄汉语分属不同的语言类型,具有不同的语法体系,体现语法关系的手段和形式也不完全一致。俄语主要根据词形变化来确定两个词语之间的语法关系,彼此之间的位置关系起辅助作用,汉语位置关系起重要作用。

(1) 形容词+心语

形容词与名词组构的定心短语是常见的称名结构标题。这种结构由于有形容词作定语,对事物的性质与特征进行描述,比起独词结构来,可以表达更多的内容。俄汉语关于形容词的划分标准不同,俄语是语法型语言,根据语法形式进行划分,汉语是语义型语言,根据语义兼顾语法进行划分。俄汉两种语言形容词的外延并不完全相等,俄语形容词一般分为性质形容词、关系形容词和物主形容词,汉语形容词一般划分为性质形容词、状态形容词和定质形容词,顺序数词和代词不属于形容词。

俄语性质形容词对应于汉语性质和状态两类形容词,俄语关系形容词大致相当于汉语名词定语。汉语没有物主形容词这一术语,俄语物主形容词相当于汉语表人或动物名词定语，汉语定质形容词一部分在俄语中是形容词，如“真正的”对应于俄语形容词 настоящий，但一部分在俄语中不是形容词，相当于形名词组，如“上等茶”中的“上等”译为俄语 высшего сорта 或 первого сорта。尽管如此，俄语形容词外延还是比汉语形容词大，俄语关系形容词和物主形容词在汉语中不属于形容词列。有些语言学家将顺序数词、形动词和指示代词纳入形容词，并将它们作为关系形容词的特殊类；为了与汉语相对应，我们将顺序数词和代词不纳入形容词列。俄语形容词与所修饰的名词在性、数、格上保持一致，为一致定语，汉语形容词与所修饰的名词在形式上可带或不带结构助词“的”。“形容词＋心语”标题的交际任务在于称名和描写报道对象的特点，其重要特点是表示一种显性的评价关系。如：

[1] Французский поцелуй（法国式的吻）（Изв. 2006.04.24）

[2] Княжья усобица（公爵内讧）（Изв. 2006.06.01）

[3] Сладкая и соленая вода（又甜又咸的水）（Изв. 2006.07.25）

[4] Российское почвоведение（俄罗斯土壤学）（Изв. 2006.03.14）

[5] Живые вещи（活物）（Нов. мир, 2002, №8）

[6] 碎玻璃（《人民文学》，2004 年第 2 期）

[7] 温暖的南山（《十月》，2003 年第 3 期）

[8] 锈锄头（《人民文学》，2006 年第 8 期）

[9] 特型演员（《当代》，2007 年第 2 期）

[10] 金灿灿的草屋顶（《十月》，2005 年第 1 期）

从俄语定义看，例[1]和[4]为关系形容词，汉语缺乏该类，表关系的为名词；例[2]为物主形容词；例[3]、[5]—[8]和[10]为性质形容词；从汉语定义看，例[8]和[10]为状态形容词；例[9]为定质形容词；俄语形容词有性、数之分，例[1]为阳性，例[2]和[3]为阴性，例[4]为中性，以上均为单数，例[5]为复数；汉语形容词与心语在形式上可带或不带结构助词“的”，如例[7]和[10]形容词与心语间用了结构助词“的”，其他形容词与心语直接组合，通常行文中，例[9]也不用“的”，例[6]和[10]可用可不用

"的",一般来说,单音节形容词与单音节名词组合时不用"的",与双音节及其以上的名词组合时也可不加"的"。

(2) 代词(指代)+心语

能充当定语的俄语代词一般是物主代词(мой、твой、его、её、наш、ваш、их、свой)、指示代词(этот、тот、такой、таковой 等)、部分疑问代词(чей、какой 等)、部分关系代词(чей、какой 等)、部分否定代词(ничей、никакой)、部分不定代词(чей-то/-нибудь/-либо、какой-то/-нибудь/-либо、кое-какой、некоторый 等)和部分限定代词(весь、самый、всякий、каждый、любой、иной、другой),它们与名词构成定心短语时,一般置于心语前,除物主代词 его、её 和 их 不变外,其他同形容词,与心语在性、数、格上保持一致,为一致定语。汉语代词一般是人称代词(我、你/您、他、她、它、我们、你们、他们、她们、它们)、指示代词(这、那)、部分疑问代词(谁、什么样)、泛称代词(人家)、统称代词(大家)、复称代词(自己)、自身代词(自身、本人、本身、个人)等,它们与名词构成定心短语时,有的可不用结构助词"的",有的必须借助结构助词"的"。据调查,俄语标题较多用作定语的代词是限定代词和指示代词,汉语则主要为人称代词,其次还有疑问代词。如:

[1] Эти квартиры(这些住宅)(Нов. мир, 2004, №11)

[2] Иная версия(另外的说法)(Изв. 2006.11.24)

[3] Другая Европа(另一个欧洲)(Изв. 2006.07.14)

[4] 她们的歌德(《当代》,2005 年第 2 期)

[5] 俺的春秋(《十月》,2005 年第 1 期)

[6] 谁的女人(《当代》,2003 年第 2 期)

单项式定心结构中俄汉语代词作定语的不太多,例[1]为指示代词,例[2]和[3]均为限定代词,例[4]和[5]为人称代词,这是汉语标题用得较多的代词;例[6]为疑问代词。"代词+心语"俄汉语词序相同,代词均前置,不同的是俄语直接组合,汉语借助结构助词"的"。

(3) 名词+心语

名词与名词构成的定心短语俄汉语有不同的语表形式，俄语用带与不带前置词的名词间接格作定语，鉴于俄语“前置词＋名词”大致对应于汉语介词短语和部分方位结构，我们将其分出来，与汉语介词短语并为一类。汉语作定语的名词与心语间可带或不带结构助词“的”；俄语不带前置词的名词间接格形式一般为二、三、五格，其中最常见的是名词二格，置于心语后，常常表示领属关系，较接近于汉语带结构助词“的”的定语，因为汉语带结构助词“的”的定语更多地强调两事物之间的领属关系；俄汉语“名词＋心语”语序也有不同，汉语定语前置，俄语名词间接格定语后置，但根据语用需要有的也可前置（所调查标题中未见）。俄汉语“名词＋心语”组成的结构形式虽较简洁，但可表达事物间较复杂的关系，传递较丰富的内容，在标题中使用频率较高。如：

[1] Дневник отца（父亲的日记）（Звезда，2005，№9）

[2] Дни позора и печали（耻辱与忧伤的日子）（Знамя，2006，№6）

[3] Стихи Свету（写给斯韦特的诗）（Знамя，2003，№8）

[4] Примирение голодом（因饥饿而和解）（Изв. 2006.12.04）

[5] 弟弟的枪（《十月》，2005 年第 1 期）

[6] 双人床（《当代》，2004 年第 2 期）

[7] 水晶山谷（《十月》，2003 年第 2 期）

[8] 张振武观点（《人民日报》，2006 年 4 月 24 日）

俄语用作非一致定语的不带前置词名词间接格有二、三、五格，如前两例分别为单个和并列的两个二格名词，例[3]为三格名词，例[4]为五格名词；名词间接格与心语直接组合，汉语定心短语间有的直接组合，如例[6]—[8]，有的带结构助词“的”，如例[5]必须加“的”，否则会产生歧义，“弟弟的枪”中“弟弟”为领有者，若去掉“的”，则成了“弟弟枪”，“弟弟”可能成为一种产品名，即“弟弟牌的枪”；同样，例[7]不能加“的”，加“的”也会产生歧义；例[6]通常行文中也不用“的”，例[8]在通常行文中一般要加“的”。

(4) 介词结构/方位结构＋心语

俄语带前置词的名词间接格形式相当于汉语介词短语和大部分方位结构，俄语“前置词＋名词”不是词组，为了与汉语相一致，同时考虑到俄语的语法性质，把俄语“前置词＋名词”和汉语“介词短语”统一称为“介词结构”。

用前置词结构作定语的定心短语和介词短语作定语的定心短语之间不存在完全对应关系。俄语几乎所有前置词均可与名词组合成前置词结构作非一致定语，汉语只有为数不多的几个介词，如“在、到、对、对于、和、与、关于”等，这些介词在语义上大致与俄语前置词有如下对应关系：在— в/на＋名词第六格、到—в/на＋名词第四格、对(对于)— к＋名词第三格、和/与— с＋名词第六格、关于—о＋名词第六格/про＋名词第四格，具体使用哪个前置词由充当心语的名词决定。方位结构的方位名词主要有“上”、“下”、“里”、“中”，此外还有“面前”、“头”、“边”等方位词。由调查可知，俄语“前置词＋名词”构成介词结构作非一致定语的标题相当多，常见有二格前置词 для、без、с、из、от、против、до、у、из-под、накануне 等，三格 по 和 к，四格 в、на、про、за、под，五格 между、за、с、над、под，六格 в、на、при、о 等；汉语介词结构作定语的标题不多，在所调查标题中只发现由“对”、“关于”、“给”、“和”、“与”等几个介词构成的介词结构作定语。作定语的主要为大致对应于俄语介词结构的方位结构。从定语位置看，俄语定语后置，汉语定语前置；从定语和心语间组合手段看，俄语直接组合，汉语介词结构借助结构助词“的”与心语组合，方位结构可直接组合，但大多借助结构助词“的”。如：

[1] Дом для сборной(联队的房子)(Изв. 2006.09.21)

[2] Снадобье против самозванки(治冒名者的药)(Изв. 2006.12.12)

[3] Жемчужина у моря(海边珍珠)(Знамя, 2005, №4)

[4] Репортаж из-под фикуса(来自榕树底下的报道)(Изв. 2006.11.23)

[5] Экзамен по философии(哲学考试)(Изв. 2006.09.21)

[6] Любовь к олигархам(对政治寡头的爱)(Знамя, 2006, №3)

[7] Борьба за проживание(为生存而斗争)(Изв. 2006.02.21)

[8] Разговоры с богом(和上帝交谈)(Знамя, 2002, №6)

[9] Аугусто Пиночет при смерти(临死前的奥古斯特·皮诺切特)(Изв. 2006.12.05)

[10] 对《关于〈现代汉语常用字表〉的两点意见》的意见(《中国语文》,2003 年第 1 期)

[11] 给外出打工丈夫的一封信(《人民日报》,2006 年 4 月 16 日)

[12] 与领导关系密切的花荣(《当代》,2006 年第 3 期)

[13] 国歌背后故事(《人民日报》,2006 年 11 月 6 日)

[14] 镜中姐妹(《十月》,2003 年第 4 期)

[15] 海水下的火焰(《十月》,2007 年第 1 期)

[16] 岸边的蜻蜓(《人民文学》,2004 年第 1 期)

[17] 大山里的笑声 (《人民日报》,2006 年 3 月 13 日)

[18] 拟音词内部的一致性(《中国语文》,2004 年第 5 期)

前 9 例分别由前置词 для、против、у、из-под、по、к、за、с、при＋名词构成前置词结构作非一致定语;俄语前置词结构与心语间的语法关系可能是紧密的,因为其中的前置词是该短语中的心语所要求的,如例[6]—[8],例[6]中的前置词 к 是名词 любовь 所要求的;也可能是松散的,除上述 3 例外,其余相互之间的联系均是松散的,如例[3] у моря 与 жемчужина 之间没有任何语法关系。汉语例[10]—[12]分别由“对”、“给”、“与”等几个介词构成的介词结构作定语,例[13]—[18]由方位名词“背后、中、下、边、里(内部)”等方位结构作定语,这些方位词若译成俄语,大多用前置词 за、в、под、на 等与名词组合,至于用哪个前置词依具体情况而定。

(5) 动词＋心语

俄语充当定语的是动词不定式,置于心语之后;汉语动词直接作定语和带结构助词“的”作定语,置于心语前,汉语动词直接修饰名词组成的定心短语对动词和名词有很多选择限制,即这种结构中词语的搭配自由度较低，制约因素很多，其中包括词语的语音形式、语义类别以及动词的及物性能。动词直接与心语组配容易产生歧义，倘若带上“的”后与名词组合，则不可能产生歧义，且一定是定心短语，因为结构助词“的”是汉语定语的典型形式标记。俄语不定式动词（动词为无标记形式）充当定语修饰名词大致相当于汉语动词直接修饰名词（此时动词为无标记形式）作定语。如：

[1] Грех жаловаться（埋怨的罪孽）（Знамя，2007，№12）

[2] Привычка жениться（结婚习惯）（Изв. 2006.11.20）

[3] Попытка вспомнить（试图回忆）（Знамя，2007，№9）

[4] 前进的澳大利亚（《人民日报》，2006 年 4 月 13 日）

[5] 断线珍珠（《当代》，2005 年第 2 期）

[6] 飞翔的女人（《人民文学》，2002 年第 1 期）

[7] 淋湿的翅膀（《十月》，2007 年第 3 期）

[8] 不应漠视的声音（《人民日报》，2006 年 6 月 6 日）

从例中看出，俄语中一般表示物品、动物、人的名称的名词都不能跟动词不定式直接组成定心短语，能与动词不定式连用的名词在语义上有一个共同的特点：表示情态性、可能性、必要性、愿望、允许、祈使、能力等。如前三例用作心语的是抽象名词 грех、привычка 和 попытка，作定语的为单个动词不定式。李谨香（2006）认为，充当定语的俄语动词不定式大多是非及物动词，但从所调查材料中没发现这一特点，所举的 3 例中充当定语的就有 1 个是及物动词，如例[3]，由此并不能断然认为，充当定语的俄语动词不定式大多是非及物动词。动词作定语，有时要求带“的”，如最后两例，若省，则形成动宾关系，有时可不用“的”，如例[5]，这时，作为心语的名词不具备成为宾语的语义内容，动词和名词之间只能形成定心结构。例[4]和[6]也可省“的”。汉语中与动词组成定心短语的名词大多为施事（系事）和受事，如例[4]—[6]为施事（系事），例[4]“前进的澳大利亚”中“澳大利亚”是“前进”的系事，例[6]“飞翔的女人”中“女人”是“飞翔”的施事，例[7]和[8]是受事，如例[7]“淋湿的翅膀”中

“翅膀”是“淋湿”的受事。汉语“动词＋心语”组构中，有一部分表动作—施事关系“动词＋(的)＋名词”大致相当于俄语主动形动词，如例[5]—[7]；一部分表动作—受事关系“动词＋(的)＋名词”大致相当于俄语被动形动词，有的还可用俄语定语从句表示，如例[8]既可用俄语被动形动词、也可用从句表示。

(6) 形动词＋名词

形动词充当定语为俄语特有，它修饰名词大致相当于汉语动词借助词“的”修饰名词(此时动词为有标记形式)。但俄语形动词所包含的时、体、态等语法范畴是汉语“动词＋的”定语形式无法体现的。充当限定语的另一种形式是由动词构成的形动词。因其具有形容词的语法特征，也有性、数、格的变化，因而置于心语前。形动词分为主动形动词和被动形动词，如前两例为主动形动词，其中例[2]中形动词置于心语之后；例[3]为被动形动词。

[1] Танцующий директор(跳舞的经理)(Изв. 2006.08.24)

[2] Гражданин убегающий(逃跑的公民)(Нов. мир, 2007, №5)

[3] Найденные ключи(找到的钥匙)(Знамя, 2002, №3)

(7) 动宾短语＋心语

汉语宾语相当于俄语补语，动宾短语相当于俄语具有强支配关系的动词词组，俄汉语动宾短语均能作定语，尤常见于汉语标题。俄语作定语的动宾短语直接置于心语之后，而汉语则有两种形式：定语与心语间带或不带结构助词“的”，且定语置于心语之前。由调查可知，汉语动宾短语作定语明显多于俄语。如：

[1] Попытки увидеть целое(看见整体的尝试)(Знамя, 2007, №2)

[2] Любители отмечать чужой праздник(庆祝别人节日的爱好者)(Изв. 2006.08.23)

[3] Время говорить о сокровенном(谈心时间)(Изв. 2006.12.04)

[4] 看山老爹(《人民日报》,2006 年 6 月 27 日)

[5] 读数时代(《人民文学》,2002 年第 8 期)

[6] 破解世界级难题的人们(《十月》,2005 年第 1 期)

[7] 没有玻璃的花房(《收获》,2002 年第 6 期)

[8] 淹没在时代里的父亲(《当代》,2004 年第 6 期)

[9] 站在河对岸的教授们(《十月》,2005 年第 5 期)

俄语动宾短语后置作定语,汉语动宾短语前置,有的带结构助词“的”,如例[6]—[9],有的直接组合,如例[4]和[5];俄汉语动宾短语一般为动词与名词直接组构,还有一类是动词与介词结构构成动宾短语,其组成一般为单音节或双音节动词加由介词“在”介引的介词短语,如例[3]、[8]和[9],俄语则是动词与前置词组构,且这一前置词是由该动词支配的。汉语动宾短语有的既可译成俄语形动词短语、动词词组,也可译成俄语从句结构,有的可译成俄语介词结构,如例[7]“没有玻璃的花房”中“没有玻璃的”可译成 без стекла,这类通常属于“有无”类,如“有玻璃的”可译成 со стеклом。

(8) 数(量)词+心语

俄语修饰名词的数词只能是顺序数词,基数词与名词组合构成数词词组,而汉语借助量词构成数量名短语,其模式是“数词+量词+名词”。俄语顺序数词与所限定的名词性、数、格保持一致,汉语数量短语与心语直接组合。“基数词+量词+名词”在汉语标题中特别能产,因为数词可信手拈来,且量词丰富,便于拟制。这类标题大多表示文中核心事件所涉及的人或事物的数量统计,给读者以量化的精确概念。如:

[1] День первый(第一天)(Звезда, 2005, №7)

[2] Пятая колонна(第五纵队)(Изв. 2006.08.24)

[3] 第九位寡妇(《当代》,2006 年第 2 期)

[4] 一颗破牙(《人民文学》,2003 年第 2 期)

[5] 0.1 米的阳光(《人民日报》,2006 年 4 月 8 日)

[6] 两亩地(《收获》,2007 年第 1 期)

[7] 三件事情(《人民文学》,2004 年第 1 期)

[8] 五张犁(《人民文学》,2005 年第 1 期)

[9] 八棵苞谷(《十月》,2004 年第 5 期)

[10] 千只猫(《十月》,2005 年第 1 期)

俄语为"顺序数词+名词"的标题不多,如例[1]和[2],汉语"基数词+量词+名词"较多,如例[4]—[10],基数词有"一、两、三、五、八、千",汉语表"双"义时,既可用"二",也可用"两",但有不同的使用规则,在一般量词前,个位数用"两"不用"二",在传统的度量衡单位前"二"、"两"均可用,如例[6],既可说"二亩地",也可说"两亩地";俄语表"双"义时,有基数词 два(две)、集合数词 двое/оба(обе)、名词 пара(双)。更有趣的是汉语"数量词+名词"中基数词"一"用的很多,如例[3],又如"一个父亲"(《当代》,2005 年第 2 期)、"一群孔雀"(《收获》,2004 年第 3 期)、"一把藤椅"(《人民日报》,2006 年 7 月 25 日)等。此外,还用小数,如例[5]。序数词在俄汉语标题中均有,俄语顺序数词相当于形容词,汉语序数词在基数词前加"第",如例[3]。一般来说,汉语定语可加"的",但"数量词+名词"中很少用"的",但也有用"的"的情况,如例[5],序数词作定语则不能加"的"。

(9) 副词+心语

副词表示的是动作、状态和特征的特征,俄语副词有时也能修饰名词,可充当定语,汉语副词一般不能作定语,只在一定条件下可作定语,但在所调查标题中未见。虽然俄语存在一类副词修饰名词的名词性短语,但数量有限。俄语作定语的副词属于非一致定语,置于名词之后。如:

[1] Ребенок напрокат(租赁的孩子)(Изв. 2006.06.19)

[2] Александр Иванович Герцен сегодня(今天的亚历山大·伊万诺维奇·赫尔岑)(Звезда, 2007, №1)

[3] Жених поневоле(不自由的新郎)(Изв. 2006.07.21)

[4] Любовь по-нашему(按我们的方式去爱)(Знамя, 2003, №2)

[5] Халява вчера и сегодня(昨天和今天的大大咧咧)(Нева, 2003, №11)

前四例用作定语的为单个副词,例[5]则为两个并列的副词作定语,作定语的副词大多表时间意义，如例[2]和[5]，又如 Драка поутру（晨斗）（Изв. 2006. 03. 21）、Гиганты зимой（冬天的巨物）（Звезда，2002，№2）、Менеджеры навсегда（永远的经理们）（Изв. 2006. 12. 11.）等；例[4]中的副词是根据构词法临时构成的副词，这类副词特别能产，用 по 加上物主代词或其他表国别词可构成很多副词，如 по-вашему、по-немецки、по-русски 等。

（10）主谓短语＋心语

汉语主谓短语有时也能作定语，俄语则不能，对应于汉语的是定语从句。在所调查标题中，汉语此类有一定的量。如：

[1] 蝙蝠低旋的村庄（《人民文学》，2003 年第 1 期）

[2] 太阳灼伤的土地（《当代》，2004 年第 5 期）

[3] 我没有见过面的外公（《人民文学》，2006 年第 8 期）

[4] 我收藏的《独秀文存》（《人民日报》，2006 年 6 月 10 日）

[5] 词语移动的瞬间（《人民文学》，2004 年第 8 期）

由上可知，作定语的主谓短语与心语间有结构助词“的”，不然易产生歧义，去掉“的”后大多变为主谓宾结构，如例[1]、[2]和 [4]，例[1]“蝙蝠低旋的村庄”去掉“的”，则为“蝙蝠低旋村庄”，这一结构实际上相当于由“蝙蝠在村庄低旋”先易位“蝙蝠低旋在村庄”，再省略介词“在”转化而来；例[4]“我收藏的《独秀文存》”去掉“的”，则为“我收藏《独秀文存》”，由定心结构变为主谓宾结构；例[3]不能省“的”，省后短语不成立；例[5]可要也可不要“的”，意义不变。这些主谓短语定语可由俄语定语从句表示，如例[3]“我没有见过面的外公”译为 Дедушка，которого я не видел(-а)。

（11）主谓宾＋心语

汉语除以上主谓短语可作定语外，主谓宾也可作定语，俄语则不能。主谓宾作定语时，结构助词“的”一般不能省。如“老伴住院 13 天的噩梦”（《人民日报》，2006 年 2 月 21 日）中“的”不能省，省后语义和语法结构发生变化，该例原意为“老伴住院 13 天这一噩梦”，省“的”后，切分为“老伴住院＋13 天噩梦”，意即“在老伴住院的一段时间内（13 天或以上）

做了13天的噩梦”，意义发生了变化。

（12）从句＋心语

俄语充当定语的还可以是形动词短语或带关联词 который（кто）的定语从句，定语与心语用逗号分开，且置于心语之后，这类结构不是短语。该类为俄语所特有。如：

[1] Деньги, утраченные звездами（明星们挥霍的钱）（Изв. 2006. 10. 26）

[2] Человек, ни в чём не уступивший государственной машине（一点也不比国家机器逊色的人）（Звезда, 2003, №8）

[3] Тот, кто слышит голоса（听见声音的人）（Изв. 2006. 06. 09）

[4] Партия, которую сыграет Путин（普京下一步将做什么）（Изв. 2006. 06. 29）

前两例充当限定语的是形动词短语，例[1]为被动形动词短语，例[2]为主动形动词短语；例[3]和[4]定语是定语从句，例[3]定语是由关联词 кто 引导的定语从句，例[4]定语是由关联词 который 引导的定语从句，相当于汉语主谓宾短语作定语。

2）多项式定心结构

定语多项式是指在定心短语中两个或两个以上的词语或短语同时与同一个心语发生联系的语言现象。“在一个包含多项定语的复杂的定心结构里，最前边的定语修饰它后边的‘定语’＋‘心语’，‘定语’＋‘心语’整个儿是它的心语。这就是说，多项定语不是处于同一个层次之上。”① 多项式定语是俄汉语中均有的语言现象，多项式定语的定心结构中，充当定语的词语（短语）在结构中的联系不是单一的，常常是不仅与心语发生联系，且彼此之间产生“一定的语义上或句法上的牵制联系，从而形成具有内在规律性的排列顺序”。② 有的多项式定语犹如多个同心圆。我们根据多项式定语彼此之间的相互关系（直接的或间接的）和排列顺序，同时

① 邢福义：《汉语语法三百问》，商务印书馆2002年版，第41页。

② 崔应贤等：《现代汉语定语的语序认知研究》，中国社会科学出版社2002年版，第127页。

参阅范晓和李谨香的划分类型，将俄汉语多项式定语分为以下几种类型：递加式、递归式、并列式和交叉式。由分析可知，均有递加式、递归式、并列式及交叉式，模式有同有异，排列顺序汉语为从左到右顺向式，俄语则较灵活，既有从左到右顺向式，又有从右到左逆向式，还有顺向与逆向交叉式。这是由俄语定语位置及语言本身特点所决定的。

(1) 递加式

递加式定心短语是指两个或两个以上的定语依次套叠到心语上的多项式定心短语。其中每一项定语都直接修饰心语，各项定语之间无任何语义上的联系。心语可以自己为核心与别的词语组成为定心短语，所形成的定心短语可继续以自己为核心与别的词语组合成更大的定心短语。但与心语有直接关系的定语是有限的，根据板块理论，在一个名词内部，与核心板块具有直接关系的板块成分是有限的，对任何复杂的名词短语的切分都是在以核心为坐标控制下的“向心切分”。[1] 汉语定语的排列顺序是顺向(从左到右)的，俄语则较灵活，既有顺向(从左到右)，也有逆向(从右到左)，还有顺向、逆向交叉。我们把定语记为 A，心语记为 N，A_1，A_2，……，An 分别表示定语的第一、二、……n 项。如：

［1］Моя прекрасная няня(我出色的保姆)(Изв. 2006.08.03)

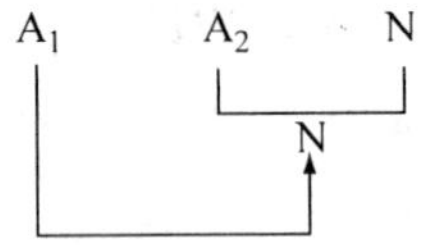

［2］Простор для творчества в нейлоновых стенах(尼龙墙上创作的空间)(Изв. 2006.07.18)

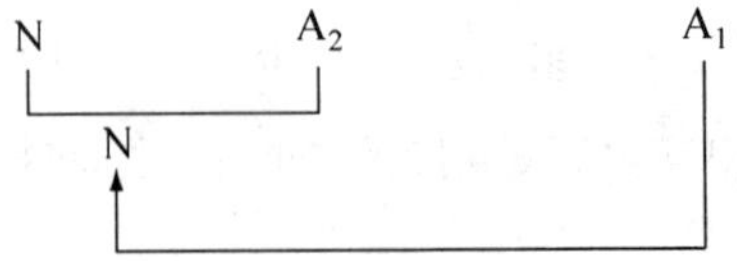

---

① 金立鑫：《语言研究方法导论》，上海外语教育出版社 2007 年版，第 396 页。

[3] Необыкновенные приключения британца в России(英国人在俄罗斯的奇遇)(Знамя，2003，№4)

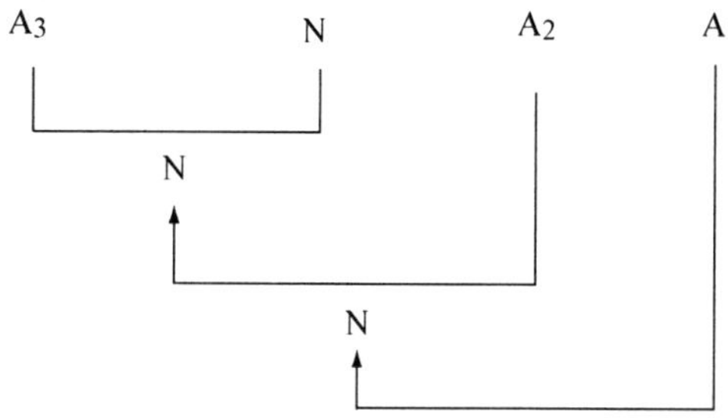

[4] 我们 卑微的 灵魂 (《人民文学》,2003 年第 1 期)

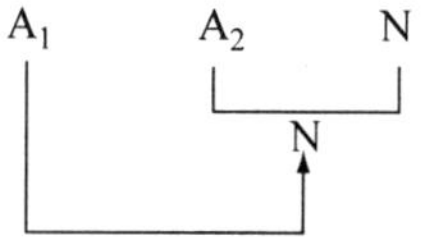

[5]《马氏文通》的一处 标点 错误(《中国语文》,2003 年第 6 期)

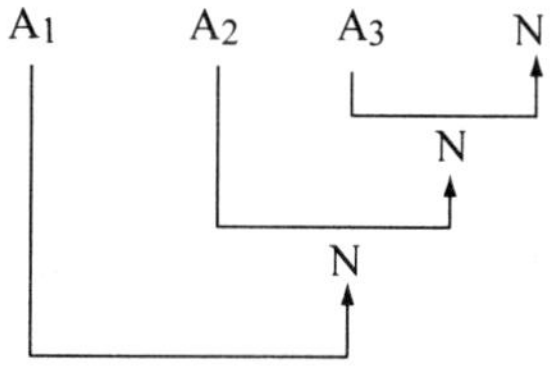

例[1]两个一致定语 моя 和 прекрасная 均修饰心语 няня,定语的排列顺序从左到右,即顺向;例[2]修饰心语的为两个非一致定语 A_1 和 A_2,定语的排列顺序从右到左,即逆向;例[3]修饰心语的为一个一致定语 A_3 和两个非一致定语 A_1 和 A_2,定语的排列顺序为顺向和逆向交叉,一致定语为顺向,非一致定语为逆向;例[4]和[5]修饰心语的分别有两个和三个定语,定语的排列顺序为顺向。

俄语这种多项定心短语有三种模式,汉语只有一种模式,与俄语多项式一致定语模式相同。俄语之所以有多种模式是由俄语定语的表达方式决定的,俄语定语分为一致定语和非一致定语。一般来说,一致定语位于心语前,非一致定语位于心语后,不同的位置产生定语排列的不同顺序,因此俄语递加式定语中,顺向的一般为一致定语,为形容词或代形容词,逆向的是后置的非一致定语,一般为带与不带前置词的名词间接格,交叉的是一致定语和非一致定语混合,汉语定语无论是什么词类,只能是前置的顺向定语。

由例[1]、[4]和[5]得出模式一,由例[2]得出模式二,由例[3]得出模式三。

模式一:

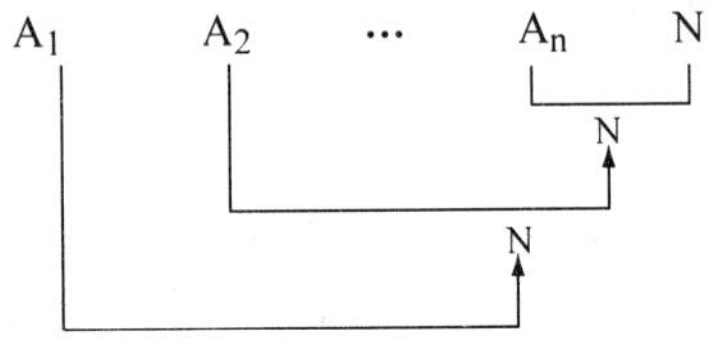

模式二:

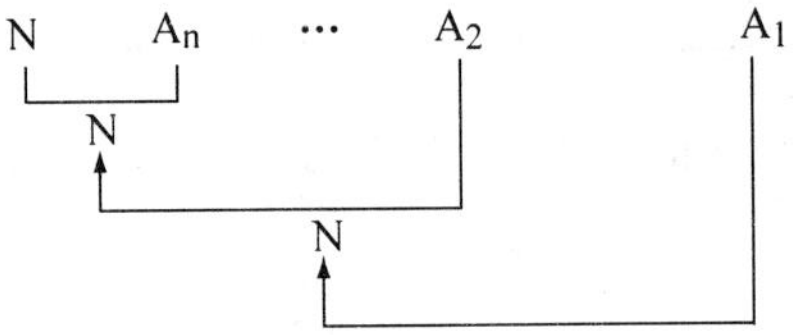

模式三:

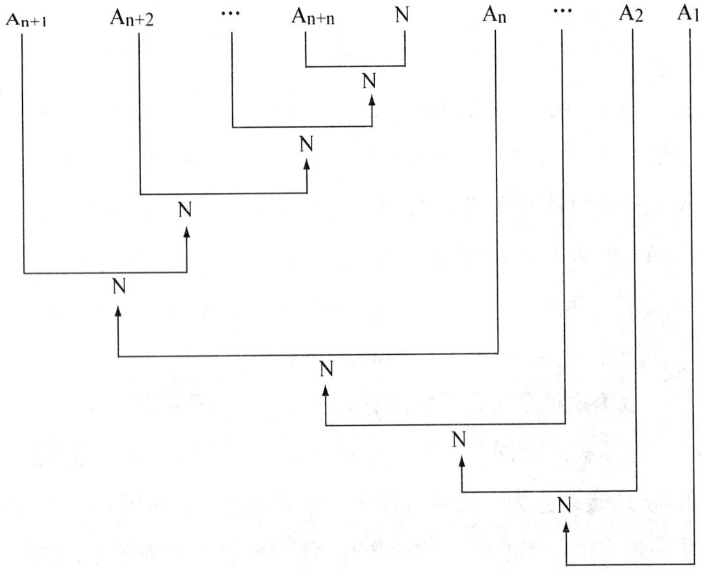

模式一为顺向多项定心短语，为俄汉语共同模式；模式二为逆向多项定心短语，模式三为顺向和逆向交叉多项定心短语，模式二和模式三为俄语特有模式。该类多项式中的定语往往是从性质、状态、特点、功能等不同角度修饰心语，相邻定语之间因缺乏语义自足的心语而无法形成意义完整的语言单位。这正是递加式多项式定语不同于其他类别短语之处。

(2) 递归式

递归性是语言的本质特征之一，钱冠连认为，语言的递归性是指“语言结构层次和言语生成中相同结构成分的重复或相套”。[①] 递归式定心短语是指两个或两个以上的定语层层套叠，一环套一环套到心语上的多项式定心短语。即定语构成了定心结构的偏正短语，再依次修饰心语，反言之，即心语的定语以自己为心语与别的词语组成定心短语，所形成的定心短语继续以自己为心语与别的词语组合成更大的定心短语。其中只有一个定语（俄语一般为离心语最近的一致定语或非一致定语〈无一致定语时〉，汉语为离心语最近的定语）与心语有直接关系。套叠定语是传递关系，相互限定，最后以一个整体来修饰名词。其定语的排列顺序汉语为顺向，俄语则为逆向、顺向交叉。如：

[1] Подоплека грузинских провокаций（格鲁吉亚离间内幕）（Изв. 2006.02.17）

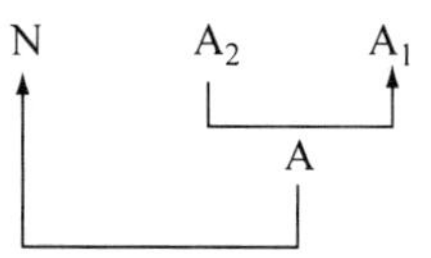

[2] Подведение итогов Всероссийского Фестиваля Добрых дел（全俄募捐活动总结）（Изв. 2006.11.01）

① 钱冠连：“语言的递归性及其根源”，《外国语》，2001年第3期，第10页。

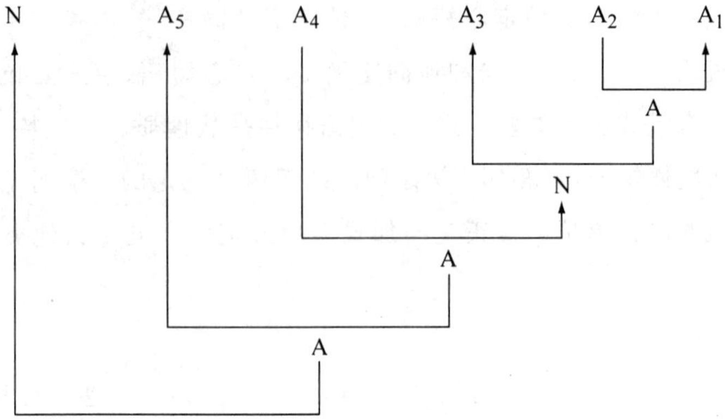

［3］ Роль языка средств массовой информации в развитии общенационального языка（大众传媒对全民族语言发展的作用）（Вестник МГУ，2004，№5）

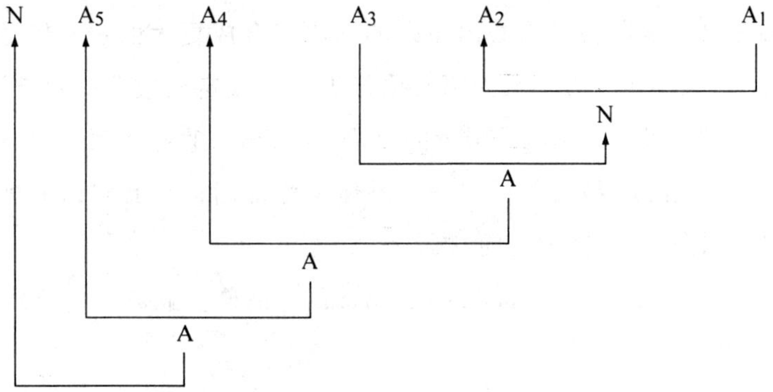

[4] 巍巍　中华　一分子(《人民文学》,2002年第1期)

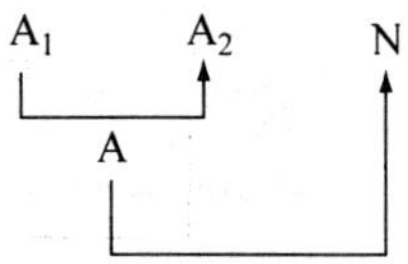

［5］英语词典义项的排列策略(《现代外语》,2002年第3期)

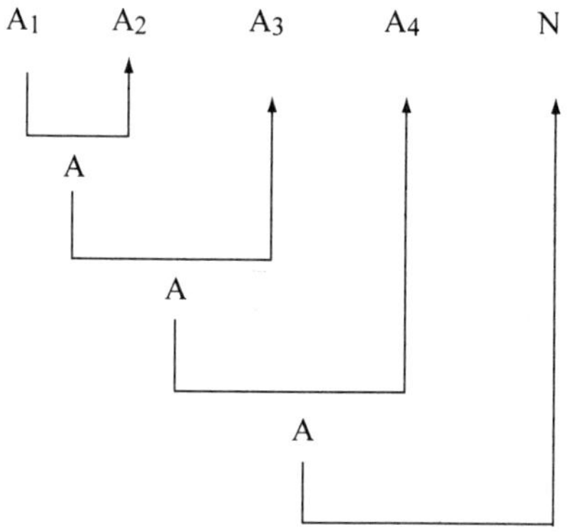

由上图可知,该类多项定语不同于递加关系的多项定语,是先相互套叠后再递次修饰心语。例［1］由形容词 грузинских 与名词 провокаций 组成定心短语后再与心语 подоплека 组成二项式定心短语;例［2］由形容词一致定语 добрых 与名词 дел 构成定心短语再修饰名词 фестиваля 组成第二个定心短语,继续与形容词一致定语 всероссийского 组成第三个定心短语,一起修饰名词 итогов 构成第四个定心短语,最后四个定心短语一起做心语 подведение 的定语;例［3］由一个介词结构 в развитии общенационального языка 与名词 информации 组成定心短语,再做 массовой 的心语,继续与名词 средств 组成定心短语后与名词 языка 组成一个更大的定心短语,最后一同与心语 роль 组成五项式定心短语;例［4］由定语"巍巍"与"中华"组成定心短语后再与心语"一分子"组成二项式定心短语;同理可推出例［5］四项式定心短语的组合过程。汉语中除 A_1 外,A_2、A_3 和 A_4 在其每一次扩展中都可转化为心语,递归式在理论上虽然也能不断地扩展,但由于 A 大都是表示领属性的体词,而表领属性的体词之间进行修饰总是有限的,因此,在扩展的延伸度上不如递加式。俄语这种多项式定语因定语类型不同,有的为名词,有的为形容词,有的为介词结构,不同的定语类型以及定语位置导致不同的指示方向,因而无规律可循,所以其模式难以确定;而汉语则很明显,有规律可循,为从左到右顺向式。(见下图)

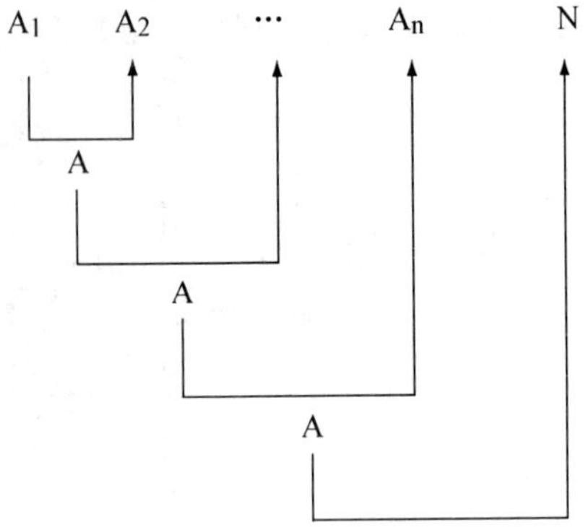

由汉语这一模式可推知:俄语中理论上也存在这一模式,如:

Его мамина сумка(他妈妈的包)

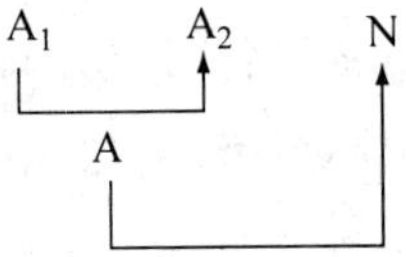

理论上还可能存在从右到左逆向式。如:

Серьги жены брата Наташи(娜塔莎嫂子/弟妹的耳环)

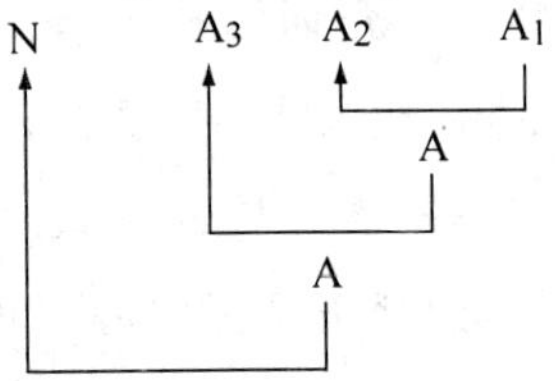

其模式为:

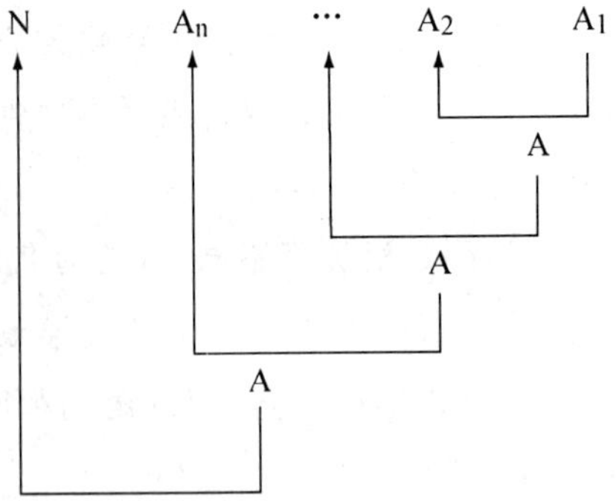

上述两类尽管在所调查标题中未发现且通常行文中少见，但理论上是存在的。

汉语中一种表示一个包含多项名词的名词性偏正结构，如果“每相邻的两项名词之间总发生‘整体部分’这种广义领属关系（如‘鲁镇的酒店的格局’）或者狭义的领属关系（如‘张三的银行账户的密码’），其内部层次构造，如果从大到小切分，方向则可左可右，如‘鲁镇的酒店的格局’既可以分析为［鲁镇的］［酒店的格局］，也可以分析为［鲁镇的酒店的］［格局］”。[①] 该类多项式定心短语既属于递归式，也属于递加式。其模式可表述为：

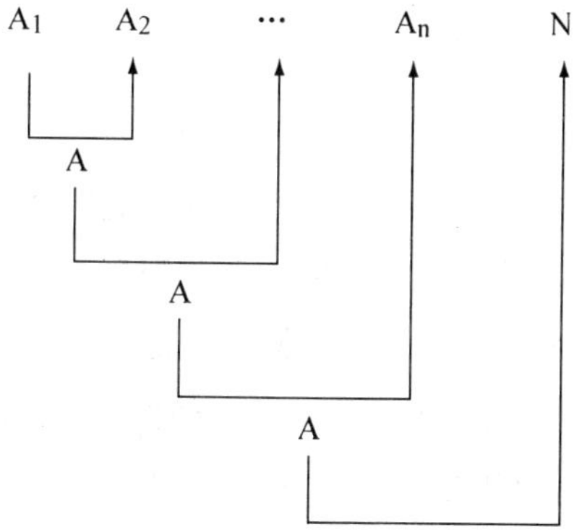

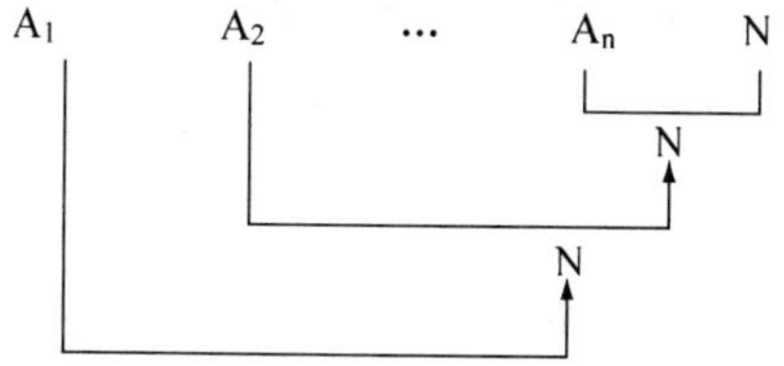

（3）并列式

并列式定心短语即几个定语不分主次，并列地修饰一个心语。其中每个定语在形式上、语法地位上呈并列状态，没有主次之分。汉语并列

① 徐杰：“领有名词的提升移位与多项名词性结构的切分方向”，《当代语言学》，2008年第3期，第198页。

定语一般置于心语前，俄语较复杂，既有前置，也有后置，但大多置于心语后。如：

[1] Потрясения души и тела（心灵与身体的战栗）（Изв. 2006.12.04）

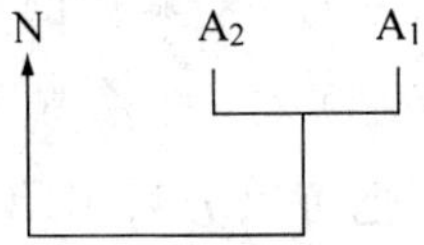

[2] 求同与求异的辩证法（《人民日报》，2006 年 6 月 5 日）

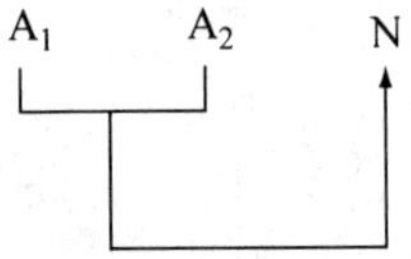

从定语类型看，例[1]为两个并列名词，例[2]为两个并列的动词，汉语这种定心短语的定语实际上是由一个并列短语充当，而俄语两个独立的名词或形容词并列不是短语，即俄语该类定心短语的定语是词，不是短语，只有词与短语或短语与短语并列，才是短语做心语的定语。

由上可知，俄语为从右到左逆向式（见模式一），汉语为从左到右顺向式（见模式二），因为汉语并列短语的定语前置，而俄语既有前置，也有并列定语后置，因此其模式不同，但俄语理论上存在汉语模式二，只是在所调查标题中未见。

模式一：

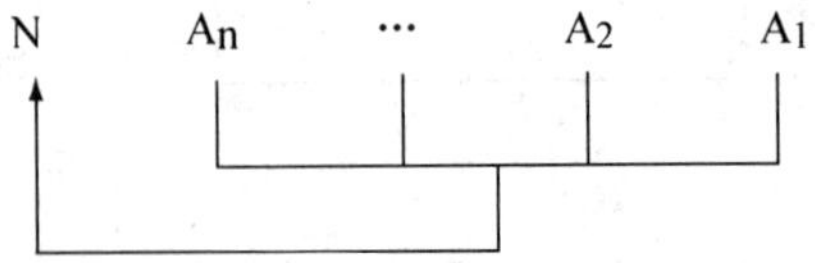

模式二：

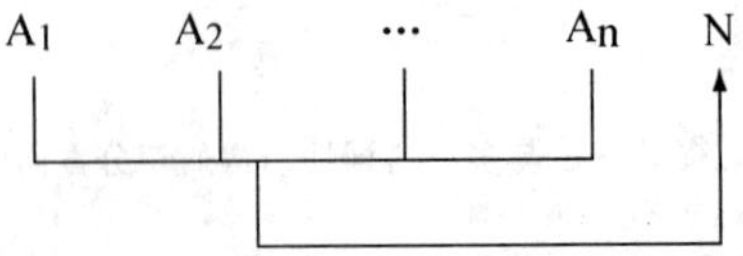

(4) 交叉式

多项定语除了上述三种基本类型外，还存在几种类型交混一起的情况，即递加式、递归式和并列式之间相互交叉混合而构成的多项式定心短语。由调查可知，交叉式多项式定语的类型有递加式和递归式交叉，并列式和递加式交叉，并列式和递归式交叉，并列式、递加式和递归式交叉。

俄语定语可分为前置定语和后置定语两种，一般来说，一致定语前置，非一致定语后置，正是这两种不同类型的定语的不同位置为交叉式多项式定语提供了一个重要条件。汉语属定语前置型语言，即定语的正常词序应位于心语前(至少在短语层面)，因此汉语短语层面不会出现带前置定语和后置定语的交叉式定心短语，只可能出现有不同类型定语的交叉式定心短语。

A. 递归式和递加式交叉

[1] Маленькие радости больших людей (大人物的小快乐)(Изв. 2006.02.17)

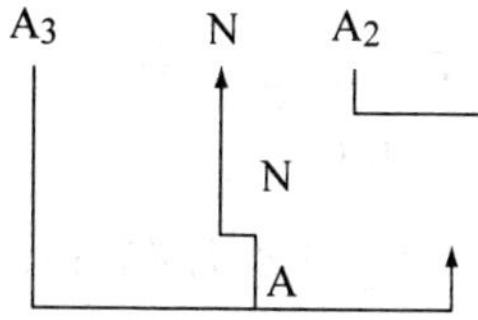

[2] Проблема национального характера в драматургии А. С. Хомяков (霍米亚科夫戏剧中的民族性格问题)(Вестник МГУ, 2003, №2)

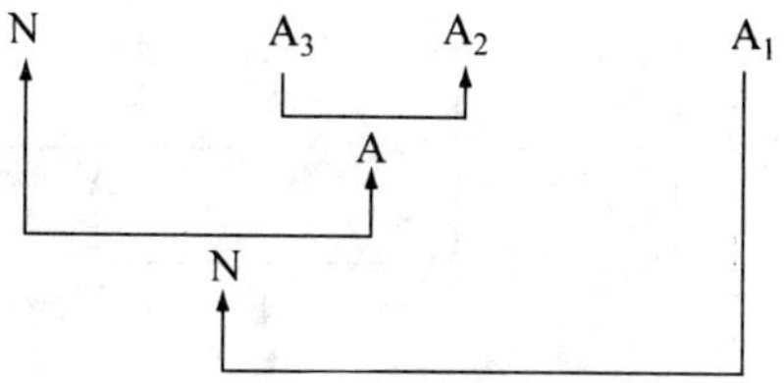

[3] 以语料库为基础的中国学习者英语失误分析的认知模型(《现代

外语》,2004 年第 2 期)

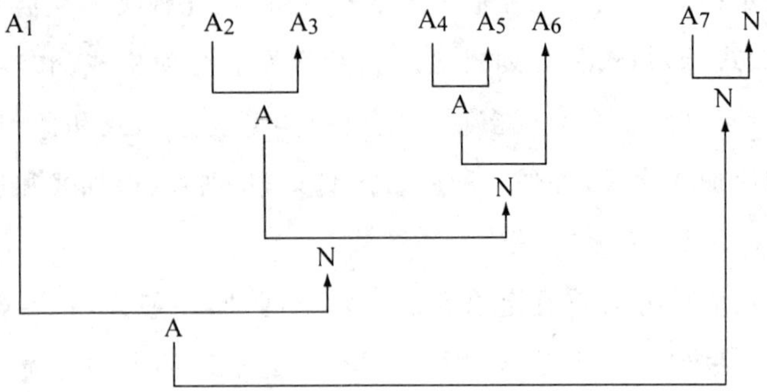

例[1]定语有两个层次,A_1 和 A_2 组成定心短语后与心语 N 组成二项递归式定心短语,与 A_3 一同修饰心语 N 组成二项递加式定心短语;例[2]A_2 和 A_3 组成的定心短语与心语 N 组成二项递归式定心短语,再与 A_1 一同修饰心语 N 组成二项递加式定心短语;例[3]A_4、A_5 组成定心短语,再与 A_6 组成定心短语,继续与由 A_2 和 A_3 组成的定心短语组成大的定心短语,再与 A_1 组成更大的定心短语后,与心语 N 组成六项递归式定心短语,这一更大的定心短语又与 A_7 一同修饰心语 N 组成二项递加式定心短语。

俄汉语递加式和递归式交叉定心短语均很复杂,其模式多样,难以穷尽,但有一点是明确的,汉语为从左到右顺向式,俄语较复杂,一般为左向、右向交叉式;从定语位置看,俄语既有前置定语,也有后置定语,汉语只有前置定语。

B. 并列式和递加式交叉

[1] Идиоматический путь Украины в ВТО, в ЕС и в НАТО(乌克兰通向世贸、欧盟和北约的独特之路)(Изв. 2006.10.24)

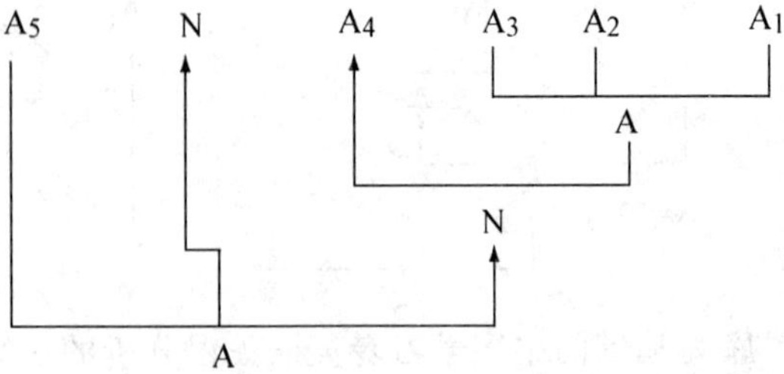

[2] 阿布力孜家的"月亮泉"——一个维吾尔族家庭与一个汉族弃婴的感人故事(《人民日报》,2006 年 5 月 26 日)

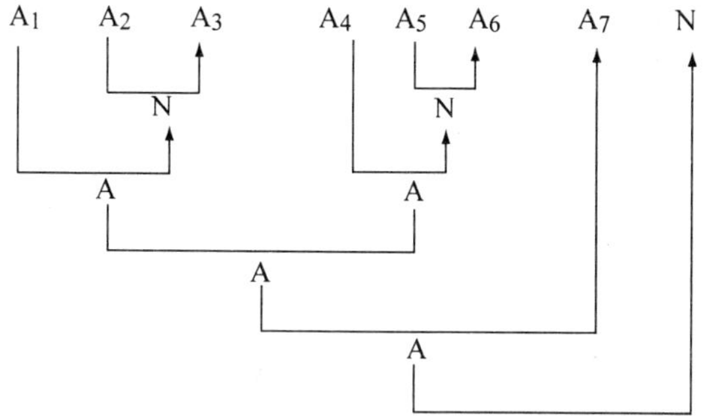

例[1]A_1、A_2 和 A_3 组成并列结构,与心语 N 组成三项并列式定心短语,与 A_4 和 A_5 一起与心语 N 组成三项递加式定心短语;例[2]A_2 和 A_3 组成一个定心短语,再与 A_1 组成大的定心短语,A_5 和 A_6 组成一个定心短语,再与 A_4 组成大的定心短语,这两个大的定心短语组成并列短语,与心语 N 组成二项并列式定心短语,与 A_7 一起与心语 N 组成二项递加式定心短语。

由上可知,俄语并列式和递加式交叉多项定心短语为左向、右向交叉式,因为定语为一致和非一致定语,汉语则为从左到右顺向单向式,由汉语定语前置所决定。俄汉语该类模式很复杂,难以穷尽并找出其规律。

C. 并列式和递归式交叉

[1] Смыслы "причина" и "цель" в естественном языке(自然语言中"原因"和"目的"的含义)(Вопр. яз. , 2004, №2)

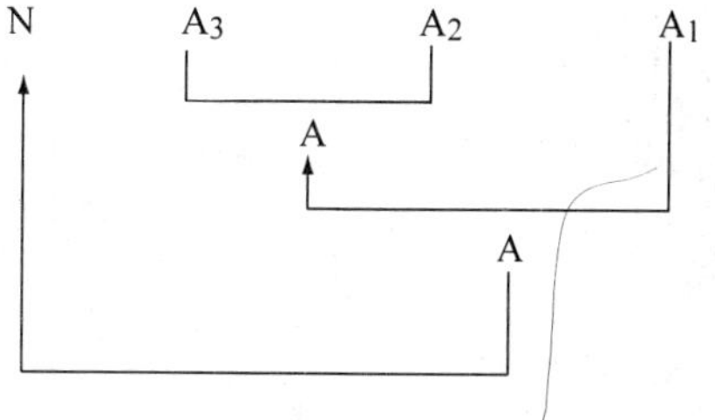

[2] 生成语法研究中的天赋论、内在论和进化论观点(《外语教学与

研究》,2002 年第 4 期)

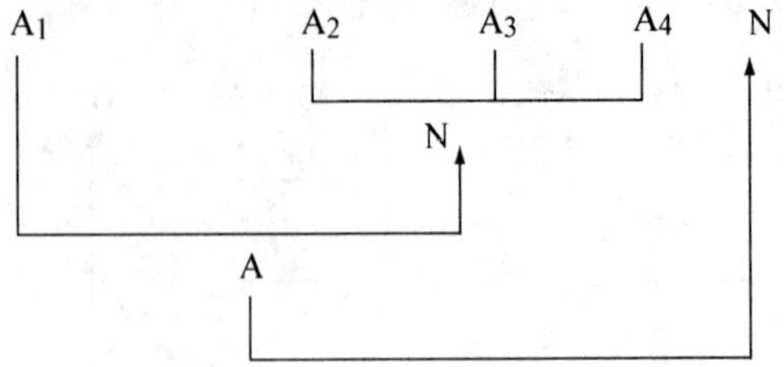

例[1]A_2 和 A_3 组成并列结构(俄语两个词并列不是短语),与心语 N 组成二项并列式定心短语,与 A_1 组成定心短语,最后与心语 N 组成二项递归式定心短语;例[2] A_2、A_3 和 A_4 组成并列短语,与心语 N 组成三项并列式定心短语,与 A_1 组成定心短语后与心语 N 组成二项递归式定心短语。

由上可知,俄汉语该类模式均很复杂,难以找出统一的规律,但有一点是明确的,俄语并列式和递归式交叉多项定心短语为从右到左逆向单向式,因为俄语定语后置,并列定语为名词组合,另一定语为前置词结构,汉语为从左到右顺向单向式,由汉语定语前置所决定。俄语从左到右顺向单向式以及左向、右向交叉式尽管在所调查标题中未发现,但理论上是存在的。

D. 并列式、递加式和递归式交叉

该类很少,在所调查俄语标题中未见,只见于汉语。如:

X-able 形容词的语义与句法的逻辑关系(《现代外语》,2002 年第 3 期)

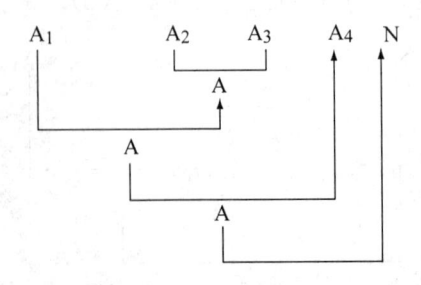

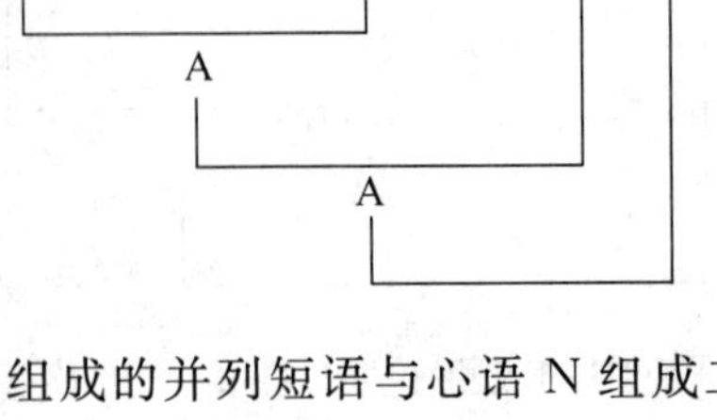

上例 A_2 和 A_3 组成的并列短语与心语 N 组成二项并列定心短语,

再与 A_1 组成定心短语，该定心短语与心语 N 组成二项递归式定心短语，这一定心短语和 A_4 一起与心语 N 组成二项递加式定心短语。

（二）俄汉语同位短语对比

关于同位短语俄汉语有不同的解释，俄语解释为，同位语是定语的一种特殊类型，通常用和被说明名词同格形式的名词表示，它通过指出事物的另一称谓来说明该事物的特征。汉语解释为，同位短语是结构成分之间具有同位复指关系的短语。同位短语包含两个结构成分，每个结构成分均为同位项。比较二者，俄语把同位结构分为“同位语”和“被说明词”，把同位语纳入定语的一种特殊类型，汉语认为同位结构介于定中结构和并列结构之间，即：为定中结构时同位语相当于定语，为并列结构时同位语和被说明词在语法上是并列的。我们认为，俄语同位语是一种特殊的定语表现形式，同位语和被说明词具有主次之分，但有时这种主次并非显然，而汉语同位结构具有一定的并立性，也具有一定的修饰性，是一定并立性和一定修饰性的统一体。根据直接成分的构成情况，可将同位短语分为名名式和名代式两大类。由调查可知，俄汉语同位结构主要有以下几种形式。

1. *名词＋名词*

“名词＋名词”模式是俄汉语最常见的同位结构之一，同位结构为两个名词时，一个是普通名词（通名），一个是专有名词（专名），或均为普通名词。名名式同位组构可分为上位居前式和下位居前式两类，“通名＋专名”为上位居前式，“专名＋通名”为下位居前式。

1）通名＋专名

普通名词在前，专有名词在后，该类属上位居前式。如：

[1] Писатель и переводчик И. С. Захаров（作家与翻译家扎哈罗夫）（Рус. речь, 2004, №2）

[2] Товарищ Дарвин（达尔文同志）（Изв. 2006.04.19）

[3] Станция “Вавилон”（“巴比伦”车站）（Изв. 2006.12.11）

[4] Корпорация “Россия”（“俄罗斯”公司）（Изв. 2006.09.25）

[5] Улица Мцыри(姆齐里街)(Знамя, 2003, №12)

[6] Одеколон «Соваж» ("索瓦日"花露水)(Нева, 2003, №7)

[7] 艺术家韩起祥(《当代》,2003 年第 3 期)

[8] 母亲杨沫(《当代》,2005 年第 5 期)

[9] 市长马宝汉(《十月》,2006 年第 5 期)

[10] 圣地青藏(《人民日报》,2006 年 7 月 18 日)

[11] 桃源古巴(《人民文学》,2005 年第 1 期)

"通名+专名"组构的同位结构中,刘街生认为,"两项之间具有一定的并立性和一定的修饰性"。① 在标题这种特定语言环境下,两项之间具有一定的修饰性,即一个为同位语,一个为被说明词,同位语与被说明词组构方式是:汉语中,通名为同位语,专名为被说明词,通名与专名直接组构,其顺序为"同位语+被说明词",如例[7]—[11];俄语则较复杂,一般规则是:若通名为同位语,专名是被说明词或专名为同位语的上位居前式,均不用连字符,关于同位语问题又分几种情况:若专名是姓名,则通名为同位语,通名与专名直接组构,其顺序为"同位语+被说明词",如例[1]和[2];若专名表示国家、城镇、乡村、河流、湖泊等地理名称时,这些专名常作同位语,词首用大写字母,不用放在引号内,其顺序为"被说明词+同位语",如例[5];若专名表示报纸、杂志、文学著作、企业、组织、车站、码头、产品等名称时,这些专名永远用作同位语且总是位于被修饰语之后,词首用大写字母,并放在引号内,其顺序为"被说明词+同位语",如例[3]、[4]和[6]分别表示车站、企业、产品的名称。

有别于汉语的是,俄语表称谓词,如 товарищ、гражданин、господин、госпожа、мистер 和 сестра 等,一般与人名构成上位居前式的同位组构,如例[2],而汉语里强式称谓词"同志、先生、阁下"等以及泛化称谓词"大姐、大嫂、叔叔、爷爷、师傅"等,不能和人名构成上位居前式的同位组构。通名表职务时,汉语有专名在前的形式(如"马宝汉市长")和

① 刘街生:《现代汉语同位组构研究》,华中师范大学出版社 2004 年版,第 44 页。

专名在后的形式(如例[7]),但有功能上的差异,即它们的人际功能不同。“专名在前的格式突出职位,多用于尊称;专名在后则表示担任某个职务的是谁,说明负责人,多用于自称”。[①] 但俄语无此功能差异,俄语一般是专名在后的形式(市长马宝汉〈мэр Мабаохань〉),若想专名在前,则两项用连字符连接(马宝汉市长〈Мабаохань-мэр〉),但此种形式少见。这是句法要求的结果。

2) 专名+通名

即专有名词在前,普通名词在后,该类属下位居前式。如:

[1] Крылов-баснописец(寓言作家克雷洛夫)(Рус. речь, 2004, №6)

[2] Анненский-драматург(剧作家安年斯基)(Вестник МГУ, 2005, №5)

[3] Елена Оскаровна Марттилла, блокадница(被围困的女人叶连娜·奥斯卡罗夫娜)(Нева, 2006, №1)

[4] 陶丽丽小姐(《人民文学》,2005 年第 1 期)

[5] 佐藤大姐(《人民文学》,2003 年第 1 期)

[6] 巴拿马运河(《人民日报》,2006 年 5 月 22 日)

“专名+通名”的同位结构中,汉语中,若专名是姓名,则通名为同位语,即第二成分直接修饰第一成分,专名与通名构成下位居前式。俄语专名与通名不能直接组构,必须借助连接手段:连字符或逗号,如例[1]和[2]专名与通名间用连字符连接,例[3]专名与通名间用逗号连接;而汉语无须借助任何连接手段,专名与通名直接组构,如例[4]—[6]表称谓词“小姐”、“大姐”与人名直接构成下位居前式的同位组构,俄语相应的该类则构成上位居前式的同位组构,如“陶丽丽小姐”、“佐藤大姐”在俄语中的顺序是“小姐+陶丽丽”、“大姐+佐藤”;例[6]专名与表河流的通名直接构成下位居前式的同位组构,在俄语中相对应的有两种表达形

---

① 马庆株:“词组的研究”,《语言教学与研究》,1997 年第 4 期,第 114 页。

式：专名与通名直接组构、专名与通名借助连字符组构，即"巴拿马运河"在俄语中的顺序为"运河＋巴拿马（канал Панама）"和"巴拿马-运河（Панама-канал）"。俄语还有专名与通名构成下位居前式的同位组构时，若专名为同位语，则专名与通名间要用连字符。赵元任认为："'专名＋通名'这一类是'紧密同位'。一般说来，紧密同位都是主从词组或复合词，其中第一个成分修饰第二个成分。"①

3）通名＋通名

"通名＋通名"即两个普通名词的同位组构。如：

[1] Писатели-миллионеры（百万富翁作家）（Изв. 2006.11.24）

[2] Акушерки-военнослужащие（军人助产妇）（Изв. 2006.01.25）

[3] Господин сочинитель（杜撰者先生）（Знамя，2006，№3）

[4] Поэт，философ，дипломат（诗人、哲学家和外交家）（Рус. речь，2003，№6）

[5] Близнецы-братья（孪生兄弟）（Изв. 2006.12.04）

[6] Женщина-птица（雌鸟）（Нева，2005，№12）

[7] 长命百岁（《当代》，2003年第5期）

[8] 爱人同志（《当代》，2002年第4期）

通名与通名组构时，俄语有两种连接形式：直接组合和借助符号组合，但最常用的是连字符，当二者之间有品种和具体类别的关系时，可以不用连字符。表示人的职务、职业、社会地位、年龄、性别和民族等状况，同位语和被说明词间用连字符，如例[1]、[2]、[5]和[6]，三个以上表示并列关系的同位结构可用逗号连接，如例[4]由三个并列的名词组成；与表示人的称谓词构成同位结构时，通名与通名间直接组构，如例[3]；汉语只有一种形式，即直接组构，如例[8]；汉语例[7]前后两项具有同位复指关系，两项直接组构，该类在俄语中不是同位语。表称谓时，俄语与汉语词序相反，俄语称谓在前，如例[3]господин 居前，сочинитель 居后，汉

① 参见刘街生：《现代汉语同位组构研究》，华中师范大学出版社2004年版，第14页。

语则称谓在后，如例[8]“爱人同志”，“爱人”和“同志”均表示称谓，但“同志”为强式称谓名词，“爱人”为非强式称谓名词。

2. 代词＋名词/数词

代词参与组构，俄语中虽有，但很少，在所调查标题中只发现一例，如例[1]为反身代词 сам 与普通名词组成。汉语较俄语常见，但因语言材料有限，故在所调查标题中不多，也只发现一条，如例[2]为人称代词“他们”与数词“仨”组成。俄汉语代词与名词均为直接组构。

[1] Сам дурак（十足的傻瓜）（Изв. 2006.11.27）

[2] 她们仨（《人民日报》，2006 年 12 月 6 日）

3. 名词/代词＋名词短语

[1] Николас Кристоф, обозреватель “Нью-Йорк таймс”（尼古拉斯·克里斯托夫、“纽约泰晤士报”评论员）（Изв. 2006.10.26）

[2] Лиза-Елизавета, последняя жительница деревни Полянка（波凉克村的最后一位居民丽莎·伊丽莎白）（Знамя, 2006, №6）

[3] Гоголь как интерпретатор Пушкина（作为普希金诠释者的果戈理）（Филол. нау., 2004, №1）

[4] 翻译家草婴其人（《收获》，2002 年第 6 期）

[5] 他这一辈子（《十月》，2005 年第 2 期）

前两例为“专名＋通名”组构的下位居前式同位结构，前项为专名，后项为带定语的通名，其组构方式为专名与通名间借助逗号连接，二者可直接组构成上位居前式同位结构；例[4]为“通名＋复指结构（专名＋复指）”直接组构成上位居前式同位结构；例[5]为代词与名词短语组构的下位居前式同位结构，汉语两例在俄语中空缺。俄语中，例[3]由 как 连接的前后两项具有同位复指关系，它是一种句法同位现象，一般出现在句子中，但却在标题这种特殊的语言环境中出现了，且常见，一般模式为 что（кто）как что（кто），这是汉语中所没有的。

4. 名词短语＋名词/代词

[1] Одноклассник Л. Добычина инженер-электрик Г. Г. Горбунов

(多贝钦的同学电工工程师戈尔布诺夫)(Звезда，2002，№11)

[2] “Великий муж русской грамматики” А. А. Барсов(“俄罗斯语法的伟丈夫”巴尔索夫)(Рус. речь，2003，№4)

[3] Семантическоc поле как функция(作为功能的语义场)(Филол. науки，2002，№4)

[4] 我们的朋友胡三桥(《当代》,2005 年第 6 期)

[5] 民国女子苏青(《当代》,2002 年第 2 期)

[6] 著名桥梁专家茅以升(《人民日报》,2006 年 1 月 13 日)

[7] 石油重镇基尔库克(《人民日报》,2006 年 5 月 15 日)

例[1]、[2]和[4]—[10]是“通名＋专名”类上位居前式的同位组构，通名带修饰语,俄汉语中,通名的修饰语俄语用第二格,汉语加或不加助词“的”。例[1]组构较复杂,由三个通名＋一个专名,通名是专名的同位语,即(одноклассник＋инженер＋электрик)＋Г. Г. Горбунов,三个通名中第一个通名 одноклассник 带一个非一致定语 Л. Добычина,是不带修饰语的两个通名 инженер-электрик 的同位语,электрик 是 инженер 的同位语,二者用连字符连接,这样构成三层同位关系;例[2]中的通名带两个修饰语,即一个一致定语和一个非一致定语;例[4]、[5]和[7]通名前有一个修饰语;例[6]通名带两个修饰语;例[3]是俄语中以 как 连接的具有标题特色的一种句法同位现象,что(кто)как что(кто)结构常见。带修饰语的“通名＋专名”类在所调查标题中汉语最多,因为修饰语可以提供更详细的信息,让读者一下子就能了解该人或该事的特点,从而涌起阅读的兴趣,如“乌克兰音乐巨匠李森科”(《人民日报》,2006 年 4 月 11 日),修饰语交代了“李森科”的国别(乌克兰)、专业领域(音乐)和性质(巨匠),即使读者阅读文章前不知道“李森科”为何人,但一看标题便了解了“李森科”为何人,这样对某方面感兴趣的读者便会继而阅读该标题的文章;又如“水乡泽国霍奇米尔科”(《人民日报》,2006 年 12 月 5 日),若不加修饰词“水乡泽国”,直接用标题“霍奇米尔科”,则标题显得贫乏,不可能吸引读者的注意力。

5. *名词短语＋名词短语*

在所调查的俄汉语标题中均未发现该类，但俄语有以 как 连接的具有标题特色的句法同位现象 что（кто）как что（кто）类的结构则较多，如“Гамлетовский вопрос как проблема русской философской эстетики”（作为俄罗斯哲学美学问题的哈姆雷特问题）（Филол. науки，2007，№3），汉语通常行文中也存在，如：“一、二、三这三个字”，“热烈欢迎几个大字”等。

通过上述对比分析，俄汉语称名结构标题无论标题结构本身、还是不同语体标题以及标题的表达形式均有异同点。主要表现如下：

第一，独词结构标题远远少于扩展结构标题，这是因为词组比词更常用于标题，词由于其概括性质仅称说概念，而词组表示的概念传达相当明确，词组似乎排除了单个词的、概括的抽象性质，限定其多义性。换言之，词组标题比词标题更具体称谓文章所描写的情景。扩展称名结构中，从定语位置看，俄语既有前置，也有后置，还有交叉。汉语只有前置，汉语名词修饰语前置符合逻辑思维自然顺序，而俄语名词修饰语后置违反逻辑思维自然顺序；从定语与心语组合看，俄语一般为直接组合，但有相应的语法形式，汉语既有直接组合，也有带结构助词“的”的间接组合。

第二，文艺、学术论文称名结构标题多于报纸标题。在称名结构标题调查中，我们发现，俄汉语文艺期刊、学术期刊中称名结构标题比报纸中多，因为期刊杂志的标题多具称名性，新闻报道的标题多具报道性，李绍群的调查统计也证明了这一点。[①] 现代报纸标题广泛使用各种各样的结构，称名结构丧失了主导地位，逐渐减少，因为它们信息性不强。为了达到更准确、更完整地传递文章主要思想，作者常避免使用 1—2 个词的称名结构。报纸标题的单成分非扩展称名结构是一种非典型现象，它们所含信息量少。只有借助说明成分才能更准确、更完整地传递文章主要思想。文艺期刊中称名结构标题没有也不会减少，因为称名结构形简意

① 李绍群：现代汉语“名 1＋（的）＋名 2”定中结构研究，福建师范大学博士学位论文，2005 年。

丰，留给读者更多思考空间。

第三，俄语称名结构标题较之汉语，更具标题特色，在标题中广泛使用。俄语是屈折语，有严格的形态变化，称名结构用名词第一格或由作主导词的名词第一格表示，如果入句，会发生相应的变化，而汉语的称名结构却不同，即使入句，形态也不会发生变化。

第四，俄语表达手段较汉语丰富。俄语表达手段丰富多样，同一个句法关系可以由不同的词类或不同的词形乃至不同的结构类型来表达。

第五，俄汉语称名结构在形式上既有共性，也有个性。形式上，俄汉语独词称名结构主要为名词和代词，不同的是俄语还有动名词、数词、名词化的形容词和形动词；扩展结构中，从心语类型看，最典型的是名词，其次还有代词、数词，俄语用作心语的还有名词化的形容词、形动词和副词；从定语类型看，均可由名词、代词、形容词、动词（俄语为动词不定式和形动词）、数（量）词（俄语为顺序数词）充当，但俄汉语各有其特色类型作定语，俄语有副词、前置词结构和从句，汉语有方位结构、主谓和主谓宾。单项式定心结构俄汉语均有"形容词＋心语、代词（指代）＋心语、名词＋心语（俄语为"心语＋不带前置词的间接格名词"）、介词结构/方位结构＋心语、动词＋心语、动宾短语＋心语、数（量）词＋心语、同位短语"，不同的是俄语还有"副词＋心语、从句＋心语"，汉语还有"主谓短语＋心语、主谓宾＋心语"；即使有相同的结构，但有时也有不同的表达形式，有些汉语定心短语用俄语表达时只能用其他结构来表达，如：汉语作定语的方位结构，在俄语中没有相应的结构，大多只能用俄语前置词＋名词来表示；作定语的汉语介词短语也不完全对应于作定语的俄语前置词＋名词；作定语的汉语动宾短语对应于俄语有多种表达形式，有的可译成俄语动宾短语，有的可译成俄语从句结构，还有的可译成俄语前置词结构；作定语的汉语主谓短语对应于俄语也有多种表达形式，有的可译成俄语动宾短语、有的也可译成俄语从句结构；作定语的主谓宾短语在俄语中没有对应的结构形式，只能用俄语定语从句或形动词短语表示。同样，俄语也有定心短语不能用相应的汉语定心短语来表达，而用其他形式，如：作定语的俄语定语从句或形动词短语，在汉语中没有对应的结构形式。

第六，多项式定心结构俄汉语均有递加式、递归式、并列式和交叉式，但其模式既有相同、也有不同，俄语较汉语复杂。递加式中，除有共同的模式外，俄语还有两种模式；递归式中，汉语有规律可循，形成一定的模式，而俄语则难以形成模式，但理论上存在类似于汉语的模式；并列式中，俄汉语模式相反，但俄语理论上也存在类似于汉语的模式；交叉式中，双语尽管有规律可循，但难以穷尽，难以形成一定的模式。

第二节　俄汉语称名结构标题语义类型对比

尹世超对标题的语义特点曾有过精辟的论述："（标题）语法形式的简化程度和语义关系的支撑力度成正比。语法简语义显，形合不足意合补。"[①]语法形式越简单，语义作用越突出，制约支撑力度越大。自然语言句子的语义理解，其常用的思路是因形求义和因义求义。"形态发达的语言，有些不同的语义范畴，往往有不同的形态（屈折形式）来区别，形态是句子语义识别的天然形式标记。但是语义范畴多种多样，任何语言都不可能有足够的形态来全面标志一种语言的语义范畴。"[②]称名结构标题由于它的组成极为简单，因此在语义表现上其特点尤为突出。

一、独词结构标题语义类型对比

独词结构标题只有一个词，以浓缩到最小范围——单词层面形式反映语篇内容，标题高度概括，只有正文才能充分揭示其语义。因此在标题和语篇之间所指内容层面上彼此支持和相互联系。独词标题表示所指（人、物、过程、现象），常常是专有名词——作品中主人公的名、姓、绰号，集合名词，地理名称，表示职业、活动类型，社会地位、亲属名称，表示

① 尹世超：《标题语法》，商务印书馆 2001 年版，第 153 页。
② 萧国政：《汉语语法的事实发掘与理论探索》，湖北人民出版社 2005 年版，第 101 页。

具体物品(картина 一幅画),主体的性质(мудрец 智者、нигилист 虚无主义)、成长的概念(мальчик 小孩、подросток 少年)、高度概括的抽象概念(счастье 幸福、мужество 勇敢)、动物、植物名称、自然现象等。由调查可知,俄汉独词结构用作标题的语义同大于异,均有表示人(如亲属称谓、人名、人的职业和活动类型、社会关系等)、动物和植物名称、具体物质(如食品类、穿着类、日常生活用品类等)、抽象概念、时间、处所(如专有名词、表地点的山河、平原等地理名称、方位名词等)、过程、宗教等语义。这反映了语言的共性,正如王力所说:"各种具体语言,作为人类的交际工具,当然有着共同性;因为世界上各种语言的语法也是具有共同性的。语言是思想的直接现实,思维是人类所共同的。这样才使翻译成为可能。这样才有可能吸收外语来丰富自己。各种语言的语法的共同点主要是建筑在逻辑思维的基础上。具体语言是以特定的民族形式(部族形式,部落形式)来表达思想的一种交际工具。正如语音、词汇一样,语言之表达思想在各种语言中采取异途同归的进行方式。同归,是归到思想感情的表达上;异途,是运用不同的语音、词汇和语法。"[①]但由于不同语言本身的特点,这一特点不可避免的体现在标题中,如用作处所义的名词中,汉语特有类型是方位词,俄语无方位词这一语法范畴,一般借助前置词表示方位概念;而俄语有动名词,汉语则无,因而表行为义的动名词用作标题又为俄语所特有。此外,俄语还发现表数量义的独词用作标题,汉语事实上存在,只是在所调查标题中未见。

(一)表人名词

1. 亲属称谓

表亲属称谓的名词可直接用作标题,不同的是俄语用名词第一格,有单复数之分。由调查可知,汉语较俄语多,因为汉族先民特别重视亲缘关系,这种文化观念折射在汉语亲属称谓名词上,就体现为亲属称谓名词的复杂化。如:

---

① 郭锡良:《王力选集》,东北师范大学出版社2002年版,第379页。

[1] Отец(父亲)(Знамя，2007，№11)

[2] Сестра(姐姐)(Звезда，2007，№2)

[3] Невеста(未婚妻)(Звезда，2006，№1)

[4] Дети(孩子们)(Нева，2003，№2)

[5] 爸爸(《人民日报》,2006 年 3 月 28 日)

[6] 姐姐(《十月》,2002 年第 6 期)

[7] 二哥(《十月》,2003 年第 6 期)

[8] 姑父(《收获》,2005 年第 1 期)

[9] 大舅(《人民文学》,2004 年第 1 期)

各民族反映现实世界的角度和侧重点不完全一致,在不同的语言中指称同类事物的词语在义域的广狭上也就各具特点。俄语表亲属称谓的名词语义比汉语要概括,俄语一个表亲属称谓的名词可能对应于汉语几个词,很多词“身兼数职”。俄语亲属称谓词呈现隐性,通用性强。汉语则斑驳繁杂。如 сестра 对应于汉语“姐姐”和“妹妹”,若要区分,必须加区分性的修饰语,“姐姐”为 старшая сестра,“妹妹”为 младшая сестра,汉语除有“姐姐、妹妹”之分外,还按在家的大小称呼,如“大姐、二姐、三姐”等;又如 тётя 一词对应于汉语“阿姨、婶婶、伯母、姑妈、姨妈”等,дядя 一词对应于汉语中的“叔叔、舅舅、伯父、姑父、姨夫”等。这是民族因子对形成语言面貌多样性的明显作用。

2. 社会称谓

表社会称谓的词如“先生、女士、太太、小姐”等名词可直接用作标题。如以下各例。汉语表称谓名词较俄语多。汉语还有由前缀“小/老”+“姓”等组成的社会称谓,如“小孙、小王、老范、老张”等,“老”往往含有尊敬之意,“小”经常具有亲切之感。如以下四例:

[1] Дама(女士)(Нева，2003，№10)

[2] 小姐(《人民文学》,2004 年第 5 期)

[3] 小孙(《人民文学》,2006 年第 1 期)

[4] 老范(《十月》,2006 年第 2 期)

3. 昵称

昵称名称可用作标题，只见于汉语。如“宝贝儿”（《收获》，2006 年第 6 期），该例是一种亲昵的称呼，既可指人，也可指物。

4. 人际关系

表示人际关系的名词可用作标题。如：

[1] Компания（同伴）（Звезда，2005，№9）

[2] 同人们（《十月》，2005 年第 3 期）

5. 人名

表示人名的名词也常用作标题。人名用作标题，若是普通人的名字，一般为作品中的主人公，如例[1]、[2]和[5]，汉语标题中以众所周知的人物名为多，大多表示具有一定社会地位或较高职衔或在一定范围具有影响力的人物，如例[3]和[4]。

[1] Вася（瓦夏）（Звезда，2005，№10）

[2] Иван Жадан（伊万·扎丹）（Нева，2004，№6）

[3] 孙中山（《当代》，2002 年第 2 期）

[4] 萨达姆·侯赛因（《人民日报》，2006 年 12 月 31 日）

[5] 霍尔果斯（《人民文学》，2003 年第 7 期）

6. 人的职业、身份、职务、头衔等

1）职业

表职业的名词常用作标题。如：

[1] Космонавт（宇航员）（Нева，2002，№5）

[2] Фармацевт（药剂师）（Нов. мир，2004，№4）

[3] Лётчица（女飞行员）（Знамя，2007，№4）

[4] 女兵（《十月》，2006 年第 3 期）

[5] 车倌儿（《当代》，2005 年第 2 期）

2）临时身份

由调查可知，汉语表临时身份的名词常用作标题，俄语则很少。如：

[1] Восходитель（登山者）（Знамя，2006，№7）

[2] 旅者(《当代》,2003 年第 3 期)

[3] 舞伴(《收获》,2002 年第 3 期)

[4] 伴娘(《人民文学》,2006 年第 1 期)

3) 职务

表示职务的名词可用作标题,只见于汉语。如"秘书长"(《人民文学》,2003 年第 6 期)。

4) 学位

表示学位的名词可用作标题,只见于俄语。如 Кандидат(副博士)(Нов. мир, 2004, №3)。

5) 头衔

表示头衔的名词可作标题,只见于汉语。如"枪王"(《当代》,2004 年第 4 期)。

6) 军衔

表示军衔的名词可用作标题,只见于俄语。如 Сержант(中士)(Нов. мир, 2007, №2)和 Генерал(将军)(Звезда, 2006, №2)。

7. 恶称名词

用作标题的恶称名词较多。如:

[1] Невозвращенцы(叛逃者)(Знамя, 2004, №11)

[2] Диверсант(破坏者)(Нов. мир, 2002, №3)

[3] Преступница(女囚犯)(Звезда, 2005, №1)

[4] Шпион(间谍)(Нева, 2002, №5)

[5] 草民(《十月》,2005 年第 1 期)

[6] 特务(《收获》,2003 年第 2 期)

[7] 汉奸(《人民文学》,2003 年第 8 期)

[8] 奸细(《人民文学》,2006 年第 9 期)

8. 来源

由调查可知,俄语表来源的名词较多,汉语较少。如:

[1] Пришелец(外来人)(Звезда, 2002, №11)

[2] Доминиканцы(多米尼加人)(Нева，2006，№3)

[3] 枣山人(《人民日报》,2006 年 12 月 19 日)

9. 性状

表性状的名词也可用作标题,但较少,只见于俄语。如：

[1] Долгожитель(长寿者)(Звезда，2003，№2)

[2] Мертвецы(半死不活的人)(Звезда，2005，№9)

10. 性格特征

表人性格的名词也常用作标题,只见于俄语。如：

[1] Недоумок(缺心眼儿的人)(Звезда，2006，№10)

[2] Хвастунья(爱吹牛的女人)(Знамя，2006，№1)

11. 人体的一部分

表人身体一部分的名词也可用作标题。如：

[1] Глаза(眼睛)(Звезда，2005，№7)

[2] Пяточка(后脚跟)(Знамя，2005，№10)

[3] 手(《十月》,2006 年第 5 期)

[4] 眉毛(《收获》,2005 年第 5 期)

12. 其他表人名词

除以上语义类型的名词外,还有其他一些表人名词。如：

[1] Обыватель(住户)(Звезда，2003，№3)

[2] Представитель(代表)(Звезда，2006，№7)

[3] Наследник(继承人)(Знамя，2002，№8)

[4] 户主(《十月》,2006 年第 6 期)

[5] 红小鬼(《人民日报》,2006 年 10 月 24 日)

[6] 狂士们(《十月》,2005 年第 1 期)

(二) 表动物类名词

1. 动物

动物名称也可用作标题。如例[1]为动物总称,例[2]和[3]为具体动物名词。

[1] Зверь(野兽)(Нов. мир, 2006, №1)

[2] 羊(《收获》,2003 年第 4 期)

[3] 野猫(《人民文学》,2006 年第 9 期)

2. 动物身体的一部分

动物组成部分的名词也可用作标题。如“尾巴”(《人民文学》,2002 年第 1 期)。

3. 鸟类

由调查可知,鸟类名词也常用作标题。俄语主要以“乌鸦”、“麻雀”作标题,汉语以“孔雀”、“天鹅”、“鸽子”等作标题。如:

[1] Ворона(乌鸦)(Звезда, 2006, №1)

[2] Воробей(麻雀)(Нов. мир, 2005, №7)

[3] 孔雀(《收获》,2006 年第 1 期)

[4] 鸽子(《人民文学》,2005 年第 2 期)

4. 飞虫类

飞虫类名词可用作标题。如:

[1] Муха(苍蝇)(Знамя, 2005, №1)

[2] Стрекоза(蜻蜓)(Знамя, 2005, №2)

[3] 蝴蝶(《人民文学》,2002 年第 1 期)

[4] 虫子们(《人民文学》,2002 年第 2 期)

5. 鱼类

鱼类名词可用作标题,只见于汉语。如:

[1] 大闸蟹(《人民文学》,2004 年第 8 期)

[2] 泥鳅(《当代》,2002 年第 3 期)

(三)表植物类名词

1. 树木花草类

树木花草类名词可用作标题。如:

[1] Тополь(杨树)(Звезда, 2005, №7)

[2] Боярышник(山楂)(Знамя, 2003, №4)

[3] 苦楝树(《当代》,2005 年第 2 期)

[4] 梨花(《人民文学》,2007 年第 1 期)

[5] 红花草(《人民日报》,2006 年 6 月 10 日)

2. 农作物

表农作物名词可用作标题,只见于汉语。如:

[1] 小麦(《人民日报》,2006 年 10 月 7 日)

[2] 茄子(《人民文学》,2003 年第 6 期)

(四) 表具体物类

1. 饮食类

饮食类名词常用作标题。如:

[1] Сухари(面包干)(Нева, 2002, №1)

[2] 黏豆包(《人民日报》,2006 年 9 月 5 日)

2. 衣物穿戴类

衣物穿戴类名词可用作标题。如:

[1] Кепочка(鸭舌帽)(Знамя, 2003, №11)

[2] 鞋(《人民文学》,2006 年第 5 期)

[3] 耳环(《人民文学》,2004 年第 7 期)

3. 纺织品

纺织品类名词可用作标题。如:

[1] Ткань(织物)(Звезда, 2003, №8)

[2] Виссон(维松布)(Звезда, 2006, №2)

[3] 天鹅绒(《人民文学》,2002 年第 4 期)

4. 化学元素和药品

化学元素和药品类名词可用作标题。如:

[1] Кокаин(可卡因)(Знамя, 2003, №9)

[2] 红汞(《收获》,2002 年第 3 期)

5. 矿物

矿物类名词可用作标题。如:

[1] Камень(石头)(Нов. мир, 2007, №9)

[2] 煤(《人民文学》,2005 年第 7 期)

6. 作品类

作品类名词也用作标题。如：

[1] Миниатюра(细密画)(Знамя, 2007, №9)

[2] 教案(《当代》,2006 年第 6 期)

7. 器具

器具包括用具、家具、文具、乐器、电器、武器、交通工具、运动器械等。

1) 用具

表用具名词也常用作标题。如：

[1] Примус(汽炉子)(Звезда, 2002, №1)

[2] Вертель(铁叉子)(Нева, 2003, №9)

[3] 打火机(《人民文学》,2006 年第 1 期)

[4] 葵扇(《人民日报》,2006 年 6 月 17 日)

2) 家具

表家具的名词可用作标题。如：

[1] Шаль(格子架)(Нов. мир, 2007, №8)

[2] 轮椅(《人民文学》,2005 年第 9 期)

3) 乐器

表乐器名词可用作标题。如：

[1] Фидель(菲德尔琴)(Знамя, 2007, №5)

[2] Фисгармония(簧风琴)(Нов. мир, 2003, №1)

[3] 京胡(《十月》,2003 年第 6 期)

4) 电器

电器类名词可用作标题。如：

[1] Мясокомбинатор(绞肉机)(Изв. 2006.02.21)

[2] 脱粒机(《人民文学》,2007 年第 2 期)

5）武器

武器类名词可用作标题，仅汉语中发现一例。如“子弹”（《当代》，2005 年第 4 期）。

6）通讯、交通工具

通信类产品、交通工具等名词可用作标题。如：

[1] Мобильник（手机）（Нов. мир，2005，№8）

[2] Танк（坦克）（Нов. мир，2003，№5）

[3] Эшелон（军用列车）（Звезда，2005，№5）

[4] 火车（《十月》，2004 年第 1 期）

[5] 中巴（《人民文学》，2004 年第 4 期）

[6] 飞机（《十月》，2005 年第 1 期）

7）体育用品

体育用品名词也可用作标题，只在俄语中发现一例。如 Футбол（足球）（Звезда，2005，№3）。

8）游艺类用品

游艺类名词可用作标题。如：

[1] Цветочница（花蝇）（Знамя，2006，№4）

[2] 风筝（《人民文学》，2004 年第 3 期）

[3] 麻将（《当代》，2007 年第 3 期）

8. 其他物质类名词

除以上语义类型外，用作标题的还有其他一些物质类名词。如：

[1] Дым（烟）（Нов. мир，2005，№12）

[2] 烟（《人民文学》，2006 年第 6 期）

[3] 珠片（《十月》，2004 年第 4 期）

[4] 国旗（《收获》，2004 年第 1 期）

[5] 雕像（《人民日报》，2006 年 9 月 9 日）

[6] 礼物（《人民文学》，2007 年第 1 期）

（五）表抽象事物名词

抽象名词是对抽象的概念、性质、动作和状态的称名，它和一般名词有很大不同，其所指不是人或事物等可视可触的东西，而是看不见摸不着的概念，是人们对客观世界认识的过程或结果在人们头脑中的反映。由抽象名词表示的独词标题概括程度高、语义宽泛，如标题 жажда（渴望）、память（记忆）、счастье（幸福）等概括程度高到只有文章才能充分揭示其语义。王珏将抽象名词的语义分为七类。① 结合王珏的分类法，通过俄汉语标题调查分析，我们把抽象名词的语义分为：知识领域类；度量类；消息类；策略方法类；疾病类；情感态度类；音乐类；符号运算以及其他类。

1. 知识领域类

知识领域类名词最主要的区别特征是可和量词"门"结合，大都可和"学习"类动词结合并充当它们的受事宾语。如：

[1] Латынь（拉丁文）（Знамя，2007，№1）

[2] 语音（《十月》，2006 年第 3 期）

2. 度量类

表示事物的度量、大小、属性等的名词。如以下两例为表示事物属性的名词。

[1] Стойкость（耐久性）（Звезда，2002，№3）

[2] 距离（《人民文学》，2002 年第 2 期）

3. 消息类

消息类名词可与量词"件、条、个"等结合，可进行计算；可充当感知活动、表达活动动词"知道、猜、忘记、报告、宣布"等的受事宾语。如：

[1] Присяга（誓言）（Нева，2004，№8）

[2] Фрагменты（片段）（Знамя，2004，№10）

[3] 新闻（《人民文学》，2004 年第 8 期）

[4] 真相（《人民文学》，2006 年第 1 期）

4. 策略方法类

策略方法类名词可与制定类和实行类动词组合，并充当它们的语义

① 王珏：《现代汉语名词研究》，华东师范大学出版社 2001 年版。

受事，常和介词“按照、按、依照、依、照、通过、以、用”等组合，并充当它们的宾语。该类只见于俄语。如：

[1] Проект(方案)(Знамя, 2003, №6)

[2] Опыт(经验)(Звезда, 2003, №6)

5. 疾病类

主要为表疾病的名词。如：

[1] Бессонница(失眠)(Знамя, 2004, №2)

[2] 麦粒肿(《收获》,2004 年第 5 期)

[3] 梨花疫(《十月》,2003 年第 5 期)

6. 情感态度类

情感态度类名词大致可归纳为情感态度感受类和见解论点设想类。只发现表示情感态度感受类名词。如：

[1] Счастье(幸福)(Знамя, 2004, №8)

[2] Жажда(渴望)(Звезда, 2006, №9)

[3] 乡情(《人民日报》,2006 年 12 月 19 日)

[4] 本能(《人民文学》,2005 年第 3 期)

7. 音乐类

表音乐类的名词可用作标题。如：

[1] Мелодия(旋律)(Звезда, 2005, №7)

[2] Вальс(华尔兹)(Звезда, 2003, №7)

[3] 秦腔(《收获》,2005 年第 2 期)

[4] 四重奏(《人民文学》,2003 年第 6 期)

8. 符号运算类

符号运算类的名词可用作标题。如：

[1] Многоточие(省略号)(Знамя, 2002, №6)

[2] 减法(《人民文学》,2004 年第 1 期)

9. 其他类

此外，还有其他一些表示抽象概念的名词也常用作标题。如：

[1] Пир(大筵席)(Знамя，2005，№11)

[2] Наследство(遗产)(Нева，2002，№8)

[3] Судьба(命运)(Знамя，2005，№3)

[4] 关系(《人民文学》,2004 年第 1 期)

[5] 全家福(《收获》,2002 年第 4 期)

(六) 时间名词

表示一定时令、节令、时辰或带有某种天气特征的时间名词。时间名词常用于标题,尤其是文学作品。

1. 节日名词

表节日名词可用作标题。只见于汉语。如:

[1] 端午(《人民文学》,2006 年第 8 期)

[2] 教师节(《人民文学》,2006 年第 1 期)

2. 季节气候名词

[1] Осень(秋天)(Нов. мир，2007，№10)

[2] 春天(《人民日报》,2006 年 3 月 4 日)

[3] 雪天(《人民文学》,2002 年第 1 期)

3. 年、月、日、星期名词

[1] Март(三月)(Звезда，2002，№3)

[2] 六月(《当代》,2002 年第 3 期)

[3] 星期天(《收获》,2007 年第 5 期)

4. 一天中的时点名词

[1] Ночь(深夜)(Звезда，2003，№6)

[2] 黄昏(《十月》,2006 年第 1 期)

5. 其他时间名词

[1] Послезависимость(从属之后)(Знамя，2002，№5)

[2] Сороковины(人死后的第四十天)(Знамя，2007，№5)

[3] Оттепель(解冻天气)(Звезда，2003，№3)

[4] 后来(《收获》,2006 年第 2 期)

[5] 一辈子(《当代》,2007 年第 2 期)

[6] 瞬间(《人民文学》,2003 年第 8 期)

(七) 处所

由于人的最初感知是从感知自身运动和空间环境开始的,因此空间关系及其词语是最基本的,我们的大脑形成抽象的概念是空间和物理世界基础上的延伸,即空间概念是人的经验之一,构成了理解其他概念的基础。反映在语言中,表空间的名词非常多,标题也不例外。从调查结果看,俄汉语表处所类标题均较多,尤其是汉语。因为汉语除处所名词外,还有方位名词表处所。邢福义把地点处所名词分为两类:“定域处所和非定域处所,非定域处所指带有方位指示的处所,它由方位名词表示”,①是汉语中特有类型,对应于俄语的副词或介词结构,不纳入称名结构。定域处所包括地区类、楼馆类、部门类。

1. 地区类

地区类包括国家、城市、县、镇、乡、村、山、河、湖等地理名称。俄汉语用作标题的地区类名词均很多,尤其是汉语中。如以下均为地理名称,例[1]、[2]和[6]—[10]为专名,其中例[1]为城市名,例[2]为湖名,例[6]为省名,例[7]为山名,例[8]为江名,例[9]和[10]分别为庄、寨名;例[3]—[5]和[11]为表地理概念名称,依次为“农庄”、“小溪”、“岛屿”、“县城”。

[1] Баден-баден(巴登—巴登)(Звезда, 2006, №7)

[2] Байкал(贝加尔湖)(Знамя, 2007, №10)

[3] Хутор(农庄)(Нов. мир, 2004, №9)

[4] Ручей(小溪)(Рус. речь, 2004, №5)

[5] Остров(岛屿)(Знамя, 2006, №10)

[6] 海南(《人民文学》,2005 年第 7 期)

[7] 巴颜喀拉(《十月》,2005 年第 6 期)

---

① 邢福义:《汉语语法学》,东北师范大学出版社 2000 年版,第 162 页。

[8] 松花江(《人民文学》,2002 年第 8 期)

[9] 高家庄(《十月》,2005 年第 2 期)

[10] 秀山花灯寨(《人民日报》,2006 年 1 月 24 日)

[11] 县城(《收获》,2007 年第 6 期)

2. 楼馆类

[1] Лавра(大寺院)(Звезда, 2002, №7)

[2] Стадион(体育场)(Звезда, 2003, №10)

[3] 陈列室(《人民文学》,2006 年第 5 期)

[4] 将军楼(《人民日报》,2006 年 10 月 7 日)

3. 部门类

[1] Фабрика(工厂)(Нов. мир, 2007, №10)

[2] 公司(《人民文学》,2004 年第 9 期)

[3] 食堂(《收获》,2004 年第 2 期)

4. 其他表处所类名词

定域处所类的名词除邢福义所划分的三类外,还有其他不同于地区的一类。如:

[1] Проспект(大街)(Звезда, 2003, №6)

[2] Рубец(深沟)(Знамя, 2002, №1)

[3] Порог(门槛)(Звезда, 2005, №11)

[4] 窑洞(《人民日报》,2006 年 12 月 26 日)

[5] 隧道(《人民文学》,2005 年第 9 期)

[6] 驿栈(《十月》,2005 年第 4 期)

[7] 磨坊(《十月》,2003 年第 1 期)

[8] 下一站(《当代》,2007 年第 4 期)

(八) 自然现象

自然现象分为可视现象、可听现象、可感现象,大多兼有以上两种乃至三种特点。如例[1]为可视现象,例[2]为可感现象,例[3]、[5]和[6]为可视和可感现象,例[4]为可视和可听现象,例[7]为可听可感现象。

表自然现象词语常用于文学作品标题,借助自然现象烘托作品主题。

[1] Облака(云彩)(Звезда, 2007, №5)

[2] Воздух(空气)(Знамя, 2006, №8)

[3] Снегопад(下雪)(Звезда, 2003, №8)

[4] Цунами(海啸)(Нов. мир, 2007, №10)

[5] 景象(《人民文学》,2003 年第 2 期)

[6] 冰(《人民文学》,2005 年第 4 期)

[7] 南风(《十月》,2004 年第 6 期)

(九) 过程

由调查可知,表过程名词包括事件和事物发展阶段,此类只见于汉语。如以下前一例名词表事件,后两例表事物发展阶段。

[1] 葬礼(《当代》,2005 年第 6 期)

[2] 起点(《十月》,2002 年第 2 期)

[3] 结局(《人民文学》,2003 年第 1 期)

(十) 指别

表指别类的代词可用作标题。如例[1]为人称代词,例[2]为限定代词,例[3]为指示代词,例[4]为旁称代词,例[5]为互指代词。

[1] Он(他)(Знамя, 2006, №3)

[2] Другие(其他的)(Звезда, 2003, №6)

[3] 那儿(《当代》,2004 年第 5 期)

[4] 别人(《十月》,2006 年第 3 期)

[5] 彼此(《收获》,2007 年第 2 期)

(十一) 宗教类

1. 宗教名词

俄语用作标题的宗教名词很多,汉语未见。因为苏联解体后,俄罗斯政治经济的变革直接刺激了宗教的复苏,社会动荡,老百姓生活水平急剧下降,价值观的转变和失落,信仰的危机,使人们转向宗教,去寻找精神安慰,于是信教的人多起来,表现在语言中,大量的宗教词汇用于标题。如以下前例是宗教节日名词,后例是宗教中的人物名词。

[1] благовещение(报喜节)(Звезда, 2003, №12)

[2] Выкрест(非耶稣教徒入耶稣教者)(Знамя, 2007, №9)

2. 神话中的人、物及动物等

神话、神鬼类等名词均可直接作标题,不同的是俄语一般是"神话"中的人物、动物等方面的词汇,汉语一般是"迷信"等方面词汇。如例[1]为神话中由人变成的植物,例[2]和[4]为神话中的动物,例[3]和[5]为迷信中的神鬼类。

[1] Иван-да-марья(蝴蝶花)(Звезда, 2005, №8)

[2] Русалка(美人鱼)(Знамя, 2005, №4)

[3] Чёрт(鬼)(Нов. мир, 2006, №11)

[4] 太阳神鸟(《人民日报》,2006年3月25日)

[5] 水魔(《人民文学》,2003年第4期)

(十二) 行为

表行为义的名词一般用动名词表示,该类为俄语所特有,且常见于文学期刊标题。如:

[1] Возвращение(回来)(Знамя, 2004, №9)

[2] Встреча(见面)(Нева, 2006, №5)

(十三) 数量

表数量义的名词只见于俄语。如以下前例为计量词表数量义,后例为集合数词。

[1] Стая(一群)(Нева, 2003, №4)

[2] Трое(三个人)(Нева, 2002, №4)

二、扩展结构标题内部的语义关系

自然语言中,结构形式是约定俗成的,具有固定性。具体言语中,语义关系总是通过一定的结构形式表现出来。扩展结构标题的语义特点与其结构紧密相关。扩展结构语义总是主导词和从属词的语义综合,但不是其意义的总和。词在组合时其部分含义增加到整体意义上，是由于其意义相互作用而产生的，根据所表示的现实及其联系的意义，使这些意义更具体化。因此任一词的组合提供的不是含义的总和，而是新的含义。扩展结构中从属词的选择总是由主导词及其个别语义的客观性规定。扩展结构语义不是封闭的，而是开放的、发展的，因而其语义类型复杂多变，难以穷尽。本章所讨论的扩展结构包括定心结构和同位结构两类，俄语将同位语看作定语的一种特殊类型，据此，语义分析时将同位结构并入定心结构。定心结构由修饰语加心语组成，从修饰语和心语的语义关系来看，修饰语具有修饰性和限制性两种作用。限定性定语从数量、时间、处所、归属、范围等方面来说明心语，修饰性定语从性质、状态、特点等方面来描写心语。从语义上看，大多数偏正式标题的语义重心并不在心语上，而是在定语部分。“心语的作用主要是标记作用以及表明文章的题材，而自然语言中的偏正结构，语义重心都在心语上，定语只是修饰、限定心语。”[①]针对定心结构标题，我们拟从定语着手分别对单项式定心结构和多项式定心结构标题进行语义分析。

俄汉语定语表达形式丰富多样，而形式与语义又是不可分割的两个方面。对比俄汉语语义离不开形式的对比，有可能出现四种情况：形式上对等，语义上不对等；语义上对等，形式上不对等；形式和语义上都完全对等或不对等。

语义与形式处于相互矛盾相互协同的运动中，语义一方面按一定的规则整合，另一方面又打破旧的规则结构，生成新的规则。反过来，规则结构一方面制约语义，另一方面又被语义整合的新模式不断修改、创造。“同一语法结构可涵盖多个语义结构，同一语义内容也可凭借不同的语法结构表达。语义结构在言语运动中不断建构又不断解构，不断探索、选择与之最适合的语法格局，语法格局的不同，又对语义结构产生影响。同一的语义内容由于与之整合的语法结构不一样，语义内容也就产生了

① 李媛媛：现代汉语标题的语言特点研究，南京师范大学硕士论文，2007年，第18页。

微殊”。[1] 以定语和心语的语义关系为标准，俄语定语通常表示事物的性质、特征、属性等意义，根据主导词与从属词的语义关系可分为修饰关系、客体关系、主体关系和疏状关系，邢福义和汪国胜认为汉语定语修饰心语时可表示“领属、时地、指别、数量、行为、断定、含义、性状”等意义；[2] 范晓认为定语表示“领有者、性状、质料、用途、来源、数量、指点、事物处所、时间、复指、施事或受事、客体”等意义。[3] 结合俄汉语各家对定语修饰心语时的语义关系论说，通过对俄汉语标题的分析，我们认为，定语修饰心语时有领属、性状、特征、行为、断事、关涉、用途、来源、数量、指别、复指、施事、系事、受事、与事、对象、结果、工具、质料、方式、依据、时间、处所、原因、目的、方面、范围、条件等语义类型。

（一）单项式定心结构中定语的语义类型

单项式定心结构指只有一个定语直接修饰心语，修饰心语的定语具有不同的语义类型，根据对俄汉语标题的调查与分析，俄汉语标题单项式定心结构相同语义类型有 25 种，不同语义类型中，汉语有 2 种，俄语有 7 种；定语主要有领属、性状、特征、行为、关涉、用途、目的、来源、数量、时间、处所、施事、受事、与事、对象、指别、同指、质料、原因、比拟、缺离、事件、方面/领域、范围等语义类型。此外，俄语标题还有工具、方式、依据、视角、名称、条件和事件阶段类定语，汉语还有品牌、限定类定语。从定语和心语间组合手段看，俄语一般有两种形式：当定语为形容词、物主代词、副词、前置词结构时直接组合，当定语为名词时，构成相应格（常为第二格）后再与心语组合；汉语也有两种形式：带或不带结构助词“的”。从定语位置看，俄语有两种形式：当定语为形容词、物主代词时，定语前置，其他则后置；汉语定语一律前置。具体分析如下。

1. 俄汉语所共有的语义类型

1）领属定语

---

① 李国正：《生态汉语学》，吉林教育出版社 1991 年版，第 303 页。

② 邢福义、汪国胜：《现代汉语》，华中师范大学出版社 2003 年版，第 327 页。

③ 范晓：《短语》，商务印书馆 2000 年版，第 58—59 页。

领属关系是一个原型范畴，领有者是领有成分即修饰语，一般由表示人、物或跟人、物有关的名词来充当，从属者是从属成分即核心，从属者从属于领有者。在形式上通常是由具有“领”和“属”关系的两个NP成分构成的名词短语。语法结构中，“领属关系属于语义平面，语义内容在隐层，必须映射到显层的句法结构才能显现于外”。[①] 廖秋忠认为：“汉语语流中两个名词性成分，A和B有时存在着这样的语义关系：B或为A的一个部件/部分、一个方面/属性，或为与A经常共现的实体、状态或事件，A为B提供了进一步分解A或联想到B的认知框架。”[②]由于不同民族对领属结构的认识过程或认识方式不同，其语言中表示领属结构的句法形式也不尽相同，俄语典型的领属结构一般是属格在前，领格在后，偶尔领格在前，属格在后，汉语则是领格在前，属格在后。俄语第二格名词作定语和汉语带“的”的结构是典型的领属结构标记。领属关系按核心成分和修饰成分之间的语义关系又可分为几个小类。

（1）领有关系

领有关系主要指人与物之间的关系，即某事物属于某人，它是最为原型的领属关系。俄语充当领有定语的有第二格名词、代词、形容词、前置词结构等，其中第二格名词是典型的领有定语，领有定语若用名词二格表示，则意义较为概括，若用该名词派生的形容词表示，意义则较为具体；汉语定语无此区别，一律由名词或代词表示，心语间可用也可不用结构助词“的”。俄语第二格名词作定语相当于汉语带“的”定语，汉语不带“的”的结构往往离原型的领属范畴较远，只有带上“的”以后，这种领属关系才得以凸显。俄语二格名词、物主形容词、代词和前置词结构均可充当定语，汉语大多情况下，“的”不能省。

俄汉语领有关系句法—语义结构模式，俄语丰于汉语，有四种：表物一格名词＋表人二格名词、表人物主代词＋表物一格名词、表人物主形容词＋表物一格名词、表物一格名词＋（表所属关系前置词 y＋表人二格

① 张豫峰：“试论现代汉语领属结构”，《商丘师专学报》，1999年第5期，第41页。
② 廖秋忠：“篇章中的框—棂关系与所指的确定”，《语法研究和探索》第3辑，第30页。

名词),其中第一类最典型,第四类少见,其语义格概括为"从属者+领有者"或"领有者+从属者"(当定语为代词或形容词时);汉语有三种:表人名词+的+表物名词、表人代词+的+表物名词、表人名词+表物名词,其中第一类最典型,第三类不多见,定语与心语大多情况下要用"的",其语义格概括为"领有者+从属者"。如:

[1] Дневник отца(父亲的日记)(Звезда, 2005, №9)

[2] Наши праздники(我们的节日)(Знамя, 2003, №12)

[3] Володина задача(沃洛佳的任务)(Изв. 2006.08.03)

[4] Слезы у обменника(交换者的眼泪)(Изв. 2006.12.04)

[5] 陆玮的草鸡汤(《十月》,2003 年第 4 期)

[6] 母亲的花鞋垫(《人民日报》,2006 年 5 月 30 日)

[7] 我的泪珠儿(《十月》,2002 年第 5 期)

[8] 托尔斯泰故居(《人民日报》,2006 年 9 月 30 日)

[9] 我的家乡"桃花源"(《人民日报》,2006 年 12 月 19 日)

从定语类型看,俄语定语表现形式丰于汉语,既有名词(如例[1])、代词(如例[2])、还有由名词派生的形容词(如例[3])和表所属关系的前置词 у 引导的前置词结构(如例[4]);汉语充当定语的大多是名词(如例[5]、[6]和[8]),还有代词(如例[7]和[9])。俄语例[3]物主形容词 володина 由人名 Володя 派生而来,相当于汉语中某个人名+结构助词"的",俄汉语形容词划分标准不同,俄语形容词是表示物体特征的范畴语法意义的一种词类,汉语形容词是表示事物性质或特征的一种词类。汉语没有物主形容词这一术语,俄语物主形容词相当于汉语表人或动物名词定语。从定语位置看,俄语物主代词、物主形容词定语前置,如例[2]和[3],其余定语后置;汉语定语前置。从定语和心语间组合手段看,俄语中,若定语为名词,构成第二格后再与心语组合,如例[1],若定语为前置词结构,整个前置词结构与心语直接组合,若定语为形容词,则性、数、格与所修饰的名词保持一致;汉语则较简单,大多加结构助词"的",如例[5]—[7]和[9],也有直接组合,如例[8],但此例也可加"的",加

“的”后,更加凸显领有者和被领有者之间的领属与被领属的语义关系。

(2) 从属关系

从属关系又称领属关系,主要指人与人之间的关系,如亲属、姻缘或社会等关系,这种关系一般可看作不可改变的必然关系。俄语充当定语的是二格名词,汉语结构助词“的”不能省,省去后或语义关系发生变化或短语不成立。

俄汉语从属关系的句法—语义结构模式,俄汉语各有两种,俄语有:表人一格名词+表人/动物二格名词、表人物主形容词+表人/动物一格名词,其语义格概括为:“从属者+所属者”或“所属者+从属者”,第一类最典型;汉语有:表人名词/名词短语+的+表人名词、表人代词+的+表人名词,其语义格概括为:所属者+从属者。如:

[1] Помощник китайца(中国人的助手)(Знамя, 2002, №11)

[2] Дети дьявола(魔鬼之子)(Звезда, 2005, №12)

[3] 大老郑的女人(《人民文学》,2003 年第 4 期)

[4] 麻风女的情人(《收获》,2004 年第 3 期)

[5] 谁的女人(《当代》,2003 年第 2 期)

[6] 社区居民的贴心人(《人民日报》,2006 年 5 月 5 日)

[7] 我们的朋友胡三桥(《当代》,2005 年第 6 期)

从定语类型看,俄汉语充当定语的均有名词,如例[1]—[4],汉语充当定语的还有代词(如例[5]和[7])和名词短语(如例[6]),俄语也有表人物主代词作定语,如 мой сын,只是在所调查标题中未见。从定语位置看,俄语定语后置,汉语定语前置。从定语和心语间组合手段看,俄语名词定语,构成第二格后再与心语组合;汉语必须借助结构助词“的”,否则将会产生歧义,如例[4]“麻风女的情人”,若去掉“的”,变成“麻风女情人”,则有两种理解:“是麻风女的情人”或“麻风女是别人的情人”;再如例[5]“谁的女人”,若省“的”,则短语不成立。

(3) 隶属关系

定语表示某人或事物的整体,心语表示其有机组成部分,二者具有整体和部分关系，隶属关系是作为整体的人、事物、现象的集合与其中一个成员的关系。俄语定语大多用二格名词或名词短语，汉语中，当领格是表动物名词时，其中的“的”不能省，表物时，“的”有时可省；而俄语定语无论表人还是表物，用第二格名词或形容词，其语义不变。

俄汉语隶属关系的句法—语义结构模式，俄语少于汉语，有两种：表物一格名词＋表人/物二格名词、表人物主形容词＋表物一格名词，其中人包括动物，其语义格概括为“部分＋整体”，但偶见“整体＋部分”模式；汉语有三种：表人/物名词＋的＋表物名词，表人代词＋的＋表物名词，表物名词＋表物名词，其语义格概括为“整体＋部分”。俄汉语义格正好相反折射出俄罗斯民族先部分后整体，汉民族先整体后部分的认知心理。如：

[1] Венерин волос（维纳斯的头发）（Знамя，2005，№4）

[2] Лапа тигра（老虎爪子）（Знамя，2007，№7）

[3] Шерсть моей любимой собаки（我心爱的狗的毛发）（Знамя，2003，№11）

[4] Ствол ясеня（白蜡树树干）（Нов. мир，2004，№9）

[5] 博尔赫斯的面孔（《十月》，2003 年第 1 期）

[6] 马小度的牙齿（《十月》，2004 年第 1 期）

[7] 父亲的腰（《人民日报》，2006 年 10 月 31 日）

[8] 我的手（《当代》，2002 年第 2 期）

[9] 希尔顿烟蒂（《十月》，2007 年第 2 期）

[10] 尼洋河的水（《人民日报》，2006 年 5 月 9 日）

从定语、心语各自的语义看，定语表人或动物时，心语表示人或动物的一部分，如例[1]—[3]和[5]—[8]，其中汉语该类标题常见，表示人的组成部分，如“面孔”、“牙齿”、“腰”、“手”等；定语表物时，心语表示物的一部分，如例[4]、[9]和[10]。从定语类型看，俄语定语为第二格名词（如例[2]和[4]）、第二格名词短语（如例[3]）、由名词构成的物主形容词（如例[1]），汉语充当定语的除名词（如例[5]—[7]、[9]和[10]）外，还有代词(如例[8]),俄语也有代词作定语,只是在所调查标题中未见;从定语位置看,汉语定语前置,俄语定语既有前置(如例[1]),也有后置(如例[2]—[4]);从定语和心语间组合手段看,俄语定语为名词时,构成第二格后再与心语组合,其他直接组合。汉语大多借助结构助词“的”,但也有直接组合,如例[9],例[9]可加“的”,但不加“的”更符合汉语习惯。

(4) 分属关系

定语表示一定的范围、总体,心语则是这一范围或总体的一部分,定语与心语构成分属关系。分属关系的定心短语与表示整体和部分关系的隶属关系短语在语义关系上有些相似,但隶属关系短语往往表示某一具体事物与它自身的一部分的关系,而分属关系短语表示的是部分与其所属范围的关系,是某一群体跟群体中一部分的关系。由分析可知,俄汉语表时间整体部分的短语较多,从语序看,俄语一般是属格在前,领格在后,偶尔领格在前,属格在后,汉语是领格在前,属格在后。因为汉语定语、心语的语序是逻辑事理的顺序,“它的顺序跟思维之流完全自然合拍”。[①] 俄语定语一般为二格名词或前置词结构,汉语定语为表人名词时,“的”不能省,表物时,“的”可省。

俄汉语分属关系的句法—语义结构模式,汉语多于俄语,俄语有三种:表物一格名词+表物二格名词、表数量一格数词+(表组成部分意义前置词 из+表数量二格数词/表时间段二格名词性短语)、表时间名词+表时间段二格名词性短语名词,其语义格概括为“部分+整体”;汉语有四种:表时间名词+的+表时间名词、表人名词+的+表时间名词、表人名词+的+表时间数量词、表物名词+表数量数量短语,其语义格概括为“整体+部分”。俄汉语语义格正好相反折射出俄汉民族文化差异,汉民族注重整体和谐,受《易经》哲学影响强调从多归一的思想,反映在语言结构上是先整体后部分;俄罗斯人重视分析原则,强调由一到多的思想,反映在语言结构上是先部分后整体。如:

---

① 邢福义:《汉语语法学》,东北师范大学出版社 2000 年版,第 276 页。

[1] Капля дождя(雨滴)(Знамя, 2005, №6)

[2] Семеро из семнадцати(十七人中的七人)(Нева, 2002, №9)

[3] Одна треть(三分之一)(Знамя, 2005, №4)

[4] Время моей жизни(我一生的时间)(Нов. мир, 2007, №8)

[5] 24 часа из жизни женщины(女人一生中的二十四小时)(Нов. мир, 2007, №7)

[6] 青春前期(《当代》,2002 年第 3 期)

[7] 罗锦绣女士的青春(《十月》,2002 年第 6 期)

[8] 一个人的十四年(《当代》,2006 年第 3 期)

[9] 大学生“猪倌”的一天(《人民日报》,2006 年 12 月 8 日)

[10] 曹雪芹《红楼梦》的后二十八回(《当代》,2007 年第 1 期)

[11] 巍巍中华一分子(《人民文学》,2002 年第 1 期)

从定语和心语各自的语义看,定语表时间整体时,心语表示整个时间段的一部分,如例[4]—[6];定语表数量整体时,心语表示整个数量中的一部分,如例[2];定语表某人时,心语表示某人一生中的某个时间段,如例[7]—[9];定语表某事物时,心语表示某事物或整体的一部分,如例[1]和[11]。从定语类型看,俄汉语充当定语的均有名词、名词短语和数(量)词,如例[1]和[6]均为名词充当定语,例[4]和[11]均为名词短语充当定语,例[2]和[8]均为数(量)词充当定语,俄语为数词,汉语为数量短语;此外,俄语充当定语的还有由标记整体与部分意义的前置词 из 引导的前置词结构,如例[2]和[5],汉语充当定语的还有同位语,如例[7]和[9]。从定语位置看,汉语定语前置,俄语定语后置。“语言类型学认为,生命度对语序有很大影响,生命度越高的修饰语越易前置于名词,生命度等级由高至低依次为:人称代词>人物名词>动物名词>非动物具体名词>抽象名词”,①俄语表分属关系的定心短语中,定语大多是非动物具体名词和抽象名词,因此定语一般用第二格名词或前置词结构,置于

① 王翠:“俄语外部领属关系结构”,《中国俄语教学》,2010 年第 2 期,第 39 页。

心语之后。从定语和心语间组合手段看，俄语定语为名词或名词短语时，构成第二格后再与心语组合，为前置词结构或形容词时直接组合；汉语大多借助结构助词“的”，但也有直接组合，如例[6]和[11]，但均可加“的”，加“的”后，可能更强调心语的所属。

（5）性属关系

人或事物往往具有一定的属性，一定的属性也就属于具体的人或事物，这样人或事物与其属性之间可构成“本体”和“属性”的语义关系，在句法上形成本体修饰限制属性的句法结构，“本体”部分即定语，“属性”部分即心语。俄语定语一般为二格名词或名词性短语，汉语较复杂，有的必须加“的”，有的可加可不加“的”，取决于心语的词汇意义。

表性属关系的俄汉定心结构在形式语义上存在一定差别，俄汉性属关系的句法—语义结构模式，汉语丰于俄语，俄语有两种：表物一格名词＋表人二格名词、表物一格名词＋表物二格名词，其语义格概括为“本体＋属性”；汉语有五种：表人名词＋的＋表物名词、表人代词＋的＋表物名词、表人名词＋表物名词、表物名词＋表物名词、表物名词＋的＋表物名词，其语义格概括为“属性＋本体”。如：

[1] Дело писателей（作家的事业）（Изв. 2006.09.19）

[2] Всеведенье пророка（先知者的无所不知）（Филол. науки，2004，№6）

[3] Права собаки и гражданина（狗与公民的权利）（Изв. 2006.11.20）

[4] Тупики демократии-содержанки（民主姘夫的死胡同）（Изв. 2006.02.27）

[5] Осколки памяти печальной（忧伤记忆的残痕）（Нева，2003，№8）

[6] 名将心声（《人民日报》，2006年9月12日）

[7] 张振武观点（《人民日报》，2006年4月24日）

[8] 王小二同学的爱情（《人民文学》，2002年第3期）

[9] 我们的爱情(《当代》,2004 年第 6 期)

[10] 奇石之魂(《十月》,2004 年第 6 期)

[11] 金子的声音(《当代》,2002 年第 6 期)

[12] 名城的魅力(《人民日报》,2006 年 7 月 29 日)

从定语语义看,俄语主要为表人的性属定语,表物的性属定语罕见,只发现一例,如例[5],汉语除表人外,还有大量表物的定语,如例[11]。从定语类型看,俄汉语充当定语的均有名词和同位语,俄语充当定语的有单个第二格名词(如例[1]和[2])、单个第二格名词并列(如例[3],单个名词并列在汉语中为短语,在俄语中仍为词)、同位语(如例[4])和名词短语(如例[5]);汉语充当定语的有名词(如例[6]、[7]和[10]—[12])、同位语(如例[8])、代词(如例[9])。从定语位置看,俄语定语后置,汉语定语前置;从定语和心语间组合手段看,俄语定语为名词或名词短语时,构成第二格后再与心语组合;汉语主要借助结构助词"的"或相当于"的"义的文言词"之",如例[10]。此外,还有直接组合,如例[6]和[7]。汉语有的"的"不能省,例[8]和[9]省"的"后,短语不成立;有的可省,如例[12]省后标题更简洁。

(6) 其他类

领属关系除以上 5 类外,定语与心语的关系还可表示事物及其产物、事物本身的性质、由事物借助某种外部条件所形成的另一事物等。"结构主义语言学中,两个轴向上的修辞关系是大量交合的,两个轴上的分节方式有时是反常的,所以组合段和聚合系统之间的区分也可能变得模糊了,也许正是由于这种违反二者之间区分规则的情况才导致大量创造性现象的出现"。① 领属关系还可能有更多的下位类型,其内部关系取决于定语和心语的词汇意义,尤其是心语的词汇意义。随着研究的深入,新的下位或更下位关系还有可能被发现。俄语定语一般为二格名词或名词性短语,汉语均可省"的"。

① 罗兰·巴特著,李幼蒸译:《符号学原理》,三联书店 1988 年版,第 168 页。

俄汉语该类关系的句法—语义结构模式各有两种，俄语为：表物一格名词＋表动物二格名词、表物一格名词＋表物二格名词，其语义格概括为：产物＋事物；汉语为：表物名词＋的＋表物名词，表物名词＋表物名词，俄语第一类汉语存在，只是在所调查标题中未见，其语义格概括为：事物＋产物。如：

[1] Яйцо пингвина（企鹅蛋）（Нева，2002，№9）

[2] Запах оружия（武器的气味）（Нов. мир，2007，№10）

[3] Вкус чёрного хлеба（黑面包的味道）（Нева，2002，№5）

[4] Тени летящих птиц（飞鸟的影子）（Знамя，2004，№8）

[5] 香烟灰（《收获》，2007 年第 6 期）

[6] 枣的味（《人民日报》，2006 年 9 月 2 日）

[7] 苹果的香味（《人民文学》，2006 年第 5 期）

[8] 天池的倒影（《十月》，2005 年第 1 期）

从以上各例可看出，俄汉语在此义上一一对应，表示事物及其产物的如例[1]和[5]，表示事物及其性质的如例[2]、[3]、[6]和[7]，有人认为此类为含属关系；表示事物及由事物借助某种外部条件所形成的另一事物的为例[4]和[8]。从定语类型看，俄语充当定语的为第二格名词（如例[1]和[2]）和第二格名词短语（如例[3]和[4]），汉语充当定语的均为名词。从定语位置看，俄语定语后置，汉语定语前置。从定语和心语间组合手段看，俄语定语为名词或名词短语时，构成第二格后再与心语组合；汉语主要借助结构助词“的”，但“的”均可省，作者加“的”是为了强调领属关系，具有特殊的语用效果。此外，还有直接组合，如例[5]，例[5]可加“的”，但加“的”后，因“的”之前是双音节，之后是单音节，造成音节上不对称，故标题听起来不顺耳。

2）性状定语

性状定语表示心语事物的性质或状态。定语和心语之间常用“的”。俄汉语充当性状定语的大多是形容词，还有名词（汉语较少，俄语较多），俄语还有副词、介词结构等，汉语还有动宾短语、状心短语等。从心语语义看，均有表人、表物、表处所名词；汉语还有表时间名词。从定语位置看，俄语定语有前置和后置两种，定语为形容词时前置，其他后置；汉语定语前置。从定语和心语间组合手段看，俄语定语为形容词时，与心语性、数、格保持一致，定语为名词或名词性短语时，先构成第二格，再与心语组合；定语为前置词结构与副词时与心语直接组合；汉语主要借助结构助词"的"，也有直接组合；汉语中，如果定语与心语易位，其结构关系相同，由"定中"变为"主谓"，如"硬雪(《十月》，2003 年第 3 期)"，定心易位后去掉结构助词"的"，变为"雪硬"，其结构关系则由"定中"变为"主谓"，同样，俄语定语为形容词时，位置互变，其结构关系也由"定中"变为"主谓"，如"Разумный баланс"(合理平衡)(Изв. 2006.08.31)，形名易位后变为 Баланс разумный，其结构关系则由"定中"变为"主谓"。该类汉语很典型，为了分析更细致，根据心语语义又分为如下几类。

(1) 心语为表人名词

[1] Новые смутьяны(新煽动者)(Изв. 2006.11.13)

[2] Жених поневоле(不自由的新郎)(Изв. 2006.07.21)

[3] Родители со скидкой(不称职的父母)(Изв. 2006.05.16)

[4] Сладенький наш(甜蜜的我们)(Изв. 2006.11.22)

[5] 简朴的吴宓(《人民日报》，2006 年 4 月 11 日)

[6] 幸福的女人(《当代》，2007 年第 3 期)

[7] 背黑锅的人(《收获》，2005 年第 5 期)

[8] 不屈不挠的旅人(《人民文学》，2004 年第 4 期)

除例[4]心语为表人物主代词外，其他为表人名词。充当定语的俄汉语大多是形容词，如例[1]和[4]—[6]；此外，俄语还有副词(如例[2])、前置词结构(如例[3])，汉语还有动宾短语(如例[7])，动词性成语(如例[8])，俄语动词性短语作定语一般表行为义。

(2) 心语为表具体事物名词

[1] Сладкая и соленая вода(又甜又咸的水)(Изв. 2006.07.25)

[2] Цветок зла(恶之花)(Изв. 2006.09.27)

[3] Книга по душе(合意的书)(Знамя, 2007, №7)

[4] 冰冷的链条(《当代》,2006 年第 6 期)

[5] 系着野牛筋的旅游鞋(《十月》,2004 年第 6 期)

[6] 锈锄头(《人民文学》,2006 年第 8 期)

从定语类型看,俄汉语均有形容词,如例[1]、[4]和[6],此外,俄语还有名词(如例[2])和前置词结构(如例[3]),汉语还有动宾短语(如例[5])。

(3) 心语为表抽象事物名词

[1] Опасная профессия(危险职业)(Изв. 2006.09.21)

[2] Закон компромиссов(折中法律)(Изв. 2006.12.07)

[3] 震撼灵魂的力量(《人民日报》,2006 年 6 月 15 日)

[4] 理想生活(《十月》,2002 年第 2 期)

从定语类型看,俄汉语大多为形容词,如例[1]和[4];此外,俄语还有第二格名词(如例[2]),汉语还有动宾短语(如例[3])。

(4) 心语为表时间名词

该类只见于汉语,如前例定语为动词短语,后例为名词。

[1] 无事生非的雨季(《十月》,2003 年第 5 期)

[2] 激情年代(《人民文学》,2002 年第 9 期)

(5) 心语为表处所名词

该类汉语很典型,俄语不多,心语多为国家、城市等定域处所名词。如:

[1] Якутия на грани замерзания(处于结冰界的雅库特)(Изв. 2006.11.20)

[2] Ирак на пороге гражданской войны(国内战争临近的伊拉克)(Изв. 2006.02.26)

[3] 自由的街巷(《收获》,2002 年第 6 期)

[4] 最热闹的电影院(《十月》,2006 年第 6 期)

[5] 挤得灿烂的香港(《人民文学》,2005 年第 1 期)

定语为表状态的前置词结构；汉语定语主要为形容词，还有状心结构，如例[5]。从定语位置看，俄语定语因为前置词结构，所以后置，汉语定语前置。从定语和心语间组合手段看，俄语直接组合，汉语主要借助结构助词“的”。

3）特征定语

表示心语事物所具有的特征的定语，它一般是表示颜色、式样、形状等事物外在特征的词语或区别词，从特征上对心语进行描写。表示事物的特征、类型，汉语一般用形容词表示，尤以表颜色的形容词突出；俄语也可用形容词，形容词表示的特征较概括，但前置词结构用作特征定语较典型，尤其是前置词 с＋第五格名词更为常见，再次为前置词 в/на＋名词第六格。前置词结构表示的特征较具体，鉴于俄汉语中表特征定语的多样性，为了分析得更细致、更全面，我们根据心语语义将该类分为以下几个分类。

（1）心语为表人名词

[1] Поэт с шелковым шарфом（系丝巾的诗人）（Изв. 2006.01.23）

[2] Русалка в сюртуке（穿常礼服的美人鱼）（Знамя，2002，№5）

[3] 老法师（《当代》，2003 年第 2 期）

[4] 老夫妻（《十月》，2007 年第 2 期）

[5] 特型演员（《当代》，2007 年第 2 期）

[6] 穿银色旗袍的女人（《收获》，2003 年第 4 期）

从定语类型看，俄语主要为表特征的前置词 с＋名词第五格，如例[1]，有时为表穿戴义的前置词 в＋名词第六格，如例[2]，汉语主要为形容词，如例[3]表年龄，例[4]表时间；还有名词，如例[5]表类型；动宾短语，如例[6]表穿戴义。

（2）心语为表具体事物名词

[1] Цветные мелки（彩色粉笔）（Нов. мир，2002，№3）

[2] Необъятное фото（异常大的照片）（Изв. 2006.03.27）

[3] Полосатая скважина（带状油井）（Изв. 2006.08.04）

[4] Дом с двумя куполами(双圆顶的房子)(Нов. мир, 2002, №4)

[5] Галстук в крапинку(小花点领带)(Изв. 2006.09.13)

[6] 白色玫瑰(《十月》,2006年第5期)

[7] 彩色的荒漠(《人民日报》,2006年4月8日)

[8] 倾斜的树(《人民文学》,2007年第7期)

[9] 光裸的向日葵(《收获》,2004年第2期)

从定语语义及类型看,俄汉语表颜色、形状时均为形容词,表颜色时,俄语如例[1],汉语如例[6]和[7]。俄语表颜色词,除 цветной 只对应于汉语一个词"彩色"外,其他颜色词均对应汉语两个词,如 белый 对应汉语"白"、"白色"。俄汉语表形状形容词定语如例[3]和[8];表特征时俄语用前置词 с+名词第五格(如例[4])和前置词 в+名词第四格(如例[5])表示,汉语为形容词,如例[9];此外,俄语还有表大小的形容词充当定语,如例[2]。从定语和心语间组合手段看,俄语直接组合,汉语既可直接组合也可带结构助词"的",定语表颜色义时,一般直接组合,如例[6],即使短语带结构助词"的",也可省略,且意义不变,如例[7]"彩色的沙漠",去掉"的"变为"彩色沙漠",可能更符合汉语习惯。但语用上有些微变化,加"的"强调沙漠的"颜色",不加"的"强调整体。

(3) 心语为表抽象事物名词

[1] Черный оборот(石油流通)(Изв. 2006.11.10)

[2] Наглядная история(直观的历史)(Изв. 2006.11.22)

[3] Максимальные секреты(最大的秘密)(Изв. 2006.06.26)

[4] Сделка с гарантией(有担保的合同)(Изв. 2006.09.13)

[5] Проблемы на высшем уровне(高层问题)(Изв. 2006.02.28)

[6] 细嗓门(《人民文学》,2007年第7期)

[7] 远距离(《人民文学》,2004年第7期)

[8] 绿色天书(《人民文学》,2004年第8期)

[9] 同一种风景(《人民文学》,2007年第1期)

从定语语义及类型看,俄语主要为表特征的前置词 с+名词第五格

(如例[4]),其次还有表颜色、类型、规模形容词(如前三例)、规模等级前置词 на＋名词第六格(如例[5]指高层楼房带来的问题);汉语主要为形容词,如例[6]表特征、例[7]表度量、例[8]表颜色,还有一例为表种类的名词作定语,如例[9]。

(4) 心语为表地点名词

[1] Сиреневый хутор(淡紫色的村庄)(Нов. мир, 2003, №10)

[2] Нью-Йорк со "Слезой" (含"泪"的纽约)(Изв. 2006.09.12)

[3] Город по вертикали(垂直城市)(Звезда, 2002, №9)

[4] 金地(《十月》,2004 年第 4 期)

[5] 女性的天空(《十月》,2006 年第 2 期)

该类俄汉语均不多,俄汉语表颜色的形容词定语各一例,如例[1]和[4],例[4]从原文可知,指"被太阳照射得金黄金黄的大地";俄语还有表特征的前置词 с/по＋名词第五格/第三格作定语,如例[2]和[3],汉语还有表性别区别词作定语,如例[5]。从定语和心语间组合手段看,俄语直接组合,汉语既有直接组合,也有带结构助词"的"。

4) 行为定语

行为定语表示跟心语事物有关联的行为活动,定语和心语之间常用"的"。表行为的定语俄语以标记行为义的定语为主,如形动词、形动词短语、定语从句,其次还有少量动词短语,汉语由表示与心语有关联的动作行为动词及其动词性短语充当。表行为的定语均很多,为了区分更清,我们根据心语语义类型分为以下几类。

(1) 心语为施事

[1] Любители отмечать чужой праздник(庆祝别人节日的爱好者)(Изв. 2006.08.23)

[2] Тонущий город(下沉的城市)(Нов. мир, 2006, №8)

[3] Пятилетка количества, переходящего в качество(由数量转向质量的五年计划)(Изв. 2006.09.11)

[4] Сериал, который преобразил американскую мужскую моду(改

变美国男性时髦的系列剧)(Изв. 2006. 08. 02)

[5] 采浆果的人(《收获》,2004 年第 5 期)

[6] 重叠影像(《人民文学》,2005 年第 1 期)

[7] 呜咽的马(《收获》,2002 年第 5 期)

[8] 奔跑的风景(《十月》,2006 年第 3 期)

[9] 前进的澳大利亚(《人民日报》,2006 年 4 月 13 日)

[10] 飞翔的豆芽(《当代》,2005 年第 1 期)

从定语类型看,俄汉语充当定语的均有动词性短语,如例[1]和[5]为动词性短语;此外,俄语还有形动词、带形动词短语的定语及定语从句作定语,如例[2]为主动形动词,例[3]为主动形动词短语,例[4]为定语从句;汉语还有单个动词作定语,如例[6]—[9]。从心语语义看,俄汉语均有表人、地点和事物名词,如例[1]和[5]为表人名词,例[2]和[9]为地点名词,例[3]、[4]、[6]和[8]为事物名词;此外,汉语还有物质名词(如例[10])和动物名词(如例[7])。从定语位置看,俄语形动词作定语前置,动词性短语、形动词短语和定语从句后置,汉语定语前置;从定语和心语间组合手段看,俄语有直接组合,如例[1]和[2],定语为带形动词短语和定语从句时借助逗号组合,如例[3]和[4],汉语主要借助结构助词“的”,如例[5]和[7]—[10],还有直接组合,如例[6]。汉语直接组合类定心易位则变成主谓结构,如“重叠影像”易位为“影像重叠”,由原来的定心短语变成了主谓短语,带结构助词“的”类,若去掉“的”后再易位,则由原来的定心短语变成主谓短语,如“呜咽的马”变成“马呜咽”,俄语则不能,形动词即使易位仍为定心短语,因为形动词是由动词构成的,若作谓语,直接用动词变位形式即可。

(2) 心语为受事

[1] Найденные ключи(找到的钥匙)(Знамя, 2002, №3)

[2] Деньги, утраченные звездами(明星们挥霍的钱)(Изв. 2006. 10. 26)

[3] Куклы, в которые играют думцы(杜马议员玩的洋娃娃)(Изв.

2006.12.08)

[4] 淋湿的翅膀(《十月》,2007年第3期)

[5] 失不起的言(《人民日报》,2006年12月15日)

[6] 不可轻视的朝鲜女队(《人民日报》,2006年4月27日)

心语为受事时,俄语定语一般为被动形动词、被动形动词短语和带 который 的定语从句,如例[1]被动形动词作定语,例[2]被动形动词短语作定语,例[3]带 который 的定语从句作定语;汉语定语为动词、状中结构和动补结构,如例[4]动词作定语,例[5]为动补结构作定语,例[6]为状中结构作定语;从定语位置看,俄语形动词作定语前置,形动词短语和定语从句作定语后置,汉语定语前置;从定语和心语间组合手段看,俄语有直接组合,如例[1],但定语为形动词短语和定语从句时借助逗号组合,如例[2]和[3],汉语必须借助结构助词"的",否则变成动宾结构,如"淋湿的翅膀"去掉"的"则为"淋湿翅膀",由定心结构变成了动宾结构。

(3) 心语为表时间名词

[1] Отсрочки, которые мы потеряли(我们错失的延期)(Изв. 2006.03.31)

[2] 买书时刻(《人民日报》,2006年5月9日)

[3] 迷蒙之季(《十月》,2003年第2期)

[4] 读数时代(《人民文学》,2002年第8期)

[5] 相爱的日子(《人民文学》,2007年第5期)

该类俄语很少,如例[1],定语为带 который 的定语从句,心语既是受事,又为时间名词,汉语定语为动词,汉语心语只为单纯的时间名词。从定语和心语间组合手段看,俄语定语从句与心语借助逗号组合,汉语直接组合,如例[2]和[4],或借助结构助词"的",如例[5],或借助相当于"的"义的文言词"之",如例[3]。

5) 关涉

表示事物涉及或所归属的范围、方面或内容,关涉关系定语是与心语有一定关系的话题,心语是定语这一话题的相关情况,一般是表示"方法、规则、方针、政策、历史、事件、故事、文学作品体裁”等类的抽象名词，表示文学体裁的名词以汉语见多；充当关涉定语的介词结构、名词或名词短语等，既有标记类，也有无标记类。俄语标记或引出关涉关系的前置词主要有 о、про 和 по 等，汉语能标记或引出关涉关系的介词主要有“关于、有关、涉及”等。无标记类均有名词（俄语为第二格名词）、名词性短语（俄语为第二格名词性短语）、动词（俄语为动词不定式）和动词性短语；此外，汉语还有形容词和主谓短语。我们根据定语类型进行分析。

（1）介词结构

充当关涉定语的介词结构多为标记类。俄语能标记或引出关涉关系的前置词主要有 о、про 等，汉语主要有“关于、有关、涉及”等。从心语词汇看，俄汉语心语一般为抽象名词，俄语所用词汇一般为 миф、правда、правило、путеводитель、стратегия、проблема、курс、повесть、проза、книга、курс 等，汉语一般有“法规、意见”等。如：

[1] Миф об едином кандидате（唯一候选人的神话）（Изв. 2006.02.07）

[2] Повесть о настоящем пчеловеке（真正养蜂人的故事）（Изв. 2006.09.25）

[3] Проза про любовь（爱情散文）（Изв. 2006.03.27）

[4] Курс на экономическую изоляцию（经济封锁方针）（Изв. 2006.03.09）

[5] 和身体有关的事物（《人民文学》，2005 年第 3 期）

[6] 涉及中医药的法律法规（《人民日报》，2006 年 10 月 26 日）

[7] 对《关于〈现代汉语常用字表〉的两点意见》的意见（《中国语文》，2003 年第 1 期）

俄语表关涉义的前置词 о 和 про 在标题中出现的频率较高，如前三例，其中以前置词 о 引导的前置词结构居多。此外，前置词 на 引导的结构也具有关涉意义，如例[4]；汉语由介词介引的表关涉义的介词结构定语在所调查标题中只发现三例，如例[5]—[7]，分别为介词“……有关、涉及……、对……”介引的介词结构。从定语和心语间组合手段看，俄语直接组合，汉语借助结构助词“的”。

(2) 名词/名词短语等

定语为名词/名词短语或动词/动词短语等时，心语一般是表示“方法、规则、方针、政策、历史、故事、文学作品体裁”等类的抽象名词。

A. 心语为文学作品体裁名词

心语为文学作品体裁名词常见于汉语，俄语只发现一例。心语为文学作品体裁名词时，定语一般是带前置词结构。汉语该类很多，一般为“童话、诗、诗篇、诗章、……曲(宋元时期的一种韵文形式)、……(小、散、手、大事)记(记载事物的书或文章)、辞(古代一种文学体裁)、本纪(纪传体史书中帝王的传记)、赋(我国古代一种文体，介于韵文和散文之间)、咏叹调(西洋歌剧、清唱剧中的独唱曲)、谣(民间流传的体裁，可以随口唱出的韵语)、歌谣”等。如：

[1] Хроника убийств(谋杀大事记)(Изв. 2006.09.27)

[2] 草原童话(《人民文学》,2003 年第 4 期)

[3] 爱情诗(《收获》,2004 年第 1 期)

[4] 青城诗章(《人民文学》,2002 年第 2 期)

[5] 播种曲(《人民日报》,2006 年 5 月 16 日)

[6] 李生记(《人民文学》,2007 年第 1 期)

[7] 吉庆街小记(《人民文学》,2006 年第 8 期)

[8] 春天手记(《人民文学》,2007 年第 4 期)

[9] “鸟巢”大事记(《人民日报》,2006 年 9 月 18 日)

[10] 秋风辞(《人民文学》,2005 年第 7 期)

[11] 杨广本纪(《当代》,2006 年第 4 期)

[12] 邹城赋(《人民日报》,2006 年 10 月 14 日)

[13] 开封城墙咏叹调(《人民日报》,2006 年 7 月 18 日)

[14] 波湖谣(《人民文学》,2003 年第 6 期)

俄语定语为第二格名词，汉语除有名词或名词性短语充当定语外，还有动词(如例[5]);从心语词类看,俄汉语心语一般为名词;从定语位置看,俄语定语后置,汉语定语前置;从定语和心语间组合手段看,俄语定语先构成第二格再与心语组合,汉语直接组合。

B. 心语为其他名词

心语一般为抽象名词,俄语所用词汇一般为 правило、стратегия、история、опыт、загадка、триада 等,汉语一般有“规则、条约、事、故事、典故、往事、轶事、传说、传奇、史、‘之……’类(如之类、之歌、之谜、之梦、之死)、申请、余绪、含义(意义)、……诀、……歌(赞歌、颂歌、骊歌等)”等。由这类词还可推测,俄语可能有 способ、метод、норма、принцип、особенность、специфика、аспект、вопрос、факт、подробность、легенда、рассказ、учебник、доктрина、договор、песня 等,汉语还可能有“方法、作法、做法、情况、方针、政策”等。如:

[1] Правила игры(游戏规则)(Изв. 2006.02.09)

[2] Стратегия “большого газа” России(俄罗斯“大汽”战略)(Изв. 2006.08.28)

[3] История одного обращения(一种称呼的历史)(Изв. 2006.12.04)

[4] Опыт систематизации литературных терминов и понятий(文学术语和概念的系统化经验)(Вестник МГУ, 2002, №3)

[5] Триада национальных ценностей(民族价值的三位一体说)(Изв. 2006.07.13)

[6] 苹果酒屋的规则(《人民文学》,2002 年第 1 期)

[7] 双人床条约(《当代》,2007 年第 2 期)

[8] 银城故事(《收获》,2002 年第 1 期)

[9] 乡村典故(《当代》,2004 年第 2 期)

[10] 城市传说(《十月》,2002 年第 2 期)

[11] 村庄史(《人民文学》,2006 年第 1 期)

[12] 林黛玉沉湖之谜(《当代》,2007 年第 4 期)

[13] 离婚申请(《当代》,2003 年第 2 期)

[14] 灯的含义(《人民日报》,2006 年 7 月 4 日)

[15] 政协工作的“五字诀”(《人民日报》,2006 年 7 月 28 日)

[16] 索米娜之歌(《人民文学》,2003 年第 3 期)

从定语类型看,俄汉语充当定语的均有名词或名词性短语(俄语为第二格名词或名词性短语),如例[1]—[11]和[14]—[16];此外,汉语还有动词(如例[13])、主谓短语(如例[12])。从定语位置看,俄语定语后置,汉语定语前置。从定语和心语间组合手段看,俄语名词或名词性短语先构成第二格再与心语组合,汉语直接组合的也很多,如例[7]—[11]和[13],也有带结构助词“的”,还有带类似于结构助词“的”义的文言词“之”,如例[12]和[16]。

6) 种属关系

心语和定语之间有种属关系,心语往往是属概念,是一个大的范畴,定语则是种概念,是一个小范畴,亦称含义定语。该类定语是对心语事物作具体化的解释,定语和心语处在同指一种对象的关系中。俄汉语充当定语均有动宾短语,俄语还有动词和名词定心短语,汉语还有名词和动词性定心短语。如:

[1] Попытка вспомнить(试图回忆)(Знамя, 2007, №9)

[2] Попытки увидеть целое(努力看见整体)(Знамя, 2007, №2)

[3] Проблемы транспортных пробок(交通阻塞问题)(Изв. 2006. 05. 24)

[4] “嗜好的读书”习惯(《人民日报》,2006 年 2 月 11 日)

[5] 防患于未然的指南(《人民日报》,2006 年 12 月 9 日)

[6] 诗人的失踪现象(《当代》,2005 年第 6 期)

[7] “梁成犬”之类(《人民日报》,2006 年 2 月 7 日)

这类“x 的 y”定心短语一般可转化为“x 这种 y”,如 попытка вспомнить 变换为 вспомнить 这种 попытка、проблемы транспортных пробок 变换为 транспортных пробок 这种 проблемы;“‘嗜好的读书’习

惯”变换为“‘嗜好的读书’这种习惯”、“防患于未然的指南”变换为“防患于未然这种指南”。

7）用途

表示事物的用途（适用范围），俄语一般要用标记前置词 для、на 以及其他前置词如 в、от、против 等，其中前置词 для 用得最多，汉语有“用于”、“用作”、“作为”等作为标记词，但在所调查标题中未见。如：

[1] Ящик водки（伏特加酒箱）（Знамя，2004，№5）

[2] Прощальный выход（分手的出口）（Знамя，2006，№3）

[3] Лекарства для головы（治头痛药）（Изв. 2006.07.12）

[4] Вакцина от пиратства（抗海上行劫疫苗）（Изв. 2006.05.23）

[5] Снадобье против самозванки（治冒名者的药）（Изв. 2006.12.12）

[6] Неделя на размышление（思考周）（Изв. 2006.12.07）

[7] Инвестиции вместо инфляции（投资代替通货膨胀）（Изв. 2006.05.23）

[8] Время говорить о сокровенном（谈心时间）（Изв. 2006.12.04）

[9] 西瓜船（《收获》，2005 年第 1 期）

[10] 防洪堤（《人民日报》，2006 年 9 月 9 日）

[11] 拴马桩（《收获》，2003 年第 5 期）

[12] 贮藏机器的房子（《人民文学》，2002 年第 2 期）

[13] 盛装生命的器皿（《人民日报》，2006 年 4 月 29 日）

从定语类型看，表示事物的用途，俄语充当定语的主要为前置词结构，用标记前置词 для 和 на 引导的前置词结构，如例[3]和[6]，其次还有前置词 вместо 引导的前置词结构，如例[7]，以及由防治某种疾病的药物所用的前置词 от 和 против 借用到防治某种行为，如例[4]和[5]；此外，俄语充当定语的还有形容词，如例[2]；用形容词作定语和用前置词结构作定语在意义上有差别：前者强调性质，后者强调用途。汉语充当定语的主要为名词，如例[9]，初看标题可理解为形状或用途，但从原文可知指“装西瓜的船”，俄语也有名词作定语，为名词第二格，如例[1]；其次，汉语还有动词（如例[10]和[11]）、动宾短语（如例[12]和[13]），俄语也有动宾短语作定语，如例[8]，但不如汉语典型。

8）目的

动作、行为、事件等发生或产生所要达到的目的俄语常由表目的标记的前置词 за、для、во имя、на что、в поисках、в、по、от 等引出，汉语常由介词“为、为了、为着”（或构成“为/为了……而”格式）等引出，用作称名结构标题少见，在所调查标题中未见，俄语该类较多。如：

[1] Битва за Лондон（伦敦保卫战）（Изв. 2006.07.21）

[2] Испытания для будущих дипломатов（对未来外交官的考验）（Изв. 2006.07.07）

[3] Записки на память（作为纪念的笔记）（Знамя，2002，№12）

[4] Саммит во имя стабильности и безопасности（为了稳定和安全的高级会晤）（Изв. 2006.07.13）

[5] Россия в поисках духовных скреп（寻找精神支柱的俄罗斯）（Изв. 2006.04.05）

[6] Мирная армия（维和部队）（Изв. 2006.01.31）

[7] 婚宴（《人民文学》，2005 年第 8 期）

[8] 选修课（《十月》，2003 年第 6 期）

从定语类型来看，俄语充当定语的主要为前置词结构，如例[1]—[5]，用得最多的是标记目的的前置词 за 引导的前置词结构，如例[1]，该类在标题中出现频率较高，如 Война за “мокрое место”（为“水地”而战）（Изв. 2006.09.08）、Борьба за проживание（生死之战）（Изв. 2006.02.21）、Драка за миллион（百万争夺）（Изв. 2006.08.23）等；其次为表目的义的前置词 для，在所调查标题中也较多，如例[2]，又如 Основа для исторической перспективы России（俄罗斯历史前途的基础）（Изв. 2006.02.15）、“Справедливость для каждого в России и для России в мире”（“为了俄罗斯的每个人和俄罗斯在全球的公平”）（Изв. 2006.11.22）

等。此外，常用的还有 на、во имя、в поисках 等引导的前置词结构，如例[3]—[5]；还有形容词用作目的定语，如例[6]мирная армия 表示"维和部队"。汉语充当目的义的定语一般为名词(如例[7])、动词(如例[8])。从心语用词看，俄语心语主要为"斗、打"一类的名词，如 драка、битва、война、борьба、работа、игра 等之类的名词，表示为了什么目的而去干什么，汉语一般可通过易位进入模式"……用于……"，如例[8]"选修课"变换为"课用于选修"。

9）来源

表示事物的来源，俄语一般用表来源标记的 из、от、с 等引导的前置词结构和名词第二格非一致定语表示，汉语以名词为主，其次是以"出自、来自、来源于"等动词作为标记的动宾短语和主谓短语。从定语类型看，俄语以前置词结构为主，其次为第二格名词；汉语以名词为主，其次为带标记动词的动宾短语、主谓短语作定语。由调查可知，该类汉语较多。如：

[1] Вид из чужого окна(别人窗里的风景)(Знамя，2002，№11)

[2] Сводка с фронта празднования(来自前线的庆祝通报)(Изв. 2006.11.07)

[3] Антикоррупция от оппозиции(来自反对派的反贪)(Изв. 2006.10.04)

[4] Вина Грузии(格鲁吉亚红酒)(Изв. 2006.06.15)

[5] Советы постороннего(旁人的忠告)(Изв. 2006.05.17)

[6] 来自非洲的"中国迷"(《人民日报》,2006 年 11 月 2 日)

[7] 印第安村落走出的总统(《人民日报》,2006 年 1 月 24 日)

[8] 出自艺术家之手的轿车(《人民日报》,2006 年 2 月 14 日)

[9] 俄罗斯套娃(《收获》,2007 年第 1 期)

[10] 日本遗孤(《当代》,2005 年第 4 期)

俄汉语中分别有表来源关系标记前置词和标记动词，俄语带标记前置词 из、с、от 等的前置词结构较多，尤以 из、с 为多，如前两例；再如

Голос из русской Вандеи(来自俄罗斯暴动策源地的声音)(Нов. мир, 2007, №7)、Термояд с Луны(来自月球的热核)(Изв. 2006.06.01)等。带 от 的不多,如例[3]。汉语"来自、(走)出、出自"等作为标记词也见于称名结构标题中,如例[6]—[8]。俄汉语中均有名词充作定语,俄语为表地点或表人的名词第二格作定语,如例[4]和[5],汉语用得较多的一般是地点名词,如后两例;从心语语义看,俄汉语均有表物名词且结构类型相似,如例[4]和[9],вина Грузии 与"俄罗斯套娃"均是由表地点名词和表物名词组成,不同的是,汉语表地点名词居前,俄语居后,且用第二格。此外,俄语表事物名词较多,如例[1]—[3]和[5],汉语还有表人名词,如例[6]、[7]和[10]。从定语和心语间组合手段看,俄语前置词结构和名词第二格定语与心语直接组合,汉语表产地来源的大多为直接组合,如后两例,也有带结构助词"的",一般是带标记词,如例[6]—[8]。

10) 数量定语

数量定语表示心语事物的数量,是对心语从数量上加以限定的成分,与心语之间一般不用"的"。汉语是数词和量词结合构成的数量短语、还有顺序数词、表顺序义的名词充当定语,俄语一般是顺序数词、还有表数量义的名词或形容词以及前置词结构作定语,汉语该类很典型。如:

[1] Пятая колонна(第五纵队)(Изв. 2006.08.24)

[2] Двойной тариф(双份税率)(Изв. 2006.09.21)

[3] Кружка молока(一杯牛奶)(Нева, 2002, №5)

[4] Кредит на миллион долларов(一百万美元的贷款)(Изв. 2006.05.16)

[5] 一个怪人(《人民文学》,2005 年第 5 期)

[6] 三十三朵牵牛花(《收获》,2002 年第 1 期)

[7] 第九位寡妇(《当代》,2006 年第 2 期)

[8] 最后一课(《当代》,2007 年第 2 期)

从定语类型看,汉语定语为数量短语,俄语定语一般为顺序数词(如例[1])、表数量意义的名词(如例[3])、前置词 на 与表数量意义的名词词组构成的前置词结构(如例[4]);以及表示数量意义的形容词(如例[2]);汉语数量短语充当定语的称名结构标题很多,如例[5]和[6],顺序数词作定语不多,如例[7],此外,还有用表顺序义的名词,如例[8]。俄语顺序数词置于名词前与名词性、数、格保持一致,表数量意义的前置词结构作定语后置,表数量意义的名词构成第二格置于心语后;汉语定语前置。从定语和心语间组合手段看,俄语直接组合,汉语数量定语和心语之间一般不需加"的"。

11) 时间

"语言是一种时空结构,时间和空间是人类感知的最基本领域,对语言系统的影响,必然是时空两个方面各种复杂因子的交互作用。"①因此此类标题最多。时间定语表示心语事物所关涉的时间,一般由表示时间的词语充当。俄语定语由表时间的形容词、名词或名词性短语、前置词 в、на、за 等引导的前置词结构以及副词充当,汉语定语由表时间的名词和名词性短语充当。汉语时间名词在标题中运用比俄语典型,俄语前置词结构、副词又比汉语典型;俄汉语均有自己特色的时间定语,俄语可用相当于汉语"时间名词+的"结构的表时间的形容词,汉语还可用动词(大致对应于俄语形动词)、动词短语(大致对应于俄语时间定语从句)和数量短语(大多对应于俄语前置词结构)。俄汉语表时间定语很多,更常见于汉语。为了分析得更细致,我们根据定语类型分为以下几类。

(1) 定语为时间名词

[1] Поездка дня(议事日程)(Изв. 2006.11.13)

[2] Сливки будущего(未来的精英)(Изв. 2006.09.27)

[3] 昨日的猎手(《收获》,2003 年第 1 期)

[4] 除夕夜的哨兵(《人民日报》,2006 年 1 月 28 日)

[5] 本命年短信(《收获》,2007 年第 2 期)

---

① 李国正:《生态汉语学》,吉林教育出版社 1991 年版,第 131 页。

[6] 秋之雾(《收获》,2005 年第 2 期)

[7] 童年的梦(《十月》,2006 年第 3 期)

[8] 岁月的回声(《十月》,2003 年第 2 期)

[9] 唐朝的天空(《人民文学》,2003 年第 8 期)

[10] 盛世风情(《人民文学》,2002 年第 1 期)

俄语时间名词充当定语的不多,如例[1]为表日期的时间名词,例[2]为表时间段的名词化的形容词,汉语充当定语大多为时间名词,有以具体的日、夜、季节、岁月、朝代、人成长的概念等名词为定语,如例[3]为表具体日子的时间名词,例[4]为表具体夜晚的时间名词,例[5]为表具体年份的时间名词,例[6]为表季节的时间名词,其中以春天作为定语的标题较多,如"春天的节日"(《人民日报》,2006 年 1 月 31 日)、"春天的阳光"(《人民日报》,2006 年 4 月 4 日)、"春天波尔卡"(《人民文学》,2003 年第 1 期)、"春天的搬运工"(《人民文学》,2004 年第 1 期)等,因为春天是万物复苏季节,有很多象征意义,同时表达人们对美好前景的向往,因此汉语标题中运用较多;例[7]为表人成长概念的时间名词,例[8]为表岁月的时间名词,例[9]为表朝代的时间名词,且以"唐朝"为最多,如"唐朝的'苦迭打'"(《人民文学》,2005 年第 7 期)、"唐朝的歌手"(《人民文学》,2005 年第 8 期)、"唐朝的胃口"(《人民文学》,2004 年第 3 期)、"唐朝的声音"(《人民文学》,2004 年第 2 期)、"唐朝的盯梢"(《人民文学》,2004 年第 1 期)等,因为唐朝在我国历史上是最繁盛的一个朝代,有很多值得歌颂的、效仿的地方。此外,汉语还有单纯表时间的名词,如例[10]。从定语位置看,俄语定语为第二格名词,因而后置,汉语定语前置;从定语和心语间组合手段看,俄语名词定语先构成第二格再与心语组合,汉语既有直接组合,如例[5]和[10],也有借助文言词"之",如例[6],还有带结构助词"的",如其他例。

(2) 定语为时间名词短语

[1] Дневник военных лет(战时日记)(Знамя, 2003, №12)

[2] Реликты индустриальной эры(工业时代的化石)(Нева, 2004,

№1)

[3] Эпитафия седьмому ноября(十一月七日的墓志铭)(Изв. 2006.11.07)

[4] Охота длиною в 10 лет(十年之久的狩猎)(Изв. 2006.07.11)

[5] 全球化时代的木匠(《当代》,2002 年第 2 期)

[6] 那个时代的肖像(《人民文学》,2007 年第 5 期)

[7] 跪乳时期的羊(《十月》,2002 年第 1 期)

从定语类型看,以上充当时间定语的均为名词短语,俄语名词短语为间接格,如前两例为第二格名词短语,例[3]为第三格名词短语,例[4]为第五格名词短语;汉语充当定语的名词短语的心语为表示"时代、时期"的名词,俄语除有表示"时代、时期"的名词如例[2]外,还有其他类名词。从定语和心语间组合手段看,俄语定语构成不带前置词的间接格后与心语组合,汉语则带结构助词"的"。

(3) 定语为表时间介词结构

[1] Аугусто Пиночет при смерти(临死前的奥古斯特·皮诺切特)(Изв. 2006.12.05)

[2] Парни на выданье(婚龄小伙子们)(Изв. 2006.07.28)

[3] Рассказы на ночь(夜间故事)(Знамя, 2004, №9)

[4] Ночь на 16. X.1952(一九五二年十月十六日夜)(Знамя, 2002, №8)

[5] Пристрелка накануне саммита(高级会晤前的试射)(Изв. 2006.06.27)

[6] Покаяние через четверть века(二十五年后的忏悔)(Изв. 2006.06.08)

[7] 运动前的误区(《人民日报》,2006 年 3 月 27 日)

[8] 黄昏以后的世界(《十月》,2007 年第 6 期)

[9] 中秋过后的夜晚(《人民文学》,2003 年第 1 期)

从定语类型看,以上充当时间定语的均为表时间的介词介引的介词结构，俄语表时间的前置词有 при、на、накануне、через 等，汉语有“……前、……以后、……过后”等。从定语具体语义看，例[1]前置词结构表同时，例[2]表状态，例[3]表持续的时间，例[4]表具体日期，例[5]和[7]表某事前的时间，例[6]表经历的时间，最后两例表某事后的时间。从定语和心语间组合手段看，俄语直接组合，汉语则带结构助词“的”。

（4）定语为时间副词

[1] Гиганты зимой(冬天的巨物)(Звезда, 2002, №2)

[2] Славистика сегодня (今天的斯拉夫学)(Вопр. яз., 2004, №3)

[3] 永远的草原(《十月》,2007 年第 2 期)

[4] 永远的白玫瑰(《当代》,2004 年第 3 期)

以上各例充当定语的均为时间副词，不同的是，俄语副词定语后置，汉语前置，俄语定语与心语直接组合，汉语则带结构助词“的”。

（5）定语为表时间形容词

该类只见于俄语，相当于汉语时间名词与心语借助结构助词“的”。时间形容词一般表示具体的月、季节、年以及时间的长短等。如：

[1] Летняя просель(夏天的斑白发)(Нов. мир, 2007, №3)

[2] Новогодний сюрприз(新年意外礼物)(Изв. 2006.12.15)

[3] Долгая история(悠久历史)(Изв. 2006.12.13)

（6）定语为动词

该类只见于汉语，定语大致对应于俄语形动词。定语由表时间的形容词与动词组合成动词，如时间形容词“迟”、“远”、“永”分别与动词“来”、“去”、“存”组合，再借助结构助词“的”与心语组成定心短语。如：

[1] 迟来的胜利(《人民日报》,2006 年 1 月 13 日)

[2] 远去的岁月(《人民日报》,2006 年 11 月 14 日)

[3] 永存的红星(《人民日报》,2006 年 7 月 4 日)

（7）定语为动宾短语

该类只见于汉语，定语由动词或动词短语与数量短语组成，表示事件持续的时间，对应于俄语表时间的定语从句。如：

[1] 迟到五十多年的祭奠(《人民日报》,2006 年 4 月 7 日)

[2] 老伴住院 13 天的噩梦(《人民日报》,2006 年 2 月 21 日)

(8) 定语为数名短语

该类只见于汉语。表示具体的年、月、日、夜、时、时令、年龄等。如:

[1] 一九八四年的夏天(《收获》,2007 年第 5 期)

[2] 一月的图景(《十月》,2006 年第 1 期)

[3] 午时三刻的熊(《人民文学》,2005 年第 1 期)

[4] 十八岁的希冀(《人民日报》,2006 年 11 月 25 日)

12) 空间

指动作、状态等发生的处所(地点、场合、位置等)。俄汉语该类特别多,尤其是汉语。因为"空间是客观世界和人类社会存在着的无数范畴和关系中的一项,空间图式是一种能产性极强的认知图式,人们习惯于把空间的范畴和关系投射到非空间的范畴和关系上,借以把握各种各样的非空间的范畴和关系"。① 在人类认知发展的连续体中,空间概念的形成先于时间概念。因此俄汉语中此类标题最多。俄语充当定语的主要为表空间意义的前置词(в、на、под、по、за、у、над、между、вокруг、навстречу、из-под 等)+名词间接格构成的介词结构,其次还有形容词、第二格名词或名词短语、副词,俄语形容词充当空间定语,相当于汉语"处所名词+的";汉语主要为方位词如"上"、"下"、"里"、"中"、"背"、"面前"、"头"、"边"、"背上"、"背后"等与名词组成的方位结构,其次还有地点名词。汉语较俄语典型。俄汉语表空间的定语均很多,空间关系又分为位置、起点、路线、方向、目标五小类,汉语充当空间定语的只有方位名词和地点名词,因此,称名结构中的汉语定语只表空间位置,俄语形容词、名词充当的定语也只表空间位置,前置词结构大多为表空间位置定语,但也有一些表空间方向。如:

[1] Дверь в комнату Леона(通向列昂房间的门)(Звезда, 2003,

① 邢福义:《汉语语法学》,东北师范大学出版社 2000 年版,第 495 页。

№4）

［2］Шаг навстречу северным территориям（向北部领土迈出一步）（Изв. 2006.11.27）

［3］Полшага до ВТО（入世半步之遥）（Изв. 2006.07.14）

［4］Премьеры под занавес（最后的首演）（Изв. 2006.11.09）

以上各例分别由前置词 в＋第四格名词、навстречу＋第三格名词、до＋第二格名词和 под＋第四格名词构成的介词结构充当方向定语；此外，还有为数不多的表空间起点，如 Репортаж из-под фикуса（来自无花果树下的报道）（Изв. 2006.11.23）、Десант из Татарстана на берегах Темзы（从鞑靼斯坦泰晤士河岸登陆）（Изв. 2006.10.19），这两例定语为表起点的前置词 из-под/из＋第二格名词分别引导的前置词结构，表空间目标，如 Добавка в ящик（添入箱内）（Изв. 2006.08.23），前置词 в＋第四格名词为表目标定语。下面我们根据定语类型进行对比分析。

（1）前置词结构/方位结构

由于充当空间位置定语的俄语前置词结构与汉语方位结构均很多，也较复杂，为了仔细分类，我们根据心语语义类型又分为以下次类。

A. 心语为表人名词

定语有的表具体空间，有的表抽象空间，前者如例［1］、［4］—［7］和［10］，其余均表抽象空间。俄语该类定语为前置词 в/на＋第六格名词（如前两例）、под/за＋第五格名词（如例［3］和［4］）、у＋第二格名词（如例［5］）；汉语为由方位名词“上”、“下”、“里”、“中”（如例［6］—［9］）和双方位词“边上”、“心中”、“面前”、“深处”与名词组成的方位结构（如例［10］—［13］），作定语时借助结构助词“的”。

［1］Простодушная в телевизоре（电视中天真无邪的女人）（Изв. 2006.02.20）

［2］Враг на пороге（门口的敌人）（Изв. 2006.03.22）

［3］Свои под черным снегом（黑雪下的自己人）（Изв. 2006.03.02）

［4］Простаки за границей（国外头脑简单的人）（Изв. 2006.08.31）

[5] Джентльмены у дач(别墅旁的绅士)(Изв. 2006.09.28)

[6] 荒原上的园丁(《人民日报》,2006 年 1 月 21 日)

[7] 鞭影下的尼采(《当代》,2006 年第 4 期)

[8] 衣帽间里的爱因斯坦(《人民文学》,2003 年第 3 期)

[9] 旧宅院中的老朋友(《十月》,2003 年第 1 期)

[10] 长河边上的小兄弟(《人民文学》,2005 年第 1 期)

[11] 大伙心中的李鸿海(《人民日报》,2006 年 2 月 14 日)

[12] 上帝面前的一个舞者(《十月》,2004 年第 1 期)

[13] 心灵深处的群魔(《十月》,2003 年第 6 期)

B. 心语为表动物名词

俄语该类定语只发现一例,如例[1]前置词 в＋名词第六格;汉语该类定语为由方位词“里”、“边”与名词组成的方位结构,如后两例,作定语时借助结构助词“的”。

[1] Волк в овчарне(羊圈里的狼)(Изв. 2006.08.24)

[2] 土里的鱼(《当代》,2005 年第 1 期)

[3] 岸边的蜻蜓(《人民文学》,2004 年第 1 期)

C. 心语为表具体事物名词

俄语为前置词 в＋第六格名词、на＋第六格名词短语、у＋第二格名词、над＋第五格名词短语、под/между＋第五格名词充当定语,与心语直接组合;汉语定语为由方位名词“上”、“下”、“里”、“中”、“头”与名词组成的方位结构借助结构助词“的”与心语组合。从定语位置看,俄语介词结构充当定语后置,汉语前置。如:

[1] Фонарь в кустах(灌木丛里的灯)(Изв. 2006.12.15)

[2] Препятствия на спринтерской дистанции(短跑距离上的障碍)(Изв. 2006.11.28)

[3] Жемчужина у моря(海边珍珠)(Знамя, 2005, №4)

[4] Гроза над Средней Азией(中亚上空的雷雨)(Знамя, 2004, №4)

[5] Ключ под порогом(门槛下面的钥匙)(Нов. мир, 2007, №3)

[6] Тумбочка между кроватями(床间的床头柜)(Изв. 2006.06.19)

[7] 浅草上的蹄花(《人民文学》,2007 年第 9 期)

[8] 海水下的火焰(《十月》,2007 年第 1 期)

[9] 庭院里的古槐(《十月》,2006 年第 4 期)

[10] 眼中的"球"(《人民日报》,2006 年 12 月 15 日)

[11] 破冰船头的彩虹(《十月》,2006 年第 4 期)

D. 心语为表抽象事物名词

俄语该类定语为前置词 на＋第六格名词(如例[1])、за＋第五格名词(如例[2])、вокруг＋第二格名词(如例[3]);汉语该类定语为由方位名词"上"、"里"、"背"(如例[4]—[6])和双方位词"背上"、"背后"与名词组成的方位结构(如例[7]和[8]),作定语时带(例[4]—[7])或不带(例[8])结构助词"的"。

[1] Мир на ладони(掌中世界)(Изв. 2006.12.06)

[2] Удобства за забором(篱笆后的舒适)(Изв. 2006.03.22)

[3] Жизнь вокруг позвоночного столба(脊柱周围的生命)(Изв. 2006.04.07)

[4] 英雄列车上的微笑(《人民日报》,2006 年 9 月 12 日)

[5] 夹缝里的人生(《当代》,2006 年第 5 期)

[6] 电影院里的"怪味"(《人民日报》,2006 年 1 月 21 日)

[7] 马背上的"角力"(《人民日报》,2006 年 9 月 12 日)

[8] 国歌背后故事(《人民日报》,2006 年 11 月 6 日)

E. 心语为表处所名词

俄语该类定语为前置词 на＋第六格名词(如例[1])和 под＋第五格名词(如例[2]),定语与心语直接组合;汉语该类定语为由方位名词"上"、"里"、"中"与名词组成的方位结构,作定语时用(例[3]—[5])或不用(例[6])结构助词"的"。

[1] Ярдымлы на крутом повороте(转折点上的亚尔德姆雷)(Изв. 2006.09.28)

[2] Место под солнцем(阳光下的位置)(Изв. 2006.09.26)

[3] 高原上的娘热沟(《人民日报》,2006 年 12 月 9 日)

[4] 露水里的村庄(《人民文学》,2002 年第 8 期)

[5] 江河中的故乡(《当代》,2003 年第 4 期)

[6] 梦里小屋(《人民日报》,2006 年 9 月 12 日)

F. 心语为表行为动名词

该类为俄语所特有,动名词兼有动词和名词特点,语法功能为名词。两例均为动名词心语与前置词结构定语组成。

[1] Задержка на порогах(门口逗留)(Изв. 2006.09.12)

[2] Путешествие по северной Руси(游北罗斯)(Звезда, 2002, №7)

G. 心语为表时间名词短语

此类只见于俄语。如 День рождения в аквапарке(在水族馆过生日)(Изв. 2006.05.19),定语为前置词结构,心语 день рождения 是一个固定词组。

(2) 定语为名词

该类俄语很少,汉语很多,根据心语语义类型又可分为以下次类。

A. 心语为表人名词

该类俄语未见,汉语很多。定语均为表具体地点名词,地点名词定语与表人名词心语组成名词性短语时用(例[1]和[2])或不用(例[3]—[5])结构助词"的"。

[1] 小镇的女裁缝(《十月》,2007 年第 6 期)

[2] 莫斯科的"中国迷"(《人民日报》,2006 年 3 月 23 日)

[3] 小镇人物(《收获》,2003 年第 3 期)

[4] 别墅女人(《人民文学》,2004 年第 5 期)

[5] 陕北汉子(《人民文学》,2006 年第 1 期)

B. 心语为表动物名词

该类只见于汉语，由地点名词和表动物名词直接组成。如“北京候鸟”(《人民文学》，2003 年第 7 期)。

C. 心语为表具体事物名词

该类俄语只见一例，汉语较多。例[1]和[3]定语为名词短语，其余为地点名词。

[1] Находки блошиного рынка(跳蚤市场所得)(Изв. 2006.12.07)

[2] 威海的礁石(《人民文学》，2005 年第 8 期)

[3] 盆地农作物(《人民文学》，2004 年第 8 期)

[4] 草坝篝火(《人民日报》，2006 年 12 月 12 日)

D. 心语为表抽象事物名词/名词短语

该类俄语很少，只发现一例，定语为第二格名词短语；汉语由地点名词和表抽象事物名词借助结构助词“的”，如例[2]，或表“的”义的文言文词“之”，如例[3]，或直接组成，如例[4]。

[1] Браки Южных морей(南海婚姻)(Изв. 2006.06.20)

[2] 记者站的故事(《人民文学》，2006 年第 1 期)

[3] 角篾坝之恋(《人民日报》，2006 年 5 月 20 日)

[4] 乡间俗事(《十月》，2004 年第 3 期)

E. 心语为表处所名词/名词短语

该类俄语很少，只发现一例，定语由第二格名词表示；常见于汉语，定语和心语均为地点名词，直接组成。如：

[1] Точки перегиба(折叠处)(Звезда, 2005, №3)

[2] 江南屋(《当代》，2004 年第 1 期)

[3] 珠穆朗玛营地(《人民文学》，2006 年第 5 期)

F. 心语为表时间名词

该类只见于汉语。如：

[1] 燕园的半日(《十月》，2002 年第 6 期)

[2] 万泉河雨季(《当代》，2003 年第 3 期)

[3] 曼哈顿一夜(《十月》,2003 年第 5 期)

[4] 延安岁月(《人民日报》,2006 年 6 月 24 日)

由地点名词和时间名词借助结构助词“的”(如例[1])或直接组成(如例[2]—[4])。该类名词定语大致对应于俄语表地点的介词结构,如“延安岁月”可译为 годы в Яньане。

G. 心语为方位名词

由名词和方位名词用或不用结构助词“的”构成的名词性方位短语。汉语此类结构在俄语中一般为前置词结构。如以下两例由名词和方位名词“里边”、“深处”用或不用结构助词“的”构成名词性方位短语。

[1] 梦的里边(《人民文学》,2003 年第 5 期)

[2] 碧野深处(《十月》,2005 年第 6 期)

H. 心语为表行为动名词

该类为俄语特有,但不多,汉语没有动名词这一概念。如 Рукопожатие Кремля(克里姆林宫握手)(Изв. 2006.12.04),定语为第二格名词,рукопожатие 由名词 рука 和动名词 пожатие 组成,仍然为动名词。

(3) 定语为形容词

该类只见于俄语,为俄语所特有,形容词定语相当于汉语“处所名词+的”,由此可看出,俄语词类划分主要遵循语法,汉语着重语义。从心语语义看,例[1]心语为表物名词,例[2]表抽象事物名词,例[3]表人名词,例[4]表行为动名词。

[1] Воздушные виадуки(空中高架桥)(Знамя, 2004, №3)

[2] Афганский казус(阿富汗怪事)(Изв. 2006.12.06)

[3] Базарные люди(集市上的人们)(Изв. 2006.03.23)

[4] Нью-Йоркские встречи(纽约会晤)(Звезда, 2003, №1)

13) 施事

指动作的发出者。“施事”是语法结构中最基本的语义成分。鲁川认为施事“是发出可控行动的主体或可控心理状态及思维活动的有意志的主体”。[①] 俄语心语多为动名词，汉语为名词。俄汉语充当定语的均有名词，俄语还有第二格名词短语、形容词、形动词和介词结构，汉语还有同位语。如：

[1] Петушиное пение（公鸡打鸣）（Звезда，2003，№5）

[2] Летящие версты（飞行路标）（Нов. мир，2003，№7）

[3] Наблюдения пессимистки（悲观主义者的观察）（Нева，2006，№11）

[4] Взаиморазоблачение агентов Кремля（克里姆林宫间谍的相互揭发）（Изв. 2006.12.15）

[5] Договор между пенсионерами и правительством（退休者与政府的条约）（Изв. 2006.04.11）

[6] 古马的诗（《人民文学》，2007 年第 1 期）

[7] 昂塔女士的祝愿（《人民日报》，2006 年 11 月 4 日）

[8] 夫妻店（《人民文学》，2007 年第 5 期）

从短语语义看，俄语语义关系单一，不会产生歧义，而汉语则易产生歧义，如例[7]“古马的诗”既可指“古马写的诗”；也可指“别人为古马写的诗”，但看原文后，才知此处指“古马写的诗”，例[10]“夫妻店”可理解为“专营夫妻用品的商店”，也可理解为“夫妻开的店”，从原文知为后者。施事一般为生命度高的名词，俄语有表人也有表动物类名词，汉语只见表人的名词。从定语类型看，俄语充当定语主要是第二格名词（如例[3]）、第二格名词短语（如例[4]）、形容词（如例[1]）、形动词（如例[2]）和前置词结构（如例[5]）；汉语充当定语的大多为名词，也有同位语，如例[7]。从定语位置看，俄语定语前置或后置，主要为后置，汉语定语前置。从定语和心语间组合手段看，俄语直接组合，汉语大都带结构助词“的”，如例[6]和[7]，也有直接组合，如例[8]。

14）受事

---

① 鲁川：《汉语语法的意合网络》，商务印书馆 2001 年版，第 25 页。

指动作行为的承受者,施事发出动作行为所直接及于的已经存在的客体。据调查,俄语表受事关系的标题很多,汉语较少。俄语把受事、与事一起称为客体,表受事的名词在词组中做直接客体,直接客体通常用第四格表示(在源于该动词的动名词词组中其主要表现形式为第二格),因此,俄语充当定语的主要是名词或名词性短语第二格,也可为除第四格以外其他间接格及带前置词的前置词结构;汉语充当定语的主要是名词。从心语类型看,俄语心语一般为动名词,也偶见名词或形容词;汉语心语则只有名词。

[1] Реставрация чувств(情感的弥合)(Звезда, 2007, №6)

[2] Обсуждение проблем литературоведения(文艺学问题探讨)(Вестник МГУ, 2002, №3)

[3] Подражание арабскому(模仿荒诞故事)(Изв. 2006.10.06)

[4] Управление риском(控制危险)(Изв. 2006.09.21)

[5] Проверка на порочность(检测错误)(Изв. 2006.08.23)

[6] Тоска по иному(思念别人)(Знамя, 2007, №5)

[7] Любовь к олигархам(对政治寡头的爱)(Знамя, 2006, №3)

[8] Доверие в цене(可信的价格)(Изв. 2006.05.06)

[9] Работа над ошибками(修正错误)(Знамя, 2003, №8)

[10] Ахмановские чтения(阿赫曼诺夫阅读)(Вестник МГУ, 2002, №3)

[11] Творцы мира(世界创造者)(Знамя, 2006, №11)

[12] 宇宙制造者(《人民文学》,2007 年第 1 期)

[13] 肝病嫌疑人(《人民文学》,2002 年第 1 期)

从定语类型看,俄汉语均有名词充当定语,俄语充当定语的名词有第二格(如例[1])、第三格(如例[3])、第五格(如例[4]),以上名词各格均由动名词心语所支配;此外,俄语还有名词短语(如例[2])、形容词(如例[10]),此类"形容词+动名词"可变换为"动名词+名词",结构、语义均不变,仍为定心短语、受事定语,如 ахмановские чтения 可变换为

чтение Ахманова，带前置词 на、по、к、в、над 的前置词结构，如例[5]—[9]，前置词间接格形式均由动名词心语所支配；从心语类型看，俄语心语一般为动名词，如前十例，但也有名词，如例[11]，该类名词为该类意义动作行为的主体，如名词 творцы 的动词为 творить；汉语心语则只有名词，其名词和俄语名词一样，也为该类意义动作行为的主体，如“宇宙制造者”即“制造宇宙的人”、“肝病嫌疑人”即“嫌疑有肝病的人”，此类俄汉语大致相当。

15）与事

与事是动核结构中动核支配的、与主事一同参与动作或状态的参与者(与主事相关的对方)，是某些动核所联系着的动元。俄语引出与事的前置词主要为 с，其义为“和、跟、与、同”，其次还有前置词 к、на 以及名词第三格，名词第三格意义相当于“给、对、向、为、替”，汉语能标记或引出与事的介词主要有“给、对、向、为、替、跟、和、与、同”等。据调查，汉语该类较少。如：

[1] Стихи Свету(给斯韦特的诗)(Знамя, 2003, №8)

[2] Встреча с генералом(与将军见面)(Звезда, 2006, №6)

[3] Послание к “Единой России” (致函“统一俄罗斯党”)(Изв. 2006.07.03)

[4] Право на жилье, на учебу, на лечение(居住权、学习权和治疗权)(Изв. 2006.03.20)

[5] 母亲的鲜花(《人民日报》,2006 年 2 月 2 日)

[6] 白板的墓志铭(《人民文学》,2007 年第 9 期)

[7] 和辛夷在一起的星期三(《人民文学》,2002 年第 5 期)

由上可知，俄语充当与事定语主要是带前置词 с、к、на 的介词结构，如例[2]—[4]，其中前置词 с 最多，又如 Разговоры с богом(与上帝谈判)(Знамя, 2002, №6)、Бизнес с Россией(对俄贸易) (Изв. 2006.11.14)，这些引出与事的前置词均与心语在语法上不可分，是由心语所支配的格形式，其次还有第三格名词，如例[1]；汉语由标记性介词介引的与事定语不多，如例[7]用介词“和”引出与事定语，此外，还有名词充当与事定语，如例[5]和[6]，该类容易产生歧义，定语既可看作领属定语，又可看作与事定语，但从原文可知，例[5]意为“送给母亲的鲜花”，例[6]意为“别人给白板写的墓志铭”。从心语类型看，俄语心语一般为动名词或表示行为动作意义的名词，汉语心语一般为名词。

由于俄语有丰富的形态变化，不同格表示不同意义，因此短语一般不会产生歧义，而汉语中易产生歧义，如“伯克利大学印象”(《人民日报》，2006 年 11 月 14 日)既可理解为“对伯克利大学的印象”，也可理解为“关于伯克利大学的印象”，俄语只有一种表达法，即“对伯克利大学的印象”，这是由“印象”一词的接格形式决定的。

由比较可知，俄语表施事、受事和与事的标题很多，而汉语很少，因为该类语义涉及动作行为，俄语有动名词，动名词兼有动词和名词的特点，表名词特征时在定心结构中可用作心语，表动词特征时能支配其后的名词，而汉语缺乏动名词这一范畴，因此汉语表施事、受事和与事的标题很少。

16) 对象

俄语表对象的定语大多为前置词 для，还有 от 和 на，用得较多的是前置词 для，汉语定语为名词或名词短语。该类汉语较少。如：

[1] Детсады для М и Ж(培养真正男人和女人的幼儿园)(Изв. 2006.07.05)

[2] Полис для соседа(邻居的保险单)(Изв. 2006.09.12)

[3] Защита от дурака(防止痴呆)(Изв. 2006.11.23)

[4] 妇科病房(《人民文学》，2005 年第 6 期)

[5] 农村基层干部的楷模(《人民日报》，2006 年 3 月 16 日)

从定语类型看，俄语大多为前置词 для 引导的前置词结构，如例[1]和[2]，还有动名词心语所要求的前置词 от 引导的前置词结构，如例[3]；汉语定语为名词或名词短语。从心语类型看，俄语该类心语一般为名词(有别于与事的是定语与心语关系松散)，也有动名词，如例[3]，汉语则只能为名词。

17）指别

指别定语表示对心语事物的指示和区别。汉语指别定语和心语之间不用“的”。充当指别定语的最基本的词是指示代词，如汉语“这”和“那”，俄语除指示代词 это（этот、эта、эти）、то（тот、та、те）外，限定代词 иной、чужой、другой 等也常常充当指别定语。俄语该类标题不多，汉语更少。如：

[1] Эти квартиры（这些住宅）（Нов. мир，2004，№11）

[2] Тот циферблат（那个刻度盘）（Нов. мир，2004，№6）

[3] Чужая клякса（别人的污点）（Изв. 2006.12.07）

[4] Другое дыхание（另一种呼吸）（Знамя，2006，№7）

[5] 那个夏天（《当代》，2002 年第 1 期）

[6] 另类“警世篇”（《人民日报》，2006 年 10 月 31 日）

从定语类型看，俄语除指示代词 эти、тот 外，还有具有指别意义的形容词，如例[3]和[4]，汉语也用指示代词“那个”，如例[5]，还有具有指别意义的名词，如例[6]。

18）同指

同位短语是结构成分之间具有同位复指关系的短语。俄语把同位语看作定语的一种特殊类型，汉语认为同位结构是介于定心结构和并列结构之间。我们在分析两个成分各自语义类型时，不再区分为定语与心语，二者一起分析，通过对同位短语标题的分析，我们认为，两个同指成分各自有以下语义类型。

（1）俄汉共有类型

职业＋姓名/姓名＋职业。俄语同位语为“职业＋姓名”时直接组构，如例[1]，“姓名＋职业”时借助连字符，如例[2]；汉语表职业名词大多带修饰语，其顺序为“职业＋姓名”，一般不能换序，换后结构发生变化，由同位语变为判断句，如“警营女法官方芳”换序为“方芳警营女法官”，可理解为“方芳是警营女法官”。

［1］Парикмахер Яша（理发师雅沙）（Знамя，2007，№4）

［2］Анненский-драматург（剧作家安年斯基）（Вестник МГУ，2005，№5）

［3］艺术家韩起祥（《当代》，2003 年第 3 期）

［4］警营女法官方芳（《人民日报》，2006 年 5 月 24 日）

姓名＋职务/职务＋姓名。以下两例俄语同位语为"姓名＋职务"，用连字符连接，汉语则为"职务＋姓名"，直接组合。如：

［1］Митрополит Гавриил-вице-президент Российской Академии（俄罗斯科学院副院长米特罗波里特·加夫里尔）（Рус. речь，2002，№3）

［2］Дерньер-министр（杰恩叶尔部长）（Изв. 2006.02.14）

［3］市长马宝汉（《十月》，2006 年第 5 期）

社会/荣誉称号＋姓名。汉语此类特别多，常见于报纸标题，一般报道某个先进人物。俄汉语表"社会称号＋姓名"的同位语均直接组合。如：

［1］"Великий муж русской грамматики"А. А. Барсов（俄罗斯语法的伟丈夫巴尔索夫）（Рус. речь，2003，№4）

［2］"两弹元勋"邓稼先（《人民日报》，2006 年 1 月 4 日）

［3］时代弄潮儿西蒙诺夫（《收获》，2003 年第 2 期）

行为执行者＋人名。由进行某一行为的人的名词与人名组构成同位语，二者直接组构。如：

［1］Контрреакционер Устинов（对抗反应者乌斯季诺夫）（Изв. 2006.06.30）

［2］猎狐者蒙哥马利（《人民文学》，2006 年第 1 期）

称谓＋姓名/姓名＋称谓。俄语表示称谓的词如 товарищ、гражданин、господин、госпожа、мистер 等一般与人名构成上位居前式同位组构，如以下例［1］，而汉语该类和人名构成下位居前式同位组构，如以下例［3］和［4］。其他称谓词如 брат（哥哥、弟弟）、сестра（姐姐、妹妹）、мама（妈妈）、мать（母亲）、папа（爸爸）、отец（父亲）、дедушка（爷爷、外公)、бабушка(奶奶、外婆)等在俄语中与人名构成上位居前式同位组构,汉语中则比较自由,与人名既可构成上位居前式同位组构,也可构成下位居前式同位组构。如例[2]"母亲"与"杨沫"构成上位居前式同位组构。

[1] Товарищ Дарвин(达尔文同志)(Изв. 2006.04.19)

[2] 母亲杨沫(《当代》,2005 年第 5 期)

[3] 陶丽丽小姐(《人民文学》,2005 年第 1 期)

复指。俄汉语复指类型不同,俄语为"限定代词+名词",汉语为"人称代词+名词短语"。如 Сам дурак(傻瓜本人)(Изв. 2006.11.27)、他这一辈子(《十月》,2005 年第 2 期)。

此外,俄语还有一类,即由 как 连接的前后两项具有同位复指关系,它是一种句法同位现象,一般出现在句子中,在称名性强的标题这种特殊的语言环境中也出现了,其模式为 что(кто) как что(кто),该类同位语特别能产。如:

[1] Василий Розанов как мифологема русской культуры XX века (作为 20 世纪俄罗斯文化神话题材成分的瓦西里·罗赞洛夫)(Вестник МГУ, 2006, №4)

[2] Борьба с коррупцией как предлог(作为借口的反腐斗争)(Изв. 2006.11.28)

(2) 俄有汉无类型

血缘+亲属。如 Близнецы-братья(孪生兄弟)(Изв. 2006.12.04)。

亲属+活动。如 Братья-пасечники(养蜂人兄弟)(Нов. мир, 2007, №6)。

职业+职业。如 Акушерки-военнослужащие(军人助产妇)(Изв. 2006.01.25)。

职业+特征。如 Писатели-миллионеры(百万富翁作家)(Изв. 2006.11.24)。

职业+职业+社会地位。如 Поэт, философ, дипломат(诗人、哲学

家、外交家)(Рус. речь, 2003, №6)。

职业+职业+姓名。如 Подводник-североморец И. И. Фисанович(北海舰队水兵、潜水员费萨诺维奇)(Звезда, 2006, №6)。

职业+称号。如 Реаниматолог-рекордсмен(纪录创造者复苏学家)(Изв. 2006.01.26)。

职业+衔位+姓名。如 Подводник-североморец И. И. Фисанович(北海舰队水兵、潜水员费萨诺维奇)(Звезда, 2006, №6)。

亲属+姓名。如 Солдатский сын-Пётр Иноходцев(士兵的儿子彼得·伊诺霍采夫)(Рус. речь, 2002, №6)。

称谓+恶称名词。如 Господин провокатор(奸细先生)(Изв. 2006.11.10)。

国别+姓名。如 Франц Верфель(法国人韦尔费尔)(Звезда, 2005, №1)。

姓名+活动。如"Николас Кристоф, обозреватель 'Нью-Йорк таймс'"(尼古拉斯·克里斯托夫、"纽约泰晤士报"评论员)(Изв. 2006.10.26)。

姓名+状态。如 Елена Оскаровна Марттилла, блокадница(被围困的女人叶连娜·奥斯卡罗夫娜)(Нева, 2006, №1)。

社会关系+职业+职业+姓名。如 Одноклассник Л. Добычина инженер-электрик Г. Г. Горбунов(多贝钦的同学电工工程师戈尔布诺夫)(Звезда, 2002, №11)。

国别+职业。如 Казаки-пограничники(哥萨克边防军人)(Изв. 2006.02.22)。

军衔+姓名。如 Полковник Эльвенгрен(上校埃尔文格伦)(Звезда, 2003, №3)。

车站+名称。如 Станция "Вавилон"("巴比伦"车站)(Изв. 2006.12.11)。

机构+名称。如 Корпорация "Россия"("俄罗斯"公司)(Изв.

2006.09.25)。

街道＋名称。如 Улица Мцыри(姆齐里街)(Знамя，2003，№12)。

产品＋名称。如 Одеколон «Соваж»(“索瓦日”花露水)(Нева，2003，№7)。

(3) 汉有俄无类型

称谓＋姓名。如“亲爱乡党孙喜洞”(《十月》,2002 年第 3 期)。

性别＋姓名。如“民国女子苏青”(《当代》,2002 年第 2 期)。

类属＋名字。如“爱犬颗勒”(《十月》,2003 年第 5 期)。

性状＋姓名。如“沉渣杨继年”(《当代》,2004 年第 1 期)。

称呼＋称呼。如“爱人同志”(《当代》,2002 年第 4 期)。

衔位＋姓名＋生理特征。如“少校程罗锅子”(《当代》,2006 年第 4 期)。

绰号＋姓名。如“‘儿皇帝’石敬瑭”(《人民日报》,2006 年 2 月 17 日)。

性别＋姓名。如“创业女性严琦”(《人民日报》,2006 年 4 月 7 日)。

称号＋地名。如“‘中华水塔’三江源”(《人民日报》,2006 年 10 月 12 日)。

地名＋河流。如“巴拿马运河”(《人民日报》,2006 年 5 月 22 日)。

同指年龄。如“长命百岁”(《当代》,2003 年第 5 期)。

指代＋数量。如“她们仨”(《人民日报》,2006 年 12 月 6 日)。

19) 质料

质料指动作制作成品时所凭借的原材料(原料、物资、器材、资金等)。俄语一般用前置词 из 作为标记,还可用材料名词构成的形容词,带前置词 из 的名词第二格充当的定语与形容词充当的定语在语用上有一定差别:前者强调材料,后者强调性质;汉语一般为材料名词。如:

[1] Браслетик из волчьей ягоды(欧亚瑞香手镯)(Знамя，2007，№9)

[2] Стеклянный шар(玻璃球)(Знамя，2002，№11)

［3］Бумажный планёр（纸造滑翔机）（Нов. мир，2007，№5）

［4］铁戒指（《当代》，2002 年第 1 期）

［5］水晶球（《人民文学》，2003 年第 6 期）

［6］纸扎的花（《人民日报》，2006 年 4 月 4 日）

从定语类型来看，俄语为前置词 из＋第二格名词性短语的前置词结构（如例［1］）和表材料义的形容词（如例［2］和［3］）；汉语一般为表材料名词，俄语表材料义的形容词相当于汉语表材料义名词＋的。从定语和心语间组合手段看，俄语直接组合，汉语大多直接组合，如例［4］和［5］，也有带结构助词“的”，如例［6］。

20）原因

表示事物或行为得以存在或出现的原因，俄语多借助表原因前置词 от 和 по 引导的前置词结构，还有形容词、名词间接格（主要为五格和二格）和动词；汉语表原因的介词用“因”、“因为”、“由”、“由于”等，但在所调查标题中未见。如：

［1］Шок от артишока（因洋蓟而休克）（Изв. 2006.06.28）

［2］Оплата по умолчанию（为沉默付费）（Изв. 2006.06.07）

［3］Соловьиный грипп（夜莺流感）（Изв. 2006.02.28）

［4］Уроки непослушания（不听话的教训）（Изв. 2006.07.07）

［5］Искушение рублем（卢布的诱惑）（Изв. 2006.07.13）

［6］Грех жаловаться（埋怨的罪孽）（Знамя，2007，№12）

［7］造假的代价（《人民日报》，2006 年 7 月 20 日）

［8］“换脸”的余波（《人民日报》，2006 年 3 月 10 日）

从定语类型看，俄语为表原因前置词 от、по 介引的前置词结构（如例［1］和［2］）、形容词（如例［3］）、第二格名词（如例［4］）、第五格名词（如例［5］），还有动词（如例［6］）；汉语为动词。从整个短语来看，表因果关系短语都是“因…… 而引起的某结果”，如例［1］“因洋蓟而导致休克”；例［2］写的是“莫斯科某区修理热水管道致使用户一个多星期无热水供应”，作者把这一问题反映上去了，若不反映肯定要支付这一个多星期的热水费，即“为沉默付费”；例[3]“因夜莺引起的流感”；例[4]“因不听话而换来的教训”；例[5]“诱惑是由卢布产生的”；例[6]“因埋怨而产生的恶果”；例[7]“因造假而付出的代价”；例[8]“因‘换脸’而引起的余波”。从定语位置看，俄语定语为前置词结构、名词间接格、动词时后置，如例[1]、[2]和[4]—[6]，为形容词时前置，汉语定语前置。从定语和心语间组合手段看，俄语形容词、前置词结构、动词定语与心语直接组合，名词与心语组合时构成相应的格，汉语借助结构助词“的”。

21）比拟

定语和心语相似，定语表明心语的形象特征。比拟定语多是通过比喻构成的，通常情况下，定语是喻体，心语是本体。但俄语二格名词充当比拟定语时，不是喻体，而是本体，此时心语为喻体，形容词充当比拟定语时，作喻体，此类与汉语具有比拟关系不带比拟标记词的短语较为相似，俄语常有 как 作为比拟标记词，как 后面为喻体，汉语表示比拟标记词有结构助词“似的”、“一般”、“一样”、“如……”等附着在名词等成分之后或之前。如：

[1] Процент как в сказке（神话般的利息）（Изв. 2006.12.13）

[2] Шёлкопряды как мы（像我们一样的蚕蛾）（Знамя，2006，№12）

[3] Волчья логика（狼式逻辑）（Изв. 2006.09.07）

[4] Кошачий уют（猫般的舒适）（Нов. мир，2007，№9）

[5] Ягодный дождь（浆果般的雨）（Нов. мир，2002，№1）

[6] Нити времени（时间线）（Звезда，2003，№9）

[7] 如火的八月（《收获》，2007 年第 1 期）

[8] 一座泰山般的丰碑（《人民文学》，2004 年第 1 期）

[9] 水晶孩童（《收获》，2006 年第 2 期）

[10] 钢铁运输线（《人民文学》，2006 年第 7 期）

这种类型多是通过比喻构成的，心语是本体，定语是喻体，俄语最常用的是形容词做喻体，如[3]—[5]，其中经常用表动物的名词构成的物主形容词做喻体，如例[3]和[4]，分别用“狼、猫”等动物名词构成物主形容词来做喻体,俄语此类喻体特别多,也用具体物质名词做喻体,如例[5],用作喻体的是具体物质“浆果”;其次是带比拟标记 как 的短语,本体为名词时,喻体有前置词结构(如例[1])、代词(如例[2])和第二格名词(如例[6]把“时间”比作“线”),用作定语的第二格名词不是喻体,而是本体。汉语比拟标记词一般是附在名词前的“如……的”(如例[7])和附着在名词之后的“……般的”(如例[8])等,标记词之后或之前既有名词也有名词短语;还有名词直接作喻体,如例[9]和[10]中的“水晶”、“钢铁”为喻体,例[9]讲的是一位孩子美丽得怪异、令人难以置信:这孩子没有肉身,他是一块人形的水晶,把孩子比作水晶;例[10]讲述贵州宏电大件运输公司在5年时间里迅速发展成为贵州省唯一的专业化大件运输公司,把它比作一支像钢铁般的运输线。从定语和心语间组合手段看,俄语既有由形容词喻体与心语本体直接组合,如例[3]—[5],也有名词本体先构成第二格后再与心语喻体组合,如例[6],还有借助标记词 как,如例[1]和[2];汉语借助标记词“……般”、“如……”以及结构助词“的”,如例[7]和[8],若无标记则直接组合。

22)缺离定语

表示心语事物所缺少、没有某物的定语,大致相当于汉语断事定语。俄语表示缺离关系的标记是前置词 без 引导的前置词结构,汉语一般由带否定词的动词结构充当,所用的动词结构里包含有断事宾语,定语和心语之间用“的”。如:

[1] Дом без лифта(无电梯楼房)(Изв. 2006.04.12)

[2] Госпесня без слов(无词国歌)(Изв. 2006.01.26)

[3] Душа без тела(无体之魂)(Звезда, 2002, №12)

[4] Учитель без ученика(无生之师)(Знамя, 2003, №2)

[5] Безземельные собственники(无土地的所有者)(Изв. 2006.02.06)

[6] 无墙之城(《人民文学》,2004年第4期)

[7] 无解方程(《十月》,2002年第4期)

[8] 无岸之河(《收获》,2005年第2期)

[9] 没有水的湖(《十月》,2002 年第 4 期)

[10] 没有玻璃的花房(《收获》,2002 年第 6 期)

从定语类型来看,俄语充当定语的主要是标记前置词 без 引导的前置词结构,如例[1]—[4],汉语充当定语为带否定词“没有、不、无”的动宾短语;俄语还用形容词做定语,如例[5],该类形容词也是由前置词 без 与名词直接组合再加上形容词词尾。从定语与心语之间的意义来看,被否定的事物,有的本来是心语事物所应具有,为心语事物的组成部分,如例[2]—[4]、[8]和[9],例[2]“无词国歌”,既然是国歌,肯定有词,即“词是国歌组成部分”,同样例[9]“无岸之河”,是“河”肯定有“岸”,任何客观存在的事物都有尽头,“岸”是“河”的一部分;有的是心语事物可有可无的,如例[1]、[5]—[7]、[10],例[1]дом без лифта,лифт 是 дом 可有可无的东西,再如例[10]“没有玻璃的花房”,“玻璃”也是“花房”可有可无的东西。此类组构灵活,俄语只需在两个名词间加上前置词 без,再把带前置词 без 的名词变为第二格即可,汉语只需将肯定结构改为否定结构。从定语和心语间组合手段看,俄语带前置词 без 的前置词结构和形容词与心语组合,汉语有规律可循,当定语为“没有……”结构时带结构助词“的”,如例[9]和[10],当定语为“无……”结构时分两种情况:若“无”后为“单音节词+单音节词”,则加“之”,如例[6]和[8],若“无”后为“单音节词+双音节词”,则直接组合,如例[7]。

23) 事件

该类有规律可循,心语一般为表时间名词或方位名词。俄语定语为二格名词,汉语一般为动词性短语或名词性短语。如:

[1] День памяти и скорби(纪念与悲痛的日子)(Изв. 2006.06.22)

[2] Дни позора и печали(耻辱与忧郁的日子)(Знамя, 2006, №6)

[3] 告别农业税的日子(《人民日报》,2006 年 1 月 12 日)

[4] 中医药“申遗”台前幕后(《人民日报》,2006 年 2 月 16 日)

[5] 延安文艺座谈会的前前后后(《人民文学》,2002 年第 5 期)

[6] 孙二娘开黑店的背后(《当代》,2005 年第 6 期)

俄语心语是时间名词，汉语除时间名词（例[3]）外，还有方位名词，如例[4]—[6]。“台前幕后”、“前前后后”、“背后”等；当心语为时间名词时，表示某件事发生时的情况，当心语为方位名词“背后”时，表示某件事发生后的情况，当心语为方位名词“台前幕后”、“前前后后”时，表示某件事发生前后的情况。从定语类型看，俄语定语为两个并列的二格名词，汉语定语一般为动词性短语或名词性短语，如例[3]为动宾短语，例[4]和[6]为主谓短语，例[5]为名词性短语；从定语和心语间组合手段看，俄语名词定语构成第二格与心语组合，汉语带结构助词“的”（如例[3]—[6]）。

24）方面/领域

表事物的某个方面或领域，如政治、经济、文化、语言、艺术、宗教等领域。俄语表方面的定语一般用前置词 по＋第三格名词/名词性短语、第二格名词或形容词表示。

[1] Учитель географии（地理老师）（Знамя，2002，№6）

[2] Экзамен по философии（哲学考试）（Изв. 2006.09.21）

[3] Ядерно-энергетическая держава（核能强国）（Изв. 2006.03.20）

[4] 文化圆桌（《人民日报》，2006 年 7 月 7 日）

[5] 文学的前沿（《人民文学》，2003 年第 1 期）

以上定语表示某方面或专业领域。从定语类型看，俄语有前置词结构、第二格名词和形容词，如例[1]为第二格名词，例[2]为前置词 по＋第三格名词或名词性短语，例[3]为形容词，汉语为名词，如例[4]和[5]。从定语和心语间组合手段看，俄语定语为形容词和介词结构时直接组合，为名词时，先构成第二格再与心语组合；汉语既有直接组合，如例[4]，也有带结构助词“的”，如例[5]。

25）范围

表示事件所涉及的范围，主要用于抽象事物，俄语标记一般为前置词 в＋第六格名词或名词性短语，汉语标记一般为（在）……中。由调查可知，该类俄语很多，常见于学术期刊。如：

［1］ Метафора в поэтическом дискурсе（诗歌话语中的隐喻）（Филол. науки，2006，№1）

［2］ Литературоведение среди научных систем，и не только гуманитарных（科学体系中的，且不仅仅是人文科学中的文艺学）（Филол. науки，2006，№5）

［3］ Проблема всей нации（全民族问题）（Изв. 2006.01.31）

［4］ 神话中的力量（《十月》,2002 年第 5 期）

从定语类型看，俄语充当范围定语的有前置词 в＋第六格名词性短语（如例［1］）、前置词 среди＋第二格名词性短语（如例［2］）和第二格名词性短语（如例［3］），汉语为表示范围标记的“……中”，汉语该类标题较少。

因所调查材料有限，各语言间又有差异，不可能穷尽所有定语类型，有的定语类型在俄语所调查材料中有，而在汉语所调查材料中无，有的在汉语所调查材料中有，而在俄语所调查材料中无；有的是各自某种语言结构（如称名结构）特有的语义类型，在另一种语言中不存在，有的可能理论上存在，只是在所调查材料中未发现。据调查，俄语标题还有表工具、方式、依据、视角、名称、条件类定语，汉语还有品牌、限定类定语，下面分别进行阐述。

2. 俄有汉无类

1）工具

工具指发出某种动作时所需凭借的物件（包括动作使用的器具、生物的器官等）。表工具意义的定语一般用名词第五格表示。如以下两例工具定语为第五格名词，心语为动名词，汉语中缺乏该类，因汉语中没有动名词。

［1］ Завораживание словом（言语蛊惑）（Нов. мир，2007，№9）

［2］ Расстрел цитатами...（用引文处决……）（Изв. 2006.04.27）

2）方式

表示事物或动作的方式。俄语一般以前置词 по 作为标记，通过连字符和后面的词构成副词，也可用第五格名词，还可借助如 на、в 等前置词，或副词等，汉语常由介词“用、以”引出。如：

[1] Игра по-крупному（大型游乐）（Изв. 2006.09.12）

[2] Макароны по-францисканский（方济会式通心粉）（Нов. мир，2007，№4）

[3] Образование в кредит（贷款教育）（Изв. 2006.02.07）

[4] Объединение через подвиг（通过功勋的联合）（Изв. 2006.09.12）

[5] Жареная картошка（炸薯条）（Звезда，2005，№6）

方式定语为副词、第五格名词、介词结构、形容词，还有一类特殊的副词作定语，即前缀 по 借助连字符与形容词第三格构成副词，表示“以某种方式(形式)”，如前两例由前缀 по 分别和第三格形容词和副词借助连字符组成方式定语，该类特别能产，根据该模式可构成 по-новому、по-старому、по-китайски、по-французски、по-альпийски 等，例[3]和[4]分别为前置词 в 和 через 介引的前置词结构，例[5]为形容词，从烹饪方法角度修饰心语。

3）依据

表示事物或行为得以存在所凭借的依据(遵循的根据、标准、法规等)。俄语多借助表“根据义”的前置词 по 和表“经由义”的 через，汉语常由介词“按、依、以、凭、依照、按照、遵照”等引出。如以下两例定语分别是前置词 по 和 в 引导的前置词结构。

[1] Любовь по правилам（循规蹈矩之爱）（Нева，2004，№7）

[2] Подземка в режиме реального времени（按实际时间运营的地铁）（Изв. 2006.05.18）

4）视角

俄语视角定语的标记为 с точки зрения чего（с чьей точки зрения）（从……观点，从……角度）、в аспекте чего（从……角度）、в свете чего（从……观点，从……角度）、в каком освещении（в освещении чего）（说

明，阐明）、глазами（眼中）、в зеркале чего（……镜像中）等，汉语视角定语的标记为“视角、从……视角、从……角度、……镜像中”等。此类多见于多项式定语中，单项式定语不多。如以下两例用标记词 глазами 和 в зеркале＋二格名词性短语表示。

[1] Тимур Кибирев глазами человека моего поколения（我这代人眼中的铁木尔·基比列夫）（Нов. мир，2006，№9）

[2] Постмодернизм в зеркале традиционного литературоведения（传统文学镜像中的后现代主义）（Вестник МГУ，2004，№6）

5）名称

定语是对心语事物的命名。该短语的语义是场所（单位、现象）及其名称，定语由 имени/по имени 加表名称的名词或名词短语二格形式表示，如以下前两例，其模式一般为 что имени чего 或 что по имени чего，例[3]是楼栋编号；例[1]心语 спецназ 表组织，例[3]心语 дом 等表场所，例[2]心语 ураган 表自然现象。

[1] Спецназ имени Пересвета（佩列斯韦特别动队）（Изв. 2006.09.06）

[2] Ураган по имени “Бомж”（“流浪汉”飓风）（Изв. 2006.09.27）

[3] Дом номер ноль（0 号楼）（Знамя，2003，№5）

6）条件

俄语表条件义的标记一般是前置词 при＋第六格或 в каком случае/условии，如 Спортсмен под буржуазным жирком（资本主义肥油下的运动员）（Изв. 2006.04.25），定语由前置词 под＋五格名词短语表示。

7）事件阶段

表示某件事的一个阶段，如以下两例分别表示某事开始和结束。

[1] Начало грозы（雷雨的开始）（Звезда，2002，№6）

[2] Конец Великой эпохи（伟大时代的终结）（Звезда，2002，№6）

3．汉有俄无类

汉语还有表品牌、限定类。如例[1]定语表示品牌，例[2]定语表示限定义。

[1] 托尔斯泰围巾(《收获》,2004 年第 5 期)

[2] 所有的村庄(《人民文学》,2003 年第 6 期)

(二) 多项式定心结构中定语的语义类型

一个心语常常带多个定语,它们从不同方面、不同角度对心语进行修饰,均与心语发生关系,发生直接关系的是一个主要的语义类型,间接关系的是次要语义类型,递加式定心短语只有心语前一修饰语才与其有直接联系,其他定语也与心语有关,各个定语根据与心语的远近关系也有主次之分。根据语义靠近理论,"多项定语以核心为参照,依据从松到紧、从不稳定到稳定、从抽象到具体排列。这也是修饰语和核心成分之间的距离(或空间深度)关系,在语义关系上越紧密的成分,在句法位置上也越靠近"。[①] 划分多项式定语语义遵循按定语离心语由远及近依次排列其与心语的语义类型这一原则,如"我们卑微的灵魂"(《人民文学》,2003 年第 1 期),离心语由远及近为表领属定语"我们"和表性状定语"卑微",这样,该短语定语的语义类型可表述为:领属+性状。又如"女英国病人"(《收获》,2006 年第 4 期),离心语由远及近为表性别的特征定语"女"和表来源的定语"英国",因此,该短语定语的语义类型可表述为:特征+来源。俄语也根据同样的规则划分,若定语均为一致或非一致定语,根据同样的规则划分,如一致中,Этот странный гражданин(这位古怪的公民)(Нов. мир, 2007, №4),离心语由远及近为表指代定语 этот 和表性状定语 странный,这样,该短语定语的语义类型可表述为:领属+性状。再如非一致定语中,Тема зла в критической литературе о Достоевском(关于陀思妥耶夫斯基的批评文学中恶的主题)(Филол. науки, 2005, №2),离心语由远及近为表范围定语 в критической литературе о Достоевском、关涉定语 зла,该短语定语的语义类型可表述为:范围+关涉;若定语为一致与非一致交叉,则遵循由"非一致"到"一

---

① 金立鑫:《语言研究方法导论》,上海外语教育出版社 2007 年版,第 399 页。

致”离心语由远及近来分析，如 Тяжелая доля дольщика（股东沉重的一份）（Изв. 2006.03.01），离心语由远及近为表领属定语 дольщика、表性状定语 тяжелая，这样，该短语定语的语义类型可表述为：领属＋性状。Необыкновенные приключения британца в России（英国人在俄罗斯不同寻常的遭遇）（Знамя，2003，№4）有两个非一致定语，离心语由远及近为表处所定语 в России（在俄罗斯）和表领属定语 британца（英国人），再分析一致定语，有一个表性状的一致定语 необыкновенные（不同寻常的），因此该短语定语的语义类型可表述为：处所＋领属＋性状。

需要说明的是：递归式定心短语各修饰成分组成的不是一个层次的偏正词组，而是一个有几个修饰层次的大偏正词组。其中每一项都只修饰其后的成分，只有最后一个定语才与心语有直接关系。因此，我们在判断定语与心语的语义关系时，只需确定心语前的定语的语义类型即可，因为对心语来说，修饰它的只有一个定语。如“美国女画家笔下的朱德总司令”（《人民日报》，2006 年 5 月 21 日）中有三个定语“美国”、“女画家”、“笔下”，定语“美国”修饰“女画家”，继而修饰“笔下”，最后作为一个整体修饰心语，即“美国女画家笔下”最终语义指向心语“朱德总司令”，各修饰成分组成的不是一个层次的定心短语，而是一个有几个修饰层次的大定心短语。实际上该类相对于心语只有一种语义类型，即“施事”，因此，从定语语义类型看，递归式多项定心短语只能视为单项定语，并列项之间的组合有时也作为一项看待。因此，俄汉语多项式定心结构中定语只有递加式、并列式和交叉式从不同方面修饰心语，由调查可知，俄汉语相同语义类型有 23 种，不同语义类型中，俄语有 68 种，汉语有 42 种。因所调查材料有限，各语言间又有差异，不可能穷尽所有定语类型，有的定语语义类型在一语言中发现，而在另一语言中未见，这并不说明在另一语言中缺乏，有的可能理论上存在，有的可能是某种语言结构（如称名结构）特有的语义类型。如多项式定心结构中，定语语义类型“处所＋受事、施事＋受事、施事＋与事、受事＋与事、方式＋受事/对象”等标题为俄语特有类型，因为心语一般为动名词，施事定语为二格名词或名词短语或由心语支配的名词派生的形容词，受事定语为心语所要求的接格形式，而汉语词类中无动名词这一类型。“行为＋处所、施事＋行为、话题＋数量”是汉语特有类型，因为在“行为＋处所”中，行为定语为动词或动词性短语，处所定语为介词结构或名词，俄语中若两个定语一个为动词，另一个是名词，则不可能同时修饰另一个名词；施事＋行为中，汉语施事与行为构成主谓关系，相当于俄语定语从句或形动词短语，俄语定语从句或形动词短语与心语只能构成单项式定心短语；“话题＋数量”定语中，心语为特殊的标题用词。相同的语义类型中，表达形式既有相同，也有不同。

1. 俄汉语共有语义类型

1）领属＋性状/性状＋领属

［1］Наш дорогой Пикассо（我们亲爱的毕加索）（Изв. 2006.09.29）

［2］Неизвестное стихотворение К. Бальмонта（巴尔蒙特不为人知的诗）（Вестник МГУ，2002，№6）

［3］Большая партийная игра（重大的党派游戏）（Изв. 2006.12.12）

［4］金灿灿的草屋顶（《十月》，2005 年第 1 期）

［5］我的激情故事（《当代》，2006 年第 4 期）

［6］老陶的烦心事（《收获》，2007 年第 1 期）

［7］种棉大户的开心事（《人民日报》，2006 年 2 月 11 日）

根据离心语远近，一类为“领属＋性状”，如例［1］、［2］和［5］—［7］，一类为“性状＋领属”，如例［3］和［4］；从定语类型看，表领有时，“领属＋性状”类中，俄语一般为名词第二格，如例［2］，汉语为名词或名词短语，如例［6］和［7］，俄汉语还有代词，如例［1］和［5］，“性状＋领属”类中，俄语为形容词，如例［3］，汉语为名词，如例［4］。表性状时，无论哪类定语在前，俄汉语大多为形容词，但汉语还有名词，如例［5］。由此可知，无论哪类定语在前，汉语领有定语均为名词，而俄语不同，定语位置不同，领有定语词类不同，领有定语在前时为名词或代词，领有定语在后时，为形容词。从多项式定心结构类型看，俄语均为递加式，汉语除递加式外，还有递加式和递归式的交叉，如例[7]。

2）领属＋数量/数量＋领属

[1] Вторая свадьба Эмина и Лейлы（埃明和莱拉的第二次婚姻）（Изв. 2006.05.22）

[2] Третья российская проблема（俄罗斯的第三大问题）（Изв. 2006.06.20）

[3] 大熊猫的两个愿望（《十月》，2006年第3期）

[4] 一间自己的屋子（《人民文学》，2002年第4期）

根据离心语远近，例[1]和[3]为"领属＋数量"，例[2]和[4]为"数量＋领属"。从领属定语类型看，无论哪类定语在前，汉语领有定语均为名词，而俄语不同，领有定语在前时为二格名词或同位短语，如例[1]，领有定语在后时，为形容词如例[2]，这一形容词相当于汉语"名词＋的"；从数量定语看，俄语为顺序数词，汉语为数量短语。从定语位置看，俄语"领属＋数量"为前后交叉，"数量＋领属"为前置，汉语则均前置。

3）领属＋时间

[1] Мой август 1991-го（我的1991年8月）（Знамя，2006，№8）

[2] Творчество А. П. Чехова сегодня（当今的契诃夫创作）（Вестник МГУ，2004，№4）

[3] Осенний пейзаж у С. А. Клычкова（克雷奇科夫的秋景）（Рус. речь，2004，№5）

[4] 我的二〇〇八约会（《人民日报》，2006年5月8日）

[5] 我和沙巴的最后晚餐（《当代》，2003年第5期）

[6] 民族精神的时代强音（《人民日报》，2006年2月6日）

[7] 陶琼小姐的1944年夏（《收获》，2002年第5期）

除例[5]为并列和递加交叉式多项定心结构外，其余均为递加式多项定心结构，定语从领属和时间两方面来修饰心语。从领属定语类型看，俄汉语均有代词充当定语，如例[1]和[4]，俄语还有二格名词，一般为人名，如例[2]，前置词结构，如例[3]，汉语还有并列短语、定心短语、同位短语,如例[5]—[7];从时间定语看,俄汉语均用年代充当定语,表年代的如例[1]、[4]和[7];此外,俄语还有形容词、副词充当定语,如例[2]和[3],汉语有名词充当定语,如例[5]和[6]。

4) 领属+方式/方式+领属

[1] Сетевой маркетинг Михаила Касьянова(米哈依尔·卡西亚诺夫的网络营销)(Изв. 2006.12.13)

[2] Гражданство России оптом и в розницу(批发和零售的俄罗斯国籍)(Изв. 2006.12.11)

[3] 一个特困生的勤工助学生活(《人民日报》,2006年4月21日)

例[1]和[3]为"领属+方式",例[2]为"方式+领属"。从领属定语看,俄语无论哪类定语在前,均为二格名词,汉语为短语;从方式定语看,俄语"领属+方式"为形容词,"方式+领属"为副词与前置词结构并列,汉语为动词短语。从定语位置看,俄语"领属+方式"为前后交叉,"方式+领属"为后置,汉语则前置。

5) 领属+方面

[1] Профессиональная тайна Сарафанова(萨拉法诺夫的职业秘密)(Рус. речь, 2002, №4)

[2] Аспекты философии языка И. Г. Гамана(加曼的语言哲学观)(Филол. науки, 2005, №1)

[3] Синтаксическая природа конструкции «не до+родительный падеж» ("не до+二格"的句法结构特点)(Филол. науки, 2005, №4)

[4] 安倍的经济难题(《人民日报》,2006年11月8日)

[5] 索绪尔的语言价值观(《当代语言学》,2004年第4期)

[6] 现代汉语的语义属性系统(《世界汉语教学》,2002年第2期)

以上各例定语均从"领属"和"方面"两方面修饰心语,结构相似,如例[1]对应于例[4],例[2]对应于例[5],例[3]对应于例[6]。从领属定语类型看,俄汉语的领属定语一般为人名,如例[1]、[2]、[4]和[5],但也有表物名词,如例[3]和[6],俄语为二格名词,汉语为"名词+的";从方面定语类型看，俄语一般为形容词，如例[1]和[3]，还有名词短语，如例[2]，汉语除名词短语如例[6]外，还有名词，如例[4]和[5]。从定语位置看，俄语主要为前后交叉，如例[1]和[3]，也有后置，如例[2]，汉语则前置。

6）性状＋性状

[1] Мстительный полковник в отставке(好报复的退役上校)(Изв. 2006.04.11)

[2] 两难的尴尬处境(《人民日报》,2006 年 4 月 4 日)

例[1]两个定语分别为表性质的形容词和表状态的前置词结构，例[2]为表性状形容词；从定语位置看，俄语前后交叉，汉语一律前置。

7）性状＋特征/特征＋性状

[1] Длинная снежная дорога(漫长雪路)(Нева, 2006. №11)

[2] Быстрая кошка редкой породы(跑得快的稀有猫)(Изв. 2006.08.01)

[3] 盛开不衰的红玫瑰(《人民日报》,2006 年 3 月 28 日)

除俄语例[2]为“特征＋性状”外，其他为“性状＋特征”。例[1]性状、特征定语均由形容词表示，例[2]特征定语由名词短语表示，性状定语为形容词，例[3]性状和特征定语分别为动词短语和形容词。

8）性状＋处所/处所＋性状

[1] Новый рывок к Тихому океану(向太平洋新的突破)(Изв. 2006.02.20)

[2] Новое достояние Старого Арбата(老阿尔巴特街的新财产)(Изв. 2006.03.17)

[3] 滋润的南方之雨(《十月》,2005 年第 2 期)

[4] 舞台上的真实故事(《人民日报》,2006 年 12 月 9 日)

[5] 家乡的新楼房(《人民日报》,2006 年 10 月 10 日)

根据定语顺序，除汉语例[3]为“性状＋处所”类，其余为“处所＋性状”类，从性状定语看，俄汉语均为形容词；从处所定语看，“性状＋处所”

汉语为地点名词,“处所＋性状”俄语为前置词结构(如例[1])、第二格名词短语(如例[2]),汉语为方位结构(如例[4])、名词(如例[5])。从定语位置看,俄语前后交叉,性状定语在前,处所定语在后,汉语一律前置。

9) 性状＋同指

[1] Прекрасная няня Майкла Джексона(迈克·杰克逊的好保姆)(Изв. 2006.09.22)

[2] Добрая доктор Горелова(善良的戈列洛娃大夫)(Изв. 2006.04.10)

[3] 得意的谢拉皮翁两兄弟(《收获》,2003 年第 4 期)

以上各例前面的形容词定语从性状方面说明心语,后面的两个名词或名词短语构成同指关系。

10) 性状＋方面/方面＋性状

[1] Новое политическое поколение(政治上的新生代)(Изв. 2006.11.27)

[2] Новый образ “Жизни”(新“生活”方式)(Изв. 2006.09.12)

[3] 勇敢的日常生活(《人民文学》,2003 年第 2 期)

[4] 美丽的文化遗产(《人民日报》,2006 年 4 月 22 日)

[5] 魅力独具的艺术形象(《人民日报》,2006 年 1 月 26 日)

根据定语顺序,除俄语例[2]为“方面＋性状”类,其余为“性状＋方面”类。从性状定语类型看,俄语为性质形容词,汉语除形容词外,还有主谓短语作性状定语,如例[5];从方面定语看,“性状＋方面”俄语由形容词表示,汉语由名词表示,“方面＋性状”俄语由名词表示。从定语位置看,俄语既有前置,如例[1],也有前后交叉:方面定语后置,性状定语前置,汉语一律前置。

11) 特征＋来源

[1] Русский барин с европейским уклоном(俄国亲欧贵族)(Изв. 2006.03.22)

[2] 女英国病人(《收获》,2006 年第 4 期)

例[1]与心语发生关系的两个定语分别为后置的带前置词 c 的结构和前置的表国别来源的形容词，汉语为前置的两个名词定语，即由表性别特征和表国别来源定语组成。

12) 行为+数量

[1] Первый случай употребления допинга（首例兴奋剂案）（Изв. 2006.02.15）

[2] 叙述雪的十九种方式（《人民文学》，2003 年第 4 期）

[3] 一条飞来飞去的鱼（《当代》，2003 年第 6 期）

[4] 一次花钱买罪受的旅游（《人民日报》，2006 年 5 月 16 日）

根据离心语远近，前两例是“行为+数量”，行为和数量定语例[1]分别为名词短语和顺序数词，例[2]分别为动宾短语和数量短语；后两例是“数量+行为”，数量和行为定语例[3]分别为数量短语和动词短语，例[4]分别为数量短语和主谓短语。

13) 关涉+性状

[1] Новая книга о Горьком-художнике（关于文学家高尔基的新著）（Вестник МГУ，2003，№1）

[2] Новый учебник по русской фонетике（新编俄语语音教程）（Вестник МГУ，2003，№6）

[3] Невеселые раздумья вокруг “иранского вопроса”（“伊朗问题”引起的烦恼）（Изв. 2006.03.14）

[4] Новые подробности дагестанских покушений（达吉斯坦谋杀新动态）（Изв. 2006.08.08）

[5] 苦雨斋旧事（《十月》，2003 年第 5 期）

[6] 长寿村的新故事（《人民日报》，2006 年 9 月 23 日）

[7] 仪陇试点的主要做法（《人民日报》，2006 年 12 月 10 日）

从性状定语类型看，俄汉语均为表性状的形容词；从关涉定语类型看，俄语大多为表关涉义的前置词 o 引导的前置词结构（如例[1]）、前置词 по 和 вокруг 引导的前置词结构（如例[2]和[3]）、名词短语（如例

[4]),汉语主要为名词(如例[5]和[6])、名词短语(如例[7])。从定语位置看,俄语前后交叉:关涉定语后置,性状定语前置;汉语均前置。

14) 关涉+数量/数量+关涉

[1] Некоторые аспекты проблематики трилогии М. Алданова «Ключ. Бегство. Пещера»(阿尔达诺夫三部曲问题的若干问题)(Вестник МГУ, 2002, №3)

[2] 赵臭猫的二三事(《十月》,2005 年第 5 期)

[3] 青少年读物的几个问题(《人民日报》,2006 年 4 月 4 日)

[4] 关于《现代汉语常用字表》的两点意见(《中国语文》,2002 年第 3 期)

[5] 对《标点符号用法》的一些意见(《中国语文》,2003 年第 6 期)

[6] 一幅关于北京的素描(《当代》,2003 年第 2 期)

除汉语例[6]为"数量+关涉"外,其余为"关涉+数量"。从关涉定语类型看,例[1]аспекты чего 在标题中意义相当于 аспекты о чём;例[3]"问题"即为"关于……问题",同理,例[2]可变换为"关于……的二三事";例[4]和[6]带表示关涉义的标记介词"关于"的介词结构,例[5]带表示关涉义的标记介词"对……"的介词结构。从数量定语类型看,俄语为代词,汉语为数词(如例[2])、数量短语(如例[4]—[6])和表数量义的不定量词(如例[3]和[5])。从定语位置看,俄语关涉定语后置,数量定语前置,汉语均前置。

15) 时间+性状

[1] Долгая счастливая жизнь(幸福长久的生活)(Знамя, 2002, №3)

[2] 一生中最大的幸运(《人民日报》,2006 年 3 月 13 日)

[3] 三十年的爱心历程(《人民日报》,2006 年 5 月 13 日)

从时间定语类型看,俄语为形容词,汉语为方位结构(如例[2])和数名短语(如例[3])。从性状定语看,俄汉语均有形容词,汉语还有名词,如例[3]。从定语位置看,俄汉语定语均前置。

16）时间＋方面

［1］Лингвистика стиха на рубеже веков（世纪之交的诗歌语言学）（Вестник МГУ，2003，№6）

［2］曾经的日常生活（《人民文学》，2007 年第 6 期）

［3］非典时期的精神生活（随笔）（《人民文学》，2003 年第 7 期）

从定语类型看，时间、方面定语俄语分别用前置词结构和名词第二格表示，汉语例［2］分别用副词和名词表示，例［3］分别用名词短语和名词表示。从定语位置看，俄语定语后置，汉语定语前置。

17）处所＋行为/行为＋处所

［1］Преступная дорожка к храмам（通向教堂的犯罪之路）（Изв. 2006.11.13）

［2］Убийственная статистика Нью-Йорка（纽约谋杀案统计）（Изв. 2006.05.15）

［3］在路上行走的鱼（《十月》，2005 年第 6 期）

［4］向下生长的树（《十月》，2006 年第 6 期）

［5］蹲在鸡舍里的父亲（《十月》，2002 年第 4 期）

［6］遗落在站台上的包裹（《当代》，2003 年第 5 期）

［7］镌刻在疤痕上的文字（《人民文学》，2004 年第 2 期）

［8］重走红色征途的外国人（《人民日报》，2006 年 10 月 17 日）

［9］溜进别墅的小偷（《当代》，2004 年第 1 期）

前四例为“处所＋行为”，其他为“行为＋处所”，此类是汉语特有类型，有两种结构模式：动词＋介词结构（在＋地点名词/名词短语）＋名词，动宾短语＋名词。其中例［5］—［7］的两个定语分别由表动作的动词与表处所的介词结构组成，其中动词与介词结构均与心语发生关系，此类很典型，尤见于文学作品；例［8］和［9］行为与处所定语组成动宾短语。“处所＋行为”类中，从处所定语类型看，俄汉语均有介词结构，如例［1］和［3］，俄语还有二格名词，如例［2］，汉语还有方位短语，如例［4］；行为定语则不同，俄语由形容词表示，汉语则由动词表示。从定语位置看，俄语处所定语后置，行为定语前置，汉语均前置。

18）施事＋数量

［1］Второе пришествие Тимошенко（季莫申科的第二次出现）（Изв. 2006.06.22）

［2］董事长的三件事（《人民日报》，2006 年 11 月 1 日）

例［1］施事定语由第二格人名表示，数量定语由顺序数词表示；例［2］“董事长的三件事”可认为是“关于董事长的三件事”和“董事长做的三件事”，只有阅读原文后才知是“董事长要做的三件事”；名词“董事长”是施事，数名短语“三件”表示数量。

19）施事＋共事

［1］Спор Польши с Молдавией（波兰与摩尔达维亚之争）（Изв. 2006.08.04）

［2］Диалог О. Э. Мандельштама с А. С. Пушкиным（曼德尔施塔姆与普希金的对话）（Рус. речь，2006，№3）

［3］Моя встреча с Владимиром Максимовым（我和符拉基米尔·马克西莫夫的见面）（Звезда，2003，№12）

［4］羊和草的对话（《人民日报》，2006 年 4 月 24 日）

从定语类型看，俄语施事定语为第二格名词，共事定语为带前置词 с 的前置词结构，前置词 с 相当于汉语介词“和、跟、与”，汉语施事和共事定语均为名词，施事、共事构成并列短语，借用助词“的”与心语构成多项式定心短语。显著特点是，俄汉语心语均为两人或以上行为的名词，如 спор、диалог、встреча，“对话”。从定语位置看，俄语定语后置，汉语定语前置。

20）受事/对象＋视角/视角＋受事/对象

［1］Категории времени и вида с точки зрения текста（从文本视角看时体范畴）（Вопр. яз.，2002，№3）

［2］Выражение несогласия в аспекте культуры речи（语言文化角度下的非一致表达）（Рус. речь，2007，№3）

［3］ Семиотический аспект лексического смешения, или интерференции（词汇混合或干扰的符号学观点）（Филол. науки, 2007, №5）

［4］“自首”的系统功能语言学视角（《现代外语》,2006 年第 1 期）

除例［2］属“视角＋受事/对象”外,其他属“受事/对象＋视角”。例［1］和［2］分别由标记结构 с точки зрения＋二格名词和 в аспекте＋二格名词短语表示,例［3］用形容词＋标记词 аспект,例［4］心语“视角”是视角定语的标记,其最近的定语“系统功能语言学”是视角定语;例［1］和［3］的对象定语均为名词性短语,例［2］受事定语为二格名词,是心语动名词 выражение 所支配的客体,例［4］名词“自首”是对象定语。

21）指别＋性状

［1］ Этот странный гражданин（这位古怪的公民）（Нов. мир, 2007, №4）

［2］ 那个幸运的夏天（《人民文学》,2002 年第 5 期）

以上两例定语、心语排序相同。结构上,指示代词和性质形容词从指别和性状两方面修饰心语,其结构为:指示代词＋形容词＋心语。

22）范围＋性状

［1］ Ценностный подход в исследовании литературной критики В. В. Розанова（罗扎诺夫文学批评研究可资借鉴的方法）（Вестник МГУ, 2006, №4）

［2］ 党校工作的重要任务（《人民日报》,2006 年 9 月 27 日）

范围定语俄语为 в＋第六格名词短语,汉语为名词短语;性状定语均为形容词。从结构看,俄语词序为“形容词＋心语＋前置词结构”,汉语为“名词短语＋的＋形容词＋心语”。

23）范围＋方面

［1］ Структурно-семантическое направление в современной русистике（当代俄罗斯学的结构—语义学派）（Филол. науки, 2006, №2）

［2］ Этнолингвистические проблемы в СССР и на постсоветском пространстве（苏联和后苏联的民族语言学问题）（Вопр. яз., 2002, №6）

［3］香港汉语书面语的语法特点(《中国语文》,2006 年第 2 期)

［4］我们生活中的动物演员(《十月》,2003 年第 1 期)

从定语类型看,表范围定语时,俄语为前置词 в+第六格名词性短语(如例［1］)、前置词 в+第六格名词性短语与前置词 на+第六格名词性短语的并列短语(如例［2］);汉语由名词性短语和方位短语(如例［3］和［4］),即名词性短语与表示范围标记的"中"组合(如例［4］)表示。表方面定语时,俄语为形容词,相当于汉语"名词+的",汉语为名词。从定语位置看,俄语前后交叉,形容词定语前置,前置词定语后置;汉语定语前置。

除上述共有语义类型外,因所调查称名标题有限,不可避免存在俄有汉无、汉有俄无的语义类型,其中也包括俄汉语各具特色的语义类型,因为俄汉语除共有的称名结构标题外,还有各具特色的结构,不同的结构决定不同的语义,即使有相同的结构,也存在不同的语义类型。

2. 俄有汉无的语义类型

1) 领属/整体 +行为

Забытые фрагменты истории(被遗忘的历史片段)(Изв. 2006. 07. 18),领属/整体定语由第二格名词表示,行为定语为被动形动词。

2) 领属+比拟

Собачьи дни наших детей(我们孩子那狗一般的日子)(Изв. 2006. 11. 02),наших детей 是心语 дни 的领属定语,把我们孩子的日子比作像狗过的,собачьи 是 дни 的比拟定语。

3) 性状+整体

Незрячие зёрна кунжута(看不见的芝麻籽)(Знамя, 2004, №9),形容词 незрячие 是短语 зёрна кунжута 的性状定语,心语 зёрна 与第二格名词定语 кунжута 构成部分与整体关系。

4) 特征+数量

Одномоторный Петрович с крыльями(插上翅膀的单引擎的彼得罗维奇)(Изв. 2006. 11. 21) 定语分别为带表特征义的前置词+第五格名

词的前置词结构和表数量的形容词。

5）数量＋范围＋关涉

III Международный фестиваль “Москва встречает друзей”（第三届国际“莫斯科迎接朋友”联欢节）（Изв. 2006. 05. 18），顺序数词 III、形容词 международный 和简单句 Москва встречает друзей 分别从数量、范围、关涉三方面修饰心语 фестиваль。

6）时间＋领属＋方面（体裁）

Путевая проза русских писателей первой трети XX века（20 世纪前三分之一年代俄国作家的游记）（Рус. речь，2002，№5），第二格名词短语 первой трети XXвека 为时间定语，第二格名词短语 русских писателей 为领属定语，由名词 путь 派生的形容词 путевая 为方面定语。

7）时间＋关涉

该类语义关系明显，时间定语为表时间的形容词或数词词组，关涉定语为标记前置词 о＋第六格名词或名词短语。如 Последняя книга о начале（关于开始的新书）（Звезда，2007，№6）。

8）处所＋领属

Творчество Л. Н. Толстого в Иране（列・托尔斯泰在伊朗的创作）（Вестник МГУ，2002，№4），表地点的前置词 в＋第六格名词为处所定语，人名 Л. Н. Толстого 为领属定语。

9）处所＋领属＋性状

Новая книга Чингиза Айтматова на ярмарке Non/fiction（“非小说”博览会展出的钦吉兹・艾特马托夫的新作）（Изв. 2006. 11. 30），处所定语为前置词 в＋第六格地点名词，领属定语为表人名词二格，性状定语为形容词。

10）处所＋领属＋比拟

“Детские шалости” украинцев в Германии（德国的乌克兰人“孩子般的淘气”）（Изв. 2006. 11. 23），前置词结构 в Германии、二格名词 украинцев 和物主形容词 детские 分别从“处所、领属、比拟”三方面修饰

心语 шалости。该类语法、语义结构可表述为：表比拟关系形容词＋心语＋表领属名词＋表处所前置词结构。

11）处所＋性状＋来源

Знаменитое немецкое сопрано в Москве（著名德国女高音在莫斯科）（Изв. 2006. 12. 05），处所定语为前置词 в＋第六格地点名词，性状定语为形容词，来源定语为表国别的关系形容词。

12）处所＋特征

Еда с ветерком в голове（简单制作的食物）（Изв. 2006. 07. 14），处所定语为前置词 в＋第六格名词，特征定语由前置词 с＋第五格名词表示。

13）处所＋关涉

［1］Фестиваль стильной музыки в усадьбе（庄园特色音乐联欢节）（Изв. 2006. 06. 01）

［2］Правда о СПИДе в России（俄罗斯艾滋病真相）（Изв. 2006. 05. 16）

以上两例处所定语均为前置词 в＋第六格名词；前例的关涉定语为名词短语，后例的关涉定语为标记前置词 о 引导的前置词结构。

14）处所＋来源

Английский писатель в стране большевиков（布尔什维克国家的英国作家）（Звезда，2003，№11），处所定语为前置词 в＋第六格名词短语，来源定语为表国别的关系形容词。

15）处所＋受事

［1］Преподавание русского языка в Тегеранском государственном университете（国立德黑兰大学俄语教学）（Вестник МГУ，2002，№4）

［2］Дегустация вина у графа А（在伯爵甲那儿品酒）（Нева，2003，№5）

处所定语分别由前置词 в＋第六格名词短语和前置词 у＋第二格名词短语，受事定语为第二格名词，心语均为动名词，该类是汉语所缺的。

16）处所＋同指

［1］Дед Мазай на площади Искусств（艺术广场上的马扎爷爷）（Изв. 2006.12.15）

［2］Газета «Новое время» в эмиграции（《新时代》报在国外）（Вестник МГУ，2002，№1）

处所定语分别为前置词 на＋第六格名词短语和前置词 в＋第六格名词，例［1］дед 和 Мазай、例［2］газета 和«Новое время»构成同位语。

17）处所＋方面

Языковая ситуация в Белоруссии（白俄罗斯的语言状况）（Вопр. яз.，2002，№6），处所定语为前置词 в＋第六格地点名词，方面定语为名词 язык 派生的形容词 языковая。

18）施事＋行为

Полоний “задел” сотрудников лондонского отеля（伦敦酒店工作人员“滞留”钋）（Изв. 2006.12.07），施事定语由二格名词短语 сотрудников лондонского отеля 表示，行为定语由名词“задел”表示。

19）施事＋受事

［1］Рефлексия социолога на реформы ЖКХ（社会学家反思住宅和公用事业改革）（Нева，2006，№4）

［2］Ядерное признание израильского премьера “не так поняли”（对以色列总理的核承认“不太理解”）（Изв. 2006.12.12）

［3］Влияние Московского университете на становление русской классической литературы（莫斯科大学对俄国经典文学形成的影响）（Вестник МГУ，2005，№1）

心语一般为动名词，施事定语为二格名词或名词短语，受事定语为由心语所要求的接格形式 на＋第四格（如例［1］和［3］）或由心语支配的名词派生的形容词（如例［2］）。该类为俄语特有，因为汉语词类中无动名词这一类型。

20）施事＋与事

[1] Предсказание И. Я. Корейши Ф. И. Буслаеву(科赖莎对布斯拉耶夫的预言)(Рус. речь, 2002, №3)

[2] Взгляд России на смерть Слободана Млошевича(俄罗斯对斯拉博丹·姆洛舍维奇之死的看法)(Изв. 2006.03.13)

[3] Обращение министра внутренних дел Российской Федерации к сотрудникам Госавтоинспекции(俄联邦内务部部长向国家汽车检察局工作人员发出呼吁)(Изв. 2006.06.14)

心语一般为动名词,如例[1]和[3],施事定语为二格名词或名词短语,与事定语为三格名词(如例[1]和[3])和由心语所要求的接格形式на+第四格(如例[2])。该类也为俄语特有。

21) 施事+与事+行为

Неосуществленное предисловие А. С. Пушкина к «Борису Годунову» (1825—1830 гг.)(普希金未写完的关于《鲍里斯·戈都诺夫》前言)(Филол. науки, 2003, №5),施事定语由二格人名 А. С. Пушкина 表示,与事定语由心语所要求的接格形式 к+第三格形式,行为定语为形动词。

22) 施事+目的

Прощальная гастроль Еремина(叶廖明的告别巡演)(Изв. 2006.05.12),施事定语为第二格表人名词,目的定语为形容词。

23) 施事+原因

Покровительство главного военного прокурора за $17 тыс.(军事总检察长为17000美元做袒护)(Изв. 2006.07.18),施事定语由名词短语表示,原因定语由表原因的前置词 за+四格数名短语表示。

24) 系事+时间

Послереволюционный раскол русской литературы(俄国文学革命后的分裂)(Вестник МГУ, 2002, №1),心语是动名词 раскол,系事定语由二格名词短语表示,时间定语由形容词表示。

25) 受事+性状

［1］Непоказное уважение к памятникам（对纪念碑的真诚敬意）（Изв. 2006.05.25）

［2］Блистательные изобретатели велосипедов（杰出的自行车发明者）（Знамя，2004，№4）

前例受事定语为心语 уважение 所要求的 к＋三格形式，后例受事定语为二格名词；两例性状定语均为形容词。

26）受事＋数量

Некоторые итоги развития литературы века в контексте русского литературного процесса（Опыт классификации）（俄罗斯文学发展语境下的百年回眸）（Филол. науки，2003，№1），受事定语是介词结构 в контексте русского литературного процесса ＋名词短语 развития литературы века 多项式定语，数量定语是表数量义的不定代词 некоторые。

27）受事＋目的

Юбилейный выпуск «Блокнота Литературного музея имени Адама Мицкевича»（《亚当·密茨克维奇文学博物馆手册》纪念特刊）（Вестник МГУ，2002，№2），心语为动词 выпускать 的动名词 выпуск，受事定语«Блокнота Литературного музей имени Адама Мицкевича»受心语支配，为第二格名词短语；目的定语由形容词 юбилейный 表示。

28）受事＋与事

［1］Переводы кавказских поэм Лермонтова на кабардино-черкесский язык（莱蒙托夫的高加索长诗译作卡巴尔达—切尔克斯语）（Вестник МГУ，2005，№5）

［2］Проверка слова на свободу（言论自由的检测）（Изв. 2006.12.08）

［3］Ледовый тест на культуру（对文化的冰测试）（Изв. 2006.12.11）

前两例为典型的“受事＋与事”，“受事”、“与事”定语均具有标记，与事定语均由心语动名词决定。例[1]心语 перевод 的接格形式为 перевод чего(与事) на что(受事),例[2]心语 проверка 的接格形式为 проверка чего(与事) на что(受事),перевод 和 проверка 分别是及物动词 переводить 和 проверить 的动名词,其接格形式来源于及物动词 переводить что на что、проверить что на что。例[3]"受事"定语为标记性的,"与事"是名词 лёд 派生的形容词 ледовый,其正常(典型)形式为 тест льда на культуру。该类为俄语特有。

29) 与事+性状

[1] Дурная привычка к зелени(对美元的不良习惯)(Изв. 2006.06.19)

[2] Выдающееся почтение к старости(十分尊敬老人)(Изв. 2006.03.21)

以上两例与事定语均为心语动名词所要求的接格形式,心语 привычка 和 почтение 均要求 к+第三格形式,性状定语均由性质形容词表示。

30) 与事+时间

[1] Весеннее наступление на крысиную корпорацию(对鼠群春季攻势)(Изв. 2006.03.21)

[2] Предвыборная помощь участковым(向选区提供选前帮助)(Изв. 2006.11.14)

以上两例与事定语均为心语动名词所要求的接格形式,例[1]心语动名词 наступление 接 на+第四格,例[2]помощь 要求第三格;时间定语,例[1]为表时间的名词 весна 派生的形容词 весеннее,例[2]为前缀 пред+名词 выбор+形容词词尾构成形容词 предвыборная。

31) 对象+性状

Несчастный случай для одинокой домохозяйки(单亲主妇的不幸)(Нов. мир, 2005, №1),对象定语为前置词 для+二格名词短语,性状定语为形容词。

32）对象＋用途

Противоракетный зонтик для всей Европы（全欧洲的反火箭伞）（Изв. 2006.12.06），对象定语为前置词 для＋第二格名词，用途定语为 против＋ракетный 构成的复合词。

33）对象＋来源

Бразильская головоломка для москвичей（给莫斯科人玩的巴西益智游戏）（Изв. 2006.12.15），对象定语为前置词 для＋第二格名词，来源定语为表国名来源的关系形容词。

34）对象＋数量

Вторая пенсия для блокадников（列宁格勒被围困者的第二笔退休金）（Изв. 2006.07.11），对象定语为前置词 для＋第二格名词，数量定语为顺序数词。

35）对象＋质料

Стальные трубки для “железных леди”（“铁腕女人”的钢制听筒）（Изв. 2006.03.07），对象定语为前置词 для＋第二格名词短语，质料定语为物质名词 сталь 派生的形容词 стальные。

36）方式＋性状

Новая Голландия на английский манер（仿英国做法的新荷兰）（Изв. 2006.02.16），方式定语为前置词 на＋四格名词短语的前置词结构，性状定语为性质形容词。

37）方式＋数量

Почтовый перевод на ＄5 миллиардов（五十亿美元邮汇）（Изв. 2006.12.05），方式定语为形容词，数量定语为带前置词 на＋四格数词词组的前置词结构。

38）方式＋受事/对象

［1］Понимание культур через посредство ключевых слов（借助关键词理解文化）（Рус. речь，2002，№4）

［2］Выпуск газеты революционным порядком（按革命方式出报）

(Изв. 2006.03.13)

[3] Охота на тараканов по-семейному(家庭式捕蟑)(Изв. 2006.02.26)

[4] Субъектно-ориентированное восприятие иноязычной речи(主观理解接受外语)(Вопр. яз., 2005, №2)

前三例为典型的"方式+受事/对象","方式"、"受事/对象"定语均带标记性,例[1]方式定语为表方式方法的前置词 через+第四格形式,受事/对象定语为及物动词 понимать 的动名词 понимание 支配的第二格;例[2]方式定语为表方式方法的第五格形式,受事/对象定语为及物动词 выпускать 的动名词 выпуск 支配的第二格;例[3]方式定语为表方式方法的副词,该类副词能产,一般由前缀 по 借助连字符和形容词第三格构成,受事/对象定语 на тараканов 为动名词 охота 所支配的形式;例[4]受事/对象定语有标记,为及物动词 восприять 的动名词 восприятие 支配的第二格,方式定语为非标记性,用形容词第一格表示。上述各例的心语均为动名词,这些受事定语均为心语的客体。该类为俄语所特有。其典型结构模式可表述为:心语(动名词)+二格名词(受事/对象)+五格名词(方式/工具),心语(动名词)+на+四格名词(受事/对象)+副词(方式)。

39) 依据+目的

Покаянные маршруты по доступной цене(消费得起的忏悔线路)(Изв. 2006.04.12),该标题讲的是基督教复活节时,旅行社给教徒们提供的通往不同圣地的宗教之旅,其依据定语为前置词 по+三格名词短语的前置词结构,目的定语为形容词。

40) 依据+处所

Кавказское долголетие за чужой счет(高加索靠别人而长寿)(Изв. 2006.08.07),依据定语为表凭借义的固定短语 за чей счёт(由……负担费用、靠……)表示,处所定语为表地点名词 Кавказ 构成的关系形容词。

41) 关涉+方面/领域

［1］Политическая доктрина суверенной демократии（主权民主的政治学说）（Изв. 2006.11.30）

［2］Норма языка русской проповеди середины XVIII（18世纪中期俄罗斯传道的语言规则）（Вестник МГУ，2006，№5）

以上两例关涉定语均为名词短语，例［1］中，доктрина чего 义同 доктрина о чём，доктрина 一般可看作关涉定语的标记；方面/领域定语，例［1］为形容词，例［2］为名词二格。

42）用途＋性状

Новые проездные для наземного транспорта（地面交通新车票）（Изв. 2006.03.17），充当用途定语均为标记用途的前置词 для 引导的前置词结构，充当性状定语均为标示性状的形容词。其语义结构模式为：性质形容词＋心语＋для＋名词/名词短语。

43）用途＋处所

Простор для творчества в нейлоновых стенах（尼龙墙上的创作空间）（Изв. 2006.07.18），充当用途定语为标记用途的前置词 для 引导的前置词结构，充当处所定语的也为前置词结构。

44）用途＋质料

Резиновая дубинка для рейдеров（袭击舰艇的橡皮棍）（Изв. 2006.07.25），充当用途定语为标记用途的前置词 для 引导的前置词结构，充当质料定语为标示材料的形容词。

45）目的＋性状

Отличный момент для налаживания новых связей（改善新关系的最佳时刻）（Изв. 2006.10.20），目的定语为前置词 для 引导的前置词结构，性状定语为性质形容词。其语义结构模式为：性质形容词＋心语＋для＋名词/名词短语。

46）目的＋处所

Мемориальный дорожный знак（纪念性的路标）（Изв. 2006.05.17），目的定语为形容词，处所定语为表地点的形容词。

47）目的＋对象

Антифашистский тест для партий（各党的反法西斯检验）（Изв. 2006.01.23），目的定语为前置词 для 引导的前置词结构，对象定语为形容词。

48）来源＋领属

Письма А. П. Чехова из Ниццы（契诃夫发自尼斯的信）（Русская речь，2003，№1），此例为典型的“来源＋领属”，来源定语为标记来源义的前置词 из 引导的前置词结构，领属定语为第二格表人名词。其语义结构模式为：心语＋二格人名（来源）＋前置词 из＋二格名词/名词短语。

49）来源＋特征

Молодой человек из интеллигентной семьи（知识分子家庭出生的年轻人）（Знамя，2002，№2），来源定语为标记来源义的前置词 из 引导的前置词结构，特征定语为形容词。

50）来源＋质料

[1]“Нефритовые четки”от Бориса Акунина（鲍里斯·阿库宁的“念珠”）（Изв. 2006.11.22）

[2] Берестяные грамоты из новгородских и новоторжских раскопок 2001 г.（2001 年在诺夫哥罗德和诺沃托尔日两地发掘的桦树皮文献）（Вопр. яз.，2002，№6）

[3]“Вино из одуванчиков”самарского разлива（萨玛拉瓶装“蒲公英酒”）（Изв. 2006.10.10）

前两例来源定语为标记来源义的前置词 от 和 из 引导的前置词结构，质料定语为材料名词派生的形容词，例[3]来源定语为第二格名词短语，材料定语为前置词 из 引导的前置词结构。

51）原因＋系事

Головная боль от таблеток（药片引起的头痛）（Изв. 2006.09.11），原因定语为表原因前置词 от＋二格名词，系事为名词 голова 派生的形容词 головная。

52）原因＋受事

Растление малолетних за бюджетные деньги（因收支状况而毒害儿童）（Изв. 2006.03.23），原因定语为表原因前置词 за＋四格名词，受事是动名词 растление 所支配的客体。

53）条件＋行为

Особенности взаимодействия лексики и синтаксических структур при взаимодействии коммуникативных задач（交际任务相互作用时词汇与句法结构相互作用的特点）（Вестник МГУ，2003，№5），条件定语为表条件义的前置词 при＋六格名词短语，行为定语为以动名词为心语的名词短语。

54）条件＋视角

［1］Ономасиологический подход при сопоставительном изучении лексико-синтаксических структур двух языков（双语词汇—句法结构对比研究的专名学方法）（Вестник МГУ，2005，№5）

［2］Когнитивная семантика на фоне общего развития лингвистической науки（语言科学总体发展背景下的认知语义学）（Вопр. яз.，2002，№6）

条件定语，例［1］为表条件义的前置词 при＋六格名词短语，例［2］为固定表达 на каком фоне，视角定语均为形容词。称名结构中，视角定语为形容词时，心语一般是“方法、观点、方式”等名词。

55）视角＋领属

［1］Русская усадьба в мифологическом аспекте（«Обрыв» И. А. Гончарова и «Новь» И. С. Тургенева）（神话视角下的俄国庄园）（Филол. науки，2007，№2）

［2］Судьба страны глазами “Известий”（《消息报》眼中的国家命运）（Изв. 2006.09.05）

以上两例视角定语分别用标记结构 в каком аспекте 和标记词 глазами＋二格名词表示，领属定语分别为形容词和二格名词。

56）视角＋特征

Личное имя в лингвокогнитивном освещении（人名的语言认知阐释）（Вестник МГУ，2004，№1），视角定语用标记结构 в каком освещении 表示，特征定语为形容词。

57）视角＋处所＋处所＋方面/领域

Местная гидрографическая терминология междуречья Оки и Дона в историко-лингвистическом освещении（从历史—语言角度看奥卡河和顿河之间的地方水文地理术语）（Филол. науки，2006，№5），视角定语用标记结构 в каком освещении 表示，处所定语分别为名词短语 междуречья Оки и Дона 和形容词 местная，方面/领域定语为形容词 гидрографическая。

58）视角＋施事＋与事

Общение врача с больным с точки зрения риторики（从演说学视角看医生与病人的交际）（Рус. речь，2002，№6），该例为典型的“视角＋施事＋与事”语义结构，即“视角定语、施事定语和与事定语”都有一定的标记，视角定语用标记结构 с точки зрения＋二格名词表示，施事和与事定语均由动名词 общение 支配，其接格形式 общение кого-чего с кем-чем，施事定语为二格名词，与事定语为 с＋五格名词。

59）视角＋方面/领域

［1］Дорога жизни глазами марафонца（马拉松运动员眼中的生活之路）（Нева，2004，№1）

［2］Газетная публицистика в зеркале стилистического словаря（修辞词汇镜像中的报纸政论文章）（Вестник МГУ，2002，№4）

两例视角定语分别用标记词 глазами＋二格名词和 в зеркале＋二格名词表示；方面/领域定语，例［1］为二格名词，例［2］为名词 газета 派生的形容词。

60）视角＋范围＋受事

Звуковые изменения в русском и праславянском языках в свете

современных фонетических представлений（从现代语音角度看俄语和原始斯拉夫语的语音变化）（Вестник МГУ，2004，№2），视角定语用标记结构 в свете＋二格名词表示，范围定语为表范围前置词 в＋六格名词短语，受事定语为心语动名词 изменения 所支配的名词客体派生的形容词。

61）范围＋领属

［1］Наименования космологических объектов в мифе и языке（神话和语言中宇宙客体的名称）（Вестник МГУ，2002，№1）

［2］Лермонтовские традиции в творчестве Э. И. Губера（古别尔创作中的莱蒙托夫传统）（Филол. науки，2006，№2）

［3］Образы человека-растения в творчестве А. Блока（布洛克创作中植物人的形象）（Филол. науки，2007，№2）

以上各例范围定语均为表示范围义的前置词 в＋第六格名词/名词短语，领属定语则不同，例［1］为表物的名词短语，例［2］为由人名构成的物主形容词，例［3］为表人的名词短语。

62）范围＋行为＋性状

Спорные случаи употребления кавычек в сфере номинации（称名引号使用之争）（Филол. науки，2007，№4），范围定语由前置词 в＋第六格名词性短语表示，行为定语由心语为动名词 употребления 的名词短语表示，性状定语为形容词 спорные。

63）范围＋关涉

范围定语一般由前置词 в＋第六格名词或名词性短语表示，关涉定语由表关涉意义名词心语来体现，表关涉义的标记词一般有：понятие、особенности、специфика、способы、метод、вопрос、проблема、легенда、тема 等。该类标题很多。如：

［1］Специфика коммуникативных неудач в речевой ситуации угрозы（威胁语境中交际失败的特点）（Филол. науки，2004，№3）

［2］Метод вызванных потенциалов мозга в экспериментальной психолингвистике（实验心理语言学中大脑潜能激活的方法）（Вопр. яз.，

2006，№3)

［3］Проблема национального характера в драматургии А. С. Хомяков(霍米亚科夫戏剧中的民族性格问题)(Вестник МГУ，2003，№2)

64）范围＋当事

Эволюция образа смеха в творчестве А. А. Блока(布洛克创作中笑形象的演化)(Вестник МГУ，2005，№6)，范围定语为表示范围义的前置词 в＋第六格名词短语，当事定语为第二格名词短语。

65）范围＋受事

Изменение отношений «автор-читатель» в пространстве электронного гипертекста(电子超文本空间的"作者—读者"关系之改变)(Вестник МГУ，2005，№6)，范围定语为表示范围义的前置词 в＋第六格名词短语，受事定语为动名词支配的第二格名词短语。

66）范围＋方式

Повествование от первого лица в рассказах Ивана Франка(伊万·弗兰克小说的第一人称叙述)(Вестник МГУ，2006，№4)，范围定语为表示范围义的前置词 в＋第六格名词短语，方式定语为前置词 от＋名词短语。

67）范围＋同指

Термины-синонимы в риторике(论演讲术中的同义术语)(Рус. речь，2006，№4)，范围定语由前置词 в＋第六格名词表示，термины-синонимы 为同位语。

68）范围＋整体

Миг вечности в поэзии Серебряного века(白银时代诗学中永恒的瞬间)(Рус. речь，2007，№3)，范围定语由前置词 в＋第六格名词性短语表示，整体定语由二格名词 вечности 表示，它与心语 миг 构成时间段中的整体—部分关系。

3. 汉有俄无的语义类型

1）领属＋性状＋性状

东风的自主创新之路(《人民日报》,2006 年 5 月 8 日),定语“东风”与短语“自主创新之路”形成领属关系,短语“自主创新之路”中定语“自主”、“创新”和心语“路”均形成性状关系。

2) 领属+性状+时间

杨大娘幸福的晚年生活(《人民日报》,2006 年 2 月 13 日),该例语义关系明显,“杨大娘”为领属定语,形容词“幸福的”为性状定语,名词“晚年”为时间定语。

3) 领属+特征

富瑞斯特之梦——一群造林人的绿色情结(《人民日报》,2006 年 4 月 15 日),例中,副标题名词短语“一群造林人”和名词 “绿色”分别从领属和特征两方面修饰心语名词“情结”。

4) 领属+行为

[1] 鲁迅的“转机”之地(《人民日报》,2006 年 3 月 28 日)

[2] 小山村的腾飞路(《人民日报》,2006 年 5 月 10 日)

例[1]定语人名“鲁迅”、动词“转机”从领属和行为两方面修饰心语“地”;例[2]名词短语“小山村”和动词“腾飞”从领属和行为两方面修饰心语“路”。

5) 领属+关涉

我的奥运情怀(《人民日报》,2006 年 7 月 7 日),代词“我”和名词“奥运”分别从领属和关涉两方面修饰心语“情怀”。

6) 领属+处所

[1] 中国军花的异域风采(《人民日报》,2006 年 4 月 1 日)

[2] 两个大学生“村官”的京郊生活(《人民日报》,2006 年 4 月 3 日)

前例名词短语“中国军花”和地点名词“异域”从领属和处所两方面修饰心语“风采”,后例同位短语“两个大学生‘村官’”和名词“京郊”分别从领属和处所两方面修饰心语“生活”。

7) 领属+对象

余鹏志的城市山水画(《人民日报》,2006 年 5 月 3 日),“余鹏志”与

“城市山水画”构成领属关系，画的是“城市山水”，“城市山水”是“画”的对象。

8）领属＋原因

范家的殡葬风波（《人民日报》，2006 年 5 月 16 日），名词“范家”和动词“殡葬”分别从领属和原因两方面修饰心语“风波”。

9）领属＋视角

施事角色的语用属性（《中国语文》，2002 年第 2 期），名词短语“施事角色”和名词“语用”分别从领属和视角两方面修饰心语“属性”。

10）性状＋行为/行为＋性状

[1] 艰辛的讨薪路（《人民日报》，2006 年 5 月 10 日）

[2] “潜规则”横行的灰色地带（《人民日报》，2006 年 2 月 7 日）

[3] 招聘中的病态文化（《人民日报》，2006 年 2 月 7 日）

前例属“性状＋行为”，形容词“艰辛”和动词“讨薪”从性状和行为两方面修饰心语“路”；后两例属“行为＋性状”，其行为定语分别为主谓短语和介词结构；性状定语均为名词。

11）性状＋来源

无奈的日本记者（《人民日报》，2006 年 2 月 17 日），形容词“无奈”和名词“日本”从性状和来源两方面修饰心语“记者”。

12）特征＋数量＋类别

“京派”的三幅漫画像（《十月》，2007 年第 2 期），名词“京派”、数量词“三幅”和名词“漫画”从特征、数量和类别三方面修饰心语“画像”。

13）特征＋质料

绿纸鸽（《人民日报》，2006 年 4 月 29 日），表颜色形容词“绿”和材料名词“纸”从特征和质料两方面修饰心语“鸽”。

14）行为＋用途

穿过欲望的洒水车（《收获》，2004 年第 4 期），动宾短语“穿过欲望”和动词“洒水”从行为和用途两方面修饰心语“车”。

15）来源＋时间＋关涉

伊朗近年来的坠机事件(《人民日报》,2006 年 11 月 28 日),名词“伊朗”、时间名词“近年来”、动词“坠机”分别从来源、时间和关涉三方面修饰心语“事件”。

16) 来源＋方面

生活孕育的艺术之花(《人民日报》,2006 年 4 月 14 日),主谓短语“生活孕育”和名词“艺术”分别从来源和方面两方面修饰心语“花”。

17) 数量＋性状

[1] 一只珍贵的手表(《人民日报》,2006 年 7 月 13 日)

[2] 一项刻不容缓的事业(《人民日报》,2006 年 4 月 2 日)

以上两例数量定语均为数量短语,性状定语则不完全相同,例[1]为形容词,例[2]为动词短语。

18) 数量＋性状＋关涉

一部生动的伟人传记(《人民日报》,2006 年 6 月 15 日),数量短语“一部”、形容词“生动”、名词“伟人”分别从数量、性状和关涉三方面修饰心语“传记”。

19) 数量＋性状＋来源

一个节俭的韩国家庭(《人民日报》,2006 年 10 月 31 日),数名短语“一个”、形容词“节俭”和名词“韩国”分别从数量、性状和来源三方面修饰心语“家庭”。

20) 数量＋性状＋品牌

一杯香酽的龙井茶(《人民日报》,2006 年 1 月 25 日),数名短语“一杯”、形容词“香酽”和名词“龙井”分别从数量、性状和品牌三方面修饰心语“茶”。

21) 数量＋来源

两位美国老人(《收获》,2003 年第 5 期),数量短语和表国别名词分别从数量和来源修饰心语“老人”。

22) 数量＋命名

一条叫父亲的鱼(《收获》,2003 年第 6 期),数量短语“一条”,标记命名的动宾结构“叫”分别从数量和名称两方面修饰心语“鱼”。

23）时间＋行为＋处所

雨夜驶过P镇的列车(《十月》,2006年第6期),名词“雨夜”、动词“驶过”、名词“P镇”分别从时间、行为和处所三方面修饰心语“列车”。

24）时间＋目的

［1］永远的避暑山庄(《十月》,2007年第2期)

［2］唐朝的不死药(《人民文学》,2005年第9期)

以上两例的时间定语均为名词,目的定语均为动词。汉语表示时间这一语义时,有时间名词和时间副词,但充当时间定语的一般是时间名词,因为副词一般不能作定语。动词和时间名词构成的动词短语也可做时间定语。

25）时间＋来源

巴黎时装周的中国品牌(《人民日报》,2006年10月10日),名词短语“巴黎时装周”和名词“中国”分别从时间和来源两方面修饰心语“品牌”。

26）时间＋数量

二○○二年的第二场雪(《十月》,2006年第2期),两个数量短语分别从时间和数量两方面修饰心语。

27）处所＋数量

［1］城市里的一棵庄稼(《十月》,2004年第2期)

［2］螺蛳壳里的一颗珍珠(《人民文学》,2007年第3期)

以上两例结构相同,处所定语均由方位结构表示,数量定语均由数量词表示。由上可推衍出结构模式:方位词＋的＋数量短语＋心语。

28）处所＋处所

王家坪四号楼四单元(《人民文学》,2006年第6期),此例为递加式多项定心结构,“王家坪”和“四号楼”均与“四单元”有关系,均为“四单元”的处所定语。

29）处所＋原因

公交车上的让座风波(《人民日报》,2006 年 1 月 7 日),方位短语“公交车上”表示处所,动词“让座”表示原因,因为“风波”是由“让座”引起的。

30）施事＋行为

[1] 我收藏的《独秀文存》(《人民日报》,2006 年 6 月 10 日)

[2] 你选择的生活(《当代》,2002 年第 1 期)

[3] 我没有见过面的外公(《人民文学》,2006 年第 8 期)

[4] 多米诺“核”牌倒下的危险(《人民日报》,2006 年 11 月 13 日)

定语类型为主谓短语,俄语相对应的一般为从句或形动词短语作为一个整体限定主导词,因此,此类为汉语所特有。汉语该类很多,尤其是文学作品中,如“太阳灼伤的土地”(《当代》,2004 年第 5 期)、“将星闪耀的天空”(《人民文学》,2006 年第 1 期)、“被子弹击中的枪”(《十月》,2006 年第 6 期)、“满瑛选择的生活”(《人民文学》,2002 年第 5 期)、“阳光漂白的河床”(《人民文学》,2003 年第 1 期)、“风吹来的沙”(《收获》,2003 年第 5 期)、“蝙蝠低旋的村庄”(《人民文学》,2003 年第 1 期)、“我说的草原”(《人民日报》,2006 年 5 月 16 日)等。其中“的”字不能省,若去掉“的”,有的变成主谓宾,如例[1]和[2]分别变成“我收藏《独秀文存》”和“你选择生活”;有的说不通,如例[3]“我没有见过面外公”;有的变成主谓短语,如例[4]“多米诺‘核’牌倒下危险”。

31）系事＋数量

李佳军的四届冬奥会(《人民日报》,2006 年 3 月 27 日),人名“李佳军”和数量短语“四届”从系事和数量两方面修饰心语“冬奥会”。

32）与事＋行为

与领导关系密切的花荣(《当代》,2006 年第 3 期),带标记介词短语“与领导”、主谓短语“关系密切”从与事和行为两方面修饰心语“花荣”。

33）与事＋数量

给外出打工丈夫的一封信(《人民日报》,2006 年 4 月 16 日),与事定语为带标记介词“给”介引的介词结构,数量定语为数量短语。

34）质料＋特征

红漆雕花窗(《十月》,2004 年第 3 期),名词“红漆”和动词“雕花”分别从质料和特征两方面修饰心语“窗”。

35）缺离＋数量

不写诗的那些日子(《人民文学》,2003 年第 7 期),表缺离和数量定语均为有标记定语。

36）缺离＋领域

“不值钱”的物流职业证书(《人民日报》,2006 年 11 月 28 日),动词“不值钱”与名词短语“物流职业证书”构成缺离关系,名词短语“物流职业”是心语“证书”的领域定语。

37）方面＋方面

文化的经济力量(《人民日报》,2006 年 3 月 5 日),“文化”和“经济”两个定语均从方面修饰心语。

38）范围＋行为＋数量

[1] 模糊语言研究中凸现出的几个问题(《现代外语》,2007 年第 2 期)

[2] 汉语语法化研究中应重视的若干问题(《世界汉语教学》,2002 年第 2 期)

范围定语有的较实、有的较虚,以上两例范围定语较虚。范围定语均为有标记介词短语,行为定语例[1]为动词,例[2]为能愿短语,数量定语例[1]为数词,例[2]为代词。

39）范围＋处所

中古汉语里否定词前的“了”字(《中国语文》,2003 年第 4 期),有标记方位结构“中古汉语里”和“否定词前”分别从范围和处所两方面修饰心语“‘了’字”,心语为同位语。

40）范围＋对象

汉语中的框式介词(《当代语言学》, 2002 年第 4 期),范围标记结构“……中”和对象定语“框式”修饰心语“介词”。

41）种属＋性状

［1］参政议政的好形式（《人民日报》，2006 年 2 月 17 日）

［2］体现“代表意识”的新措施（《人民日报》，2006 年 2 月 20 日）

［3］克服收入分配不公的重大举措（《人民日报》，2006 年 7 月 10 日）

以上三例“的”字前的短语是其后的种属定语，这类“N_1＋N_2”短语一般可以变换为“N_2 是 N_1”，即“好形式是参政议政”，“新措施是体现代表意识”，“重大举措是克服收入分配不公”，性状定语均为性质形容词。

42）话题＋数量

［1］词语杂谈四则（《中国语文》，2003 年第 1 期）

［2］韩、日汉字探源二题（《中国语文》，2003 年第 4 期）

［3］量词义语义源流三则（《中国语文》，2003 年第 5 期）

［4］明清白话小说俗语词杂释四例（《中国语文》，2004 年第 2 期）

该类是汉语特有类型，“数词＋则/题/例”等为特殊的标题用词，常用于学术论文。

第 二 章

俄汉语并列结构标题对比

并列结构又称联合结构。关于并列结构学者们有不同的阐释,“联合结构是由两个或更多的并列成分组成的。并列成分可以叠加在一起,中间没有什么形式上的标记。”①“并列短语是由两个或两个以上的直接成分并列地组合成的短语。”②“联合短语由两个或几个部分组成,组成部分之间有并列、递进或选择等关系。”③以上定义的共同点是“并列结构是由两个或以上的并列成分组成”。而丁声树等认为:“并列结构的成分是平等的,可以做句子的各种成分。并列结构的成分之间可以有连词,也可以没有连词。成分与成分之间讲究字数匀整。”④黄伯荣和廖序东认为:“联合短语由语法地位平等的两个或几个部分组成,其间是联合关系,可细分为并列、递进、选择等关系。”⑤张斌认为:“由两个或两个以上的实词没有主次之分,平等地联合在一起。各种实词和短语都可以构成联合短语。”⑥三位学者对并列结构的共识是“并列结构由语法上平等的两个或以上部分组成”。关于俄语词组,传统以及目前主流观点认为,词组是两个或以上实词在主从联系基础上组合而成的句法结构。其核心点是词组必须建立在主从联系的基础上,不能是词的并列组合。而别洛沙普科娃(В. А. Белошапкова)认为,词组是“以词与词形或词形与词形

① 朱德熙:《语法讲义》,商务印书馆 1982 年版,第 156 页。

② 范晓:《短语》,商务印书馆 2000 年版,第 101 页。

③ 邢福义、汪国胜:《现代汉语》,华中师范大学出版社 2003 年版,第 305 页。

④ 丁声树:《现代汉语语法讲话》,商务印书馆 2002 年版,第 15 页。

⑤ 黄伯荣、廖序东:《现代汉语》(下册),高等教育出版社 2002 年版,第 62 页。

⑥ 张斌:《现代汉语短语》,华东师范出版社 2000 年版,第 98 页。

的句法联系为基础的非述谓性组合”。[①] 她将词组分为并列词组和主从词组两类。关于汉语并列短语学者们有不同的阐释，已形成的共识是“并列短语由语法上平等的两个或以上部分组成”。结合俄汉语特点以及标题实例，我们认为，并列短语又称联合短语，是由两个或几个语法地位平等的部分借助连接手段（汉语可直接组合）组成，各部分间有并列、选择或递进等关系。不管俄语两个词并列是否是短语，为研究之便，我们将其和汉语并列短语一同视为并列结构。

并列结构的直接成分可称并列语或并列项。理论上，并列结构中的并列项可不断延伸扩展，数量上可以无限，实际运用中却有限。根据板块理论，人的短时记忆限度为 7±2 个板块，在实际语言中，并列项也不能超过 7 项左右。在我们的调查结果中，最多的并列项有 5 项，如“Пространственность，предлоги，локальные отношения，картины мира и явления асимметричности”（空间、前置词、方位关系、世界图景与非对称现象）（Вестник МГУ，2004，№3）。根据对所调查俄汉语并列结构标题的统计，并列结构标题俄语有 835 条，汉语有 584 条。

第一节　并列结构标题类型对比

一、并列结构标题标记类型

（一）无标记并列结构标题

并列结构分为“有标记”和“无标记”两类。世界上大多数语言并列项的连接手段都少于汉语，一般主要为有标记连接，而“有标记连接手段也同样少于汉语，一般只有逗号、连词和副词三种使用形式，代词、语气

---

① В. А. Белошапкова，*Современный русский язык：синтаксис*，М.：Высшая школа. 1977，с. 66.

助词一般不属于连接手段”。[①] 俄语即如此。汉语各并列项之间的关系可以是内含的，即各并列项间可以没有任何形式标志。并列项的结构形式可分为两大类，一类是无标记的直接叠加，一类是有标记的组合。而俄语各并列项不能直接组合，必须借助连接手段，因此俄语只有“有标记”，没有“无标记”。汉语“无标记”并列结构标题在所调查文献中不太多，共有13条。如“‘碗’里‘碗’外”(《人民日报》，2006年5月22日)、“方方正正干干净净”(《人民日报》，2006年9月21日)、“亦师亦友至真至诚”(《人民日报》，2006年9月21日)等。

“无标记”并列结构为汉语标题所特有，此处不予展开。

(二) 有标记并列结构标题

“有标记”并列结构，即借助连接手段构成的并列部分，连接手段多种多样，使用最频繁的有两种：语音停顿与“和”意义的连接词。语音停顿在书面上用标点符号表示，停顿号又分为两种：顿号和逗号。俄语只用逗号，汉语既用顿号又用逗号。我们先看看俄汉语关于“连接词”的定义。根据俄语语法，连接词是虚词，用以形成复合句的各个分部之间、话语的各个句子之间以及(仅指某些连接词)简单句结构中词形之间的联系；根据汉语语法，连词是连接词、词组、分句或句子的虚词。将二者进行对比，其共同点是：连接词是虚词，连接简单句和复合句。俄语没有将词组纳入其中，我们采用汉语定义。汉语表并列关系的连词除“和”类意义外，还有“或/或者”、“并且”等；俄语连接词包含的范围很广，既包括并列连接词，也包括主从连接词，并列连接词又包括联合连接词、对别连接词、区分连接词、对比连接词、接续连接词和阐释连接词。为了与汉语大致对应，本文采用联合连接词和区分连接词中表并列关系的部分连接词。联合连接词有单一连接词，如：и/да(和、跟、同、与、及、以及、并、又)、тоже(也)、также(以及)等，叠用连接词，如：и… и… (既……又/也……，又……又……)、ни… ни… (既不……也不……)等；区分连接词

---

① 邓云华：汉语并列短语的类型和共性研究，湖南师范大学博士学位论文，2004年，第22页。

也有单一连接词，如：или/либо（或者）等，和叠用连接词，如 то... то...（时而……时而……）、не то... не то... / то ли... то ли...（不知是……还是……）等。

1. 俄汉语并列项间的连接手段

两个并列项之间一般使用连接词或停顿号。三个以上有两种联结方式：一种是先使用停顿号，最后两项一般使用连接词“和(и)”；另一种是各项之间一律使用同一种停顿号（俄语为逗号，汉语为顿号或逗号）。俄汉语除均用连接词和某些标点符号作为连接手段外，汉语还使用分隔符和空格，俄语还使用破折号。俄语分隔符一般用于俄罗斯全名的分隔，俄语是拼音文字，每个单词以空格区分，若再用空格则起不到凸显并列关系作用，而汉语是汉字，每个字或词间无空格，标题中若用空格则起到区分作用。

俄汉语连接词的种类如下：

1）连词

俄语最常用的单一连接词为 и（和、跟、同、与、及、以及、并、又），其次还有 или（或/或者/抑或），偶见 да（和、跟、同、与、及、以及）；叠用连接词 и... и...（既……又/也……、又……又……），ни... ни...（既不……也不……）、или... или...（或者……或者……）、либо... либо...（或者……或者……）等，汉语连接词包括“和”类和“而”类。“和”类包括“和、跟、与、及(以及)”等。“和”常见于书面，“跟”常见于口语。俄语 и 同汉语“和”可以连接任何词类的并列项。“而”类包括“而(而且)、并(并且)、且”等，“而”类词一般连接谓词类的并列项。体词性并列结构常用“和、跟、同、与、及、或(或者)、甚至(甚至于)”等连词；谓词性并列结构常用“和、而、并、或、或者、甚至(甚至于)”等连词，俄语则无此区分。

2）副词

俄语没有用作并列连接手段的副词，汉语有“又……又……、也……也……、很……很……、挺……挺……、最……最……、太……太……”等，俄语连接词 и... и... 大致相当于汉语“又……又……”和“也……也……”。

3）连副同现

汉语有“而又、既……又……”等，俄语连接词 и... и... 大致相当于此义。

4）代词

汉语包括“这么……这么……”、“那么……那么……”、“多么……多么……”，“及其他”，俄语相应于“及其他”义的为连词与代词组合 и другие、и прочие（及其他、等等）。

5）语气词

汉语“啊”、“呀”、“啦”，附着在每个并列项的后边，俄语表纯粹的联系、连接意义的 а、и 等，表示对比意义的 да、даже 等，表示结果意义的 и 等，这些语气词兼有各种情态意义和联系词的意义，不能作为表并列意义的连接词。

6）助词

汉语“等”、“等等”为助词，而俄语相应意义的 и так далее，и тому подобное（等、等等）则不作为并列项的连接手段。

7）常用固定结构

俄语常用固定结构是 и... и...（既……又/也……、又……又……），ни... ни...（既不……也不……）、или... или...（或者……或者……）等，汉语为“是……还（也）是……”、“既要……又（更）要……”等。

2. 调查与分析

由调查可知，俄汉语作为连接手段的既有连接词，也有连接符号。连接词既有单个连接词，也有叠用连接词，俄语单个连接词有 и、или、да；汉语单个连接词有“与、和、及、或（或者）、跟、还是”；俄语叠用连接词“ни... ни...，и... и...”，汉语复合连接词“是……不是/还是/也是……、有……有……、既要……又要/更要……”。连接符号既有单用，也有叠用，还有与连词复现、并用。俄语单用的连接符号有“逗号、破折号、句点、分号、问号、符号 &”；汉语单用的连接符号有“逗号、顿号、分隔符、空格”，俄语叠用的连接符号有“逗号（，...，）”；汉语叠用的连接符号除逗号外，还有"分隔符(·……·……)、空格(□……□……)"等；俄语标点、连词并用的有"，или"，复现的有"，… и"、"и… ，и… "、"，… ，… и"、"，… или"等，汉语标点、连词并用的有"，或/或者/抑或"，连接符号、连词复现的有"、……和"、"，……和"、"、……与"、"·……及"、"、……及其"、"，还是"等，俄汉语并列结构标题中各连接手段使用频率分别见表1和表2。

表1 俄语并列结构标题连接手段使用频率

连接手段	数量(个)	百分比(%)	实例
и	537	64.31	Принц и мафия(王子与黑手党)(Изв. 2006.06.19)
，… и	46	5.51	Флаг，герб и рубль(旗帜、徽章与卢布)(Изв. 2006.08.07)
и… ，и…	6＋3* ＋1**	1.20	И смех， и грех(可笑又可悲)(Изв. 2006.09.07) И вождь и русский барин(既是领袖又是俄国老爷)(Знамя，2003，№1) И смех， и слёзы， и любовь(笑声、眼泪、爱情)(Рус. речь，2004，№5)
，… ，… и	15	1.80	Люди，«львы»，орлы и куропатки(人、"狮"、鹰与山鹑)(Изв. 2006.09.11)
да	2	0.24	Да огуречики да помидорчики(黄瓜和西红柿)(Изв. 2006.12.07)
или	37	4.43	Газ или нефть(天然气或石油)(Изв. 2006.02.05)
，или	89	10.66	Инвентарь культуры， или похвала памяти(文化财产，抑或记忆的褒奖)(Звезда，2005，№3)
，… или	9	1.08	Уловители душ， властители дум или творцы тёмных иллюзий？(摄魂者、杜马当权者还是黑暗错觉的制造者)(Нева，2007，№4)
ни… ，ни…	9＋2*	1.31	Ни ружья， ни цветка(既没武器，也没鲜花)(Звезда，2004，№5)

（续表）

，	21	2.51	Осенняя хандра，очей разочарованье(秋日的忧郁，失望的眼神)（Изв. 2006.09.08)
，…，	32	3.83	Свобода，вера，солидарность（自由、信仰、团结)(Изв. 2006.07.17)
.	9	1.08	Сладострастье потеснило сердечность. Или нет?（淫欲战胜善良。抑或不是?)(Звезда，2007，№3)
；	2	0.24	Так началась война; Так война заканчивалась(战争如此开始；战争如此结束)(Нева，2005，№1)
?	5	0.60	За народ? За Родину?（为人民？为祖国?)(Изв. 2006.02.08)
—	8	0.96	Ухо — горло — чип（耳—喉—芯片）(Изв. 2006.10.05)
&	2	0.24	Audio & Car（声音和汽车）(Изв. 2006.08.31)
总数	835	100	

注：*表示由3个该连接词连接的并列结构，**表示由4个该连接词连接的并列结构。

由表1可知，俄语并列结构标题中，连接词 и 在整个并列结构中占绝对优势，使用537次，占所有俄语并列结构标题64.31%，其次逗号和连接词 или 并用89次，比例为10.66%，该类连接手段常见于标题，通常行文不用或少用；据调查可知，该连接手段“，или”常见于文学期刊，尤其常用于文学评论；再次是逗号和连接词 и 同现、单个连接词 или、两个逗号叠用分别为46、37和32次，其比例分别为5.51%、4.43%和3.83%。逗号、两个逗号和连接词 и 同现以及叠用连接词“ни…，ни…、и…，и…，”分别出现21、15、11和10次，其比例分别为2.51%、1.80%、1.31%和1.20%。逗号和连接词 или 同现出现9次，其比例为1.08%，标点符号“句点、破折号、问号、分号”分别出现9、8、5、2次，其比例分别为1.08%、0.96%、0.60%和0.24%。具有口语色彩的连接词 да 和表示“和”义的英文符号 & 均出现2次，比例为0.24%。这样，俄语并列结构标题中，连接手段使用频率依次为：

и ＞, или ＞,… и ＞или ＞,…, ＞,＞ ,…,… и＞ ни…, ни…＞ и…, и…＞ ,… или＝·＞ —＞ ？＞ ;＝ да＝&。

表 2　汉语并列结构标题连接手段使用频率

连接手段	数量(个)	百分比(%)	实例
与	318	55.69	低语与静听(《人民文学》,2003 年第 6 期)
及/及其	68	11.91	ToBI 韵律标注体系及其运用(《现代外语》,2005 年第 4 期) 日语中的委婉语表达及最新发展(《外语教学与研究》,2002 年第 2 期)
和	65	11.40	我和《星火燎原》(《人民日报》,2006 年 8 月 12 日)
跟	2	0.35	话题跟主语和题语(《现代外语》,2006 年第 3 期)
或	2	0.35	结局或开始(《人民文学》,2002 年第 7 期)
、……与	15	2.63	语用模糊、会话策略与戏剧人物刻画(《外语教学与研究》,2004 年第 5 期)
,……和	3	0.53	我，爷爷和真君(《人民文学》,2002 年第 8 期)
、……和	10	1.75	生成语法研究中的天赋论、内在论和进化论观点(《外语教学与研究》,2002 年第 4 期)
、……及其	2	0.35	历史层次分析法—理论、方法及其存在的问题(《当代语言学》,2007 年第 1 期)
,或/或者/抑或	5	0.88	枪，或中国盒子(《人民文学》,2004 年第 1 期) 美丽的故事，或者感伤(《人民文学》,2002 年第 3 期)
(,)还是……	2	0.35	沟,还是桥?(《人民日报》,2006 年 5 月 31 日) “躲起来”还是“顶回去”(《人民日报》,2006 年 9 月 12 日)
是……(,)还是……	2	0.35	是不能,还是不为?(《人民日报》,2006 年 4 月 14 日)
是……也是……	1	0.18	是晨曦也是大地(《人民日报》,2006 年 12 月 5 日)

（续表）

是……（，）不是……	3	0.53	是“江西”不是“江苏”（《人民日报》，2006年4月25日）
既要……（，）又/更（要）……	3	0.53	既要抗争又需自强（《人民日报》，2006年3月29日） 既要“存道”，又要好看——看电视剧《垂直打击》随感（《人民日报》，2006年12月21日） 既要“开小灶”更要“建平台”（《人民日报》，2006年2月16日）
，	3	0.55	轻伤的人，重伤的城市（《人民文学》，2006年第6期）
·	48	8.42	铁·塑料厂（《人民文学》，2007年第5期） 新思路·新举措·新拓展（《人民日报》，2006年5月26日）
·……及	2	0.35	纸器·鼓声及其他（《人民文学》，2002年第9期）
□	16	2.81	真学　常学　深学（《人民日报》，2006年10月13日）
总数	570	100	

由表2可知，汉语并列结构标题中用得最多的连词是“与”，出现318次，占汉语有标记并列结构标题的55.69%；其次是“及/及其”与“和”，分别出现68和65次，其比例分别为11.91%和11.40%；再次是分隔符“·”出现48次，比例为8.42%；此外还有空格“□”、顿号与连词“与”复现、顿号与连词“和”复现，分别为16、15、10次，其比例分别为2.81%、2.63%、1.75%；逗号与连词“或/或者/抑或”并用出现5次，比例为0.88%；逗号、逗号与“和”复现、固定格式“是……（，）不是……”、“既要……（，）又/更（要）……”均出现3次，比例为0.53%；连词“跟”、“或”、“顿号”与连词“及其”复现、“逗号”与连词“还是”并用或连词“还是”单用、固定组合“是……（，）还是……”、“分隔符”与“及”同现均出现2次，比例为0.35%；用得最少的是“是……也是……”出现1次，比例为0.18%。这样，汉语并列结构标题中，连接手段使用频率依次为：

与＞及/及其＞和＞·＞□＞、……与＞、……和＞，或/或者/抑或

＞，＝，……和＝是……(，)不是……＝既要……(，)又/更(要)……＞跟＝或＝、……及其＝(，)……还是…… ＝是……(，)还是……＝ · ……及＞是……也是……。

由表中实例可知，二项并列常用连词“与”，其次是“及/及其”、“和”，再次为分隔符，较少用口语词“跟”，表选择关系时用“，或/或者/抑或”，固定结构“是……(，)不是……、既要……(，)又/更(要)……、是……(，)还是……、是……也是……”等；三项并列常用复现的分隔符、空格、复现的“顿号”和连词“与”，其次用复现的“顿号”与连词“和”，再次，较少用复现的“逗号”与连词“和”、复现的分隔符与连词“及”；四项并列较少，即使有，一般用分隔符和空格。

用得最多的连词“与”和用得较多的连词“及”、“和”三词用法和风格色彩略有不同。“和”、“与”、“及”均能用于连接名词性词语，“和”、“与”还可连接谓词性词语，“及”只能连接名词性词语；在语体色彩方面，“与、及”有书面语色彩，而“和”用于口语和书面语。据调查，连词“与”和“及”主要运用于学术论文，“与”在学术论文中出现频率最高。“与、及”的运用体现了学术论文严谨的书面语体风格。“跟、和、与、同”这四个连词常用来连接体词结构。“口语里常用的是‘跟’字，文章里最常用的是‘和’字。‘与’字是文言词，口语里用得不很多；用‘及、以及’作连词平常总是偏重前头的成分。‘以及’的作用比‘及’广些。”①但所调查标题中未见连词“以及”连接的并列结构标题；“或”字能连接体词，也能连接动词、形容词。王力认为“‘或’是欧化的离接式联结词”。② “‘或’字平常说话不单用，除了‘或多或少’一类说法外，口语总用‘或者、或是’。‘或’字可以重复，分别放在并列成分前头。”③“用连接词连接的名词性并列短语更倾向于概念的整体性、统一性，而停顿号连接的名词性并列短语更倾向于并列项之间的独立性、分离性。一般来说，汉语连词、顿

① 丁声树：《现代汉语语法讲话》，商务印书馆2002年版，第126、129页。
② 郭锡良：《王力选集》，东北师范大学出版社2002年版，第257页。
③ 丁声树：《现代汉语语法讲话》，商务印书馆2002年版，第130—131页。

号和逗号这三种连接手段是互相排斥的，在两项并列中只能出现一种，如有了并列连词就不能有顿号、逗号。”[①]但上述情况却在标题中出现了。

对比表1与表2可知，俄汉语使用的连接手段均很丰富，但汉语多于俄语，俄语有15种（汉语中分隔符及空格单用或复现均只算一种，为了与汉语一致，俄语一个逗号以及两个逗号复现算作一种），汉语有19种。从连接词类看，俄语只有连词，汉语除连词外，用作连接手段还有副词、表程度的代词，连词和副词同现；从标点符号看，俄语运用了逗号、句号、破折号、分号和问号，俄语没有顿号，但俄语逗号相当于汉语顿号，而汉语标题也运用了逗号；从连接符号来看，俄语采用了符号&，汉语使用了分隔符和空格号。

俄汉语并列结构标题在连接手段的使用频率方面有很多共同点：俄语为и，汉语使用频率最高的是“与”，给我们的启示是，对应于汉语多个意义的俄语и在标题中应多译为“与”。有学者从语言类型学角度证实：并列短语使用的各种标记，“对于两项的联合结构来说，汉语使用频率最高的要数‘和’，其他语言应该是相当于汉语‘和’的连接词”。[②] 据此，可认为汉语并列结构标题中连词使用最多情况和通常行文中不太一致。汉语“和、与、跟”相当于俄语и和да（具有口语色彩）。“及、及其、及其他”相当于俄语连词与代词组合и его（её、их）、и другие和и прочие等。两相比较，俄汉语表“和”类意义的连词运用比例汉语略高于俄语，汉语有453条，比例为79.47%，俄语и和да有539条，比例为64.55%，其中俄语да和汉语“跟”因具有口语色彩而使用较少，均只有2次；俄语具有选择意义的连接词или比所对应的汉语连词“或”多，前者为37次，后者只出现2次，所占比例分别为4.43%、0.35%；逗号与俄语连词или并

① 储泽祥、谢晓明、唐爱华、肖旸、曾庆香：《汉语联合短语研究》，湖南大学出版社2002年版，第44页。

② 邓云华：汉语并列短语的类型和共性研究，湖南师范大学博士学位论文，2004年，第29页。

用、与汉语连词“或/或者/抑或”并用的标题俄汉语均有，但俄语远远多于汉语，分别为89次和5次，其比例分别为10.66%、0.88%；标点与连词同现俄汉语也都有，俄汉语中标点与表示“和”类意义组合的分别有71和30条；俄语还使用叠用连接词 ни… ни…（11条，占1.31%）和 и… и…（10条，占1.20%），汉语还使用对偶连词“是……（，）不是……”和“既要……（，）又/更（要）……”（各3条，占0.53%）、“是……（，）还是……”（2条，占0.35%）和“是……也是……”（1条，占0.18%），但俄语表递进关系的对比连接词如 как… так…、не только… но и 等未纳入统计。由此可见，在连接手段上，俄语连接词比汉语运用多，这进一步验证了俄语重形合，汉语重意合，俄语词与词之间的并列关系更多靠的是形式，汉语更多是意义。

逗号在俄语中出现21次，汉语中出现3次，一般出现在双项并列中，因为汉语表并列关系时更习惯于用顿号（相当于俄语逗号），尤其是三项及以上的并列一般采用顿号与其他连接手段复现。俄语还采用了表示“和”义的英文符号&，这与俄罗斯人求新求异心理有关；俄语还采用了句号、破折号、问号和分号，汉语还使用了一般只在标题中运用的分隔符、空格等排版手段。尽管俄汉语并列结构标题所采用的连接手段多种多样，但汉语的并列手段更为丰富多彩。

通过上述对比，我们认为，俄汉语并列结构标题的连接手段具有以下特点：

第一，在并列结构标题的有/无标记方面，俄汉语存在差异。俄语没有汉语无标记并列结构，因为汉语是意合型语言，或者说“无标记现象的存在来自于汉语语音系统独有的特性”。[1] 俄汉语分属不同的语言类型，其语言类型特点在并列结构的标记上得到体现。

第二，俄汉语均使用了丰富的连接手段。俄汉语除已有的连接手段外，还借助现有手段相互组配又形成新的连接手段。俄语有15种，汉语

---

① 邓云华：汉语并列短语的类型和共性研究，湖南师范大学博士学位论文，2004年，第46页

有 19 种。但在连接手段方面也有不同，汉语标记手段相对俄语要丰富一些，俄汉语除均使用连接词和标点符号外，汉语还运用了表程度的代词、连词和副词同现，在排版上还使用了分隔符和空格号，这是俄语标题所没有的。从标点符号来看，俄语除逗号外，还采用了句号、破折号、问号和分号作为连接手段，这在汉语中少见，在所调查汉语标题中未见，汉语只用了顿号或逗号两种标点。俄语在运用连接手段上较汉语灵活，尽管其本身连接手段不如汉语丰富，但借用其他手段，如采用英文中表示“和”意义的符号 &。

第三，在连接手段使用频率上既有共性也有个性，但异大于同。同的是俄汉语表“和”类意义连词的运用均为最多，其比例也大致相当，异的是其他连接手段使用频率各有不同，俄语逗号与连词 или 并用位居第二，而汉语位居第二的则为排版符号(表“和”类义除外)；俄语 или (或、或者)使用频率较高(10.66%)，而汉语“或”使用频率则较低(0.88%)。

第四，连接词语在并列结构标题中的位置，俄汉语有同也有异。俄汉语并列结构标题中连接词语的连接方式和位置均有居中型连接(单纯使用连接词连接)，如 Принц и мафия (王子与黑手党)(Изв. 2006.06.19)，“我和《星火燎原》”(《人民日报》，2006 年 8 月 12 日)；前置型框式连接(其中前置的连接词在语义上一律后指紧跟其后的并列项，有时与后面居中的连接词匹配使用，一般是多项并列项)，汉语类型较多，如“是晨曦也是大地”(《人民日报》，2006 年 12 月 5 日)，“既要‘开小灶’更要‘建平台’”(《人民日报》，2006 年 2 月 16 日)、“是不能，还是不为?”(《人民日报》，2006 年 4 月 14 日)等；俄语只有一种，即只用连接词 и 连接，如“И смех, и слёзы, и любовь”(笑声、眼泪和爱情)(Рус. речь, 2004, №5)。

第五，在连接手段的使用上，俄汉语有相同的使用手段，如逗号分别与俄语 или 和汉语“或/或者”并用，常见于俄语文学期刊标题。通常行文中，俄语逗号与 или 并用只用于连接两个表选择关系的分句，一般来说，汉语连词、顿号和逗号这三种连接手段是互相排斥的，在两项并列中只能出现一种，如有了并列连词就不能有顿号、逗号。但在标题中却出现了。

二、并列结构标题语法类型

并列是语言中的一种重要手段，通常行文中的并列一般是同类或大体近似的两项或多项并列，标题中的并列既有同类并列，也有突破并列结构通常强调的构成部分词性和结构相同或相近，实现不同词类、不同结构的并列。并列结构项之间词性或结构相同是典型的，词性或结构不同是非典型的。根据各项间语法性质的异同，把并列结构标题划分为并列成分语法性质相同的同类并列结构标题和并列成分语法性质不同的异类并列结构标题。同类并列结构是并列结构中的典型成员，异类并列结构是并列结构中的非典型成员。为方便起见，把名词记为 N，代词记为 Pr，形容词记为 A，动词记为 V，副词记为 ad.，数词记为 num.，介词记为 prep.，修饰语记为 P，句子记为 sen.，这样，名词性短语为 NP，动词性短语为 VP，形容词性短语为 AP，介词结构为 PP，X 表示数量。进行并列结构标题语法类型划分时，由于动词性短语又分为很多小类，为了更详细的阐述，我们把动词性短语中的动宾记为 VO、主谓短语记为 SP，主谓宾记为 SPO，把其他以动词为心语的短语，如定心结构、状心结构、述补结构等一律划为 VP 结构。

（一）同类并列结构标题

通常行文中同类并列结构较为常见，在标题中也不少。据调查，同类并列结构标题中，俄语有 763 条，为整个俄语并列结构标题的 91.38%，汉语有 431 条，为整个汉语并列结构标题的 73.93%，（见表 3）俄汉语同类并列结构类型有名名并列、动动并列、形形并列、代代并列、介词结构并列、句子并列，俄语还有副副并列、介词并列、语气词并列，汉语还有数词并列等。

表 3 俄汉语并列结构类型对比

结构形式	俄语		汉语	
	数量(条)	比例(%)	数量(条)	比例(%)
同类并列结构	763	91.38	432	73.93
异类并列结构	72	8.62	152	26.07
总数	835	100	584	100

1. 名名并列结构

1）总况

“名＋名”并列结构是指由两个或以上名词或名词短语一起并列联结构成的并列短语。根据名词并列结构的联结方式，几个并列项，即名词(N)和名词短语(NP)的各种结合可以形成以下几种主要结构形式：

(1) $N_1+N_2+\cdots+Nn$：两个或以上光杆名词的联结并列。

(2) $NP_1+NP_2+\cdots+NP_n$：每个名词前面都各有修饰语。

(3) XN＋XNP：一个或以上光杆名词＋一个或以上名词短语。(X≥1)

(4) XNP＋XN：一个或以上名词短语＋一个或以上光杆名词。(X≥1)

(5) $P+(N_1+N_2+\cdots+Nn)$：两个或以上光杆名词前面有共同的修饰语。

(6) P＋(XN＋XNP)：一个或以上光杆名词和一个或以上名词短语有共同的修饰语。(X≥1)

(7) P＋(XNP＋XN)：一个或以上名词短语和一个或以上光杆名词有共同的修饰语。(X≥1)

(8) $P+(NP_1+NP_2+\cdots+NP_n)$：两个或以上名词短语有共同的修饰语。

俄汉语名名并列结构形式对比见表 4。

表 4 俄汉语名名并列结构形式对比

语种 / 结构形式	俄语		汉语	
	数量(条)	比例(%)	数量(条)	比例(%)
N_1+N_2	161＋5*	25	77	25.25
$N_1+N_2+N_3$	43	6.48	18	5.90
$N_1+N_2+N_3+N_4$	2	0.30		

（续表）

NP_1+NP_2	213	32.07	133	43.61
$N+NP$	72	10.84	23	7.54
N_1+N_2+NP	7	1.05	4	1.31
$N_1+NP_1+N_2+NP_2$	1	0.15		
$N+NP_1+NP_2$	2	0.30		
$NP+N$	18	2.71	7	2.30
$NP+N_1+N_2$	1	0.15		
$NP+N_1+N_2+N_3$	1	0.15		
NP_1+NP_2+N	1	0.15		
$NP_1+NP_2+NP_3$	6	0.90	3	0.98
$P+(N_1+N_2)$	84	12.65	19	6.23
$P+(N_1+N_2+N_3)$	8	1.20	2	0.66
$P+(N+NP_1)$	6	0.90	2	0.66
$P+(NP_1+N)$	8	1.20	1	0.33
$P+(NP_1+NP_2)$	26	3.96	16	5.25
$N_1+N_2+NP_1+NP_2$	1	0.15		
$N_1+N_2+NP_1+NP_2+NP_3$	1	0.15		
总数	664	100	305	100

注："5＊"表示 5 个名词间接格并列。

由表 4 可知，俄语使用名名并列结构形式最多的 NP_1+NP_2，有 213 条，占整个名名并列结构的 32.07%；其次是 N_1+N_2 有 166 条，比例为 25%；再次为 $P+(N_1+N_2)$ 和 $N+NP$，分别为 84 和 72 条，其比例分别为 12.65%和 10.84%；此外，还有 $N_1+N_2+N_3$、$P+(NP_1+NP_2)$、$NP+N$ 分别为 43、26 和 18 条，其比例分别为 6.48%、3.96%和 2.71%；较少的有 $P+(N_1+N_2+N_3)$、$P+(NP_1+N)$、N_1+N_2+NP 、$NP_1+NP_2+NP_3$、$P+(N+NP_1)$ 分别为 8、8、7、6 和 6 条，其比例分别为 1.20%、1.20%、1.05%、0.90%和 0.90%，$N_1+N_2+N_3+N_4$ 和 $N+NP_1+NP_2$ 很少，均只有 2 条，其比例为 0.30%，最少的结构形式有 $N_1+NP_1+N_2+NP_2$、$NP+N_1+N_2$、$NP+N_1+N_2+N_3$、NP_1+NP_2+N、$N_1+N_2+NP_1+NP_2$、$N_1+N_2+NP_1+NP_2+NP_3$ 均只找到 1 条，比例为 0.15%。因此，名名并列结构各种形式序列可排列为：

$NP_1+NP_2>N_1+N_2>P+(N_1+N_2)>N+NP>N_1+N_2+N_3>P+(NP_1+NP_2)>NP+N>P+(N_1+N_2+N_3)=P+(NP_1+N)>N_1+N_2+NP>NP_1+NP_2+NP_3=P+(N+NP_1)>N_1+N_2+N_3+N_4>N_1+NP_1+N_2+NP_2=NP+N_1+N_2=NP_1+NP_2+N=N_1+N_2+NP_1+NP_2=N_1+N_2+NP_1+NP_2+NP_3$。

由表 4 可知，汉语使用名名并列结构形式最多的也是 NP_1+NP_2，有 133 条，占总数的 43.61%；其次是 N_1+N_2 有 77 条，占总数的 25.25%；再次为 $N+NP$、$P+(N_1+N_2)$、$N_1+N_2+N_3$ 和 $P+(NP_1+NP_2)$，分别为 23、19、18 和 16 条，其比例分别为 7.54%、6.23%、5.90%和 5.25%；较少的有 $NP+N$、N_1+N_2+NP、$NP_1+NP_2+NP_3$，分别为 7、4 和 3 条，其比例分别为 2.30%、1.31%和 0.98%；$P+(N_1+N_2+N_3)$、$P+(N+NP_1)$均只有 2 条，比例为 0.66%；最少的结构形式 $P+(NP_1+N)$，仅 1 条，比例为 0.33%。因此，名名并列结构各种形式序列可排列为：

$NP_1+NP_2>N_1+N_2>N+NP>P+(N_1+N_2)>N_1+N_2+N_3>P+(NP_1+NP_2)>NP+N>N_1+N_2+NP>NP_1+NP_2+NP_3>P+(N_1+N_2+N_3)=P+(N+NP_1)>P+(NP_1+N)$。

比较俄汉语名名并列结构形式可知，俄汉语名名并列结构标题类型同大于异。

第一，名名并列结构类型俄语明显多于汉语，分别为 18 种和 12 种，俄语包括汉语的 12 种，俄语用得很少的类型如 $N_1+N_2+N_3+N_4$、$N_1+NP_1+N_2+NP_2$、$NP+N_1+N_2$、NP_1+NP_2+N、$N_1+N_2+NP_1+NP_2$ 和 $N_1+N_2+NP_1+NP_2+NP_3$ 六种类型汉语未见。因为汉语为意合语言，词序比较固定，而俄语属形合语言，其位置比较灵活。同时也说明这六类不常用作标题。俄语名名并列多于汉语可推出俄语表达呈现的静态倾向强于汉语。

第二，俄汉语名名并列结构形式使用比例排列顺序大致相同，如 NP_1+NP_2 和 N_1+N_2 均为两种语言使用最多和其次的结构形式，$P+(N_1+N_2)$和 $N+NP$ 在两语中均占一定的比例，在各自排列序列中次序颠倒，分别为第三、四位和第四、三位；$N_1+N_2+N_3$、$P+(NP_1+NP_2)$和$NP+N$在各自序列中分别居第五、六、七位，N_1+N_2+NP尽管在各自序列中排序不同，但两者比例大致相当，分别为1.31%和1.05%；其他相似类型在双语中所占比例相差也不大。俄汉语N_1+N_2+NP均比$NP_1+NP_2+NP_3$多，在俄语中位次为第九和第十，在汉语中位次为第八和第九；表现了两种语言在运用过程中存在一定的共性。俄语排序较前的$P+(NP_1+N)$(排序为第八)，在汉语中最少，说明俄汉语在共性为主的前提下，还存在一定的个性。

第三，俄汉语名名并列结构注重形式上的同一性，或同为光杆名词，或同为各带修饰语的名词短语，或具有同一修饰语，汉语表现尤为典型。据调查，汉语12种名名并列类型中有7种，共268条，占87.87%，俄语18种类型中有8种，共545条，占82.08%。

2) 详解与例说

(1) NP_1+NP_2和N_1+N_2类

双语最典型的均为NP_1+NP_2和N_1+N_2，这两种结构形式反映了典型的名名并列要求结构形式上的对称统一，形式相同的并列项更容易联结结合。这一结果和其他学者对汉语通常行文所作名名并列结构的调查结果基本相符，N_1+N_2和NP_1+NP_2均为通常行文和标题中的典型结构形式，但通常行文中最多的名名并列结构形式是N_1+N_2，而标题中NP_1+NP_2最多，N_1+N_2其次，因为标题要为读者提供一定的信息，NP_1+NP_2不仅和N_1+N_2一样称名性强，而且所提供的信息比后者多，因此在标题中出现的频率比后者高。

NP_1+NP_2由两个名词短语组成，该类在俄汉语标题中均使用最多，俄语有213条，汉语有133条，在各自并列结构标题中所占比例汉语(43.61%)比俄语(32.07%)高11.54%，说明汉语此类并列较俄语典型。它不仅形式简洁、称名性强、信息含量大，且易于拟制，因此该类标题大受欢迎。通常行文中，两个并列项之间一般使用连词(俄语一般为连词и，汉语为对应于俄语и的“和、与、及、跟”等；表选择关系时，俄汉语用相

对应的连词“или,或者”)或停顿号(俄语为逗号和分号,汉语为顿号、逗号和分号)。如:

[1] Минимум комфорта и максимум прибыли(最小的舒适与最大的利润)(Изв. 2006.02.28)

[2] «Проблема овцы» и его разрешение(“绵羊问题”及其解决)(Нов. мир, 2002, №4)

[3] Книга и её заместители, или этюд о пользе глаз для слуха(书及其替代品,抑或传闻的有益于视力的习作)(Нов. мир, 2007, №3)

[4] 三个国王和各自的疆土(《十月》,2002 年第 4 期)

[5] 锯开的章·期盼的眼(《人民日报》,2006 年 10 月 24 日)

从定语位置看,俄语定语有一致和非一致之分,通常一致定语置于名词前,非一致定语置于名词后。例[1]为两个带非一致定语的名词短语并列,例[2]为带后置非一致定语的名词短语和带前置非一致定语的名词短语并列;例[3]先由名词和名词短语并列后,再与另一个名词短语构成二合并列结构,表选择关系。汉语定语常位于名词前,两例均为两个名词短语并列。连接手段上,俄语除借助与汉语“和”同义的连接词 и 连接外,还借助并用的逗号和连词 или 连接,逗号和连词 или 并用在通常行文中连接句中同一句法成分,表说明关系;或连接两个分句,表区分关系,在标题中却用来连接前后项为词或词组的各并列项,且后项第一个字母大写,此类为特色标题,常见于文学期刊标题。汉语还借助分隔符连接(如例[5]),该类只见于汉语。

N_1+N_2 由两个单名组成。该类在俄汉语中运用均居第二,俄语 166 条,汉语 77 条,在各自并列结构标题中所占比例几乎相同(俄语 25%,汉语 25.25%),反映了语言的共性,名词与名词并列一者易于拟制,二者语义丰富,尤常见于文学作品。其形式简单,称名性强,但信息含量不大。俄汉语连接手段相同,俄语用连接词 и,汉语大多用对应于俄语 и 的连词“与”或“和”。如:

[1] Герои и люди(主人公和人们)(Знамя, 2003, №6)

[2] Девушка и тележка(女孩与大车)(Изв. 2006.08.01)

[3] Мелодией и словом(用旋律和言语)(Знамя，2006，№7)

[4] 老人与石桥(《人民日报》,2006 年 12 月 19 日)

[5] 磨坊与紫色(《十月》,2006 年第 5 期)

以上五例均用连词连接,俄语有性、数、格的区分,例[1]为两个复数名词并列,例[2]为两个单数阴性名词并列。俄语名词多为第一格形式,但也用第五格表示,如例[3]为残余结构,在句中一般作状语。据调查,该类有 5 条。

(2) N+NP 与 NP+N 类

俄汉语均有 N+NP 与 NP+N 结构,N+NP 结构在俄语中排序第四,比例为 10.84%,在汉语中排序第三,比例为 7.54%,而 NP+N 结构在俄汉语中排序均为第七,比例分别为 2.71%和 2.30%,显然俄汉语中 N+NP 的比例远远大于 NP+N,这一差异体现了语言的结构特点,因为信息的排列顺序倾向于“遵循尾重原则(形式从简到繁,意义从轻到重),即为了结构平衡,句子一般倾向于尾部长于句首,把复杂项目放在句尾”。①

N+NP 由一个名词和一个名词短语组成。俄语常用连词 и 和 или 等,汉语常用“与”,有时用“和”等连接。该类俄语较多,有 72 条,汉语 23 条,在各自并列结构标题中所占比例俄语(10.84%)高于汉语(7.54%)。如:

[1] Пословица и её отношение к действительности(谚语及其与现实的关系)(Вестник МГУ，2005，№4)

[2] Риторика и реальная политика(演讲术与现实政治)(Изв. 2006.01.31)

[3] 志愿者与一个乞丐的“四个愿望”(《人民日报》,2006 年 12 月 20 日)

---

① 邓云华:“并列短语典型性的认知研究”,《外语与外语教学》,2007 年第 5 期,第 5—9 页。

［4］导演和女人的十八个梦(《人民文学》,2003 年第 5 期)

［5］瘸子,或天神的法则(《人民文学》,2007 年第 2 期)

从定语位置看,各并列项中,俄语定语既有前置,也有前后交叉,汉语只有前置。从连接手段看,俄语借助连词 и,汉语除借助对应于俄语 и 的连词"与"、"和"外,还借助逗号与连词并用的",或",该类为特色标题,通常行文中一般不用,常见于标题,且常见于文学期刊标题。

NP＋N 由一个名词短语和一个名词组成。俄汉语连接手段相同,俄语常用连词 и 等,汉语常用"与"、"和"等连接。该类俄语有 18 条,汉语有 7 条,在各自并列结构标题中所占比例相差不大(俄语 2.71％,汉语 2.30％),反映了语言的共性。如以下两例:

［1］Лингвистическая стилизация и пародия(语言仿作与讽刺性仿作)(Рус. речь, 2004, №1)

［2］五四新诗与浪漫派(《十月》,2007 年第 6 期)

(3) 带修饰语结构类

从带修饰语各项看,汉语除 $P+(NP_1+NP_2)$ 比例高于俄语外,其他 $P+(N_1+N_2)$、$P+(N_1+N_2+N_3)$、$P+(N+NP_1)$ 和 $P+(NP_1+N)$ 均低于俄语,表明俄语各并列项带修饰语较汉语典型,因为俄语用作修饰语的大多是"前置词＋名词或名词词组"。由调查可知,俄语标题中用作修饰语的"前置词＋名词或名词词组"运用相当活跃,尤以"前置词 в＋第六格名词或名词词组"为甚。俄语修饰语一般为前置词结构,因而后置,而汉语前置,俄汉语各并列项借助同义连接词 и 和"与/和"。

$P+(N_1+N_2)$ 两个光杆名词带共同修饰语。汉语修饰语与并列结构之间一般加结构助词"的"。该类俄语较多,有 84 条,汉语不多,只有 19 条,在各自并列结构标题中所占比例俄语(12.65％)比汉语(6.23％)高 6.42％,凸显了语言的差异。如:

［1］Любовь и страсть Серебряного века(白银时代的情与欲)(Изв. 2006.06.06)

［2］过程写作的实践与理论(《世界汉语教学》,2003 年第 3 期)

从修饰语的语法类型看，俄语为名词性短语，汉语为动词短语，动词短语作两个并列名词的定语为汉语并列结构所特有。

$P+(NP_1+NP_2)$两个名词短语有共同修饰语。该类俄语有26条，汉语有16条，在各自并列结构标题中所占比例汉语(5.25%)高于俄语(3.96%)。俄语修饰语多为前置词结构，汉语则多为名词或名词短语。如以下两例：

[1] Предикативное прилагательное и типы предложений в русском языке(俄语述谓形容词与句子类型)(Вопр. яз.，2005，№3)

[2] 世界汉语教学的新形势与新举措(《世界汉语教学》，2003年第3期)

$P+(N_1+N_2+N_3)$ 三个并列名词有共同的修饰语。该类俄语8条，汉语2条，在各自并列结构标题中所占比例俄语(1.20%)高于汉语(0.66%)。俄语修饰语多为前置词结构，主要是前置词 в+第六格名词短语，汉语则多为名词或名词短语。三项并列有两种联结方式：一种是先使用停顿号，后两项一般使用连接词"和(и)"；另一种是各项之间一律使用同一种停顿号。如：

[1] Русь，Россия，СССР в эмигрантской публицистике(侨民政论作品中的罗斯、俄罗斯和苏联)(Рус. речь，2002，№5)

[2] Мужчина，женщина и любовь в зеркале современного языка(现代语言镜像中的男人、女人和爱)(Рус. речь，2007，№6)

[3] 艺术的岔口、水纹与熏风(《人民文学》，2005年第3期)

[4] NSM理论的研究目标、原则和方法(《当代语言学》，2007年第1期)

俄汉语各并列项使用连接手段同通常行文，分别先使用逗号(俄语)和顿号(汉语)，后两项分别使用连词 и 和"与"；从修饰语与并列结构的连接手段看，俄语为前置词结构，直接组合，汉语借助结构助词"的"。

$P+(NP_1+N)$ 一个名词短语和一个名词有共同修饰语。该类俄语有8条，汉语只有1条，在各自并列结构标题中所占比例俄语(1.20%)

比汉语(0.33%)高0.87%。如：

[1] Фризский язык и фризы в современной Европе(现代欧洲的弗里斯语言与弗里斯人)(Вопр. яз.，2003，№5)

[2] Лингвопоэтическое исследование модальности и творчество А. Е. Крученых(克鲁乔内赫的语言诗学情态研究与创作)(Филол. науки，2002，№2)

[3] 话语中的识解因素与语境(《外语教学与研究》,2003年第2期)

从修饰语类型看,例[1]为前置词结构,例[2]为第二格名词,例[3]为方位名词结构,这一方位结构相当于俄语前置词结构;从修饰语与并列结构的连接手段看,汉语借助结构助词"的";俄语中,若修饰语为前置词结构,则直接组合,若修饰语为名词,则先构成第二格,再与并列结构组合。

P+(N+NP_1)一个单名和一个名词短语有共同修饰语。修饰语与并列结构带结构助词"的"。该类俄汉语均不多,俄语6条,汉语2条,在各自并列结构标题中所占比例俄语(1.20%)略高于汉语(0.66%)。如：

[1] Символика и «грубый реализм» в повести В. П. Астафьева «Пастух и пастушка»(阿斯塔菲耶夫中篇小说《牧人与牧女》中的象征主义与"粗暴的现实主义")(Рус. речь，2005，№3)

[2] Обращения и ключевые слова в пьесе М. А. Булгакова «Дни Турбиных»(布尔加科夫剧本《图尔宾一家的日子》中的称呼和关键词)(Рус. речь，2004，№2)

[3] 倒置致使句的类型及其制约条件(《世界汉语教学》,2006年第2期)

[4] 上海话疑问成分"哦"的语义及句法地位(《中国语文》,2007年第5期)

从并列项修饰语看,俄语为前置词结构,汉语为名词短语;从连接手段看,俄语借助连词 и,汉语借助连词"及"、"及其"。

(4) 不带修饰语的三项式并列类

俄汉语三项式并列如 $N_1+N_2+N_3$、N_1+N_2+NP 和 $NP_1+NP_2+NP_3$ 在各自结构类型中所占比例均不大，说明多项式并列结构在标题中使用不多。三个并列项，前两项俄语一般用逗号、汉语一般用顿号连接，后两项俄语用连词 и、汉语用连词“和”、“与”或“及其”连接，但汉语还借助排版手段，并列各项用分隔符连接。

$N_1+N_2+N_3$ 三个单名并列。俄语大多用逗号和连接词 и 连接，偶用破折号连接，汉语大多用分隔符连接。该类俄汉语均有一定的量，俄语有 43 条，汉语有 18 条，在各自并列结构标题中所占比例俄语（6.48%）略高于汉语（5.90%）。单个名词并列，俄语名词有性、数、格的区分。如：

[1] Соколы, витязи и мушкетёры（雄鹰、勇士与贵族军人）（Рус. речь, 2006, №6）

[2] Любовь — бабки — любовь（爱—女人—爱）（Нов. мир, 2004, №7）

[3] 主题·根本·使命（《人民日报》，2006 年 12 月 5 日）

[4] 昏鸦·含羞草·野草莓（《人民文学》，2004 年第 6 期）

俄语名词有性、数、格的区分，例[1]为三个复数名词、例[2]为一个复数名词和两个单数阴性名词并列；从连接手段看，俄语借助同现的逗号与连接词 и（如例[1]）、破折号（如例[2]）；汉语借助分隔符。从并列项语义看，汉语为异类并列，俄语既有异类并列（如例[2]），也有同类并列（如例[1]）。

N_1+N_2+NP 由两个单名和一个名词短语组成。俄语 7 条，汉语 4 条，在各自并列结构标题中所占比例汉语（1.31%）略高于俄语（1.05%）。如：

[1] Пингвин, кино и древо жизни（企鹅、电影和生命之树）（Изв. 2006.07.28）

[2] Огонь, вода и стальное лезвие（火、水与钢刃）（Изв. 2006.10.03）

[3] 题元、论元和语法功能项——格标效应与语言差异（《外语教学

与研究》,2007年第3期)

[4] 历史层次分析法——理论、方法及其存在的问题(《当代语言学》,2007年第1期)

[5] 印度人民党 新年·新人·新挑战(《人民日报》,2006年1月5日)

从各并列项的连接手段看,俄语用同现的“,... и”,汉语则较灵活,除与俄语大致对应的同现的“、…… 和/与”(如例[3])外,还运用同现的“、……及其”(如例[4])和分隔符(如例[5])。

$NP_1 + NP_2 + NP_3$ 由三个名词短语组成,该类在标题中用得很少,俄汉语分别只有6条和4条,在各自并列结构标题中所占比例汉语(0.98%)略高于俄语(0.90%)。如:

[1] Врожденные концепты, семантические кварки и смысловые исходы(先天概念、语义夸克和意义结果)(Филол. науки, 2007, №3)

[2] «Шекспировский вопрос», шекспировский канон и стиль Шекспира(“莎士比亚问题”、莎士比亚标准与莎士比亚风格)(Вестник МГУ, 2005, №1)

[3] 广西:新视野·新使命·新作为——写于中国—东盟“三会”在南宁隆重举办前夕(《人民日报》,2006年10月27日)

[4] 礼貌策略、人物塑造理论与戏剧文体学——综合性实例分析及模式修正(《外语教学与研究》,2006年第6期)

从各并列项的连接手段看,俄语一般用同现的“,... и”,汉语除与俄语大致对应的同现的“、……与”(如例[4])外,还运用分隔符(如例[3])。

由上可知,俄汉语共有类型12种,因调查材料有限,有的类型只见于俄语,但这并不证明汉语无此类型。并列结构是非封闭的、开放的,可以自由扩展,由三个乃至更多名词结集,组成更大的结构。句法形式上,联合短语可以二合,也可以三合、四合……。[①] 俄语还发现 $N_1 + N_2 + N_3 + N_4$ 结构2条,$NP + N_1 + N_2$、$NP_1 + NP_2 + N$、$N_1 + N_2 + NP_1 + NP_2$、$N_1 +$

① 周日安:名名组合的句法语义研究,暨南大学博士学位论文,2007年,第74页。

$N_2+NP_1+NP_2+NP_3$ 和 $N_1+NP_1+N_2+NP_2$ 各 1 条。多项并列中，先使用逗号，后两项使用连词 и。如：

[1] Люди, «львы», орлы и куропатки（人、“狮”、鹰与山鹑）（Изв. 2006.09.11）

[2] Тополиный пух, жара, хрусталь（杨絮、酷热与水晶）（Изв. 2006.06.27）

[3] Биотерапия рака, «дело КР» и сталинизм（癌的生物疗法、“克柳耶夫、罗斯京事件”与斯大林主义）（Звезда, 2003, №6）

[4] Идиоты, атлеты, космический прыгун и баба Сингх（白痴、田径运动员、宇宙跳跃运动员和辛格赫女人）（Нева, 2004, №3）

[5] Пространственность, предлоги, локальные отношения, картины мира и явления асимметричности（空间、前置词、方位关系、世界图景与非对称现象）（Вестник МГУ, 2004, №3）

[6] Либерализм, гражданское общество, льготы и всё такое（自由主义、公民社会、优惠条件等诸如此类）（Звезда, 2005, №3）

例[1]为四个复数名词并列的四合结构；例[2]为一个名词短语和两个单名并列的三合结构；例[3]是两个名词短语和一个单名组成的三合结构；例[4]为两个单名和两个名词短语组成的四合结构；例[5]由两个单名和三个名词短语组成的五合结构；例[6]由两个单名和两个名词短语交叉组成的四合结构。

此外，俄语还有缩略词并列、字母并列，各 1 条。如 ВВП и WWW（普京与因特网）（Изв. 2006.07.07），M & M（玛拉和玛里克）（Нева, 2007, №12），前例是普京的“名＋父称＋姓”的第一个字母合在一起后与网址并列；后例是两个人名的第一个字母并列。

2. 形形并列结构

1）总况

“形＋形”并列结构是指由两个或以上形容词或形容词短语并列联结构成的结构。由所调查标题可知，形容词并列结构有以下四种结构形式：

$A_1+A_2+A_3$：两个或三个光杆形容词并列联结。

$P+(A_1+A_2)$：两个光杆形容词前面有共同的修饰语。

$P+(A_1+A_2+A_3)$：三个光杆形容词有共同的修饰语。

俄汉语形形并列结构形式见表5。

表5　俄汉语形形并列结构形式对比

结构形式	俄语		汉语	
	数量(条)	比例(%)	数量(条)	比例(%)
A_1+A_2	7	44.66	5	38.46
$A_1+A_2+A_3$	4	26.67	2	15.38
$P+(A_1+A_2)$	3	20	6	46.15
$P+(A_1+A_2+A_3)$	1	6.67		
总数	15	100	13	100

由表5可知，俄汉语形形并列结构在标题中运用不多，其结构类型很少，俄语有4种，汉语有3种。俄语使用形形并列结构类型最多的A_1+A_2只有7条，占形形并列结构标题的44.66%；其次是$A_1+A_2+A_3$，有4条，比例为26.67%；再次是$P+(A_1+A_2)$，有3条，占总数的20%；而汉语则相反，最多的为$P+(A_1+A_2)$，有6条，占形形并列结构标题的46.15%；其次是A_1+A_2，有5条，占总数的38.46%；再次是$A_1+A_2+A_3$，比例为15.38%。A_1+A_2形式简单，所传达的信息不足，若加上修饰语，则信息量增加，且有可能带有评价色彩；此外，俄语还有1条$P+(A_1+A_2+A_3)$。根据上述结构各自使用的比例，形形并列的各种结构序列俄语可表示为：

$A_1+A_2 > A_1+A_2+A_3 > P+(A_1+A_2) > P+(A_1+A_2+A_3)$

汉语为：

$P+(A_1+A_2) > A_1+A_2 > A_1+A_2+A_3$。

下面对不同形形并列项分别举例说明。

2）详解与例说

(1) A_1+A_2

由两个光杆形容词联结。俄汉语各并列项所用连接手段相同，俄语为 и，汉语为"与"或"和"。俄语有 7 条，汉语有 5 条，在各自并列结构标题中所占比例俄语(44.66%)高于汉语(38.46%)。俄语形容词作标题所省略的名词在正文，以此激起读者好奇，促使其去正文寻找标题所省略的关键词，如以下俄语实例，初看标题，读者只能根据语法形式猜测，例[1]省略的是阳性名词，例[2]省略的是复数名词，具体是什么名词必须阅读正文。汉语则不如俄语典型。

[1] Свободный и конвертируемый(自由的与可兑换的)(Изв. 2006.07.03)

[2] Быстрые и продажные(快速的与已出售的)(Изв. 2006.01.23)

[3] 亲密与高调(《当代语言学》，2004 年第 3 期)

[4] 恬美与刻毒(《人民文学》，2006 年第 9 期)

(2) $P+(A_1+A_2)$

两个光杆形容词前有共同的修饰语。俄语有 3 条，汉语有 6 条，在各自并列结构标题中所占比例汉语(46.15%)比俄语(20%)高一倍多。如以下各例，从修饰语类型看，例[1]为前置词结构，例[2]为物主代词，例[3]为名词短语，例[4]为动词。动词修饰并列形容词构成定心短语为汉语特有，俄语修饰形容词的动词只能是由动词构成的形动词，动词若修饰形容词，则构成动宾结构，而汉语可借助结构助词"的"作形容词的定语。

[1] Абстрактное и конкретное в семантике французских BEAU и BON (Вопр. яз., 2006, №5)(法语 BEAU 和 BON 语义中的抽象与具体)

[2] Наш великий и могучий... (我们伟大而强盛的……)(Знамя, 2006, №2)

[3] 八千里路苦与艰(《人民日报》，2006 年 12 月 14 日)

[4] 通用的"冷"与"热"(《人民日报》，2006 年 4 月 10 日)

(3) $A_1+A_2+A_3$

由三个光杆形容词联结。俄语有 4 条，汉语有 2 条，在各自并列结构标题中所占比例俄语(26.67%)高于汉语(15.38%)。如下例,俄汉语所用连接手段不同,俄语借助标点符号“逗号”,汉语则借助排版手段“空格”。

[1] Цветущий, небесный, бессмертный(繁荣的、天堂的和永生的)(Нева, 2002, №8)

[2] 沉稳 质朴 冷静——毕淑敏散文特质赏析(《人民日报》,2006年10月12日)

(4) $P+(A_1+A_2+A_3)$

三个并列形容词带一共同修饰语。因所调查语料有限,此类只在俄语中发现,汉语中未见。如“Самый буйный, самый строптивый, самый одаренный из всей молодой поросли”(художественный мир харбинского поэта Николая Щеголева)(“整个幼林中最狂暴的、最固执的和最有天赋的”)(Филол. науки, 2006, №5),由修饰语和三个并列的形容词最高级形式组成。尽管每个并列项由两个单词组成,但这是形容词复合式最高级,只能看作一个词。

由以可知,俄汉语形形并列结构标题具有以下特点:

第一,与名词相比,俄汉语形形并列一般很少用作标题,因为形容词通常起修饰作用,其称名性比名词弱,大多带有评价色彩,具有表现力,因而信息含量少。通常情况下,汉语形形并列结构较之俄语更常用作标题,但因所调查文献有限,难免出现异常情况。形形并列倾向于各项为光杆形式,其结构形式大多为 A_1+A_2,在所调查文献中,俄语形形并列结构正好体现这一特点,而汉语 A_1+A_2 并列结构标题少于 $P+(A_1+A_2)$,因为带有修饰语的形容词标题,较之光杆形形并列所提供信息量相对丰富。

第二,形容词的并列结构也倾向于整齐匀称的结构形式:或同时为零修饰,如俄汉语 A_1+A_2 和 $A_1+A_2+A_3$ 并列结构标题,或其前有共同修饰语,同时修饰两个或以上的并列项,如 $P+(A_1+A_2)$ 和 $P+(A_1+A_2+A_3)$,这样形式上显得整齐匀称。

第三，从连接手段看，二项并列中，俄汉语连接手段大致相同，俄语大多为连接词 и，汉语为与 и 相对应的连词“与”或“和”；三项并列中，俄语为“逗号”叠用，汉语则借助排版手段“空格”。带共同修饰语时，从修饰语类型看，俄语为前置词结构、形容词、物主代词，汉语则为名词短语或动词；从修饰语与并列项的组合看，俄语修饰语若为前置词结构、形容词、物主代词则直接组合，为名词或名词短语时，则先构成第二格，再与并列结构组合，汉语一般借助结构助词“的”，但也有直接组合。从音节看，俄语各并列项的音节大致接近，汉语大多为双音节并列，但也有“单音节＋双音节”，如“绿与和谐”（《人民日报》，2006 年 5 月 23 日）。

3. 动动并列结构

1）总况

“动＋动”并列结构是指由两个或以上动词或动词短语一起并列联结构成的并列短语。据调查，动词并列结构主要有以下几种结构形式：

（1）$V_1+V_2+\cdots+V_4$：两个或以上光杆动词的联结并列。

（2）VP_1+VP_2：每个动词前面各有修饰语。

（3）VO_1+VO_2：两个动宾短语的联结并列。

（4）$P+(V_1+V_2+\cdots+V_4)$：两个或以上光杆动词前面有共同的修饰语。

（5）VO＋VP：一个动宾短语与一个动词短语的联结并列。

（6）V＋VP：一个光杆动词与一个动词短语的联结并列。

俄汉语动动并列结构形式见表 6。

表 6　俄汉语动动并列结构形式对比

结构形式	俄语		汉语	
	数量（条）	比例（%）	数量（条）	比例（%）
$V_1+V_2+\cdots+V_4$	11＋2* ＋1**	43.75	19＋12*	31.63
V＋VP			3	3.06
VP＋V	1	2.86		
VO_1+VO_2	6	17.14	10＋1*	11.22

（续表）

VP_1+VP_2	1	2.86	16+1*	17.35
VP+ SP			2	2.04
$VO+V_1+V_2$			1	1.02
$P+(V_1+V_2)$	8	22.86	25	25.51
$P+(V_1+V_2+V_3+V_4)$			1**	1.02
P+(V+VP)			1	1.02
$P+(VP_1+VP_2)$			3	3.06
SP_1+SP_2	2	5.71	2	2.04
SPO_1+SPO_2			1	1.02
总数	32	100	98	100

注：*为3项并列，**为4项并列，未标注则为2项并列。

由表6可知，俄语使用动动并列结构形式在整个并列结构中较少，较多的 $V_1+V_2+\cdots+V_4$ 也只有14条，占动动并列结构总数的43.75％，其次是 $P+(V_1+V_2)$，有8条，比例为22.86％，再次为 VO_1+VO_2，有6条，比例为17.14％。此外，SP_1+SP_2，有2条，比例为5.71％，最少的是VP+V和 VP_1+VP_2，各1条，比例为2.86％。因此，俄语动动并列结构各种形式的典型序列可排列为：

$V_1+V_2+\cdots+V_4>P+(V_1+V_2)>VO_1+VO_2>SP_1+SP_2>VP+V=VP_1+VP_2$。

汉语使用动动并列结构形式在整个并列结构中所占比例也不大，最多的也是 $V_1+V_2+\cdots+V_4$，有31条，为整个动动并列结构的31.63％；其次是 $P+(V_1+V_2)$，有25条，占总数的25.51％；再次是 VP_1+VP_2 和 VO_1+VO_2，分别为17和11条，占总数的17.35％和11.22％；还有V+VP、$P+(VP_1+VP_2)$，均为3条，比例为3.06％；VP＋SP和 SP_1+SP_2 各2条，比例为2.04％；最少的是 $VO+V_1+V_2$、$P+(V_1+V_2+V_3+V_4)$、P+(V+VP)和 SPO_1+SPO_2，各1条，比例为1.02％。因此，汉语动动并列结构各种形式的典型序列可排列为：

$V_1+V_2+\cdots+V_4>P+(V_1+V_2)>VP_1+VP_2>VO_1+VO_2>V+VP=P+(VP_1+VP_2)>VP+SP=SP_1+SP_2>VO+V_1+V_2=P$

$+(V_1+V_2+V_3+V_4)=P+(V+VP)=SPO_1+SPO_2$。

比较俄汉语动动并列结构，发现俄汉语动动并列结构有以下特点：

第一，俄汉语使用结构形式与数量不同。动动并列在双语中使用均不多。因为动词标示过程，具有述谓性，称名性差，不宜作标题。但无论从类型还是从数量来看，汉语该类结构多于俄语。从类型看，汉语比俄语结构丰富多样，汉语有 12 种，而俄语只有 6 种结构形式，俄汉语相同类型 5 种；从数量看，俄语有 32 条，汉语有 98 条，汉语（16.78％）远远高于俄语（3.83％）。这是由俄汉语特点决定的，一者汉语词类划分主要依据语义及在句中的作用，动词没有特殊的词形标志，只能根据意义判断是动词，只要适切题意便可作标题，而俄语动词有形式标志，常常可借助丰富的词缀从动词派生出名词尤其是抽象名词，名词具有称名性，标题的称名性特点尽量避免使用动词；二者俄语动词有时、体、态、式和人称变化，其使用受到形态变化规则的严格限制，而汉语动词没有形态变化的约束，运用起来简单便捷，因而汉语动动并列标题多于俄语。

第二，各项使用频率排序大致相同。俄汉语使用最多的均为 $V_1+V_2+\cdots+V_4$ 形式，其比例分别为 43.75％和 37.14％；其次均为 $P+(V_1+V_2)$，比例分别为 25.51％和 22.86％；VO_1+VO_2 尽管在两语中排序不同，在俄语中排序为三，汉语中排序为四，但比例相差不太大，分别为 17.14％和 11.22％。表明两种语言在运用过程中存在一定的共性。

第三，结构匀整。动动并列讲究形式上的整齐划一，或同为光杆动词，或同为动宾短语，或有共同修饰语，该类特点充分体现在我们所调查文献中，俄汉语均以结构均衡的 $V_1+V_2+\cdots+V_4$、$P+(V_1+V_2)$和 VO_1+VO_2 形式位居前列。

2）详解与例说

(1) $V_1+V_2+\cdots+V_4$

由两个或以上的动词并列。俄语是分析型语言，动词有时、体、态的变化，汉语是综合性语言，动词没有变化形式，若表示时态，则借助时体助词“着、了、过”。该类在俄汉语动动并列结构中均为最多，俄语有 14

条，汉语有31条，在各自并列结构标题中所占比例俄语(43.75％)比汉语(31.63％)高出12.12％，其中以二项并列居多，俄语有10条，汉语有19条，三项并列汉语较多，有12条，俄语只有2条，但发现1条俄语四项并列。句法上，动动并列各项结构关系平等，不分主次，具有可逆性，但标题中，并列各项排列次序受语义、语用等因素制约，不能随意变换。如：

[1] Догнать и перегнать! (赶超!)(Изв. 2006.04.06)

[2] Припарковался и повис(停下来，挂起来)(Изв. 2006.06.08)

[3] Рассказывает, размышляет, спорит(讲述、思考与争论)(Звезда, 2002, №10)

[4] Гнать, держать, терпеть и видеть(追赶、保持、忍耐与看见)(Нов. мир, 2007, №1)

[5] 爱和拯救(《人民文学》,2007年第3期)

[6] 自主・自强・自信(《人民日报》,2006年3月22日)

[7] 真学　常学　深学(《人民日报》,2006年10月13日)

例[1]和[4]为动词不定式并列，前者为完成体双动并列，后者为四个未完成体动词并列，例[2]和[3]为动词变化形式并列，前者为完成体动词过去时双动并列，后者为三个动词现在时并列，例[5]为单音节动词与双音节动词组成双动并列；例[6]和[7]均为双音节三动并列，并列的三个动词词数相同，均有书写、发音相同的音节。从连接手段看，双动并列中，俄汉语有相同连接手段：同义连词"и、和"，连词и与"和"连接的并列项一般是双项，и与逗号复现用于多项并列，如例[4]，"和"与"顿号"复现也用于多项并列，但标题中为了达到突出、显目效果，三项及以上并列项常借助排版符号"分隔符、空格"。

(2) $P+(V_1+V_2)$

两个光杆动词前有共同的修饰语。二者在动动并列结构中均居第二，分别有8条和25条，比例相差不大，分别为22.86％和25.51％。俄语修饰语一般为前置词＋名词或名词短语，汉语则为名词或名词短语。

如：

[1] Жить и умереть в Париже(生死在巴黎)(Изв. 2006.05.05)

[2] 语言的“捍卫”与开放(《人民日报》,2006年3月30日)

[3] 失语症语法障碍的表现与研究(《当代语言学》,2005年第4期)

从修饰语类型看,前例是作地点状语的前置词结构,后两例分别为名词和名词短语;从修饰语与并列各项的连接手段看,俄语直接组合,汉语借助结构助词“的”;从修饰语与并列结构的位置看,俄语后置,汉语前置;从并列项连接手段看,俄汉语借助频率最高的同义连接词 и 和“与”,这两个连词常出现于双项并列结构。

(3) VO_1+VO_2

由两个或以上动宾短语并列。汉语宾语相当于俄语补语。俄语有6条,比例为17.14%,排序第三,汉语有11条,比例为11.22%,排序第四,尽管在两语中排序不同,但比例相差不太大。如：

[1] Не раскачивайте ситуацию и будьте дипломатом(别摇摆局势,要成为会处理事务的人)(Изв. 2006.10.24)

[2] Командовал парадом и пил шампанское(指挥阅兵式,饮香槟酒)(Изв. 2006.01.23)

[3] “赶场子”与“挣面子”(《人民日报》,2006年12月29日)

[4] 文化下乡深入扎实开展——“送”文化　“种”文化　“学”文化(《人民日报》,2006年3月31日)

例[1]由两个“动词命令式＋宾语”构成,汉语中没有动词命令式,若要表示命令式,需借助其他词汇,如“请”或祈使语气词“吧、呢、了、啊”等;例[2]由两个“未完成体动词过去时＋宾语”构成;例[3]和[4]的副标题的 VO 均由“单音节动词＋双音节名词”构成,前者为二项并列,并列项最后一个音节相同,后者为三项并列,并列项双音节名词相同。由此看出,俄汉语各并列项结构对称。从连接手段看,二项并列,俄汉语借助同义连接词 и 和“与”,三项并列,汉语借助排版手段“空格”连接,此种连接手段只见于汉语。

(4) VP_1+VP_2

由两个或以上动词短语并列。俄语动词修饰语一般为副词或起副词作用、在句中做状语的前置词结构,汉语中修饰动词的可以是副词,可以是名词、动词,因此汉语该类结构较多,有 16 条,俄语只发现 1 条,在各自并列结构标题中所占比例汉语(17.35%)远远高于俄语(2.86%)。如:

[1] Сгорела на земле, зажглась на небе(烧尽于地,点燃于天)(Изв. 2006.10.04)

[2] 汉语信息加工及其认知神经机制的研究(《当代语言学》,2004年第 4 期)

[3] 和平发展·开放发展·合作发展(《人民日报》,2006 年 2 月 10 日)

例[3]为三项并列,其余为二项并列。例[1]和[3]并列各项结构对称,例[1]由两个"动词过去时和前置词结构"构成状心式动词短语,例[3]为三个状心式动词短语并列;例[2]为两个动词性定心短语并列。从并列项连接手段看,俄语借助逗号,汉语借助连词"及其"和分隔符。

(5) SP_1+SP_2

由两个或以上主谓短语并列而成。主谓短语若带上语气,则构成句子,句子具有叙述功能,称名性差,因此,俄汉标题中运用不多,俄语 1 条,汉语 2 条。如:

[1] Лоза полезная и лоза виноградная(有益藤和葡萄藤)(Изв. 2006.07.28)

[2] 乌克兰 "东西兼顾"与东西关注(《人民日报》,2006 年 8 月 10 日)

[3] "当官不易"与"内外兼修"(《人民日报》,2006 年 11 月 16 日)

以上各例并列项结构匀称。例[1]并列两项均由名词和形容词构成主谓短语,例[2]和[3]各并列项均为四字格,前者并列两项均由联合短语与动词构成主谓短语,后者前项由动宾短语与偏正短语构成主谓短语，后项由联合短语与偏正短语构成主谓短语；从连接手段看，俄汉语借助同义连接词 и 和“与”。

此外，俄语中还发现 1 条 VP＋V 结构。如 Ушёл на работу и не вернулся（去上班但未回）（изв. 2006. 06. 29），例中，由完成体过去式＋表地点的状语和完成体过去式否定形式并列而成。此例若加上语气，可构成简单句或复合句。通常情况下，两个谓语共一个主语（省略），既可认为是简单句，也可认为是复合句。但同等性原则把一个主语带几个谓语的句子解释为简单句。

汉语中还发现 V＋VP 和 P＋（VP_1＋VP_2）各 3 条，VP ＋SP 2 条，VO＋V_1＋V_2、P＋（V＋VP）、P＋（V_1＋V_2＋V_3＋V_4）和 SPO_1＋SPO_2 各 1 条。如：

［1］词汇化与话语标记的形成（《世界汉语教学》，2007 年第 1 期）

［2］新农村建设的制度创新与政策选择（《人民日报》，2006 年 7 月 14 日）

［3］同谓双小句的省缩与句法创新（《中国语文》，2007 年第 6 期）

［4］用水·思索·行动（《人民日报》，2006 年 9 月 29 日）

［5］日语中的委婉语表达及最新发展（《外语教学与研究》，2002 年第 2 期）

［6］大学英语教学的个性化、协作化、模块化和超文本化（《外语教学与研究》，2004 年第 5 期）

［7］短短四年，太原市郊的东西山上栽下两千万株苗木，不仅成了城里的生态屏障，也成了农村的“绿色银行”——荒山变青山　青山变金山（《人民日报》，2006 年 12 月 31 日）

例［1］为动词和动词短语并列，例［2］由具有共同修饰语的两个并列的动词短语组成，例［3］为动词短语和主谓短语并列，例［4］由动宾短语与两个光杆动词构成，例［5］是带共同修饰语的动词和状心式动词短语并列，例［6］为有共同修饰语的四个动词并列，例［7］破折号后部分为两个主谓宾并列。上述 7 条标题连接手段就有 5 种，有连词“与”和“及”

（“及”除表示连接外，还往往表示内容上的主从关系）、有标点与连词“和”复现、有排版手段（分隔符和空格）。顿号的作用同“和”一样，用“和”的地方可以换用顿号。通常，并列只有两项，用“和”，并列不止两项的，末两项之间用“和”。

由上述实例分析可知，俄汉语动动并列在结构上具有一定的对称性，语音上具有较匀称的节奏性。单个动词并列中，俄语动词有时、体、态的变化形式，汉语则无。动词带修饰语时，从使用活性看，汉语较活跃，多于俄语；从修饰语类型看，俄语修饰语一般为前置词＋名词或名词短语，汉语则为名词或名词短语；从有无标记看，汉语一般为有标记结构，借助结构助词“的”，俄语无标记，为直接组合；从词序看，俄语修饰语一般位于动词后，汉语必须位于动词前，否则可能构成动宾结构。从并列项数看，俄汉语均有二项、三项和四项并列，但汉语较典型。从连接手段看，汉语较俄语多样，二项并列中，俄汉语借助同义连接词 и 和“与”（最多）、“和”（其次）、“及”（再次）；多项并列中，俄语一般为同现的逗号与连接词 и；汉语除同现的顿号与连词“和”外，更典型的是借助排版手段，即分隔符和空格。

4. 其他同类并列结构

1）总况

俄汉语同类并列结构标题中，除名名并列、形形并列、动动并列外，还有其他同类并列，如代代并列、介词结构并列、句句并列；俄语还有副副并列、语气词并列，汉语还有数词并列。见表 7。

表 7 其他同类并列结构形式对比

<table>
<tr><td colspan="2" rowspan="2">结构形式</td><td colspan="4">俄语</td><td colspan="2">汉语</td></tr>
<tr><td colspan="2">数量（条）</td><td colspan="2">比例（%）</td><td>数量（条）</td><td>比例（%）</td></tr>
<tr><td colspan="2">Pr＋Pr（代代并列）</td><td colspan="2">3</td><td colspan="2">5.77</td><td>2</td><td>12.5</td></tr>
<tr><td>$ad._1+ad._2+\cdots+ad._4$</td><td rowspan="2">（副副并列）</td><td>6＋1**</td><td rowspan="2">10</td><td>13.46</td><td rowspan="2">19.23</td><td></td><td></td></tr>
<tr><td>$P+(ad._1+ad._2)$</td><td>3</td><td>5.77</td><td></td><td></td></tr>
<tr><td colspan="2">$prep._1+prep._2$（介词并列）</td><td colspan="2">1</td><td colspan="2">1.92</td><td></td><td></td></tr>
<tr><td colspan="2">PP＋PP（介词结构并列）</td><td colspan="2">14＋1*</td><td colspan="2">28.85</td><td>9</td><td>56.25</td></tr>
</table>

（续表）

P＋（语气词＋语气词）	1	1.92		
num.$_1$＋num.$_2$（数词并列）			1	6.25
sen.$_1$＋ sen.$_2$（句句并列）	22	42.31	4	25
总数	52	100	16	100

注：* 表示为 3 项并列，* * 表示为 4 项并列。

由表 7 知，俄语句句并列最多，有 22 条，占其他同类并列结构总数 42.31％，其次为前置词结构并列，有 15 条，占同类并列结构总数 28.85％，再次是副副并列，包括带或不带修饰语单个副词并列，有 10 条，占同类并列结构总数 19.23％。此外，还有代代并列，有 3 条，比例为 5.77％，最少的是“介词＋介词”和“修饰语＋（语气词＋语气词）”并列，各有 1 条，其比例为 1.92％。根据上述结构各自使用的比例，这些结构序列可表示为：

句＋句＞前置词结构＋前置词结构＞副＋副＞代＋代＞前置词＋前置词＝修饰语＋（语气词＋语气词）。

汉语中，其他同类并列不多，相对较多的为介词结构并列，有 9 条，比例为 56.25％，其次是句句并列，有 4 条，比例为 25％，再次为代代并列，有 2 条，比例为 12.5％，最少的是数数并列，有 1 条，比例为 6.25％。因此汉语结构序列可表示为：

介词结构＋介词结构＞句＋句＞代＋代＞数词＋数词。

俄汉语两相比较，从数量看，俄语明显多于汉语，有 52 条，而汉语只有 16 条；从种类看，俄语多于汉语，分别为 6 种和 4 种，俄汉语均有句句并列、介词结构并列、代代并列，此外，俄语还有副副并列、语气词并列、介词并列，汉语还有 1 条数数并列；从各同类项排序来看，俄汉语“句＋句”和“介词结构＋介词结构”在两语中相对较多，排序均在前，俄语“句＋句”多于“介词结构＋介词结构”，汉语“句＋句”少于“介词结构＋介词结构”，句句并列在俄语中最多，在汉语中排序第二，数量上俄语明显多于汉语，分别为 22 条、4 条，其比例分别为 42.31％和 25％；介词结构在俄语中排序第二，在汉语中最多，数量上俄语多于汉语，分别为 15

条和 9 条，但在各自总数中所占的比例，俄语远远小于汉语，分别为 28.85%和 62.5%；代代并列俄汉语数量相差不大，分别为 3 条和 2 条，但比例有一定的差距，分别为 5.77%和 12.5%。从结构看，这些同类并列结构匀整，为光杆并列或带同一修饰语的并列，表现出均衡美。

2）详解与例说

（1）Pr＋Pr

由两个光杆代词联结。俄语 3 条，汉语 2 条，在各自其他并列结构标题中所占比例汉语（12.5%）较俄语（5.77%）高一倍多，一般为人称代词并列，如例[1]和[3]；也有其他代词并列，如例[2]由第三格限定代词和否定代词组成；例[4]前后项均是指示代词。连接手段上，俄汉语相对应，俄语用连词 и 或 или，汉语用相应于俄语的连词“与”或“或”。

[1] Он и Она（他和她）（Изв. 2006.07.06）

[2] Всем или никому（人人都给或谁也不给）（Изв. 2006.01.16）

[3] “我们”与“他们”？（《人民日报》，2006 年 11 月 14 日）

[4] 这样或那样（《人民文学》，2004 年第 1 期）

（2）PP＋PP

由两个或以上的介词结构联结。该类俄汉语中相对较多，俄语有 15 条，汉语有 9 条，在各自其他并列结构标题中所占比例汉语（56.25%）远远高于俄语（28.85%）。俄语该类是残余结构，可用各种前置词＋名词或名词短语，如例[1]两个并列前置词结构有共同修饰语，例[2]为两个前置词结构并列，标题中还见两个前置词共用一个名词，如例[3]和[4]分别为“前置词结构＋前置词”、“前置词＋前置词结构”，因在上下文中力求语言简洁，故省略相同的名词。汉语该类为“从……到……”结构，该结构有两种形式：偏正结构和联合结构。如例[5]和[6]主标题为两个介词结构并列，汉语“从……到……”结构中，“从”带上宾语，只能是介词，“到”带上宾语，则有两种可能：动词或介词。两例中的“到”是介词，因此为联合结构。俄语类似的 от... до... 结构只能是残余结构。

[1] На свету и в темнотах лирической самобытности（在独具抒情风

格的光明与黑暗中)(Нов. мир, 2004, №1)

[2] С витамином С и без клещей(含维生素 С 与没有壁虱)(Изв. 2006.08.14)

[3] С инициалами и без(带和不带姓名的首字母)(Рус. речь, 2004, №6)

[4] До и после войны(战前与战后)(Знамя, 2005, №10)

[5] 从"迎春花"到"百合花"(《人民日报》,2006年12月14日)

[6] 从逻辑功能到经验功能——扩展"投射"现象的概念功能模式(《现代外语》,2002年第3期)

(3) sen.1+ sen.2

由两个并列分句联结构成并列复合句,或由两个或以上的简单句联结构成句群。俄语较多,有22条,汉语很少,只发现4条,在各自其他并列结构标题中所占比例俄语(42.31 %)远远高于汉语(25%)。如例[1]为两个判断句构成的并列复合句,例[2]和[3]为句群,其中例[2]为带问号的两个疑问句,例[3]由带句点的三个无人称谓语副词带上陈述语气的句子构成。例[4]由分隔符连接的三个主谓句组成的复句,例[5]由固定连词"是……,还是……"连接的选择疑问复句。

[1] Искусство — это поиск, поиск — это искусство(艺术是探索,探索是艺术)(Нева, 2002, №2)

[2] За народ? За Родину? (为人民? 为祖国?)(Изв. 2006.02.08)

[3] Нельзя. Можно. Нельзя(不允许。可以。不允许)(Нов. мир, 2003, №11)

[4] 贼来了·贼走了·贼丢了(《人民文学》,2003年第9期)

[5] 是不能,还是不为? (《人民日报》,2006年4月14日)

此外,俄语还有一定量的副副并列以及为数不多的前置词并列、语气词并列。如:

[1] Прежде и теперь(以前和现在)(Звезда, 2005, №8)

[2] Весело и убедительно, точно и смешно(愉快而坚决,准确而可

笑)(Знамя, 2003, №12)

[3] Так и этак Георгия Иванова(格奥尔吉·伊万诺夫的这样与那样)(Звезда, 2007, №9)

[4] До и после(此前与此后)(Звезда, 2002, №9)

[5] «Да» и «Нет» Николая Пунина(尼古拉·布宁的"是"与"不")(Звезда, 2002, №4)

例[1]为两个副词并列,例[2]为并列的两个副词与并列的两个副词组成并列结构,例[3]两个并列副词有共同修饰语,例[4]为两个前置词并列,俄语前置词为虚词,无实义,在句中不能作句子成分,也不能独立成句,但能在标题这个特殊的语言环境下存在且具有一定的意义;例[5]带引号的两个语气词有一个共同修饰语。

汉语中还发现1条数数并列。如"961213与961312"(《收获》,2005年第4期)。

在同类结构标题中,俄语并列结构类型多于汉语,俄语有9类,汉语有7类,除共同的名名、动动、句句、形形、代代、介词结构并列外,俄语中副词乃至单个介词、语气词并列也用作标题,汉语还有数词并列。

无论是俄语还是汉语,使用最多的是名名并列,其次是动动并列。同类并列结构各种形式的典型序列可排列为:

俄语:

名名>动动>句句>形形>前置词结构并列>副副>代代>前置词+前置词=语气词+语气词

汉语:

名名>动动>形形>句句>代代>数词+数词。(见表8)

俄汉语标题名名并列占绝对优势,尤其俄语中,位居其二的动动并列仅4.59%,汉语位居其二的动动并列也远多于俄语,其比例为22.69%,俄语名名并列、句句并列比例高于汉语同类并列,其他则低于汉语同类并列。除名词以外其他并列结构用得不太多,与这些词的词性有关,形容词表示事物的特征,一般起修饰作用,很少单独使用,尤其在俄语中;动词表示动作,从广义来讲,也表示特征,不过这个特征具有过程性,副词表示动作、状态和特征的特征。正是因为动词标示过程,形容词标示性状,副词标示状态,而名词标示事物,称名性强,因此,名名结构用作标题的最多,尽管句子能提供足够的信息,但其称名性弱,因而也使用不多。

表 8 俄汉语同类并列结构形式对比

结构形式	俄语		汉语	
	数量(条)	比例(%)	数量(条)	比例(%)
名名	664	87.02	305	70.60
动动	32	4.59	98	22.69
形形	15	1.97	13	3.01
代代	3	0.39	2	0.46
句句	22	2.89	4	0.93
介词结构+介词结构	15	1.97	9	2.08
副副	10	1.31		
介词+介词	1	0.13		
修饰语+(语气词+语气词)	1	0.13		
数字+数字			1	0.23
总数	763	100	432	100

(二) 异类并列结构标题

大多数语言现象有强式、弱式之分,大多数语法规则都有特例和例外。既要研究一般现象,也要研究特例,通常行文中较为少见的异类并列结构,超越一般规则,但它是客观存在的语言现象,因此值得重视和研究。异类并列结构尽管在通常行文中少见,但在标题中却颇为常见。因为异类并列从语值上看能使均衡的句法结构变得灵活多样,活泼洒脱,从而使言语表达整中有散,整散结合,富有表现力。我们把异类并列结构标题定义为:由词性不同的词或结构不同的形式并列而成的结构。包括:1)异类词与词的并列,如:名词与代词(尽管代词代替名词,起名词作用,但我们根据词类还是把它单列为不同于名词的一类)并列、动词与形容词并列等;2)异类短语与短语并列,如:名词短语与动词短语并列、动词短语与形容词短语并列等;3)不同层次的语言单位(词与心语为同一词类的短语的并列除外)的并列,如:词与句子并列、短语与句子并列等。

据调查,俄汉语异类并列结构丰富多样,但汉语多于俄语。主要有名形并列、动名并列、名代并列、词句并列、短语和句子并列、名形动并列等等。据统计,异类结构标题俄语有72条,占整个并列结构的8.62%,汉语有152条,占26.07%,(见表9)有的在两种语言中均有,有的在某种语言中缺乏。

表9 俄汉语异类并列结构形式对比

结构形式	俄语		汉语	
	数量(条)	比例(%)	数量(条)	比例(%)
名词在前型	46	63.89	102	67.11
动词在前型	2	2.78	43	28.29
形容词在前型			5	3. 29
代词在前型	2	2.78	2	1.32
介词结构在前型	9	12.5		
副词在前型	4	5.56		
句子在前型	9	12.5		
总数	72		152	

现根据并列成分的语法性质及其顺序对俄汉语异类并列结构标题进行对比分析。

1. *名词在前型*

名词在前型,俄汉语相同类型有N+Pr、N+A、NP+Pr、NP+AP4类;不同类型很多,其特点也不同,汉语多于俄语,汉语有20种,俄语只有10种。俄语典型特点是后项为句子:从句、单句、复句,尤以单句居多,且大多为疑问句;汉语典型特点是:后项以动词或动词性短语最为典型。从是否带共同修饰语看,俄语一般不带或不能带修饰语,因为俄语异类词一般很少有共同的修饰不同功能的词语,汉语则可带修饰语,修饰语与并列项间一般要用结构助词“的”。从连接手段看,二项并列中,俄语一般用连接词 и,但名词短语和前置词结构并列,名词或名词短语与单句并列时,所用连接手段多为并用的逗号和连接词 или;汉语一般用连词“与”,有时用“和”,还用“及”,汉语“及”在通常行文中只连接体词性短语，在标题这一特殊的语用环境下却能连接名词与动词这一异类并列结构。三项并列中，俄语连接手段多为复现的逗号和连接词 и，汉语中，科学论文标题一般借助复现的“顿号”和连词“与”，报纸标题一般用分隔符。

1）俄汉语共有类型

（1）N＋Pr

单名＋单代。俄语有 3 条，汉语 8 条。如例[1]和[3]结构形式相同，由名词和人称代词组成，例[2]为名词与限定代词并列，其中 и другое 相当于汉语例[4]由名词和代词组成中的“及其他”。据调查，汉语该类标题常见于文学期刊，尤其是诗歌中，其模式为“一个名词＋及其他”。如“鹰及其他”（《十月》，2005 年第 3 期）。

[1] Время и мы（时间与我们）（Знамя，2004，№2）

[2] Нина и другое（妮娜及其他）（Нов. мир，2004，№12）

[3] 祖国和我（《人民日报》，2006 年 10 月 1 日）

[4] 土狗及其他（《人民文学》，2004 年第 7 期）

（2）N＋A

单名＋单形。俄语 2 条，汉语 1 条。如前例由名词和中性形容词组成；后例主标题为名词和形容词并列。从连接手段看，俄汉语借助同义连词连接。

[1] Функции и глубинное（功能与深层内涵）（Вопр. яз.，2002，№5）

[2] 天才与勤奋——穆永瑞人物画简谈（《人民日报》，2006 年 1 月 1 日）

（3）NP＋Pr

单名词短语＋单代。汉语 5 条，俄语 1 条。由调查可知，俄语 и другие 对应于汉语“及其他”。如以下 3 例结构完全对应，并列项前项为定心短语，后项为相对应的代词，此类标题并列项很多，多项之中举其要者，其余用“及其他”来概括，“及其他”在此表示列举未尽。该类在汉语中很典型，常见于文学期刊标题。

［1］Любимый ректор и другие（受爱戴的大学校长及其他）（Нева，2003，№1）

［2］果园诗人及其他（《人民文学》，2007 年第 7 期）

［3］发烧二梦及其他（《人民文学》，2005 年第 3 期）

（4）NP＋AP

名词短语＋形容词短语。俄语 1 条，汉语 2 条。如例［1］由同位语和形容词短语组成，例［2］由名词短语和形容词短语组成；连接手段上俄语借助并用的逗号和连词 или，这一连接手段通常行文很少，但常见于标题，汉语借助连词“与”。

［1］Спасители рядового Грабового，или «Красные под кроватью»（普通人格拉波维的拯救者，抑或“床下红人”）（Изв. 2006.04.20）

［2］市场经济与社会和谐（《人民日报》，2006 年 12 月 8 日）

2）俄有汉无类型

（1）N＋ad.

单名＋单副。有 1 条。如“Челюскин”и рядом（“切柳斯金”号轮船与周围的一切）（Изв. 2006.03.06）。

（2）N＋PrP

单名＋代词短语。有 1 条。如 Кнутопряник и кое-что ещё（蜜饼及其他）（Изв. 2006.02.15）。

（3）N＋ NP＋ N_1＋Pr

单名＋名词短语＋单名＋单代。有 1 条。如“Сема，его дядя，мама и другие”（谢玛及其叔叔、妈妈等等）（Нева，2007，№4）。据调查可知，该类标题模式为“几个名词并列＋и другие（及其他）”。

（4）N＋sen.

单名＋单句。有 2 条。如例［1］由一个名词和一个简单句组成并列结构，例［2］由两个并列名词与一个从句构成，俄语两个名词并列仍是词。

［1］Недород и как с ним бороться（歉收和如何与之斗争）（Знамя，2007，№3）

［2］Характеры и судьбы，или Когда один возраст — на всю жизнь（性格与命运，或永葆青春）（Нева，2007，№1）

（5）NP＋num. P

一个名词短语＋带修饰语的数词。有 1 条。如“Новый-преновый реализм，или Опять двадцать пять”（新现代主义，抑或又一个 25 年）（Знамя，2006，№6）。

（6）NP＋ad.

名词短语＋单副。有 2 条。如以下两例并列项后项相同，均为 не только，前例连接手段为逗号与连接词 и 并用，后例前项前置词结构作定语，并列两项用连接词 и 连接。

［1］Ленинградские дворы，и не только（列宁格勒宫，且不仅限于此）（Нева，2004，№3）

［2］Alter ego в литературе и не только（文学知己且不仅限于此）（Изв. 2006.12.08）

（7）NP＋PP

名词短语＋前置词结构。有 4 条。如以下两例并列项中后项均为联合前置词结构，连接手段相同，均为逗号与连词 или 并用。有趣的是，逗号与连词 или 并用时后一并列项首字母大写，而一般大写只在句子开头，此类只见于标题。

［1］Звонок Троцкому，или О коварном случае с Зощенко（给托洛茨基的电话，或左琴科诡秘的事情）（Нева，2006，№10）

［2］Пятна на солнце，или Из Нью-Йорка с пониманием（太阳斑点，或来自纽约的理解）（Звезда，2004，№3）

（8）NP＋SP

名词短语＋主谓短语。只见 1 条。如 Наше всё и всё такое（我们的一切且一切如此）（Нева，2007，№2），前项主导词为代词，此处已名词化。

(9) P+(N+Pr)

共同修饰语+单名+单代。只见1条。如 Взгляд и нечто об искусстве компромисса(关于折中艺术的观点及其他)(Нева, 2002, №12)。

(10) NP+sen.

名词短语+单句/从句/复句。该类较多,有24条。前项为名词短语,后项多为疑问句,借助具有标题特色的连接手段并用的逗号和连接词 или,由调查可知,后项为疑问句的有22条,为从句和复合句的标题各发现1例,常见于文学期刊。如例[1]后项为疑问句,例[2]为 когда 引导的时间从句,例[3]为无连接词复合句。

[1] Революция одной розы, или Грузин ли я?(一朵玫瑰的革命,抑或我是格鲁吉亚人?)(Изв. 2006.10.17)

[2] Тринадцатая иллюция, или Когда молчит культура(第13个幻想,或当文化沉默时)(Нева, 2006, №7)

[3] Нелюбилей, или Что та война, что эта(非纪念日,或那场、这场战争是什么)(Нева, 2003, №8)

3) 汉有俄无类型

(1) N+V

单名+单动。有8条。如:

[1] 情景与回味(《人民文学》,2005年第2期)

[2] 孝子与闹鬼(《当代》,2003年第3期)

(2) N+SP

单名+主谓。有1条。如"孔夫子和加拿大大选"(《人民日报》,2006年1月16日)。

(3) N_1+N_2+Pr

双名+单代。有3条。据调查,该类常见于文学标题,其模式为"几个名词并列+及其他"。如:

[1] 纸器·鼓声及其他(《人民文学》,2002 年第 9 期)

[2] 经纪人·夫妻店及其他(《人民日报》,2006 年 8 月 15 日)

(4) N+V+V

单名+双动。有 1 条。如“信札·思昔·染泪”(《人民文学》,2003 年第 1 期)。

(5) N+SP

单名+主谓。有 2 条。如“大众传媒与文艺新变”(《人民日报》,2006 年 9 月 14 日)。

(6) N_1+N_2+V

双名+单动。有 2 条。如“仁爱·责任·自强——洪战辉事迹三感”(《人民日报》,2006 年 1 月 11 日)。

(7) N_1+N_2+VP

双名+单个动词短语。有 1 条。如“语料、网路与口笔译教学”(《外语教学与研究》,2002 年第 3 期)。

(8) N+NP+V

单名+名词短语+单动。有 2 条。如“补语、特殊句式和作格化”(《现代外语》,2006 年第 3 期)。

(9) N+A+V

单名+单形+单动。有 1 条。如“外语、安全与反恐”(《人民日报》,2006 年 1 月 8 日)。

(10) N_1+V+N_2

单名+单动+单名。有 1 条。如“皇帝、书写与时间”(《人民文学》,2004 年第 4 期)。

(11) $N+V_1+V_2$

单名+双动。有 3 条。如“女王·游戏·读书”(《人民日报》,2006 年 7 月 11 日)。

(12) NP+A

名词短语+单形。有 3 条。如“军旅文艺与和谐”(《人民日报》,

2006年12月5日)。

(13) NP+V

名词短语+单动。有2条。如前例借助连词“与”,后例借助标题特有的,尤其是文学标题中常用的连接手段“逗号”与连词“或者”。

[1] 韩国大米与全球化(《人民日报》,2006年5月6日)

[2] 美丽的故事,或者感伤(《人民文学》,2002年第3期)

(14) NP+VP

名词短语+动词短语。有41条,常见于科学论文。如以下三例前后项用连词“与”、“及”连接,“及”通常只能连接体词性短语,但例[3]连接名词短语与动词短语。

[1] 冰心佚文与遗稿发布(《人民日报》,2006年9月21日)

[2] 社会语言学与色彩语码研究(《现代外语》,2002年第4期)

[3] 欧美学生汉语介词习得的特点及偏误分析(《世界汉语教学》,2005年第3期)

(15) NP+ VP + VP

名词短语+两个动词短语。有1条。如“语用原则、语用推理和语义演变”(《外语教学与研究》,2004年第4期)。

(16) NP+NP+NP+VP

三个名词短语+动词短语。有1条。如“接受性词汇量、产出性词汇量与词汇深度知识的发展路径及其相关性研究”(《现代外语》,2006年第4期)。

(17) P+(N+A)

共同修饰语+单名+单形。有2条。如“文学的季节与荣耀”(《人民日报》,2006年11月11日)。

(18) P+(N+V)

共同修饰语+单名+单动。有8条。如:

[1] 金牌里的历史与巧合(《人民日报》,2006年2月17日)

[2] 海外华语教学研究的现状与展望(《世界汉语教学》,2006年第1

期）

（19）P＋（N＋V_1＋V_2）

共同修饰语＋单名＋双动。有2条。如“英语类语词典的理据、发展和演变”（《现代外语》，2004年第2期）。

（20）P＋（NP＋V）

共同修饰语＋一个名词短语＋单动。有1条。如“极性词语的梯级模型及补充”（《现代外语》，2006年第1期）。

2. 动词在前型

动词在前型，汉语较典型，无论类型还是数量大大多于俄语，不同类型汉语有17类，俄语只有1类，相同类型只有1类；汉语前项既可为单个动词、动词短语、主谓短语、主谓宾，后项可为名词/名词短语、形容词、代词等；俄语前项为单个动词时，后项一般不能为单个名词，因为动词是述谓性句法范畴的基础，在句子里拥有最多的句法联系，俄语及物动词必须带第四格补语，动词与名词常常构成动宾结构。俄语前项若为主谓短语或主谓宾，一般是句子。“动＋名”异类并列结构中，俄语并列项前不可能有修饰语，汉语带修饰语必须带“的”。从连接手段看，二项并列中，俄语动词或动词短语和名词短语并列，所用连接手段多为并用的逗号和连接词 или，汉语多用连词“与”；多项并列中，汉语报纸标题一般用分隔符。

1）俄汉语共有类型

俄汉语相同类型只发现一类，即 VP＋NP（单个动词短语＋单个名词短语），俄语1条，汉语有8条。汉语常见于学术期刊标题。如：

［1］Пролетая над гнездом Саддама，или Самоотрицание серийности（飞过萨达姆老巢，或者对连续飞行的自我否认）（Знамя，2004，№7）

［2］为“DeP 结构”的 λ 提取与可追踪性原则（《现代外语》，2003年第3期）

［3］两会开放与政治文明（《人民日报》，2006年3月4日）

前例为副动词短语与一个名词短语并列，后两例为动词短语和名词短语并列。

2) 俄有汉无类型

俄语只发现 V_1+V_2+NP(双动＋单个名词短语)一类，仅 1 条。如“Шить или не шить, или Похвала лоскутному шитью”(缝制或不缝制，抑或对布头缝制品的称赞)(Нева, 2003, №3)，先由一个动词不定式的肯定与否定形式借助选择连接词 или 并列，然后作为一个整体与后项名词短语借助并用的逗号和连接词 или 组成并列结构。

3) 汉有俄无类型

(1) V＋N

单动＋单名。有 1 条。如“立身与文章”(《人民日报》，2006 年 9 月 12 日)。

(2) V＋A

单动＋单形。有 1 条。如“沟通与宽容”(《人民日报》，2006 年 4 月 12 日)。

(3) V＋P

单动＋单代。有 1 条。如“沉思及其他”(《十月》，2006 年第 4 期)。

(4) V＋NP

单动＋名词短语。有 6 条。如：

[1] 作格化和汉语被动句(《中国语文》，2004 年第 4 期)

[2] 还乡与幸福的闪电(《人民文学》，2007 年第 9 期)

(5) $V+N_1+N_2$

单动＋双名。有 1 条。如“读书　理想　信念”(《人民日报》，2006 年 4 月 19 日)。

(6) $V_1+V_2+A+V_3$

双动＋单形＋单动。有 1 条。如“互信・互利・平等・协作”(《人民日报》，2006 年 11 月 6 日)。

(7) $V_1+A_1+V_2+A_2$

单动＋单形＋单动＋单形。有 1 条。如“教育·公平·发展·和谐——第七届中国国际教育年会侧记”(《人民日报》,2006 年 10 月 16 日)。

(8) VP＋N

动词短语＋单名。有 2 条。如:

[1] “好”的语法化与主观性(《世界汉语教学》,2005 年第 1 期)

[2] 跨语言句法启动及其机制(《现代外语》,2006 年第 3 期)

(9) VP＋AP

动词短语＋形容词短语。有 1 条。如“养狗与社区和谐”(《人民日报》,2006 年 11 月 14 日)。

(10) VO＋N

动宾＋单名。有 1 条。如“‘进入角色’与佳作”(《人民日报》,2006 年 5 月 16 日)。

(11) VO＋ Pr

动宾＋单代。有 3 条。如“看云及其他”(《人民文学》,2004 年第 4 期)。

(12) SP＋N

主谓＋单名。有 2 条。如“气候变暖与诺亚方舟”(《人民日报》,2006 年 4 月 5 日)。

(13) SP＋NP

主谓＋名词短语。有 8 条。如“潘基文当选与朝核问题”(《人民日报》,2006 年 10 月 17 日)。

(14) SPO＋NP

主谓宾＋名词短语。有 1 条。如“吴牛畏月与百犬吠声”(《人民日报》,2006 年 7 月 11 日)。

(15) P＋(V＋N)

共同修饰语＋单动＋单名。有 3 条。如“杉浦的造型和造诣”(《人民日报》,2006 年 10 月 31 日)。

(16) P+(V_1+V_2+N)

共同修饰语+双动+单名。有1条。如“英语词汇教学中的类联接、搭配与词块”(《外语教学与研究》,2003年第6期)。

(17) P+(V+NP)

共同修饰语+单个动词短语+单个名词短语。有1条。如“法律语言心理学的定位及研究状况”(《现代外语》,2002年第1期)。

3. 形容词在前型

形容词在前型,俄语中未发现,汉语不多,只有5条,一般有二项、三项乃至四项并列,后项有名词、动词;从连接手段看,二项并列借助连词“与”,三项并列借助复现的“顿号”和连词“与”,四项并列报纸标题一般为分隔符。如:

1) A+N

单形+单名。有3条。如“和谐与矛盾”(《人民日报》,2006年11月17日)。

2) A+V_1+V_2

单形+双动。有1条。如“宽容、理解与合作”(《人民日报》,2006年7月12日)。

3) A+N+V_1+V_2

单形+单名+双动。有1条。如“和谐·友谊·合作·共赢——郑万通谈贾庆林主席访问欧洲四国情况”(《人民日报》,2006年11月5日)。

4. 代词在前型

代词在前型异类结构俄汉语无论类型还是数量均很少,俄汉语各有两类,各2条,未发现俄汉语共有类型。俄语后项为名词短语,汉语后项为名词,语法上属于体词性同类并列短语,根据分类标准,将词类不同的词纳入异类并列中。此类并列中,俄汉语代词一般为人称代词。从连接手段看,俄语借助连接词 и、破折号、并用的逗号和连词 или;汉语多用连词“和”,复现的“逗号”与连词“和”。

1）俄有汉无类型

（1）P＋NP

单代＋名词短语。有 1 条。如 Он и его слуга（他及其仆人）（Звезда，2004，№3），由人称代词和定心短语借助连词 и 组成。

（2）Pr ＋ Pr ＋ Pr ＋ Pr ＋ NP

四个单代＋名词短语。有 1 条。如"Он — Она — Оно — Они，или Заговор подсознания"（他、她、它、他们，或潜意识的阴谋）（Знамя，2003，№12），由四个人称代词借助破折号连接，再借助逗号和连词 или 与一个定心短语组成五合并列结构。

2）汉有俄无类型

（1）Pr＋N

单代＋单名。有 1 条。如"我俩和女儿们"（《当代》，2007 年第 3 期），由人称代词和名词借助连词"和"构成二合并列结构。

（2）$P+N_1+N_2$

单代＋双名。有 1 条。如"我，爷爷和真君"（《人民文学》，2002 年第 8 期），由人称代词和两个名词借助"逗号"和连词"和"构成三合并列结构。

5. 介词结构在前型

介词结构在前型是俄语特色标题——残余结构，在所查文献中俄语有 9 条，三种类型，汉语未见。由调查可知，后项一般为副词或名词短语或句子。从连接手段看，后项为副词时，用连接词 и 连接，后项为短语或句子时，多用有标题特色的并用的逗号和连接词 или 连接。

1）PP＋ad.

介词结构＋副词。有 3 条。如前例为框式前置词 из… в… 结构与一个副词并列，后例为前置词结构与副词并列。前置词结构和副词常构成异类并列，因为它们在句中履行相同功能。

［1］Из поэзии в прозу и обратно（从诗歌到散文与相反）（Знамя，2005，№9）

[2] При свете и впотьмах（光明下与黑暗中）（Нов. мир，2003，№9）

2）PP ＋NP

介词结构＋名词短语。有1条。如“О войне，или Последняя буква алфавита”（话说战争或字母表中的最后一个字母）（Нева，2004，№11），由带前置词о的介词结构借助具有标题特色的连接手段与一个名词短语并列。

3）PP＋ sen.

介词结构＋单句。有5条。如以下两例分别为带前置词о和спустя的介词结构与一个疑问句连接。该类后项以疑问句居多。

[1] О единстве человеческого рода，или Зачем ставят памятники?（论人的完整统一，或为什么树碑?）（Нов. мир，2005，№1）

[2] Сто лет спустя，или Сбываются ли прогнозы?（百年之后，抑或预测能否变成现实?）（Вопр. яз.，2003，№2）

6. 副词在前型

副词在前型只在俄语中发现，汉语未见。在俄语中为并列的残余结构，不能单独成句。共四类，各类型均只发现1条，后项一般有前置词、前置词结构、名词和单句。从连接手段看，后项为前置词、前置词结构或名词时，并列两项用连接词и连接，后项为句子时，多用有标题特色的并用的逗号和连接词или连接。如：

1）ad. ＋prep.

副词＋前置词。前置词为虚词，一般不能单独使用，必须与名词组合，在具体语境下，即并列结构前项为名词或与此前置词构成反义的前置词结构时，可单用，但此类前项是副词，因此该类一般只在标题中出现。如Везде и кроме（处处和例外）（Знамя，2007，№2）。

2）ad. ＋PP

副词＋前置词结构。俄语副词与前置词结构并列，在句中作同一句子成分——状语。如Лично и без охраны（亲自且没有保镖）（Изв.

2006.10.24)。

3) P+(ad.+N)

副词和名词前有共同修饰语。如 Тепло и уют в Вашем доме(你们的房子既暖和又舒适)(Изв. 2006.10.12),副词 тепло 和名词 уют 有共同修饰语——前置词结构 в Вашем доме。

4) ad.P+ sen.

带副词修饰语的副词+单句。如 Негромко вслух, или Берегите художников(不太大声,抑或保护画家)(Нева, 2007, №10),前项为两个副词,一个修饰另一个,再借助逗号和连词 или 与一个祈使句并列。

7. 句子在前型

只在俄语中发现,有 9 条,共两类。该类后项一般有名词短语、前置词结构和句子等。从连接手段看,后项为名词短语或前置词结构时,一般借助并用的逗号和连词 или,该连接手段常见于标题,但连接名词短语时还可用连接词 и 或 или;后项为句子时,分两种情况:前后项为非同一主语单句,用连接词 и 连接,后项为独立句,则用句点。

1) sen. +NP

句子+名词短语。有 7 条。如以下两例后项均为名词短语,前项分别为动词命令式构成的祈使句和疑问句。

[1] Не родись красивым или 70-летие Буратино(不要漂亮要幸福抑或 70 岁的布拉吉诺)(Изв. 2006.08.02)

[2] Почему не лечимся, или Русская литература между психиатрией и психологией(我们为什么不治疗,或者处于精神病学与心理学之间的俄罗斯文学)(Нева, 2007, №10)

2) sen. +PP

句子+前置词结构。有 2 条。如以下两例前项分别为无人称句和主谓陈述句;后项均是前置词结构,例[1]是前置词 в поисках 与名词短语构成的前置词结构,例[2]为带定语从句的前置词结构。

[1] Не надо бояться буржуя с рублем, или В поисках русского

литературного мейнстрима(不应当惧怕有钱的大资产者，抑或是为了寻找俄罗斯文化主流)(Знамя, 2006, №7)

[2] «Птичка прыгает по ветке», или О человеке, которого не удаётся поздравить с семидесятилетием(“小鸟在树枝上跳来跳去”,或者关于未能受到祝贺七十岁生日的人)(Звезда, 2007, №9)

第二节 并列结构标题语义对比

一、相同的语义选择类型

并列结构形简义不简，以简约的形式表达丰富的内涵。在句法平面，并列结构各项间的语义关系主要是“联合，其次有承接、选择和递进等类型。而在篇章平面的并列结构标题中，各并列项之间的语义关系则要复杂得多，具有特殊性和开放性，以至人们很难穷尽其语义关系的类型”。[①] 标题中的并列结构具有相对独立性，它将读者的目光聚焦于标题并列者之间的语义关系，所蕴含的语义关系既受语言符号自身概念义的制约又受并列项在语篇中实际所指的制约，因而非常复杂。并列结构标题突破并列结构通常强调的构成部分词性相同或相近、所标志的对象类别也一致的局限，实现多层次多侧面、广泛的语义关联。通过分析俄汉并列结构标题，我们认为，俄汉语并列结构标题有很多相同的语义关系，语义关系相同时，其语言表达形式既有相似，也有不同。由分析可知，俄汉语共有31种相同的语义关系。表同一语义关系时，既有相同的语言表达手段，也有不同的表达手段。在分析语义关系时，结合形式来阐述，因为语法形式和语法意义是不可分割的两个方面，自然语言静态分析的最终目的在于揭示二者之间的对应关系。

（一）施受关系

指各并列项为施受关系或逆向施受关系。这类标题均为名名式并

---

① 尹世超：“有标题特点的‘A与/和B’格式”，《汉语学习》，2006年第6期，第6页。

列,俄语为名词或名词短语一格形式。

1. 施事+受事

两并列项构成施受关系,"施事+受事"关系主要模式为"人+事物"或"人+人/动物"。如:

[1] Тургенев и импрессионизм(屠格涅夫与印象主义)(Филол. науки, 2003, №6)

[2] Довлатов и его герой(多夫拉托夫及其主人公)(Нева, 2003, №12)

[3] Блок и Чехов(布洛克和契诃夫)(Вестник МГУ, 2005, №6)

[4] 导演和女人的十八个梦(《人民文学》,2003 年第 5 期)

[5] 钱钟书与读书笔记(《人民日报》,2006 年 2 月 7 日)

[6] 画家和狗(《收获》,2004 年第 3 期)

以上各例均为"表人名词+表物/人名词或名词短语",连接手段相同,俄语为连词 и,汉语为与 и 对应的连词"和"、"与"。例[1]文中写道:屠格涅夫创作中的某些方面开辟了文学印象主义之路;例[2]写多夫拉托夫如何描写其作品中的主人公;例[3]主要写布洛克读过并喜欢契诃夫的作品;例[4]讲的是一位导演上报《女人的十八个梦》电视系列剧这一选题;例[5]写钱钟书读书总要做读书笔记;例[6]描写一位画家恨狗、想打狗而观察狗的行踪,后来喂狗、画狗。

2. 受事+施事

两并列项构成逆向施受关系,主要模式为"人+人/机构"或"事物+人",俄语更倾向于"人+人/机构"模式。如:

[1] Герои и люди(主人公和人们)(Знамя, 2003, №6)

[2] Голев и Кастро(科列夫与卡斯特罗)(Звезда, 2002, №11)

[3] Русские дети и Американский Красный Крест(俄罗斯孩子和美国红十字会)(Нов. мир, 2006, №8)

[4]《笨花》与我(《人民日报》,2006 年 2 月 16 日)

[5] 伞兵与卖油郎(《收获》,2006 年第 4 期)

［6］大学生就业与政府的“两只手”(《人民日报》,2006 年 5 月 10 日)

例［1］、［2］和［5］俄汉语表达手段相同,均由名词与名词借助同义连词 и、“与”构成,例［3］由两个名词短语并列,例［4］为名词和代词,例［6］为动词短语和名词短语的异类并列。例［1］文章写人们评价主人公;例［2］写 Голев 随旅游团来到一旅游景点,导游给他们讲解有关 Кастро 的传说故事,解说完毕,Голев 仔细看国王 Педро 及其妻子 Кастро 的雕像,由 Кастро 想起了自己的妻子,后来他在 Кастро 和悲伤的小天使像间发现了一个信封,信封里有美元,他想把钱放回原处,但一想到身无分文,回不了家见不了妻子,而一路上很多好心人帮助过他,他想,这也许是 Педро 和 Кастро 帮助他,最后用这笔钱买了回家的票;例［3］写俄罗斯孩子得到美国红十字会的帮助;例［4］写我(铁凝)是如何写小说《笨花》的;例［5］讲述一位卖酱油的儿子梦想当伞兵的故事;例［6］写政府的“一只手”要努力制定更为有效的措施,为广大毕业生提供更多的就业指导和服务……,政府的“另一只手”多做一些综合治理的事。意即“政府的‘两只手’帮助大学生就业”。

(二) 施事—与事

指并列的两项为施事和与事关系。这种标题均为名名式并列,俄语为名词或名词性短语一格形式。表“施事＋与事”关系的语义类型大多是“人/机构＋事物”,表“与事＋施事”关系的语义类型一般为“事物＋人/机构”。如:

［1］Д. Н. Ушаков и русская диалектология(乌沙科夫与俄罗斯方言学)(Рус. речь, 2003, №6)

［2］Литература и местная власть(文学与当局)(Вестник МГУ, 2004, №3)

［3］一位女性与台湾中山楼(《人民日报》,2006 年 2 月 8 日)

俄汉语表达形式相同,均为名名并列。前两例为“名词＋名词短语”,例［3］为“名词短语＋名词短语”。例［1］写 Александр Блок 对世界文化做出的贡献；例[3]写建筑师修泽兰女士对台湾中山楼的修建做出了很大贡献，以上两例构成“施事—与事”关系。例[2]文中写了地方政权对文学的影响，前后项构成“与事—施事”关系。

（三）施事—处所

表示施事在某处活动的情况。该类标题均为名名式并列。

1. 施事＋处所

前后项构成“施事＋处所”关系，其语义类型大多是“人/动物＋地点名词”。如：

[1] Пастырь и его паства（牧人及其牧场）（Изв. 2006. 06.28）

[2] Таня，или Опустелый дом потомков Бестужевых-Рюминых（丹娘，或者别斯图热夫家—柳明家后代的空房子）（Нева，2002，№1）

[3] 松鼠与夏宫（《人民日报》，2006年12月26日）

[4] 朱棣与北京（《人民文学》，2007年第2期）

前两例为表人名词和表处所名词短语并列，其施事与处所关系显而易见；例[3]为表动物名词和表处所名词并列，讲的是圣彼得堡夏宫环境保护得好，松鼠与人类和谐共处；例[4]为表人名词和表处所名词并列，文中讲朱棣迁都北京。

2. 处所＋施事

前后项构成“处所＋施事”关系，其语义类型大多是“地点名词＋人/动物”。如：

[1] Собор в Базеле и папа Евгений（巴塞尔教堂和叶甫盖尼教父）（Нева，2007，№5）

[2] Путь и спутник（旅途和同路人）（Нов. мир，2004，№5）

[3] 草坪　枫林　松鼠（《人民文学》，2005年第3期）

例[1]为表处所名词短语和表人同位语并列，叙述叶甫盖尼教父在教堂是如何主事的；例[2]为表处所名词和表人名词并列，前后两项语义明显；例[3]为三个名词并列，语义关系隐含，必须阅读原文。文中作者写道：踏上加拿大国土，首先映入眼帘的是绿油油的草坪。有草坪、有树木就能见到精灵、活泼的松鼠。加拿大漫山遍野都是阔叶林、针叶林，尤以枫林为多。

（四）当事—当事

前后并列项均为当事，其语义类型为“表人名词＋表人名词”。此类标题均为名名式并列。如：

［1］Лейла и Эмин（莱拉和埃明）（Изв. 2006.02.06）

［2］席勒与冷氏姊妹（《当代》，2005 年第 5 期）

［3］胡家姐妹和小乱子（《人民文学》，2003 年第 9 期）

例［1］为两个人名并列，例［2］为表人名词与表人同位语并列，例［3］为表人同位语与表人名词并列。例［1］写阿塞拜疆总统的女儿 Лейла 和莫斯科百万富翁的儿子 Эмин 订婚，二者均为当事；例［2］写席勒与冷氏姊妹中的妹妹结为夫妻；例［3］讲述胡家姐姐和小乱子曾是同学，三个女人喜欢一个男人钟立，胡家妹妹和钟立谈恋爱，最后钟立要娶小乱子，胡家姐妹和小乱子均为当事。

（五）受事/对象—行为

此类关系俄汉语有共同之处：结构形式一般是名词性短语＋и его/их（及其/及）＋动词或动词性短语，俄语后项是以动名词为主导词的名词短语，汉语为动词或动词性短语，俄语一般为名词性短语同类并列，汉语为名词性短语与动词或动词性短语异类并列。

［1］Коммуникативная и смысловая структуры текста и его восприятие（语篇的交际与意义结构及其理解）（Вопр. яз. 2007，№6）

［2］Аксиологизм человеческих эмоций（смех — плач）и его отражение в языке（人类情感（笑—哭）的价值及其在语言中的反映）（Филол. науки，2006，№1）

［3］Высокий гость и высшая мера（高贵的客人与死刑）（Изв. 2006.12.11）

［4］现代汉语句尾“了”的语法意义及其解说（《世界汉语教学》，2002 年第 3 期）

［5］中古舌根声母字和双唇声母字在战国楚系文献中的交替现象及其解释(《中国语文》,2006 年第 3 期)

上述结构俄语前两例大致相当于汉语两例,均为"名词性短语＋及其(и его)＋动词(动名词)";俄汉语语义关系均较明显,前项先提出受事/对象,后项列出及于前项的动作行为。此类结构常见于学术论文标题。例［3］不同于上述类型,并列两项借助最常用的连接词 и 连接。"高贵的客人"指"萨达姆·侯赛因",他 1978 年正式访问苏联受到勃列日涅夫的热情接待,而今美国将对他处以死刑。前后项构成受事—行为关系。

(六) 受事/对象—方式

1. 受事/对象＋方式

［1］Простые, составные названия и ключевые слова в документах(文献中的简单、合成名称与关键词)(Рус. речь, 2002, №6)

［2］Недород и как с ним бороться(歉收和如何与之斗争)(Знамя, 2007, №3)

［3］双语表征研究中存在的问题及其解决办法(《当代语言学》,2002 年第 4 期)

例［1］和［3］语表形式相同,均为名名同类并列,例［2］为名词与疑问句构成异类并列,例［1］文中讲的是作者在文献中发现不少同一篇文献有不同的名称,采用关键词来解释名称。该例语义隐含,只有看文章才能判断并列项间的语义关系,尽管俄语是形态变化丰富的语言,语法关系和意义在形式上常常有明确的显示,但因均为并列的不变化的第一格名词或名词短语,故从语法关系上难以判断其语义关系。例［2］和［3］并列两项语义关系较明显。

2. 方式＋对象

［1］Звук и образ в прозе Е. Н. Носова(诺索夫散文中的声音和形象)(Рус. речь, 2007, №1)

［2］Редупликация и названия животных в африканских языках(非

洲语言中的重叠法与动物名称)(Вопр. яз. ，2007，№2)

[3] 目的原则与语篇连贯分析(《外语教学与研究》,2005 年第 5 期)

[4] 优选论与功能主义(《外语教学与研究》,2002 年第 1 期)

例[1]为带共同修饰语的两个名词并列,例[2]为带共同修饰语的名词和名词短语并列,例[3]为名词短语与动词短语异类并列,例[4]为两个名词并列。但并列两项语义关系不明显,只有阅读原文才能判断其语义关系。例[1]文中写道,Е. Н. Носов 的作品中声音描写达到极致,作者通过声音来描述形象;例[2]文中讲的是动物名称为重叠形式,讨论了用重叠法给动物命名这一情况;汉语两例语义关系较明显,例[3]用目的系统论分析并解释语篇的连贯,把目的作为判断连贯和连贯程度的标准;例[4]用优选论来解释功能主义。

(七) 受事/对象—原因

[1] Поганки и пустота(毒菌与空虚)(Знамя，2006，№9)

[2] 女孩和三文鱼(《收获》,2006 年第 6 期)

以上两例结构形式相同,均为名名并列。前例文中讲的是作品中的主人公为了不空虚,时而偷超市里的肾上腺素溶液,时而去森林采摘麻醉性的毒菌,时而……;后例写在美国一华人女孩被人掳走致死与三文鱼有关,小女孩想看三文鱼,掳走她的人是个爱钓三文鱼的人。女孩被人掳走致死是由三文鱼这一事件引起的,因此构成"受事—原因"关系。

(八) 受事/对象—工具

[1] Паузы и знаки препинания(停顿与标点符号)(Рус. речь，2002，№1)

[2] 枪,中国盒子(《人民文学》,2004 年第 1 期)

以上两例均为名名并列。连接手段有别,前例运用连接词 и,语义关系明显,意即"用标点符号表示停顿";后例用逗号连接,该类连接手段常见于文学作品;从文中得知,中国盒子指装枪的盒子,因此标题为"受事/对象—工具"关系。

(九) 对象/受事—范围

[1] Функции и глубинное(功能与深层内涵)(Вопр. яз. ，2002，

№5)

［2］互动性教学策略及教材编写(《世界汉语教学》,2005 年第 3 期)

［3］抑制机制与隐喻理解(《外语教学与研究》,2005 年第 4 期)

以上各例俄汉语结构形式不同,俄语为名词和一个形容词异类并列,汉语为名词短语与动词短语构成的异类并列。例［1］文中写的是在词语内部结构中发现的功能;例［2］把互动性教学策略用于教材编写;例［3］探讨抑制机制在隐喻理解中的作用。

(十) 领属关系

前后两项具有领有和被领有关系,其模式一般为"人＋动物/物品/事物"。如:

［1］Герр Люк и мадемуазель Марианна(盖尔·柳克和玛丽安娜小姐)(Звезда, 2003, №9)

［2］Илья Ильф, или Письма о любви(伊利亚·伊利夫,或者爱情书简)(Нева, 2004, №10)

［3］Золушка и её золотая зола(灰姑娘及其金灰)(Нева, 2006, №2)

［4］《百年孤独》与马尔克斯(《人民日报》,2006 年 4 月 11 日)

［5］三个国王和各自的疆土(《十月》,2002 年第 4 期)

［6］日本当代主要符号学家及其学术观点(《当代语言学》,2005 年第 4 期)

领属关系语序比较固定,通常是表领有的成分在前,表隶属的成分在后,一般不宜反过来,有的虽然可以反过来,但意思发生了变化。标题中则有例外。如例［4］文中谈到马尔克斯是现实主义大师、诺贝尔文学奖得主,《百年孤独》的作者。文章主要评介小说《百年孤独》及其作者马尔克斯创作该小说的有关情况。其他为领有与被领有关系,例［1］Марианна 小姐是 Герр Люк 的洋娃娃;例［2］是一部作品名,由两部分组成,第一部分写 Илья Ильф 的生平,第二部分为 Илья Ильф 写给妻子的爱情信;例［3］、［5］和［6］语义关系明显,三例中均有标志被领有的标记,如例[3]中指代领有者的代词 её,例[5]和[6]中的“各自的”和“及其”。从内容也可证明这一点,如例[5]由《国王 A》、《国王 B》和《国王 C》三个故事组成,国王 A 在自己的疆土里挥霍,最后失踪,国王 B 用一生来扩充疆土,国王 C 丧失了自己的疆土。

(十一) 行为—目的

动词性并列结构中,后项是前项动作所要达到的目标或目的,通常并列项间的关系可以用“A 是为了 B”来解释。如:

[1] Иди и плати(去付钱)(Изв. 2006.08.10)

[2] 乡村治理与和谐(《人民日报》,2006 年 11 月 22 日)

以上两例俄汉语结构形式不同,俄语为两个动词同类并列,表示动作和目的,语义关系明显,其词序不能变换;汉语为动词性短语与形容词异类并列,文中写道:“好的治理解决了许多利益纠纷,有利于保障农村的长期和谐。”两并列项间的关系可以用“A 是为了 B”来解释,如例[1]“去是为了付钱”,例[2]“治理乡村是为了和谐”。

(十二) 原因—受事/对象

[1] Водоканалы и моя душа(下水道和我的心)(Новый мир, 2005, №8)

[2] 杨志下岗与牛二(《当代》,2005 年第 5 期)

以上两例俄汉语结构形式不同,俄语为名词和名词短语的同类并列,汉语是动词短语与名词异类并列。例[1]写作者卫生间的下水道出了点问题,家里发出难闻的气味,到处求助,屡屡碰壁,伤透了作者的心;例[2]杨志因下岗把家里的一把刀拿去卖,遇上了泼皮牛二,最后忍无可忍杀了牛二。仅从语表形式看,上述两例语义关系不明显,而且在语义上是异类并列,例[1]前项为表具体物品名词,后项为抽象事物名词短语;例[2]前项为表动作行为,后项为表人名词。

(十三) 因果关系

因某种原因而引起某种结果,这种标题在论说语体中颇为常见,但我们所调查的标题有的出自文学期刊,有的出自报纸新闻标题。

1. 原因十结果

[1] История из угла, или Миг просвещения(角落事件,抑或教育瞬间)(Знамя, 2004, №8)

[2] Газ и тактика рыданий(天然气和绝望的策略)(Изв. 2006.01.17)

[3] 无知与不智(《人民日报》,2006 年 4 月 1 日)

[4] 油价上涨与换车时尚(《人民日报》,2006 年 6 月 12 日)

从结构形式看,表同一语义关系时,俄语均为名词或名词短语的同类并列,汉语则有不同的表达形式,既有同类并列,也有异类并列,如例[3]为形形同类并列,例[4]为动词短语与名词短语异类并列。例[1]文中作者永远记得小时候被罚站在角落,而使他有时间思考,这也是一种教育的瞬间;例[2]莫斯科和基辅之间因天然气这一根刺而采取令人绝望的策略;例[3]写意大利总理卢斯科尼在一次竞选演讲中宣称,中国曾把婴儿煮了用作肥料来灌溉田地,他的这种无知是不智之举;例[4]由于油价上涨,超过三分之一的美国消费者考虑把耗油量大的车换成小排量、混合燃料的汽车。

2. 结果十原因

[1] Радость искусства, или Ударения у Бориса Рыжего(艺术的快乐,抑或鲍里斯·雷日的重音)(Знамя, 2007, №8)

[2] Лайме и мяйле(幸福和爱)(Знамя, 2007, №10)

[3] 韩国大米与全球化(《人民日报》,2006 年 5 月 6 日)

[4] 权威的"维护"与"赢得"(《人民日报》,2006 年 10 月 10 日)

[5] 三九事件与制度缺失(《人民日报》,2006 年 1 月 16 日)

从结构形式看,俄语均为名词或名词短语同类并列,汉语则既有同类并列,也有异类并列,如例[3]名词短语与动词异类并列,例[4]为带共同修饰语的动词与动词同类并列,例[5]为名词短语与动词短语异类并列。从文章内容看,例[1]Борис Рыжий 是位诗人,诗人诗中的重音即押韵,诗人精湛的押韵给作者带来快乐;例[2]лайме 和 мяйле 为立陶宛语,意即“幸福”和“爱”，文中大致意思是因为爱而幸福；例[3]，在全球化市场规则下，质优价廉的大米进入韩国市场，这是自由贸易促使经济资源实现配置最优化和效益最大化的结果；例[4]，就权威而言，“维护”是果，“赢得”是因，精神维护往往缘于积极赢得；例[5]写发生三九事件的原因与制度缺失有关。

（十四）手段—目的

[1] Двойная зарплата и тайны Вселенной（加倍的工资和宇宙的奥秘）（Изв. 2006.04.19）

[2] 警车换装与身份管理（《人民日报》，2006年4月11日）

以上两例俄汉语结构形式不同，俄语为名词短语同类并列，汉语为两个动词短语同类并列。前例文章写俄罗斯第一副总理梅德韦杰夫在新西伯利亚检查国家计划时答应从5月1日起给科学工作者增加一倍工资，投入更多资金发展创新教育；后例“警车换装”指明显区分公安用警车与其他公务车，即明确警车的身份，是对警车进行身份管理的一种形式。

（十五）目的—受事

[1] Память и памятники（纪念和纪念碑）（Знамя，2007，№11）

[2] 机票税和千年目标（《人民日报》，2006年1月4日）

以上两例俄汉语结构形式相同，均为名名并列。前例为两个名词并列，写的是为了纪念而建立纪念碑；后例为两个名词短语并列，文中写道：法国从今年7月1日起将征收机票税，是为了建立一个新的融资渠道，以实现联合国千年发展目标，前后项构成“受事—目的”。此类俄语语义关系较明显，汉语则是隐含的，必须看原文。

（十六）依据—受事/对象

[1] Образ России и представление о русском национальном характере в Англии на рубеже XIX—XX вв.（19—20世纪之交英国（文学）中俄罗斯形象与俄罗斯民族性格）（Вестник МГУ，2003，№6）

[2] Факты прошлого и образы будущего（过去的事实和未来的形

象)(Знамя, 2005, №11)

[3] 语链结构与汉语量词辖域(《当代语言学》,2003 年第 3 期)

[4] 词汇语境线索与语篇理解(《外语教学与研究》,2003 年第 4 期)

从结构形式看,俄语为名词短语同类并列,汉语既有名词短语同类并列(如例[3]),也有名词短语与动词短语异类并列(如例[4])。例[1]文中写的是从英国文学作品中的俄罗斯形象可以分析出俄罗斯民族性格;例[2]文中讲苏联过去的发展史,并从中预见未来的形象;例[3]谈的是汉语量词辖域的释义所应用的分析方法均以语链构成为基础;例[4]谈语篇理解需要依靠语境,理解语篇的信息内容离不开词汇,当字面理解受阻时,则需要词汇语境线索。

(十七)视角—受事/对象

[1] Стилевые доминаты и «внутренняя» тема военных повестей В. Некрасова. Г. Бакланова, Ю. Бондарева, В. Быкова(文体主体与尼古拉索夫、巴克兰诺夫、邦达列夫、贝科夫的战争小说的"内部"主题)(Вестник МГУ, 2005, №3)

[2] 常规推理与"格赖斯循环"的消解(《外语教学与研究》,2006 年第 3 期)

[3] 及物性系统与深层象征意义——休斯《在路上》的文体分析(《外语教学与研究》,2006 年第 1 期)

从结构形式看,俄语为名词短语同类并列,汉语既有名词短语同类并列(如例[3]),也有动词短语同类并列(如例[2])。例[1]文章认为,分析这些作家有关战争作品的文体主体表明,在这些不同作家的创作中反映了战争经验,了解他们是如何将事实和联想结合起来的,从而得出 20 世纪下半期俄罗斯"战争"文学发展的共同倾向;例[2]从常规推理的角度研究"格赖斯循环"的消解;例[3]从及物性系统这一角度切入对休斯《在路上》的相关文体特征进行深层象征意义分析。

汉语社科论文中表"受事/对象—视角"语义关系的标题较多,具有一定特色,而在所调查俄语标题中不多。俄语表视角一般不采用并列形式，而是采用定心结构，一般用标记结构 в каком аспекте/в аспекте＋二格名词、с точки зрения＋二格名词、в каком освещении/в освещении＋二格名词、глазами＋二格名词表示，其义为“从……角度”、“……眼中的……”，如 Выражение несогласия в аспекте культуры речи（从言语文化角度看非一致表达）（Рус. речь, 2007, №3）。

汉语除运用并列结构形式表示视角语义外，也常用定心结构，常用标记词“视角”、“视野”、“视点”、“方法”、“立场”、“观点”、“……眼中”等，介词结构“从/用……视角/角度/方式/眼光”。如：

[1]“自首”的系统功能语言学视角（《现代外语》，2006 年第 1 期）

[2] 英国摄影家眼中的西藏（《人民日报》，2006 年 11 月 11 日）

[3] 汉语关系小句的认知语用观（《现代外语》，2006 年第 2 期）

[4] 从回指确认的角度看汉语叙述体篇章中的主题标示（《当代语言学》，2005 年第 2 期）

（十八）包含关系

前后项是种属关系，整个标题表示下位概念与上位概念的情况和关系。如：

[1] Идиоты, атлеты, Космический Прыгун и Баба Сингх（白痴，田径运动员，宇宙跳跃运动员和辛格赫女人）（Нева, 2004, №3）

[2] Река Проза, или Другой берег Губермана（“散文”河，或者古别尔曼对岸）（Нева, 2007, №9）

[3] 马戏与杂技（《人民文学》，2002 年第 1 期）

[4]“十一五”规划与和谐发展（《人民日报》，2006 年 7 月 28 日）

从结构形式看，俄语均为名词或名词短语同类并列，汉语则既有同类并列，也有异类并列，如例[3]为名名同类并列，例[4]为名词短语与动词短语异类并列。例[3]语义关系较明显，其他必须看原文。例[1]写古希腊把运动员称为 идиот，意即非智力运动。文中 идиоты 与 атлеты 组成包含关系，Баба Сингх 是一名运动员，与 идиоты 组成反包含关系；Космический Прыгун 是一名田径运动员，Космический Прыгун 与

атлеты 组成反包含关系；例[2]写民族诗人 Губерман，将其散文诗比作河流，другой берег 指散文河流的另一分支，即另一部作品；例[3]马戏包括杂技；例[4]和谐发展是“十一五”规划中的一个内容，“十一五”规划与和谐发展构成整体—部分关系。

（十九）依存关系

并列项之间相互影响、相互依赖。这种关系一般只有两个联合项。联合结构中前项 A 为前提，后项 B 则依存于前项 A，即前项 A 是后项 B 存在的必要条件。如：

[1] Люди и земля（人与土地）（Нов. мир，2002，№8）

[2] Растения и страсти в сказке В. Гаршина «Attalea princeps»（加尔申的神话 «Attalea princeps» 中的植物与欲望）（Рус. речь，2004，№6）

[3] 鹿·人·狼（《人民日报》，2006 年 7 月 7 日）

[4] “啊”的韵律特征及其话语交际功能（《当代语言学》，2004 年第 2 期）

从结构形式看，俄汉语均为名名同类并列。例[1]为双名并列，文中讲以前劳动的人去了澳大利亚或加拿大，现在人手少了，土地需要人，而人手又不够；例[2]为有共同修饰语的双名并列，文中的观点：哪里有人，哪里就有欲望，同样，在拟人条件下，哪里有植物，哪里就有欲望；后两例均为三个名词并列，例[3]写人引进鹿并将其放养，鹿吃村民的庄稼，控制鹿数量的狼群被人捕杀绝迹，鹿毁庄稼从根本上是人造成的，三者构成自然界中的生物链，相互依存、相互制约；例[4]在自然话语过程中，话语的韵律特征在很大程度上受其交际功能制约，话语的交际功能可在一定程度上通过其韵律特征来实现。

（二十）同指关系

并列各项指称同一个人或事物。各并列项均为名名同类并列。如：

[1] Доктор Густав Рау，коллекционер и филантроп（古斯塔夫·拉乌大夫、收藏家和慈善家）（Звезда，2002，№6）

[2] Новая Москва или старые Васюки?（新莫斯科还是旧瓦修基?）（Нева，2003，№7）

[3] Патриот и друг России?（爱国者和俄罗斯的朋友?）（Изв. 2006.03.13）

[4] 唐人街·华埠·中国城（《人民日报》，2006 年 3 月 21 日）

[5] 朋友·伙伴·兄弟（《人民日报》，2006 年 11 月 1 日）

由上可看出，汉语同指各项较规整，或同为名词，或同为名词短语，如例[4]和[5]并列三项均为名词，而俄语则相对杂乱，只有例[2]为两个名词短语并列，例[1]为同位语与两个并列的名词联结，例[3]为名词与名词短语并列。例[1]从文章可知，Густав Рау 大夫、收藏家和慈善家指同一个人；例[2]Новая Москва 后改名为 старые Васюки，新莫斯科和旧瓦修基指同一个地名；例[3]写塞尔维亚总统米洛舍维奇既不是爱国者，也不是俄罗斯的朋友，“爱国者和俄罗斯的朋友”均指米洛舍维奇；例[4]同一个英文名，三种汉译，唐人街的新名称“华埠”，海外大城市新建的华人聚居区多译为“中国城”；例[5]中国和非洲是朋友、伙伴和兄弟关系。

（二十一）比拟关系

[1] Гор и мир（荷鲁斯和世界）（Звезда，2002，№5）

[2] 足球与政治文化（《人民日报》，2006 年 7 月 4 日）

[3] 锯开的章·期盼的眼（《人民日报》，2006 年 10 月 24 日）

从并列类型看，俄汉语均为名名并列。例[1]为双名并列，文中 Гор 是一位作家，文中意思是把 Гор 比作一个世界；例[2]为名词与名词短语并列，讲足球是对抗性最强、不可预测性最大的游戏之一，当代政治也是一种具有相当“不可预测性”的激烈竞争游戏，当代足球和当代政治之间由此产生着一种相近性和相通性；例[3]为两个名词短语并列，文中写将理财公章锯成两半，分成两半的章就像一双眼睛，传达一种无声的呼唤，折射出几许辛酸，几许期盼。

（二十二）对比关系

把并列各项进行对比。如：

[1] Колдун Ерофей и переросток Савенко(魔法师叶罗费与超龄少年萨文科)(Знамя, 2002, №1)

[2] 大话与小钱(《人民日报》,2006年4月11日)

[3] "还债者"与"讨债者"(《人民日报》,2006年7月22日)

俄汉语均为名名同类并列。例[1]文中比较分析并评价了Ерофей和Савенко两位作者的作品;例[2]"大话"指"国安足球俱乐部'永远争第一'的口号超出了球队实力","小钱"指"因出手太小气而未能引进优秀外援";例[3]"还债者"指"做官为国家建设呕心沥血、日益操劳,未曾沾过半点好处","讨债者"指"少数做官的背离了党的宗旨,贪污腐败,给党和人民利益造成很大损失",两相比较。

(二十三) 类比关系

并列各项从某一相似角度进行对比。它介于相似关系和对比关系之间。如:

[1] Zоолушка, или Письма неолюбви(灰姑娘,抑或无爱信简)(Нева, 2003, №11)

[2] 妮可"狮吼"与"家长意志"(《人民日报》,2006年3月21日)

从结构形式看,俄语由名词与名词短语联结为名名同类并列,汉语为动词短语与名词短语异类并列。前例将童话故事里的人物与写两封信的作者进行类比;后例写澳大利亚奥斯卡影后妮可为保护孩子不让拍摄吼走了摄影者,作者由该事联想到国内父母为了出镜而让五六岁的孩子"挑战"纪录等,认为这是"家长意志"。

(二十四) 对立关系

并列各项构成反义关系。该类语义关系明显,根据词汇意义可直接判断。如:

[1] В «кругу» и вне «круга»("圈内"和"圈外")(Нов. мир, 2003, №10)

[2] Абстрактное и конкретное в семантике французских BEAU и BON(法语BEAU和BON语义中的抽象与具体)(Вопр. яз., 2006,

№5)

[3] С инициалами и без(带和不带姓名的首字母)(Рус. речь, 2004, №6)

[4]“小算盘”与“大手笔”(《人民日报》,2006年3月12日)

[5]“古阿姆”的变与不变(《人民日报》,2006年5月29日)

从并列项类型看,俄汉语均为同类并列,俄语有前置词结构并列(如例[1]和[3])、形形并列(如例[2]);汉语有名名并列(如例[4])、带修饰语的动动并列(如例[5])。从并列项语义关系看,“圈内”与“圈外”、“抽象”与“具体”、“带姓名的首字母”与“不带姓名的首字母”、“小算盘”与“大手笔”、“变”与“不变”均构成对立关系。

(二十五)平列关系

各并列项在语义上平等并列,并列各项间没有严格逻辑约束,地位同等,项与项的位次大多可变换。

1. 可变换项和不可变换项平列

根据项与项的位次变换分为可变换项和不可变换项平列。

1)可变换项平列

各并列项的位次可变换,语义不变,语用重心发生变化。俄汉语文学作品中此类标题较多,尤其是汉语诗歌。该类标题易于拟制,常常把几篇体裁相同的作品,用连接手段串联各个小标题,各并列项之间大多既是平列关系,彼此间又有一定的内在联系。如“飞翔和变形”(《收获》,2007年第5期),飞翔和变形是一篇文章中的两个话题,二者都大幅度地表达了文学的想象力。如:

[1] Ужас и благость(可怕和仁慈)(Звезда, 2002, №7)

[2] Шлиссельбург, Кингисепп, Копорье(施里赛尔堡、金吉赛普、科波里耶)(Рус. речь, 2004, №6)

[3] Три свекрови и свёкор(三个婆婆和一个公公)(Знамя, 2002, №8)

[4] 孝子与闹鬼(《当代》,2003年第3期)

［5］鲸须与拳击(《收获》,2006 年第 1 期)

［6］昏鸦・含羞草・野草莓(《人民文学》,2004 年第 6 期)

从并列项类型看,俄语均为名名并列,汉语既有名名并列(如例［6］),还有名词与动词异类并列(如其他两例)。从连接手段看,俄语借助逗号和连词 и,汉语借助连词"与"和分隔符。从并列项语义类型看,俄语为同一语义上的并列,汉语一般为非同一语义上的并列,如例［4］和［5］为表人名词与行为动词并列,例［6］为表动物名词与表植物名词并列。例［2］Шлиссельбург、Кингисепп、Копорье 是现代列宁格勒州西南的三座城市,文中分别介绍了这三座城市的历史;该类标题各并列项大多是组成该文章的各个小标题,并列各项表现同一个主题,如例［1］两个并列项是两部小说的名称,该文是对两部小说的评价;例［3］是四首诗,三首诗分别命名为 первая свекровь(第一个婆婆)、вторая свекровь(第二个婆婆)、третья свекровь(第三个婆婆),另一首诗名为 свёкор(公公);例［4］讲了《孝子》和《闹鬼》两个故事;例［5］由名为《鲸须汪》和《拳击》两篇文章组成;例［6］由名为《昏鸦》、《含羞草》和《野草莓》等几首诗组成。

2）不可变换项平列

即并列项与项的逻辑顺序不能变换。如:

［1］Чины и ордена персонажей в романе «Война и мир»(К 175-летию со дня рождения Л. Н. Толстого)(小说《战争与和平》中主人公的官位与勋章)(Вестник МГУ, 2003, №6)

［2］Грамматические формы и конструкции со значением опасения и предостережения(含担心和警告义的语法形式与结构)(Вопр. яз., 2006, №2)

［3］Семантика и прогматика совершенного вида в русском языке(俄语完成体的语义和语用)(Вопр. яз., 2002, №3)

［4］中国神经语言学的回顾与前瞻(《当代语言学》,2004 年第 2 期)

［5］中国语用学研究状况与发展方向(《现代外语》,2005 年第 1 期)

［6］创新・保护・运用(《人民日报》,2006 年 4 月 13 日)

从并列项类型看，俄语较简单，为带共同修饰语的名名同类并列；汉语较复杂，既有带共同修饰语的名名并列，如例[5]和动动并列，如例[4]，也有不带修饰语的三个动词并列，如例[6]。以上各并列项按客观事理的逻辑顺序一般不能变换。例[3]—[5]语义关系明显，如例[3]讨论“俄语中完成体的语义和语用”问题，“语义”和“语用”的平列关系一目了然；汉语此类标题有规律可循，有一定的词汇标记与手段标记，如多用于科学论文的对某个问题的“回顾与前瞻”、“状况与发展方向”、“现状及前景”、“发展历程及其前景”等可看作词汇标记，如例[4]和[5]；例[1]初看标题可能认为官位与勋章有某种关系，读原文后才知，并列项间只是简单的平列关系，文中分析了不同主人公的官位与勋章；例[6]谈的是“创新、保护和运用是知识产权战略的三大关键词。创新是基础，保护是关键，运用是根本”。

2. 平列关系次类

为了进行更详细的分析，我们根据并列词或短语之间的语义类型把平列关系又分为以下次类：时间平列、事件平列、性质平列、同义平列/同指、反义平列、在修辞上的并列关系，该分类与可变换项和不可变换项平列有交叉关系。

1) 时间平列

该类只见于俄语。如以下四例分别为前置词、副词、名词化的形容词同类并列。各并列项排序遵循时间先后原则，一般不能变换。

[1] До и после(此前与此后)(Звезда，2002，№9)

[2] Прежде и теперь(以前和现在)(Звезда，2005，№8)

[3] Прошлое — настоящее — будущее?(过去—现在—将来?)(Знамя，2007，№8)

2) 事件平列

该类只见于汉语。如“布莱尔访伊与两个惊讶”(《人民日报》，2006年6月7日)，为主谓短语与定心短语异类并列。文章报道“英媒体谈到布莱尔访伊时，还谈到两个令人惊讶。一是布莱尔对伊拉克形势的乐观

‘荒谬得令人惊讶’，二是伊拉克新政府提出的撤军计划比美英所承认的要更急更庞大”。

3）同义/同指平列

各并列项之间为同义关系，该类常见于俄语标题。如以下各并列项均为名名同类并列。例[1]两个并列项意义相同，“伟大的新事物”在文中指“后现代主义”，“后现代主义”即“个人主义”；例[2]两个并列项为同指关系。

[1] Крах индивидуализма, или Конец великой новизны（个人主义的崩溃，或者伟大新事物的结束）(Звезда, 2002, №8)

[2] Люлька и трубка в вещном мире Н. В. Гоголя（果戈理的物质世界中的烟袋和烟斗）(Рус. речь, 2005, №2)

4）反义平列

各并列项之间处于相反或相对的关系中。如以下均为正反两项并列，并列词或短语在意义上为反义词或短语。从并列项类型看，俄语均为名名同类并列，汉语大多为形形同类并列，如例[3]和[4]，还有动动同类并列，如例[5]。

[1] Константы и переменные языка（语言的恒量与变量）(Вопр. яз., 2004, №6)

[2] Предвиденное и непредвиденное в романе М. Ю. Лермонтова «Герой нашего времени»（莱蒙托夫小说《当代英雄》中可预见的和不可预见的）(Рус. речь, 2006, №2)

[3] 短信拜年的喜与忧（《人民日报》，2006年1月31日）

[4] 翻译中的隐和显（《外语教学与研究》，2005年第4期）

[5] 出租车上的一得一失（《人民日报》，2006年1月2日）

5）修辞上的并列

前后语句中的词语相同，而次序相反，形成封闭的环状结构。二者为并列关系，在修辞上表现为回环。如：

[1] Искусство — это поиск, поиск — это искусство（艺术是探索，

探索是艺术)(Нева, 2002, №2)

[2] Примечание к комментариям и комментарии к примечаниям(对注释的注解和对注解的注释)(Звезда, 2002, №12)

[3] Биография свободы. Свобода биография(自由的自传。自传的自由)(Нов. мир, 2003, №11)

[4]“政治”的泄密　“泄密”的政治(《人民日报》,2006年4月26日)

[5] 镜子的灾难与灾难的镜子(《人民文学》,2004年第8期)

从结构形式看,俄语为同类并列。例[1]为分句与分句并列,构成并列复合句;例[2]为名词短语并列,例[3]为两个单句并列,构成句群;汉语既有同类短语并列,如例[5],也有异类并列,如例[4]。例[1]—[3]和[5]平列关系明显,例[4]语义关系不太明显,文中写道,美国中情局女高官麦卡锡因“蓄意”泄露中情局“黑狱”等秘密情况,被中情局解职,从本质上来说,这是一个政治事件,它既是“政治”的泄密,又是“泄密”的政治。

(二十六) 主次关系

并列结构前项是占据结构所表达的全部意思的主要方面,后项则相对次要。该类标题大多有规律可循,俄语以 и другой(-ая、-ое、-ие)(及其他)、汉语以“及其他”为标记,一类是常说出主要的,次要的用“及其他”来概称,“及其他”一般指由前者而想到的其他内容,汉语学术论文标题常见;另一类“及其他”代指其他组成部分,表示列举未尽。该类出现频率较高,尤常见于汉语文学作品中。如:

[1] Гордость и горечь(自豪与痛苦)(Знамя, 2002, №4)

[2] Нина и другое(尼娜及其他)(Нов. мир, 2004, №7)

[3] Энди и другие(恩迪及其他)(Нов. мир, 2006, №9)

[4] Припадок и другие истории(猝发及其他事件)(Знамя, 2005, №10)

[5] 说“讀賣”及其他(《中国语文》,2003年第5期)

[6] 局限性及其他(《人民文学》,2005 年第 1 期)

[7] 坏鸟及其他(《人民文学》,2005 年第 2 期)

除例[1]为名名并列、例[4]为名词和带代词 другие 定语的名词短语并列外,其他为名一代并列且带标记词 и другое(-ие)、及其他。例[2]、[3]和[5]表示由前者而想到的其他内容,例[4]、[6]和[7]表示列举未尽,该类常见,又如"时间及其他"(《人民文学》,2004 年第 9 期)、"果园诗人及其他"(《人民文学》,2007 年第 7 期)、"爱情及其他"(《人民文学》,2003 年第 8 期)等。例[1]文中写图书馆本身兼有自豪与痛苦。在图书馆纪念日时,痛苦退居次要地位,只剩下自豪,对俄罗斯文化的未来的自豪与自信;例[2]由小说《尼娜》所想到的其他方面;例[3]写的是"恩迪是一摄影师,因不想拍照而拒绝早已约好的顾客,为了让顾客放弃拍照而抬高价格,但顾客同意了他出的价格,最终他因不喜欢顾客的那种坚决的、高傲的态度而拒绝给她拍照";例[4]是由名为《猝发》和其他几篇散文组成的一组散文;例[5]是由"及其他"前部分而想到其他的;例[6]由诗歌《局限性》及其他几首诗组成;例[7]由《坏鸟》及其他几篇短文组成。

(二十七) 联想关系

由具有相互作用关系的并列项构成,且大都可转换成非并列的结构形式。如:

[1] Имя и образ Пушкина в зеркале современной литературе(现代文学镜像中普希金的名字与形象)(Рус. речь, 2004, №3)

[2] Пушкин, Царь и Герцен(普希金、沙皇和赫尔岑)(Филол. науки, 2007, №3)

[3] 草鞋·斗笠(《人民日报》,2006 年 11 月 25 日)

[4] 黑土与"红线"(《人民日报》,2006 年 7 月 3 日)

从结构形式看,俄汉语均为名名并列。例[1]为带共同修饰语的名词和名词短语并列,文中写"一听到普希金的名字就能联想到他的形象"。例[2]为三个名词并列,讲的是一位意大利作者写了关于普希金的剧本,赫尔岑读完该剧本后,建议作者更深入地了解诗人的生活与创作。

作者听取了赫尔岑的建议并修改了剧本，修改后的剧本增加了新的主人公沙皇，增加了几场剧，其中有一场普希金与沙皇的谈话。在戏剧中沙皇是圣彼得堡绝对主义不可妥协的敌人。这样，由普希金联想到沙皇，由赫尔岑联想到普希金和沙皇，三者构成联想关系。例[3]为两个名词并列，写“斗笠是天，草鞋是地，斗笠草鞋同步走出共和国的天地”，由“草鞋”想起“斗笠”，由“斗笠”想起“草鞋”。例[4]为两个名词并列，文中写由黑土想到了一条“红线”，那就是到“十一五”末，我国耕地黑土保存量不低于18亿亩，这是不可逾越的“红线”。

（二十八）选择关系

并列项之间必择其一，标题通常为二项并列，俄汉语均有表选择关系的标记连接词 или、“或者”。如：

[1] Здоровое желание знать правду или извращённое любопытство?（是了解真相的良好愿望还是反常的好奇？）（Изв. 2006.12.05）

[2] Четвертая мировая война или очередная моральная паника?（是第四次世界大战还是常见的道德惊慌）（Нева，2004，№1）

[3] 结局或开始（《人民文学》，2002年第7期）

[4] “馅饼”与“陷阱”（《人民日报》，2006年12月4日）

从结构形式看，俄汉语均为名名并列。前两例为名词短语并列，后两例为名词并列。例[1]—[3]具有表选择关系标记连接词 или、“或”，例[4]则无，但也表选择关系，文中讲交易所的跨国并购在带来收益的同时也潜藏着风险。同任何并购行为一样，它既可能是“馅饼”，也可能是“陷阱”。

（二十九）修饰关系

两个并列项中前项对后项有修饰作用。俄汉语习惯于将具有修饰意味的成分放在核心成分的前面。具有修饰关系的两个并列项可进入“A的B”这一框架。如：

[1] Старинные письмена и новые версии（古文字与新文本）（Изв. 2006.08.30）

［2］二十年·十件事——中华全国律师协会大事记(《人民日报》，2006年7月12日)

［3］一份刊物和一个时代(《十月》，2004年第4期)

从结构形式看，俄汉语均有名名并列，但汉语还有数量短语并列，如例［2］。以上各例均可进入“A的B”这一框架。例［1］文中讲的是“古文字的新文本”；例［2］讲二十年的十件事，“二十年”从时间上限定“十件事”，例［3］写“在一个时代产生一份刊物，一份刊物反映一个时代”，即“一份刊物的一个时代”。

(三十)递变关系

并列项之间表示时间、数量、程度、行为动作等的增加或减少。

1. 数量递变

各并列项在数量上增加或减少。如“双赢 多赢 共赢”(《人民日报》，2006年12月1日)，关键词是“赢”，其数量由“双—多—共”不断递加。

2. 程度递变

各并列项在程度上增加或减少。如 Просто и ещё проще(简而又简)(Знамя，2003，№4)，由副词和带副词修饰语的副词比较级两项并列，在程度上递增。

3. 行为动作递变

各并列项在行为动作上增加或减少。表行为动作递变的标题一般是动动并列，如以下三例，例［1］由“赶上—超过”；例［2］“讲述—思考—争论”；例［3］讲中美关系，面对复杂的双边关系，首先应平心静气地协商，其次要真心诚意地合作，此外，寻求共赢，在行为上一步步加深。

［1］Догнать и перегнать！(赶超！)(Изв. 2006.04.06)

［2］Рассказывает，размышляет，спорит(讲述、思考、争论)(Звезда，2002，№10)

［3］协商　合作　共赢(《人民日报》，2006年4月19日)

(三十一)解说关系

并列结构中并列项间相互解释，并列项可进入“A就是B”这一框架。

其中连接手段表示“是”的意义。此类常见于俄语标题，尤其是文学作品标题。如：

［1］ Самая престижная школа в Лондоне, или Загадка новорусского подростка（伦敦最热门的中学，或者新俄罗斯少年之谜）（Звезда, 2003, №6）

［2］ Суицид в молодёжной среде как феномен субкультуры, или Тёмная мода（作为亚文化现象的青年自杀，抑或黑色时髦）（Нева, 2006, №1）

［3］ «Мёртвые души», или Поэзия жизни провинциальной России（《死魂灵》，或俄罗斯外省的生活之诗）（Филол. науки, 2004, №6）

［4］ Всемирная литература, или Дар синтеза（世界文学，抑或综合的馈赠）（Звезда, 2003, №8）

［5］“喝酒文件”与行政违法（《人民日报》，2006 年 4 月 10 日）

［6］同谓双小句的省缩与句法创新（《中国语文》，2007 年第 6 期）

从并列项类型看，俄语均为名名同类并列，汉语为动词短语同类并列和名词短语与动词短语异类并列；从连接手段看，俄语大多采用文学标题中常见的逗号与连词 или 并用这一手段，汉语为对应于俄语连接词 и 的连词“与”。以上例子并列项中前项与后项均可进入“A 是 B”或“B 是 A”的框架，这些标题都具有解说关系。例［1］文章讲述俄罗斯富家少年在伦敦上最好的中学，新俄罗斯少年之谜就是在伦敦上最热门的中学；例［2］讲的是青年自杀是一种黑色的时髦；例［3］在文中最后一段写道：“《死魂灵》是关于俄罗斯外省生活天才的诗歌，是……”；例［4］从文中可知，всемирная литература 是作品集名称，《世界文学》一书是综合的馈赠；例［5］“喝酒文件”指某一地方政府发文要求各单位完成 200 万元某酒的指标，这种地方保护主义违反了国家有关法律规定，“喝酒文件”是行政违法；例［6］，文中认为，同谓双小句的省缩是句法创新。

从以上分析可知，俄语以“，или”相连接的并列项间大多具有解说关系，该类常见于俄语文学作品。再如“О единстве человеческого рода, или Зачем ставят памятники?"(话说人的整体统一,或为什么树碑?)(Нов. мир, 2005, №1)、"Большой секрет, или Как избавиться от одной из двух российских бед"(大秘密,或者如何摆脱俄罗斯两大灾难中的一个)(Знамя, 2007, №1),该类形式不同于例[1]—[4],前后项以"答—问"形式出现,前一例意即"为什么树碑?是关于人的唯一性。"后一例文章写道:俄罗斯有两大灾难:打架和路况不好。大秘密是如何建好路,即"大秘密是如何摆脱俄罗斯两个灾难中的一个"。

(三十二) 起点—终点

[1] Русская "Юнона" и американский "авось"(俄罗斯的"约诺"和美国的"网兜")(Изв. 2006.01.25)

[2] "与民同乐"与"导乐睦民"(《人民日报》,2006年12月5日)

从并列项类型看,俄语为名词短语同类并列,汉语则为动词短语同类并列,上述两例各并列项构成抽象的起点—终点关系。前例俄罗斯一贩卖儿童机构"约诺"以收养为幌子把俄罗斯等国儿童卖到美国,这些儿童有的在美国家庭过得很好,有的被虐待至死。俄罗斯的"约诺"成为贩卖儿童的原点,美国的"网兜"成为收养儿童的目的地,两者并列构成起点—终点关系;后例写的是"如果说'与民同乐'是文艺生产的价值取向,那么'导乐睦民'则是文艺产品的社会功能,强调文艺生产的出发点是'与民同乐',而终结点是'导乐睦民'"。

二、不同的语义选择类型

俄汉语除以上共同的语义关系外,因调查材料的有限,不可避免地存在不同的语义关系。以下对两种语言中不同的语义关系进行分析。

(一) 俄有汉无的语义关系

1. 施事—事件

Идиоты и шпроты(白痴和黍鲱)(Изв. 2006.10.24),该例为两个名词并列,主要写"俄罗斯'禁止进口里加黍鲱决定'是不明智的"。

2. 受事—施事/受事—施事

Мальчик, старушка и красногвардеец(小男孩,老妇和赤卫军战士)

(Нева, 2007, №10),此例为三个名词并列。故事情节为:一位 7 岁男孩准备逃跑时想起了一首歌,歌曲讲述的也是一位贫儿饿得全身发抖,遇到一位老妇,老妇收养了他。小男孩也希望发生类似奇迹,但后被抓回,凶狠残暴的哨兵不仅没毒打他,而且表现出善良,给他饼和黄油吃;文中另一篇小品文《善良的赤卫军战士》讲述这位赤卫军战士在森林遇到一老妇,没有欺侮她,放她走了。在这一故事中出现两个小男孩、两个老妇,其语义关系层次多,可分解为小男孩$_1$、小男孩$_2$,老妇$_1$、老妇$_2$,赤卫军战士,这样,小男孩$_2$ 与老妇$_1$ 构成受事—施事关系,老妇$_2$ 与赤卫军战士构成受事—施事关系,小男孩$_1$ 与哨兵构成受事—施事关系,但标题中没有“哨兵”这一信息,即隐含施事。小男孩、老妇和赤卫军战士三者的关系可以表述为:

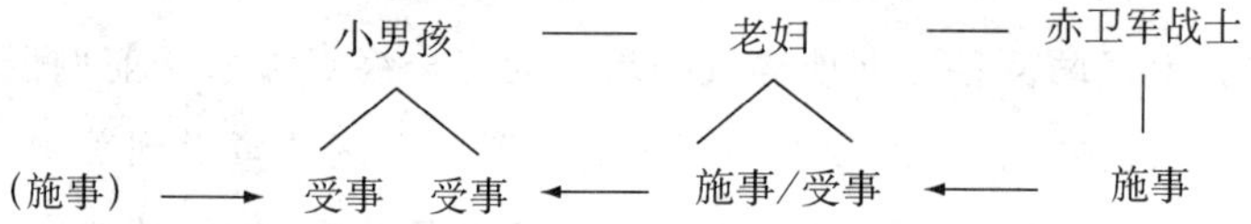

3. 受事—与事

Два письма, три имени(两封信,三个名字)(Звезда, 2006, №11)为两个数名短语并列。文中指写给堂兄的两封信,堂兄有三个名字。

4. 受事—工具—与事

Терроризм, журналистика и читатели(恐怖主义、新闻业和读者)(Звезда, 2002, №9)为三个名词并列。文章讲述新闻业向读者错误报道恐怖主义是由于宗教原因。

5. 行为—对象

Почему не лечимся, или Русская литература между психиатрией и психологией(我们为什么不治疗,或者处于精神病学与心理学之间的俄罗斯文学)(Нева, 2007, №10),前一并列项为句子,后项为名词短语,后项是前项要治疗的对象。

6. 行为—客体

Творчество и болезнь(创作与疾病)(Звезда, 2004, №2)为两个名词

并列。文中写的是作者患有严重的疾病，这种疾病使人感觉处于生与死的边缘，使人思考死与生的意义。作者身患重病并以疾病这一主题进行创作。

7. 行为—方式

动词性并列结构中，后项是前项行为的方式。如“Жить или дрожать...”（生活或发抖……）（Звезда，2005，№8）为两个动词并列。文章写的是因恐怖分子而使自由与安全不能并存，要想安全，就要发抖地生活。

8. 工具—施事

表示施事借助某工具进行活动的情况。如 Фризский язык и фризы в современной Европе（现代欧洲的弗里西安语言与弗里西安人）（Вопр. яз.，2003，№5）为带共同修饰语的名词短语与名词并列。文中写弗里西安人使用的弗里西安语言。

9. 方式—施事

表示施事采用某种方式进行活动。如 Союзы А и НО и фигура говорящего（连接词 А 和 НО 与说话人姿态）（Вопр. яз.，2004，№6），此例为同位语和名词短语并列。用连接词 А 还是 Но 取决于说话人。

10. 方式—目的—范围

Искусство，правда и политика（艺术、真理和政治）（Звезда，2006，№7），此例为三个单名并列。文中写美国侵略其他国家，在政治上通过艺术手法编造谎言，制造灾难，说是为了民主、为了真理，三者构成方式（用艺术手法）—目的（借口为了真理）—范围（在政治上）语义关系。

11. 范围＋对象

Русская литература и еда（俄罗斯文学与食物）（Нева，2004，№10），为名词短语和名词并列。写的是“在俄罗斯文学作品中都有描写吃的内容”。

12. 内容—空间

Книга и сцена（书和舞台）（Знамя，2006，№8），为两个单名并列。

讲的是一本书中收集了几十部优秀戏剧，这些戏剧更适宜于舞台，而书不能为戏剧创造有利空间。

13. 时间—事件

Мороз и новосибирская опера（严寒与新西伯利亚歌剧）（Звезда，2002，№4），为名词和名词短语并列。写的是“在新西伯利亚一个寒冷的冬天听别人讲述新西伯利亚歌剧”。

14. 背景—事件

О войне，или Последняя буква алфавита（关于战争，抑或最后一个字母）（Нева，2004，№11），该例为前置词结构与名词短语并列。文中讲的是特定的时空，即在卫国战争时期这一背景下所发生的事件：因为一个姓的最后一个字母而导致两个人不同的命运，主人公的岳父因姓的最后一个字母而没得到保留证，最后失踪，主人公因姓的最后一个字母而幸存下来。

15. 起点—事件（原因）—事件（结果）—终点

Садовое кольцо — снос — суд — Южное Бутово（花园环线—撤迁—法庭—南布托沃）（Изв. 2006.03.07），该例由两个地名和两个名词借助破折号构成四合并列结构。讲述作者住在 Садовое кольцо，政府认为是危房要撤迁，本来让他们迁到市中心，后让他们迁到 Южное Бутово，那儿没有幼儿园，离小学很远，作者有两个孩子，一个上幼儿园，一个上小学，若这样妻子不能上班，只能在家照看孩子，为此，他们上法庭打官司，官司打输了。该例两个处所：起点处所 Садовое кольцо 和终点处所 Южное Бутово，两件事：事件$_1$ снос（撤迁）和事件$_2$ суд（上法庭），事件$_2$ 又是由事件$_1$ 引起的，因此，事件$_1$ 与事件$_2$ 构成因果关系，该例的语义关系可表述为：处所$_1$（起点）—事件$_1$（原因）—事件$_2$（结果）—处所$_2$（终点）。

16. 相似关系

并列各项有某种相似之处。如 Люди и звери（人与野兽）（Рус. речь，2004，№2），为两个名词并列。文章讲人开始把自己比作动物，表现出姓与动物名称的转义用法中，人和动物在某些情况下有相似之处，人的很多姓由动物名称构成。

17. 先平列后施受

三个并列项中前两项是平列关系，然后与第三项构成施受关系。如 Волошинов, Бахтин и лингвистика（沃洛申诺夫、巴赫金与语言学）（Вопр. яз.，2006，№5），为三个单名并列。这一标题是一书名，在该书中，既有两位语言学家以语言学为题合著的文章，还有单个作者的文章。Волошинов、Бахтин 为平列关系，二者与“语言学”构成施受关系。

18. 包含与平列

Лёгкие люди, или Бог, Дурак и Стерва（无忧无虑的人们，或者上帝、傻瓜和混蛋）（Знамя，2003，№11），“Бог, Дурак и Стерва”在文中分别指«Еврейский бог в Париже»、«Дурак дураком»、«Стерва»三部作品，这三部作品均描述了无忧无虑的人们的形象，лёгкие люди 指 Бог、Дурак、Стерва 三个人物，构成包含关系，后三者构成平列关系。

19. 依存与对比

Кухнин и Моргунов（库赫宁与莫尔古诺夫）（Звезда，2005，№11）为两个名词并列。两并列项既包含依存又包含对比关系。文中讲述名叫 Кухнин 和 Моргунов 的两位智障学生插班在正常孩子中学习，两人经常受欺侮，但总是很开心。有一次 Кухнин 被同学打得鼻子出血后在回家的路上被车撞死，几小时后 Моргунов 也死了。两者构成依存关系，同时作者在文中分别对比描写了两人的不同之处，两者构成对比关系。

20. 先依存后对象—方式

Сознание, язык и математика（意识、语言与数学）（Звезда，2004，№2），为三个单名并列。用数学方法来确定意识和语言，意识、语言和数学一起构成对象—方式关系，而意识和语言间又存在依存关系。

21. 交叉关系

Устная речь и культура общения（口语与交际文化）（Рус. речь，2007，№1）为两个名词短语并列。文章意思是“口语中有交际文化，交际文化中也有口语”，两者形成交叉关系。

22. 文化意义

Змея и чаша（蛇和碗）（Звезда，2003，№5），此例为两个单名并列。这是俄罗斯医疗机构的标志，在俄罗斯各售药亭均贴有一幅画：一条蛇绕在一个碗上。如果不了解这一文化背景，无法理解原文。

23. 多种语义关系

文中有些标题阅读原文后也很难确定具体为哪种语义关系。如：

1）施事—处所或施事—工具

Пришвин и две Европы（普里什文和两个欧洲）（Вестник МГУ，2003，№5），此例为单名和数名短语并列。这是一篇书评，评论作家Пришвин的作品«Дневник»。欧洲在Пришвин的生活中起了相当重要的作用，他在罗马工业学校（欧洲的）学习过，在米塔瓦模范监狱（即俄罗斯帝国的欧洲部分）蹲过，从这一点来看，两个并列项可看作“施事—处所”关系；但在其作品中可看出他是通过欧洲来理解俄罗斯发生的变化，从这一点来看，两个并列项又可看作“施事—工具”关系。

2）逆包含或单位递变

Абзац，сложное синтаксическое целое，компоненты текста. Общее и различное（段、复杂的句法整体、语篇构件。共性与差异）（Филол. науки，2002，№2），该例主标题由名词、两个名词短语构成三合并列结构。“段、复杂句法整体、语篇构件”间既有逆包含关系，又表示由“段—复杂句法整体—语篇构件”单位递变关系。

以上这些语义关系在汉语中大多是存在的，只是在所调查标题中未发现。

（二）汉有俄无语义关系

1. 施事—行为

表示施事是如何做某事的或怎样发展变化的，或者施事对于某事发展变化所起的作用或所产生的影响。如“经济人的原型及其‘变脸’”（《人民日报》，2006年5月15日），由带共同修饰语的名词和动词构成异类并列结构。文中讲经济人是会变脸的，前后两项构成施事与行为关系。

2. 施事—工具

表示施事借助某工具进行某行为。如“泥匠强子和他的木烫”（《人民文学》，2002 年第 1 期），该例由“表人同位语＋（他的＋表物质名词）”构成，不看原文，可能判断为领属关系，因为有表示领属关系的标记“他的”，指代属于前项的，但文中写了“泥匠强子用木烫粉墙”。因此不属于领属关系，而是施事—工具关系。

3. 施事—方式—目的

施事为达到某种目的而采取某种方式的三项并列。如“女王·游戏·读书”（《人民日报》，2006 年 7 月 11 日），为一个名词与两个动词并列，一般有动词就存在“行为”义的可能，但读原文后，才知其真正的语义关系。文中讲述英国女王八十大寿最后一场庆祝活动。200 名 4—14 岁的英国儿童应邀到白金汉宫花园与女王聚会。女王选定的主题是“儿童文学”，整个白金汉宫花园成了一个童话世界，80 岁高龄的女王这一潜心安排，使孩子们在快乐的游戏中走进文学世界，以此鼓励儿童们多读书。这样，三者构成施事（女王）—方式（通过游戏）—目的（达到读书目的）。

4. 行事—客事

秋风秋水（《十月》，2006 年第 3 期），由两个名词直接组合。文章写主人公的男人喝饱了酒，出去后再也没回来，在河边，随着秋风吹来，河里发现了其尸体，秋风吹动秋水，两者构成“行事—客事”关系。

5. 受事—视角

[1] “起去”的语法化未完成及其认知动因（《世界汉语教学》，2004 年第 3 期）

[2] 论元结构与句式变换（《中国语文》，2004 年第 3 期）

例[1]为动词短语与名词短语异类并列，从认知方面探讨了“起去”的语法化未完成的原因；例[2]为名词短语与动词短语异类并列，从句式变换角度审视论元、论旨角色等语义概念。

6. 对象—对象

假记者与真问题(《人民日报》,2006 年 12 月 4 日)为两个名词短语同类并列。文中谈的是“通过假记者发现了很多真问题,要打击假记者,更应解决真问题”。

7. 对象—依据

文艺批评的价值与社会主义荣辱观(《人民日报》,2006 年 5 月 25 日)为两个名词短语同类并列。文中写道:文艺批评作为一种具有创作价值和舆论导向作用的批评活动,要对电影、电视、戏曲、音乐、小说、诗歌等各类文艺作品进行科学的评价和正确的引导,就必然要以社会主义荣辱观为指导。

8. 行为—条件/条件—行为

表示以某条件为前提来进行某行为。如:

[1] “烧火”与“拾柴”(《人民日报》,2006 年 11 月 28 日)

[2] 现实关注和文学表现——从乡村写作说起(《人民日报》,2006 年 7 月 13 日)

前例为两个动词同类并列,文中内容是:新官上任,不是烧火,而是拾柴,要把火烧好,一烧到底,首先要拾柴,并列项构成行为—条件关系;后例为两个动词短语并列,文中谈的是文学表现来源于对现实的关注,并列项构成条件—行为关系。

9. 方式—方式—结果

低利率·利息税·高储蓄(《人民日报》,2006 年 4 月 24 日)是由名词短语构成的三合并列。文中写的是:想通过低利率,增加利息税来提高消费率,结果是银行储蓄增加。

10. 处所+事件

古堡与爱情(《人民日报》,2006 年 6 月 20 日),为两个名词并列。写巴基斯坦的拉合尔古堡中发生的最为动人心魄的宫廷爱情故事。

11. 处所+与事

某个地方,某个姑娘(《收获》,2005 年第 3 期),为两个名词短语并列。写主人公在一个城市和一位姑娘的交往。

12. 时间—受事—目标

印度人民党　新年·新人·新挑战(《人民日报》,2006 年 1 月 5 日)副标题为两个名词与一个动词短语形成三合异类并列,意为在新的一年里对新上任的总统提出新的挑战。

13. 结果+方式

表示通过某种方式达到某种结果。如"瘸子,或天神的法则"(《人民文学》,2007 年第 2 期),由名词和名词短语借助具有标题特点的连接手段构成并列结构。文中意思为:造物主都要用某种方式显示其暗定的法则造出一些有残疾的人,如"瘸子"。

14. 工具—行为

表示借助某种工具进行某行为。如"语料、网路与口笔译教学"(《外语教学与研究》,2002 年第 3 期)为两个名词与一个动词短语形成的三合异类并列,文章探讨了借助网路和语料来进行口笔译教学。

15. 工具—目的

表示借助某工具而达到某种目的。如"外语、安全与反恐"(《人民日报》,2006 年 1 月 8 日),为名词、形容词、动词形成的三合异类并列。文中写布什在国际性的外语会议上致辞:外语学习不仅关乎教育,而且关乎美国的国防、外交、情报工作,需要懂得外语的……、需要懂得外语的外交官去说服外国政府和民众站在美国一边反恐。

16. 工具—范围

交际策略与口语测试(《世界汉语教学》,2002 年第 2 期),为名词短语与动词短语形成的异类并列。文中探讨了交际策略在口语测试中的运用。

17. 方式—对象

作格化和汉语被动句(《中国语文》,2004 年第 4 期),为名词和名词短语并列。文中假设汉语的四种被动句由作格化推导出来。

18. 方式—依据

沟通与宽容(《人民日报》,2006 年 4 月 12 日),为动词和形容词形成的异类并列。该文的基本内容是：为中国男篮队员王治郅的归队，选择了沟通的手段，定下了宽容的基调。

19. 条件—结果/结果+条件

[1] 绿与和谐(《人民日报》,2006 年 5 月 23 日)

[2] 世界杯与足球场(《人民日报》,2006 年 7 月 10 日)

前一例为名词与形容词异类并列，文章写的是：有绿才有鲜花、小鸟、动物。大自然与人类社会，只有在绿色中，才能找到和谐，并列项构成条件+结果关系；后一例为两个名词并列，文中指出：没有足够的足球场就难以培养出强大的足球爱好者群体，就难以涌现出高水平的一流球员，并列项构成结果+条件关系。

20. 先后关系

"防腐"与"惩腐"(《人民日报》,2006 年 7 月 11 日)，为两个动词并列。文中写道：围绕容易出事的环节建立起预防制度，惩腐见效当前，防腐着眼未来，惩腐必先建立一种防腐制度，"防腐"与"惩腐"构成承接关系。

21. 多种语义关系

文中有些标题阅读原文后可理解为几种语义关系。

1) 逆包含或方式—对象

事实城雕与城市文化(《人民日报》,2006 年 2 月 12 日)，此例既可理解为逆包含关系，即城雕是城市文化的一个符号、一个组成部分，也可理解为"方式—对象"关系，即通过城雕来展示城市文化。构成"逆包含或方式—对象"两种语义关系。

2) 原因—结果或行为—目的

读书　理想　信念(《人民日报》,2006 年 4 月 19 日)，该例为一个动词与两个名词异类并列，文中讲有理想、有信念和读书是分不开的。读书，使我们树立了伟大的理想，读书，使我们不断加固着信念的堤坝。"读书"与"理想、信念"构成因果关系；但在文章最后作者呼吁"为了我们的理想，为了我们的信念，读书吧！"从这点出发，"读书"与"理想、信念"又可看作"动作—目的"关系。

以上这些语义关系在俄语中也是存在的，只是在所调查标题中未发现。

通过分析俄汉并列结构标题语义关系，我们认为，俄汉语并列结构标题同大于异。既有相同的语义选择类型，共有 31 种相同的语义关系，也有不同的语义选择类型，俄语 24 种，汉语有 22 种。即使语义关系相同，其表达形式也有异同。

第一，表同一语义关系时，从表达手段看，尽管俄语是形合型语言，有丰富的形态变化，有丰富的语言表达手段，汉语是意合型语言，缺少形态变化，其表达手段相对于俄语要少，但在并列结构标题中，汉语表达手段反比俄语要丰富，俄语一般为同类并列，异类并列不多，汉语既有同类并列，也有一定的异类并列。这是因为，其一，由语言自身的特点所决定，如词类划分俄语以形态为主要依据，汉语则根据词的意义和词的语法特点，若用形容词作标题，其结构、语义在俄语中均不完备，而在汉语中自足，若用动词作标题，俄语中动词语法范畴多，有时、体、态的变化等，运用起来不如汉语简单，汉语直接采用即可；其二，正因为有形态变化，有搭配的限制，其使用手段在一般以名词或名词短语第一格形式为主的俄语并列结构中受到局限，好比英雄无用武之地。

第二，表同一语义关系时，并列结构标题语法形式既有相同，也有不同。各种具体语言，作为人类的交际工具，当然有着共同性，因为世界上各种语言的语法也是具有共同性的。如表“施事—受事、施事—与事、施事—处所、当事—当事、受事/对象—方式（方式—受事/对象除外）、受事/对象—原因、受事/对象—工具、领属、目的—受事、依存、同指、比拟、联想”等关系时，俄汉语一般为名名同类并列；表主次关系时，俄汉语一般为名代同类并列；表“视角＋受事/对象、对比”等关系时，俄语一般为名名同类并列，汉语除名名同类并列外，还有动动同类并列；表修饰关系时，俄语一般为名名同类并列，汉语除名名同类并列外，还有形形同类并列；表“起点—终点”关系时，俄语为名名同类并列，汉语为动动同类并列；表受事/对象—行为、对象/受事—范围、行为—目的、原因—受事/对象、因果、依据—受事/对象、包含、平列、主次、选择、递变、解说等关系时，俄语一般为同类并列，汉语既有同类并列，也有异类并列；同类并列中，俄语一般为名名同类并列，偶见表对立关系时有形形并列、前置词结构并列、单个介词等同类并列，表时间平列、递变关系时，有副副同类并列，表行为—目的、递变关系时，有动动同类并列；汉语大多也为名名同类并列，还有形形、动动同类并列；汉语为异类并列时，有动词性短语与名词性短语异类并列，名词短语与动词短语异类并列，还有动词短语与形容词异类并列，形容词和名词并列、名词、形容词和名词异类并列等。

第三，表同一语义关系时，并列结构标题语义类型也有相同之处，如表施受关系时，"施事＋受事"关系主要模式为"人＋事物"，逆施受关系主要模式为"人＋人（机构）"；表"施事＋与事"关系时，语义类型大多是"人/机构＋事物"，表"与事＋施事"关系时，一般为"事物＋人/机构"；表"施事＋处所"关系时，语义类型大多是"人（动物）＋地点名词"；表"当事—当事"关系时，语义类型为"表人名词＋表人名词"；表领属关系的一般模式为"人＋动物/物品/事物"。这说明，语言之间存在一定的共性。

第四，从语义关系隐显来看，在一般的结构形式中，俄语较之汉语，其语义关系要明显，但在并列结构中，语义关系的隐显和汉语一样，俄汉语除有为数不多的语义关系标记外，大多难以判断，必须阅读原文，有的甚至阅读原文也难以确定究竟是哪种，存在两可现象。因为并列结构中，并列的各项几乎无语法上的联系，尽管俄语形态变化丰富，但并列结构中无法施展其神奇的魔法，名名、形形、代代等并列中，名词、形容词、代词等一般为第一格形式，动动并列中，动词的语法形式相同；异类并列中，不同词类也几乎保持各自的原生态，因此语法关系不明显，语法意义由一定的语法形式表示，语法形式又制约语义，语法形式隐，则语义关系隐，语义关系只有通过句法关系才能体现出来，一定的语义要求一定的句法形式与之相匹配。但俄汉语中也有一些明显标记。表领属关系时，俄汉语前项若为表动物名词，后项有领有者的代词 и её/его/их、и мой/моя/моё/мои、и наш/наша/наше/наши 等，"她的/他的/他们的、我的、我们的、及其、各自的"等限定语，则领属关系明显；表受事/对象—行为关系时，俄汉语结构形式一般是"名词性短语＋и его/её/их（及其/及）＋动词/动词性短语"，俄语后项心语为动名词，汉语为动词或动词性短语；表主次关系时，俄汉语结构形式一般是"名词性短语＋и другой(-ая、-ое、-ие)/及其他"，其中俄语 другой 为代形容词，汉语"其他"为代词；表选择关系时，俄汉语中均有表选择关系的标记连接词 или、"或者"等。根据这些语法结构形式可以判断其语义关系。

第五，同为并列结构俄汉语标题语用功能大致相同。语义、语用必须通过句法结构予以显现，反过来，语义、语用的因素也制约着句法结构的组成。标题作为篇章的特殊组成部分，需要用言简意赅、最为经济的形式标明篇章的名称，说明篇章的话题。称名性、话题性、简省性是并列结构标题三种主要的语用动因。我们认为，除以上三个语用特点外，并列结构标题还有吸引性以及拟制的便捷性。并列结构主要以名名并列为主，俄语一般为第一格名名并列，名词是最具有称名性的词类，因而其称名性强；并列结构形式简单，词或短语乃至句子只需借助连接手段（汉语中有时不用）便可直接组构，尤其是俄语中，减少了复杂的形态变化，直接用连接手段就可表达丰富的感受、张扬的情绪。因此拟制并列结构标题方便、简洁、经济，组合较灵活；并列结构还具有简省性特点，"从微观上看，联合的总比分说的简洁，从宏观上看，不可能针对每一个动作或每一种属性再造一个指称性的词，只好利用句法条件，让它们自己指称自己，这样做才最省力。"①异类并列结构有反常性，易吸引读者，促使其阅读正文，寻找并列项间的语义关系。

---

① 储泽祥、谢晓明、唐爱华、肖旸、曾庆香：《汉语联合短语研究》，湖南大学出版社 2002 年版，第 86 页。

第 三 章

俄汉语问—答并行结构标题对比

问答并行结构由疑问句和回答两部分组成，疑问句是说话者在句中可借助专门的语言手段来表示自己想要了解某事或证实某事的愿望的句子。因此，疑问句提供的是说话者想了解的信息，探求信息的性质可以是各种各样的：可能是有关动作者的信息、有关动作地点的信息、有关动作目的的信息、有关整个环境的信息；从预期回答的性质来看，疑问句是不一样的：回答可能是证实或否定某事的真实性、或报道有关某事的新信息等。疑问句由于有获得信息的意向，它们就成为对白组合的第一个成素，在对话中用来交换信息。“在内部语言中，在思考中，疑问句不一定要得到直接的回答。”①

第一节 俄汉语问—答并行结构标题模式对比

问答并行结构是由问句和答句组成的一种非对话结构，源自俄语口语句法，问答两部分原来均是独立的句子，通过联系词（это、так это）、语调以及结构上的并行关系等手段联结成一个问答并行结构。它起初的特点是对话语言，逐渐用于书面非对话语言中（尤其是政论文中），主要用于报纸标题，其他言语体裁的标题少用或不用。据调查，在俄汉语文艺标题、汉语科学论文标题中未见，只在俄语社科文献中发现两条，且均是会讯的报道。如 Что мы знаем о глаголице? День славянской

① 苏联科学院研究所编，胡孟浩等译，《俄语语法》（下卷），上海外语教育出版社 1991 年版，第 514 页。

письменности и культуры — 2006(有关格拉哥里字母我们知道什么？2006年斯拉夫文字文化日)(Вестник МГУ, 2006, №5)；Как становятся славистами? День славянской письменности и культуры? Год 2004(怎样成为斯拉夫学者？斯拉夫文字文化日？2004年)(Вестник МГУ, 2005, №1)。“当下非对话语言使用问—答并行结构相当广泛且大众化。”[①]随其使用越来越多，出现越来越复杂的新的结构形式，该结构具有标题特色，常见于俄汉语报纸标题中，大致有以下几种语义结构模式。

一、提问—回答式标题对比

提问—回答式标题一问一答，两者联系紧密，相互交叉，组合成对，构成统一或更复杂的结合体。此类标题很早用于俄语报纸中，第一部分是带或不带疑问词的疑问句，第二部分是回答，回答形式各种各样。俄语中起初最典型的回答常常是干脆的，使用 да 或 нет，证实或否定某事的真实性，这样的回答不要求任何思考，大多情况下为了强调所回答内容的重要性和迫切性，回答开头用 прежде всего(首先)，吸引读者眼球，促其思考；有时回答 Пожалуйста 一词。如 Хотите стать Джеймсом Бондом? Пожалуйста!（想成为詹姆斯·邦德吗？来吧！）(Изв. 2006. 05. 18)，目前该类型标题已不多见，更常见的是报道有关新信息，最典型的回答用不完全句，常常仅在该问答并行结构中才能理解。据调查可知，此类标题俄语有62条，汉语有31条。采用问句形式，“语势略一停顿，并不求答，自己作答，这种先抑后疏的手段，旨在引起读者注意，为答语出现制造一种引导性语境，更加突出答语的交际效果。从语义表达来看，答语是中心，问句是陪衬”。[②]“问”无论是一般疑问句的特指问、是非问、选择问，还是特殊疑问句的设问、反问，问句的疑点是答句的重要依据，答句直接或间接地回答疑点。因此，答句分为直接性答句和间接性

---

① А. В. Швец, *Разговорные конструкции в языке газет*, Киевский университет, 1971, с. 52.

② 邵敬敏:《现代汉语疑问句研究》，华东师范大学出版社1996年版，第153页。

答句。

（一）直接性答句

回答部分无须任何推导、仅从答句表层就能直接获取与问句疑点相关的信息，即问什么答什么。一般情况下，对问句疑点作出回答，且是合意可取的，问句与答句构成一定的结构，表现为自问自答式。疑问句有疑问点，张斌、胡裕树认为："在问答中，疑问点暗示焦点，答句常常针对疑问点，而将旧信息省略。"①一般来说，特指问句中的疑问代词就是疑问点，回答时只要针对疑问代词回答即可。吕叔湘认为："回答问话，一般不用全句，只要针对疑问点，用一个词或短语就可以了。"②由分析可知，俄汉语问与答方式略有不同，俄语直接提问，直接回答；汉语尽管有直接提问，但更多的是先陈述，再提问，问句与答句间有过渡语。如：

[1] Русский или украинский? Одесса не может решить, на каком языке говорить（俄语还是乌克兰语？敖德萨不能决定说哪种语言）（Изв. 2006.05.23）

[2] Чему равен московский метр? ＄4000（莫斯科每平方米值多少？四千美元）（Изв. 2006.09.19）

[3] Что в Греции есть? Да все, что можно съесть（希腊吃什么？所有能吃的东西）（Изв. 2006.11.08）

[4] 化工企业最大的污染来自有毒有害的废水、废气、废渣，怎样处理这三废？鲁北企业集团的回答是——"吃"掉三废　化害为利（《人民日报》，2006年7月27日）

[5] 陕广电为何能顺利进入资本市场，并受到投资者青睐？答案是——面向市场　对接市场（《人民日报》，2006年12月20日）

"根据给问句疑点提供的信息量情况，直接性答句大致可分为全息式答句、增息式答句和节息式答句三种。"③例[2]—[5]问句均为带疑问

① 张斌、胡裕树：《汉语语法研究》，商务印书馆2003年版，第81页。

② 吕叔湘："疑问・否定・肯定"，《中国语文》，1985年第4期，第244页。

③ 王春丽："针对问句疑点的答句类型"，《中国俄语教学》，2003年第4期，第25页。

词的特指疑问句,俄语例[2]和[3]直接就疑点进行回答,即第二部分是对第一部分问题的直接回答,答句是不完全句,例[2]全部省略问句中的已知信息,例[3]答句中重现问句部分已知信息(съесть),它们均属节息式答句;而汉语例[4]和[5]尽管也是直接就疑点进行回答,但在问与答间有过渡句,即答句中分别有"……回答是"和"答案是"再加上破折号,破折号后才是真正的答案,答句信息量超出了问句问域范围,为增息式答句,答句中的过渡句起强调确切作用;例[1]为带语气词 или 的选择问,若只看问题,不知省略什么动词,只有读后面的回答才知省略动词говорить,该问句的疑点在并列项上,通常回答为两个并列项之一,但回答不是选择其一,而是采用完全句不确定的回答,答句信息量超出了问句问域的范围,为增息式答句。

(二) 间接性答句

间接性答句又称迂回答问语句。答句虽然针对问句的疑点,但非直接回答,须经推导才能理解。"间接性答句具有表层和深层两种意义,深层意义才是疑点所需的信息,此时问句与答句之间是靠隐含成分来实现意义上的接应。"[①]间接性答句尽管是间接语言现象,但问句与答句联系仍然紧密,在模拟的对话过程中,发话人即作者对所提出的问题不直接作答,而是借有关信息迂回反应,与问题答案看似无关,只要略作推导,就能获得所需信息。间接性答句分为转换性答句、提示性答句、报道性答句、以实例作答和以问作答。

1. 转换性答句

回答部分不是依问题直接作答,而需要读者再次加工,经过转换才能得出答案。它为读者提供额外信息,常常伴随提醒、警告、惊讶、不满、讽刺等感情,其含义需要读者推导出来。转换性答句的问句一般属于是非问句,是非问句要求听话人对问句的语义内容作出肯定或否定的回答,肯定回答可用"да,是、是的、对";否定的回答可用"нет,不、没有"。俄

---

① 王春丽:"针对问句疑点的答句类型",《中国俄语教学》,2003年第4期,第26页。

语是崇“法”的遵“型”语法，汉语是尚“理”的守“意”语法。俄汉两种语言的简答方式均由两部分组成：前导性的总说简答（да，нет；是，不）和后续性的具体回答（细说）。表是非问时，俄语带否定词 не 或 нет 或无否定词、无疑问词句中，就其前导性的简答看，肯定是跟着细说（的语法形式）走，是“据后”决定答句“形式”的“定型”性回答，若后面是肯定形式，总答用 да，若后面是否定形式，总答用 нет。而汉语的总说，其肯否则是跟着细说的句子的性质走的“定型性”回答，即细说句肯定对方的讲法用“是”，否定对方讲法用“不”。汉语不同于俄语，俄语问与答之间隐含一个回答，由隐含的答句推导出后面的答句，汉语答句之后隐含有真正的答案，由答句推导出隐含的答案。转换性答句省掉其中的转换问题，减少了一个问答语对 да 或 нет，“是”或“否”，答句承载双层信息，起到一句顶两句的作用，这样既可节省报纸版面，又可节约读者的时间。如：

[1] Нет детей? Плати!（没有孩子？纳税吧！）(Изв. 2006.09.18)

[2] Не платишь? Вон из квартиры!（不付房租？滚出住宅！）(Изв. 2006.08.07)

[3] Портер будешь? Дайте два!（你要黑啤酒吗？请来两瓶）(Изв. 2006.07.06)

[4] 天上真能掉馅饼？原是一网上骗局！（《人民日报》，2006 年 5 月 31 日）

[5] 月底彗星撞地球？我专家辟谣：缺乏科学依据（《人民日报》，2006 年 10 月 17 日）

[6] 甩脂机减肥？莫信！（《人民日报》，2006 年 7 月 6 日）

前两例用否定词提问，用否定词提问，疑点在 нет、не 上，回答应为 да 或 нет，但答句不是直接回答 да 或 нет，而是由问话人直接说出答句，其中省略了受话人表示肯否的答句，省略的答句读者很容易推导出来，这样既节省了篇幅，也节省了读者的阅读时间。前三例采用祈使语气，含有促使对方采取某种行为的意味，若从对话角度分析，前两例包含两个对答，两个对答均针对问题，针对含否定的问句，用 нет 一词证实否定的答复，可以转换为 Нет детей? —Нет. — Плати! 和 Не платишь? — Нет. — Вон из квартиры! 事实上这两例是条件句的变形，即 Если нет детей，то плати! 和 Если не платишь，то вон из квартиры! 蕴含一个推理过程，为假言判断，即“如果没有(不)……，就……”；例[3]包含肯定的回答，后三例包含否定的判断。例[3]用命令式表示，回答为 Дайте два! 其间省略一个回答 да 之意，即 Портер будешь? — Да.(对。) — Дайте два! 例[4]采用感叹语气，答句“原是一网上骗局!”含有恍然大悟之意，其答案是否定的，由答句得出结论“天上不能掉馅饼”；例[5]采用陈述语气，语气平和，仿佛是已然不争之事实，由答句“我专家辟谣：缺乏科学依据”推导出“月底彗星不能撞地球”；例[6]采用祈使语气“莫信”，语气坚决，斩钉截铁，明明白白告诉读者“甩脂机不能减肥”。

2. 提示性答句

不直接给出答案，而是提示性、概括性地回答，给读者提出答案线索，促使读者阅读正文，文章使该问题具体化或包含有该问题的答案。柯林武德认为，“人类历史是由无数问题与回答环环相扣、彼此衔接所组成的无尽的过程”。① 问题的提出与回答相结合构成了人类的认识，这一认识又推动人类历史的发展，提示性答句使问题得以揭示，推动认识不断深入、精确。根据答句，问句答案又分为两类：答案在正文中和可能在正文中。

1) 答案在正文中

这类标题答句中一定包含有将要回答的提示性信息，答句中一般有一些总括性的词或表示言语类的动词，俄语有名词如 правило、средство、способ、рецепт、секрет、факт、формула、теория、гипотеза、мнение、комментария、эксперимент、исследование、рейтинг、список、совет，动词 установить、отвечать、сказать、рассказать、наметить、опубликовать、объяснить、прогнозировать、прокомментировать 等；汉语则为动词或动词

① 冯契、徐孝通：《外国哲学大辞典》，上海辞书出版社 2000 年版，第 331 页。

性短语，如"从……看、详解、专访、请看、表示、且听、述评、解疑、评述、会诊、调查"等和与"说"义有关的动词，如"说、撒谎、声明、吐露、起誓、解释、说明、宣传"等。这些词起总结性提示作用，正文中定有详细答案，读者若对某类问题感兴趣，就会继续阅读下文。此类答句既体现了标题的简省性，又使读者一目了然。该类标题在所调查的问答并行结构标题中占很大比例。俄汉语问与答方式不同，提问时，俄语一般为一个问题，即使是多个问题也一般只以一个问句出现，汉语常常提出一连串问题，问题一环套一环，层层递进；回答时，俄语为直接给出提示性答案，汉语既有直接给出提示性答案，还有过渡话语。俄汉语回答方式的不同与俄汉两民族的文化差异有关，汉民族是个礼仪之邦，崇尚表达委婉，反映在言语中迂回婉转，而俄罗斯民族单刀直入，开门见山，就事论事。如：

[1] Как уберечь здоровье ребенка от стресса при встрече со школой. Простые **правила**（如何减轻儿童入学的压力？简单方法）（Изв. 2006.08.22）

[2] Прикуривать или толкать? Народные **средства** лечения машин зимой（是点火还是推？冬天汽车民间疗法）（Изв. 2006.11.22）

[3] Как не переплатить по тарифам ЖКХ. Три **способа** управления многоквартирным домом（怎样不重复支付住宅和公用事业费？三种管理多住宅楼的方法）（Изв. 2006.03.08）

[4] Где на Руси жить хорошо? **Отвечает** Росстат（在俄罗斯哪里生活得好？俄罗斯统计局回答）（Изв. 2006.03.26）

[5] Россию снова будут бояться? Иванов **рассказал** о развитии отечественных вооружений（又会怕俄罗斯？伊万诺夫讲述本国装备的发展）（Изв. 2006.06.20）

[6] А я милого узнаю?... Врачи **объяснили**，почему люди забывают друзей детства（我认得出好友吗？……医生解释，为什么人们总是忘记童年好友）（Изв. 2006.06.05）

[7] 希望的田野，希望在哪里？从广东农垦看现代农业（《人民日

报》,2006 年 4 月 2 日)

[8] 年内正式开工的京沪高铁将采用何种技术,如何控制成本,又会给人们带来何种便利? 本报记者专访铁道部总工程师何华武——详解京沪高速铁路(《人民日报》,2006 年 4 月 5 日)

[9] 南极、北极、青藏高原统称“地球三极”。珠峰峰顶的冰雪是否在变薄? 将喜马拉雅山炸开一个大缺口会不会发生奇迹? 科学家解疑“地球三极”(《人民日报》,2006 年 9 月 19 日)

[10] 虽然今春的沙尘暴已渐行渐远,但与沙尘暴有关的许多疑问却未“尘埃落定”:今年的沙尘暴为何如此之凶? 今后该如何有效防范? 专家会诊沙尘暴(《人民日报》,2006 年 5 月 25 日)

以上各例答句均含有将要回答的提示信息的词语,俄语主要为名词,如例[1]—[3]分别是 правило、средство、способ,还有部分动词,如例[4]—[6]分别为 отвечать、рассказать、объяснить 等,这些动词一般为完成体过去时,若为未完成体(少见),一般为现在时;而汉语一般为动词或动词性短语。所有答句均不是就问题而回答,而是给读者提供可以获得答案的藤,让读者顺藤摸瓜,瓜在正文,促使读者阅读正文;提问时,俄语直接提问,汉语直接提问较少,更多的是先陈述或解释,然后根据事实提出问题,如例[7]、[9]和[10],例[7]先提出人们的常识“希望的田野”,针对这一常识提问“希望在哪里”,依据而问,增强了疑问语气,宣泄了作者对下面所报道事实的不满情绪;例[9]中先解释“地球三极”,给读者介绍背景知识,再提出问题;例[10]问句前用一个表转折义的复合句陈述已知信息(事实),这一信息中含有引出后面问题的明显标记“……许多疑问却未……”随之引出一连串问题“今年的沙尘暴为何如此之凶? 今后该如何有效防范?”例[8]提出一连串问题后,不是紧接着给出提示性答案,而是报道“本报记者专访铁道部总工程师何华武”这一新闻事实,再给出提示性答句,答句包含提示性总括词“详解”。

从上类派生出另一类,即提示性答句包含真正的答案。此类问句答案均引用某领域权威人士的话。其模式可表述为:问题—提示—答案。

此类只见于汉语,但对俄语标题拟制有借鉴作用。如:

[1]“十一五”期间城乡医疗卫生将有哪些变化?卫生部新闻发言人表示——缓解看病难有了时间表(《人民日报》,2006 年 3 月 30 日)

[2] 百年数学难题庞加莱猜想已被数学家证明,这一重大成果还从另一个层面证明了什么?国际著名数学家丘成桐认为——好的科学家首先要坐得住(《人民日报》,2006 年 6 月 15 日)

[3] 外资旅行社的进入,给国内旅游市场带来什么?不妨听听业内人士陈剑秋的评述——竞争让旅游者受益(《人民日报》,2006 年 12 月 11 日)

上例答句均包含提供信息的词语,即分别为动词“表示”、“认为”和名词“评述”,这些词破折号后的内容为具体化的答案。如例[1]问题为“……有哪些变化?”,答案为“缓解看病难有了时间表”,在答案与问题间表明该答案的出处,即该答案的来源“卫生部新闻发言人表示”。后两例先陈述一个事实,由这一事实引发出问题,答句包括两部分“出处+答案”,即分别为“……证明什么——好的科学家首先要坐得住”和“带来什么——让旅游者受益”。

2) 答案可能在正文中

问答结构中,针对问题的回答模棱两可,正文可能有答案,也可能只是种种推测。伽达默尔写道:“提问就是进行开放,被提问的东西的开放性就在于回答的不固定性。也就是说,被提问的东西必须是悬而未决的,才能有一种确定的和决定性的答复。被提问东西的有问题性就是由这种方式显露的,这也就构成了提问的意义。”①问题的开放性在于,一者提问本身具有开放性,为各种答句提供相互交流的平台;二者答句不确定,有多种可能性,呈敞开状。作者对问句答得不明不白,激起读者继续探疑,将其步步引入正文,寻问求答。该类只见于俄语,其答句中的关键词一般具有“不知道、不知所措”等含义。如:

---

① 伽达默尔:《真理与方法》,商务印书馆 2007 年版,第 593 页。

[1] Документы Хусейна подлинны — правдиво ли содержание? Эксперты в растерянности(侯赛因的证件是真的——内容属实吗？专家不知所措)(Изв. 2006.04.09)

[2] Homo sapiens или Homo erectus? Индонезийские“хоббиты” озадачили ученых(智人还是直立人，印尼“哈比人”困扰科学家)(Изв. 2006.06.05)

[3] Когда, куда и зачем КНДР отправит “Тэпходон-2”？Мир теряется в догадках(朝鲜民主主义共和国何时、向何处、为何发射大浦洞-2？世界猜不着)(Изв. 2006.06.21)

例[1]为带疑问词 ли 的是非问句，回答应为 да 或 нет，但回答是“专家不知所措”，对其问题有提示性的回答，正文中肯定会讨论这一问题，对其“内容是否属实”一定有种种说法；例[2]为带语气词 или 的选择问，疑点在并列项上，一般回答为必择其一，答句没有给出真正的回答，给出的是没有答案的回答，但正文中肯定有“困扰科学家”的种种说法；例[3]为带三个疑问词的特指问句，答句不是针对疑点回答，而是回答为“世界猜不着”，文中针对这三问定有种种猜测，这样读者若想知道有哪些猜测，必会阅读正文。

3. 报道性答句

先提出问题，再用具有报道性答句进行回答，答句具有很强的报道性，起到双重作用，既回答了问题又做了报道，充分体现了新闻标题的特点。这一形式的答句具有强烈的现场感，使读者有一种身临其境的感觉，让自己参与到这一问题中来，顺着作者的思路进一步求答。俄汉语报道性答句有所不同，俄语一般是提出问题后直接给出报道性答句，汉语在提问与报道性答句之间有作者的观点。如：

[1] Где и когда пройти техосмотр? ГИБДД Москвы назвала круглосуточные пункты ГТО (何时何地进行技术检验？莫斯科交警称各昼夜点 24 小时准备着)(Изв. 2006.05.16)

[2] Нельзя отказаться? Китайский монах хотел ударить Путина по

животу（不能拒绝？中国僧侣想揍普京的肚子）（Изв. 2006.03.22）

[3] 适合种小麦还是玉米？ 地里该种啥 从此有说法 国土部门为106万平方公里土地“体检”（《人民日报》，2006年12月21日）

[4] 直补资金怎样落实到户？村里的困难怎样解决？欢迎您参与讨论 村民反映：粮食直补抵旧税 干部解释：明知故犯出无奈（《人民日报》，2006年4月30日）

例[1]为特指问，答案不是直接回答“在哪里”和“什么时候”，而是报道信息，这一信息包含问题的答案，即用 круглосуточные пункты 回答疑点“地点”（где）和“时间”（когда），答句为问句作准备，“二十四小时准备着”的目的是什么？是为了“进行技术检验”；例[2]问题为是非问，不直接回答肯定或否定，即 да 或 нет，而是报道信息，这一信息包含提示性答案，问句由答句引出，即先有事实“中国僧侣想打普京的肚子”，再提出问题“不能拒绝”，答句提前是为了吸引读者的视线；例[3]问题为选择问，不是直接回答“种小麦”还是“种玉米”，而是先提供答案线索，再报道信息，该信息包含提示性回答的内容，若想了解详情，请阅读正文；例[4]接连提出两个问题，邀请读者参与，然后报道当事人所反映的情况，邀请读者讨论的不仅仅是所提出的问题，还包括对当事人所反映的情况进行评说，即对“粮食直补是否抵旧税”、“明知故犯是否出于无奈”发表自己的看法。此四例均通过报道情况来回答所提出的问题；俄汉语不同的是，俄语提出问题后直接报道，汉语提问与报道之间有作者的观点或邀请，如例[3]作者的观点是“地里该种啥 从此有说法”，例[4]作者邀请读者参与讨论。

4. 以实例作答

回答部分也不是依问题直接作答，而是委婉地以事实作答。用陈述事实的方式作答是为了准确地反映客观现实，使回答更具说服力，提高读者对报道的可信度。以实例作答，某种意义上也属于转换性答句的一种表现形式，但又有别于纯粹的转换性答句，因此将其单列一类。俄语有一些，汉语未见。因为俄罗斯民族思维的特点具个体性，带有分析性，重事实，属发散性思维；汉民族思维的主要特点具整体性，带有综合性，重整体把握，属集中性思维。如：

［1］Негостеприимная Россия？Пауло Коэльо，путешествующий по Транссибу，боится выходить из вагона（俄罗斯好客吗？巴乌罗·科厄里奥沿西伯利亚干线旅行，害怕下车）（Изв. 2006.05.29）

［2］"Куриная война"продолжается？Россельхознадзор запретил ввоз мичиганских птиц　（"禽流感之战"在继续吗？俄罗斯农业监督机构禁止进口密歇根州的禽类）（Изв. 2006.08.21）

［3］Грозит ли Земле обезвоживание？Более миллиарду людей не хватает питьевой воды（地球闹水荒吗？一百多万人缺乏饮用水）（Изв. 2006.03.23）

前两例为是非问句，例［3］是带疑问语气词 ли 的疑问句，以上三例疑点分别在形容词 негостеприимная、动词 продолжается 和动词 грозит 上，回答应为 да，但答句却不是正面直接回答，而是用事实作答：例［1］用"巴乌罗·科厄里奥沿西伯利亚干线旅行，害怕下车"这一事例来回答"俄罗斯是否好客"，尽管言外之意是"俄罗斯不好客"，但不是直接说出答案，让读者去推导；例［2］以实例"禁止进口禽类"来回答，言外之意是"禽流感之战在继续"；例［3］用数据事实来作答，其答案是肯定的，即 Грозит Земле обезвоживание，事实胜于雄辩，使答句说服力强，从而达到吸引读者的目的。

5. 以问作答

不正面回答问题，而以问作答，其模式是先提出问题，再陈述事实，由事实引出问题。问答结构中，有时一个交际意图需要分解成几个发话意向的问语，言语过程包含多对问答，问句制约其后的答句，答句依赖其后的问句，形成统一互动、互相包容的言语进程。"以问答问"违反了交际的合作原则，这种违反常常是有意图的，以问题形式出现，而回答又会激发新的问题，新问题又会引起新的回答，这样循环往复，问与答相互转化，层层深入，从而促使读者积极主动参与到这一对话中来，推动其认识的前进、理解的更新。此类只见于汉语，且数量有限。如："高油价下我们如何出行 电动汽车与燃油汽车比，结构简单，部件少，故障率低，保养和维修都比较便宜——电动汽车啥时上路"(《人民日报》，2006 年 6 月 12 日)，先提出问题"高油价下我们如何出行"，然后陈述事实"电动汽车较之燃油汽车的优点"，最后引出问题"电动汽车啥时上路"，所陈述的事实和最后的问题均隐含答句"高油价下我们使用电动汽车"，最后以疑问形式提出一种期望。

(三) 提问—要求

根据事实提出问题，由这一问题提出一种要求。此类只见于汉语。如"在农副产品中，西湖龙井、东北大米口碑很好，但是当消费者真正选购这些产品时，面对众多龙井和东北大米，我们买哪个？农副产品呼唤强势品牌"(《人民日报》，2006 年 6 月 5 日)，先陈述事实，产生疑问，继而提出问题，由问题提出一种期望。

二、回答—提问式标题对比

先给出答案，然后给出问题，通常二者的顺序可互换。根据回答类型也可分为直接回答和间接回答。该类回答尽管也是新信息，但回答与提问之间位置可互换。该类俄语较多，12 例，汉语很少，只见 1 例(见以下"(二)间接回答"中)。

(一) 直接回答

前面的陈述是对后面问题的直接回答。此类只见于俄语。如：

[1] Фридману — экстремальный спорт, Потанину — семейные радости. Как отдыхают самые богатые люди России(弗里德曼喜欢极限运动，波塔宁偏好居家乐趣。俄罗斯富豪如何休闲)(Изв. 2006.10.09)

[2] Мужчинам — инфаркт, женщинам — депрессия. Болезни приходят по половому признаку?(男性心肌梗死，女性抑郁。生病分性别?)(Изв. 2006.08.06)

[3] "Я была похожа на бабочку, летевшую на огонь". Как

сложилась судьба первой “Мисс Москвы”? (“我像扑火的飞蛾。”第一位“莫斯科小姐”命运如何?)(Изв. 2006.05.23)

例[1]和[3]的问题均为带疑问词的特指疑问句,例[1]和[2]以实例作答,例[1]为非穷尽性列举回答,例[2]为带疑问语调的是非问句,是穷尽性列举回答,例[3]用被访者所说的话作为回答。此类均为相互问答,既可理解为以前部分为依据提出问题,又可认为前部分是对后部分问题的回答,如例[1]可根据前面答案提出问题 Как отдыхают самые богатые люди России,也可由后面问题引出前面答案。无论是提出问题,还是回答,其前提是作者与读者共知的背景知识:Фридман 和 Потанин 是富人。同理,例[2]和[3]均可照此类推。

(二) 间接回答

间接回答又分概括性回答、以建议作答和以实物(产品)作答。

1. 概括性回答

不是真正的答案,而是提示性、概括性的回答,给出线索,答案一定在正文中。此类只见于汉语,类似于“提问—回答式(二)”中“2. 提示性回答”,不同的是先给出提示性、概括性答案,再引出问题。如“揭秘达喀尔拉力赛——“伤人”的车赛何以火爆?”(《人民日报》,2006 年 3 月 18 日),后部分问题的答案以前部分回答的关键词“揭秘”来显示,答案一定在正文中。

2. 以建议作答

语表形式是就问题提出建议,实质上是一种委婉回答,促使人们采取行动,通常用动词命令式。如:

[1] Не спешите пить виагру. Как сохранить мужское здоровье(别急着吃伟哥。如何保持男性健康)(Изв. 2006.02.27)

[2] Прочти и съешь! Какие продукты помогут поумнеть(读吧,吃吧! 哪些食物能让人聪明)(Изв. 2006.06.22)

两例问句分别用 как 和 какие 提问,答案不是直接回答“如何……”、“什么样的产品”,而是用动词命令式句作为回答,表示建议,暗示答案在正文中，促使读者去阅读正文寻找答案。

3. 以实物（产品）作答

先给出答案，但该答案不是直接回答问题，而是向读者提供一种产品，其言外之意即“可以用这种产品解决后面所提出的问题”。如：

[1] Колыбельная для взрослых. Как бороться с весенней бессонницей（给成年人的摇床。如何对付春天的失眠）（Изв. 2006.03.15）

[2] Трубка для параноиков. Как защитить мобильник от прослушивания（妄想狂的听筒。如何保护手机免于监听）（Изв. 2006.02.07）

例[1]可用产品“摇床”解决“如何对付春天的失眠”这一问题，例[2]可用产品“听筒”解决“手机被监听”这一问题，该类标题类似于广告。

三、报道—提问式标题对比

先是报道情况，再提出问题，作者向读者提出的问题是一种独特的交际形式，吸引读者的注意力，让读者思考，寻找答案。该结构可提高文章的情感性、生动性和动态性。根据所分析材料，此类标题俄汉语均较多，尤其是汉语。该类不同于回答—提问式，报道与提问顺序不能互换。俄语有 43 条，汉语有 153 条。根据报道内容可分为新信息、已知信息、假设信息等。

（一）新信息

该类属典型的报道—提问式，报道的是新信息，根据这一信息提出问题。二者位置不可逆，问题是由新信息而生发。该类俄语较多。如：

[1] Актер Сергей Жигунов разводится. У прекрасной няни есть шанс?（演员谢尔盖·日古诺夫离婚了。出色的保姆有机会吗?）（Изв. 2006.12.10）

[2] 太原济困门诊开张半年少人问津　病人为何停住脚步?（《人民日报》，2006 年 9 月 29 日）

以上两例前部分报道的是新信息，后部分是针对这一报道的情况提出问题，两者位置不能颠倒。上述提问采用完全句，但还有采用不完全句提问，如“Договорных матчей в России нет. Забудьте?”（俄罗斯没有合同赛。您忘记了吗？）（Изв. 2006.11.28），问句用动词命令式形式，表示不信、惊讶及提醒的意味。

（二）已知信息

提出一个观点或陈述一件众所周知的事实，然后根据这一观点或事实提出问题。该结构与典型的报道—提问式有细微的差别，报道的内容对读者来说一般是新信息，而陈述则是读者世界图景中早已存在的，是已知信息，我们把此类也列入报道—提问式。如：

[1] Путешествовать красиво. Как выбрать удобный чемодан（优雅旅行。如何选择便携箱子）（Изв. 2006.08.09）

[2] Микробы живут в офисе. Как не стать жертвой нечистоплотных коллег（办公室有细菌。如何不成为不讲卫生同事的牺牲品）（Изв. 2006.05.15）

[3] 必须长期坚持的指导方针——如何深化对科学发展观的认识（《人民日报》，2006年9月11日）

[4] 反垄断立法——我们期待什么（《人民日报》，2006年6月26日）

以上各例前部分均为已知信息，例[1]、[3]和[4]提出一个观点，例[2]陈述一个事实。报道与问题位置不能颠倒，后面的问题是由前面的报道引出的。

（三）假设信息

提出假设，相当于把表条件关系的主从复合句用句号分割开，也可认为是分割结构。该类只见于俄语。俄语表假设关系的连接词一般为если，有时也用когда。如：

[1] Если отец уклоняется. Можно ли заставить мужа платить алименты при разводе?（如果父亲回避。可以强迫丈夫离婚时付赡养费

吗?)(Изв. 2006.06.13)

[2] Когда автокредит себе дороже. Что скрывается за призывом “под 0%”(当汽车还贷高出贷款额时。“低于0%”的口号下隐藏着什么)(Изв. 2006.02.16)

两例前部分报道是表示假设关系的从句,用连接词 если 和 когда 引导,问题由假设引出。用作报道的从句除表示假设关系外,还有表目的关系,如 Чтобы не слипалось. Как правильно встретить Масленицу(为了不犯困。如何正确迎接谢肉节)(Изв. 2006.02.28),例中的问题实际上是一种提示性回答,答案一定在正文中。

此外,汉语有的带疑问词的句子不属于疑问句,但以问句形式提出。如“忻州是全国集中连片贫困区之一,从去年开始,这里全面启动了农业信息网络‘进村入户’工程,为贫困的农村注入了活力。请看——网络给农民带来了什么”(《人民日报》,2006年5月28日),先详细报道情况,再提出问题,但句中的疑问词“什么”不表疑问,起总括词作用,为修辞性疑问句,利用疑问句作标题,激起读者的好奇心,引发读者关注,吸引读者阅读正文,启发读者深入思考。

有的在报道中指出问题,根据这一问题进行提问。如“堵车、污染、嘈杂,李江东生活的江南小城经济发展了,但也添了新毛病——城市何时不拥挤”(《人民日报》,2006年10月16日),报道指出了“新毛病”,问题确切指出这一“新毛病”是什么。

四、提问—报道式标题对比

先提出问题,再进行报道,以问题的形式引出报道,强调要报道的新信息。也可由第二部分的报道引出第一部分的问题,两者位置可互换,逻辑意义不改变。尽管不是针对问题进行回答,事实上在报道中也包含有回答,只不过报道为主体,回答退居其次,正文可能有答案。这类标题不仅具有信息性,而且吸引性强。在所调查标题中,俄语有25条,汉语有34条。根据报道的性质可分为单纯报道、回答性报道。该类标题中的问句并非可有可无，它的出现有特殊的功能，即通过提问，促使读者思考，从而与作者的思想同步，更加投入自己的思维走势，这是调动读者主观能动性的一种极为有效的手段。从实际作用来看，问句是引导，报道是结果。汉语以单纯报道为主。

（一）单纯报道

没有回答，只是报道消息，从报道中读者难以得出答案，属典型问题—报道结构。如：

[1] Купить или отсудить? — британцам не терпится получить рукопись Роберта Гука（是买下还是判下？不列颠人急于得到罗伯特·古克的手稿）（Изв. 2006.03.26）

[2] О чем будут говорить президенты? Путин и Буш встречаются накануне саммита G8（总统会说些什么？普京和布什 G8 峰会前会晤）（Изв. 2006.07.14）

[3] 促进还是妨碍青年人就业？法国“首次雇用合同”法案公布没几天，各方的解读和反应完全不同　法国新劳动法案惹风波（《人民日报》，2006 年 3 月 22 日）

例[1]和[3]均为选择问，若要回答，则答案应为二选一，实际上没有回答，只是报道与这一问题相关的新闻，正文可能有答案；例[2]为特指问句，回答应直接就疑问点回答，但却以报道新闻的形式展示。

（二）回答性报道

不是直接回答问题，而主要是报道，前面的问题源于报道，报道置后，根据尾重原则，突出后者，强调信息的重要性。报道中包含读者可以推测出来的答案。如：

[1] Информация или пропаганда? 90% российского телеэфира посвящено позитивной деятельности правительства（是信息还是宣传？90%的俄罗斯电视报道政府的正面活动）（Изв. 2006.04.27）

[2] Незваный гость? Министр обороны США неожиданно прибыл в Ирак（不速之客？美国国防部部长突访伊拉克）（Изв. 2006.04.26）

[3] "Тюльпановая революция" продолжается? Курманбек Бакиев может лишиться президентского кресла("郁金香革命"在继续吗？库尔曼别克·巴基耶夫可能失去总统这把交椅)(Изв. 2006.04.25)

[4] 靠规模求生存，还是靠质量谋发展？中国高等教育作出选择——高校告别"扩招时代"(《人民日报》,2006 年 5 月 19 日)

例[1]、[2]和[4]可理解为问题源于报道，例[3]可理解为报道源于问题，即先提出问题"郁金香革命"是否在继续，在问题与报道间隐含"如果在继续，那么，将会出现什么情况？"再由这一问题引出报道，强调要报道的新信息；例[1]和[4]为选择问，回答必选其一。事实上以报道新闻的形式做提示性回答，根据报道读者可以推测正确答案分别为"是宣传"和"靠质量谋发展"；例[2]和[3]为是非问句，回答应为 да 或 нет，但回答均为报道，由报道可推出答案。例[2]根据报道中的关键词 неожиданно 就很容易推出答案是"不速之客"。

五、提问式回答—提问式标题对比

问答并行结构中还有一种形式，以问题的形式来间接回答问题，所提出的问题可以是一连串的疑问句，相互确切、补充、具体化，我们把这种结构称为"提问式回答—提问"式问答结构。该类汉语未见，俄语有 6 条。如：

[1] ПИФ или не ПИФ? Как домохозяйке стать частным инвестором (是不是股票型投资基金？家庭主妇如何成为个人投资者)(Изв. 2006.05.16)

[2] Жажда подскажет? О чем сигнализирует наш организм, требуя воды(渴会暗示什么？我们的机体需要水时发出什么信号)(Изв. 2006. 05.29)

例[1]前部分为选择问，后部分为特指问。前部分以选择问形式来间接回答后部分所提的问题，前面问题是后面问题的进一步具体化，后部分以特指问 как 形式提出问题，前部分以选择问形式给出选择答案，缩小问题范围，两者必择其一，想知详情，请看正文，真正的答案在正文中。例[2]前部分问题是是非问，后部分问题是特指问，前部分问题是后部分问题的具体化，前部分以问题形式“渴会暗示什么”作答，即“机体需要水时发出‘渴’的信号”。

由该模式衍生出两个变体：提问→提问式，又称递进型，由第一个问题引出第二个问题，层层递进，前后问句语义上逐层递进，前后问句次序原则上不能互换；提问←提问式，又称逆递进型，即第一个问题由第二个问题引出。该类俄语有 5 条，汉语只发现 1 条。如：

[1] Почему ожирение страшнее чумы. Станет ли Россия страной толстяков?（为什么肥胖比黑死病还可怕？俄罗斯会成为胖人国吗?）（Изв. 2006.09.11）

[2] Верить ли Форексу? Как заработать на разнице курсов валют（相信福雷克斯吗？如何利用外汇差价赚钱）（Изв. 2006.02.06）

[3] 是仓库，还是公共文化服务场所？是仅供研究需要，还是满足百姓文化品质的提升——博物馆建设：何时以人为本（《人民日报》，2006 年 3 月 31 日）

例[1]和[3]是由前面一个问题推出后面另一问题。例[1]第一个问题是特指问 почему，第二个问题是是非问 Станет ли Россия страной толстяков；由第一个问题可能推出多个问题，第二个问题只是其中之一；例[3]接连以三个问题出现，第一、二个问题均为选择问，由第一个问题深化引出第二个问题，由前两个问题浓缩为第三个问题“何时以人为本”，尽管第三问为特指疑问，但并不需要对这一疑问点进行回答，表达了作者的一种呼吁；例[2]第一个问题为是非问，第二个问题为特指问，第一个问题由第二个问题引出，即由“如何利用外汇差价赚钱”引出“相信吗”。

六、汉语其他模式

除以上俄汉语共有模式外，汉语还有其他一些俄语所无的模式。

(一) 报道—提问—回答式

先报道情况，再提出问题，最后回答，它像两个或几个人的谈话，吸引读者参与交谈。使用该形式可把相当长且复杂的书面语句子分解为几个较短、较简单的句子，加强对读者的感染力。该模式在俄语报纸标题中早已存在，只是在所调查材料中未见，汉语中发现 15 条。根据回答性质分为直接回答和间接回答。

1. 直接回答

对所提出的问题直接给出答案。如：

[1] 最近一段时间，煤矿事故又开始频发。到底是什么原因？近日，国务院安委会对 12 个主要产煤省进行了督查，发现——还是小煤矿惹的祸(《人民日报》，2006 年 12 月 8 日)

[2] “七八顶大盖帽”变成“一顶”，执法扰民少了　执法中频发的暴力事件，将这项改革推到风口浪尖　城管综合执法改革——向后退？向前走！(《人民日报》，2006 年 9 月 20 日)

前例第一句为报道，第二句是针对第一句所报道事实提出问题，第三句直接回答问题，答案为“还是小煤矿惹的祸”；后例前两句报道事实，第三句是根据所报道的事实提出问题，第四句果断地回答“向前走！”。

2. 间接回答

间接回答为提示性回答，一般有提示性的词语，如“从……看”、“聚焦”、“请看”等，答案见正文。如：

[1] 按照北京奥组委的计划，明年上半年将开始向公众出售奥运会门票。票价高低，如何购买？　聚焦奥运门票销售(《人民日报》，2006 年 10 月 28 日)

[2] 一位老教授的信，将一位中科院院士置于“论文造假”的“被告席”。这究竟是一场“学术打假”，还是正常的学术争论？重重迷雾的背后，是否隐藏着当事双方的利益……(《人民日报》，2006 年 4 月 13 日)

以上各例先报道事实，由事实产生问题，继而提出问题，最后给出提示性答案，详细答案在正文中，促使读者阅读文章。例[1]回答中有提示答案的词语“聚焦”；例[2]为先报道事实，由事实产生选择性问题，继而作者作出猜测，回答尽管以带疑问词“是否”的省略形式，实际上表明了作者的态度：“可能隐藏着当事双方的利益”。以问题形式进行回答，属于“报道—提问—提问式回答”式问答结构。

（二）提问—陈述—结论式

先提出问题，再陈述事实，由事实得出结论。如“高油价下我们如何出行？虽说公交线路不少，但乘车难的问题仍是一大困扰——公共交通爱你不容易”（《人民日报》，2006 年 6 月 12 日），先提出“高油价下我们如何出行”这一问题，然后陈述“乘车难”这一事实，最后依据这一事实得出结论“公共交通爱你不容易”。

（三）提问—报道—回答式

先提出问题，再报道消息，最后进行回答。如“什么是节约型园林绿化？城市绿化如何走节约之路？九月六日，记者采访了建设部科学技术委员会委员、北京林业大学教授朱建宁——城市绿化　因地制宜是最大的节约”（《人民日报》，2006 年 9 月 8 日），先连续提出两个问题，再以采访某人作为报道，最后以被访者的话语作为回答。

（四）回答—提问—结论式

先给出答案，再提出问题，最后得出结论，结论也是对问题的间接回答。如“先上学　后下井　小煤矿的农民工越来越多，山西阳泉煤运公司在兼并大量小煤矿的同时，也引进了大批农民工，安全生产怎么做？变招工为招生”（《人民日报》，2006 年 2 月 16 日），先给出答案，再报道现状，由现状引出问题，最后得出观点，将答案进行概括。

综上所述，俄汉语均有提问—回答式、回答—提问式、报道—提问式、提问—报道式、提问式回答—提问式，俄语主要以提问—回答式标题为主，汉语主要以报道—提问式标题为主。从这一差异进一步揭示俄汉两民族思维方式与文化的差异，“汉民族注重心理时间的思维方式在语言上的表现就是句子的‘散点透视’。这种散点透视首先是一种着眼于内容完整的组织方法”。[①] 汉族人长于总体把握与归纳，表现在问答并行标题中即先说出事情的来龙去脉，再提出问题；俄罗斯人长于条分缕析与演绎，表现在问答并行标题中即直截了当，先提出问题，再进行演绎。此外，汉语还有其他模式，如报道—提问—回答式、提问—陈述—结论式、提问—报道—回答式、回答—提问—结论式。

第二节 俄汉语问—答并行结构标题连接手段对比

问—答并行结构可用不同手段来连接，也可用不同方式来阅读这类标题，但正确理解它只有通过阅读文章。俄汉语问—答并行结构标题有不同的模式，不同的模式有不同的表达形式。下面主要从提问—回答/报道、回答/报道—提问、报道—提问—回答三类来考察其连接手段。从疑问句的形式结构看，俄汉语疑问表达手段有两种：疑问词和疑问语调。由调查可知，俄汉语疑问表达手段主要有：带疑问词和问号的问句、带疑问词无问号的问句、无疑问词带问号的问句。从问答间连接手段看，汉语有两种连接手段：标点符号（如句号、问号、破折号、问号和破折号混合）和排版符号（如空格符）；俄语只有一种连接手段：标点符号，即句号、问号和感叹号。问—答并行结构标题中，俄汉语问题除均用问号外，俄语还用句号，汉语常用破折号连接后面的回答/报道，借助排版方式来区分问题与回答；汉语在问题与回答中可以使用两种手段，如问号和空格连用，俄语只有一种，即问号或句号。

一、提问—回答/报道式连接手段对比

通常行文中，问句末用问号，答句末用标点，但标题中问句若有疑问词，则可用可不用问号，无疑问词，则必用问号，答句置后一般不标点。

---

① 申小龙：《当代中国语法学》，广东教育出版社 1995 年版，第 292 页。

俄汉语问答之间一般用问号，但除问号外，俄语还用句号、汉语还用破折号、问号与破折号连用作为连接手段。问答间连接手段主要有以下几种形式。如：

1）带疑问词和问号

无论有无疑问词，通常行文中，疑问句要带问号，标题也不例外。如以下两例问答之间带疑问词，答句后无标点。

[1] У кого четыре глаза? Правила выбора модных солнцезащитных очков（谁有四只眼睛？时髦太阳镜选购方法）（Изв. 2006.05.31）

[2] 一声哨响，能否止住行人违章的步伐？广州招募交通协管员报名火爆层层选拔上岗半年两成辞职（《人民日报》，2006 年 5 月 18 日）

2）带疑问词无问号

通常行文中，问句后一般要用疑问语调。疑问句的语调是构成疑问句的基本手段，确定句子是不是疑问句主要依据是语调。问—答并行结构标题中有一类问句后没有疑问语调，有典型的疑问形式，“像一个对话，其中常有绝对的、特有的对答，有时回答似乎不是对所提出的、但从前面上下文中分出来的问题”。[①] 该类只见于俄语，如以下三例疑问词分别为 как、кто、куда，由调查可知，最常用的疑问词是 как。

[1] Как в супермаркетах Москвы ловят воришек. Секреты службы безопасности（莫斯科超市如何抓小偷？公安局的秘密）（Изв. 2006.08.23）

[2] Кто рыл могилу динозаврам. Новая теория возникновения жизни на Земле（谁给恐龙挖过坟？地球上生命诞生的新理论）（Изв. 2006.04.13）

[3] Куда уехал ваш автомобиль. Рецепт вызволения со штрафстоянки（您的汽车开到哪儿去了？从罚款停车场要回车的做法）（Изв. 2006.03.02）

---

① А. В. Швец, *Разговорные конструкции в языке газет*, Киевский университет, 1971, с. 55.

3）带疑问词、问号和空格

该类只见于汉语。如“油炸方便面是否致癌？专家称尚无科学依据”(《人民日报》,2006 年 6 月 15 日)。

4）带疑问词、问号和破折号

该类只见于汉语。如“是天灾还是人祸？——对河南省安阳县“12·26”地面塌陷事故的调查”(《人民日报》,2006 年 3 月 21 日)。

5）带疑问词和破折号

该类只见于汉语。如“如何看待同城竞争——与中国名牌战略推进委员会副主任艾丰对话”(《人民日报》,2006 年 11 月 27 日)。

6）无疑问词带问号

无疑问词疑问句必须带问号。如“Портер будешь? Дайте два! ”(你要黑啤酒吗？请来两瓶!)(Изв. 2006.07.06)、“甩脂机减肥？莫信!”(《人民日报》,2006 年 7 月 6 日)。

7）无疑问词带问号和空格

该类只见于汉语。如“月底彗星撞地球？我专家辟谣:缺乏科学依据”(《人民日报》,2006 年 10 月 17 日)。

二、回答/报道—提问式连接手段对比

通常行文中,回答或报道之后为句号、省略号或感叹号(若表示一定的感情色彩),问题句末要用问号。标题中疑问句若有疑问词,可用可不用标点符号,无疑问词则需通过疑问语调来表示,必须带问号。俄语前后部分一般用句号,但也偶见用感叹号,而汉语既有句号,还常用破折号、有时用空格符作为连接手段。回答/报道—提问式主要有以下几种连接手段。

1）答问间为句点,问句后有问号

该类只见于俄语。如“Гаджиев ушел. Кто следующий? ”(卡基耶夫走了,谁是下一任?)(Изв. 2006.12.05)。

2）答问间为句号,问句后无标点

[1] Лужи жаждут добычи. Как выбрать обувь для весны(水洼等

着排干。如何选择春天穿的鞋)(Изв. 2006.03.23)

[2] 忻州是全国集中连片贫困区之一,从去年开始,这里全面启动了农业信息网络'进村入户'工程,为贫困的农村注入了活力。请看——网络给农民带来了什么(《人民日报》,2006 年 5 月 28 日)

3) 答问间为感叹号,问句后有问号

该类只见于俄语。如"Доллар падает! Что делать?"(美元跌了!怎么办?)(Изв. 2006.12.11)。

4) 答问间为感叹号,问句后无标点

该类只见于俄语。如"Ни слова о Хизи!" Почему Пол Маккартни отказывается обсуждать развод с женой("拒谈希瑟!"为什么保罗·麦卡特尼拒谈与妻子离婚)(Изв. 2006.06.14)。

5) 答问间为句号和空格,问句后有问号

该类只见于汉语。如"国家有提供'最低生活保障'这种公共产品的义务;享受最低生活保障者,也应当履行必要的义务。低保:何种权利?何种义务?"(《人民日报》,2006 年 10 月 25 日)。

6) 答问间为空格,问句后有问号

该类只见于汉语。如"车辆遭到抢劫 保险公司为何拒赔?"(《人民日报》,2006 年 3 月 21 日)。

7) 答问间为破折号,问句后有问号

该类只见于汉语。如"四渡赤水出奇兵——到底奇在哪里?"(《人民日报》,2006 年 10 月 22 日)。

8) 答问间为破折号,问句后无标点

该类只见于汉语,且常见。如"美国人打造'花木兰',日韩抢注'水浒传'——传统文化该如何保卫'产权'"(《人民日报》,2006 年 12 月 15 日)。

三、报道—提问—回答式连接手段对比

该类在所调查俄语标题中未见,但常见于汉语。主要有以下连接手

段：

1）报道与提问间用句号，提问与回答间用问号

一边是乡村的呼唤，一边是城市的诱惑。到哪里寻找创业的支点？王淑敏、景晓辉、张万侠、段改丽、宋洁、冯丽丽、任洁如、李娜，这8位山西省农业大学毕业的女生……（《人民日报》，2006年3月22日）。

2）报道与提问间用句号，提问与回答间用问号和空格符

由于我国重男轻女思想根深蒂固，生育男孩的偏好普遍存在，导致出生人口性别比持续偏高。如何破解这一难题？这里女孩也吃香（《人民日报》，2006年12月14日）。通常行文中，报道与提问间用句号或感叹号（若表示一定的感情色彩），提问与回答间用问号，回答后用句号。而此例报道与提问间用句号，提问与回答间用问号和空格符，回答之后无标点符号。

3）报道与提问间用句号，提问与回答（报道）间用破折号

10多万名用户，200多万张名片，电话、手机、电邮、MSN一应俱全。是信息交流新模式，还是侵犯个人隐私——名片上网引风波（《人民日报》，2006年9月11日）。通常行文中，报道与提问间用句号或感叹号（特殊语用条件下），提问与回答间用问号，回答后用句号。而此例提问与回答（报道）间用破折号，回答之后无标点符号。

4）报道与提问间用破折号，提问与回答间用问号和空格符

“七八顶大盖帽”变成“一顶”，执法扰民少了　执法中频发的暴力事件，将这项改革推到风口浪尖　城管综合执法改革——向后退？向前走！（《人民日报》，2006年9月20日）。通常行文中，报道与提问间用句号，提问与回答间用问号，回答后用句号。而此例报道与提问间用破折号，提问与回答间用问号与空格符，回答之后无标点符号。

5）报道与提问间用破折号，提问与回答间用空格符

一场特大雹灾造成山东农业经济损失12.2亿元，不少农民血本无归——谁为新农村编织“保险网” 山东省一季度农业保险保费收入负增长，农业保险产品很少　一些……（《人民日报》，2006年6月5日）。通

常行文中，报道与提问间用句号，提问与回答间用问号，回答后用句号。而此例报道与提问间用破折号，提问与回答间用空格符，回答之后无标点符号。

问答并行结构中，有什么样的答语就决定了选用什么样的句法形式；反之，什么样的句法形式也制约了出现什么样的答语，它们相互制约。问答并行结构赋予标题对话性，使它与读者的言语接近。有时问答结构在容量上包括很大的上下文，赋予它们鲜活的交谈性质，吸引读者积极参与解决文中所提出的问题。它具有表情功能，积极地作用于读者的智力和情感，对读者产生强烈的感染力。

第 四 章

俄语残余结构与汉语黏着结构标题对比

第一节 俄语残余结构与汉语黏着结构标题类型对比

汉语语法学界一般把在任何语境下都不能单独成句的语言形式称作黏着结构，俄语将句子主要部分被分割后剩下的独立使用的、主要作句子次要成分的部分称为残余结构。它们在语法上不自足，语义上不完整，但通常单独作标题，正如波波夫（А. С. Попов）指出，残余结构具有标题特点，且只见于标题。他还指出，与口语中占主导地位的称名句一样，某些独立句子成分、句子部分、从句在标题中得到广泛应用。① 句法功能上，俄语残余结构在原来的句子里一般充当定语、状语或补语。如独立的形动词和长尾形容词在原来的句子里作定语，副动词短语、副词等表示的独立的次要成分在原来的句子里作状语，名词间接格表示的独立的次要成分在原来的句子里既可作状语，还可作补语。汉语黏着结构在原来的句子里可充当的成分较自由，取决于具体结构，如汉语介词短语经常作句子的状语、补语或定语，有时还能作宾语，"从……到……"的介词结构可作主语、宾语、谓语、状语和定语。

目前，俄汉语中该类结构标题已成句法模式，读者已习惯于此种句法结构，有特殊的表达效果。为便于比较，对俄汉语类似的结构以汉语名称称谓，俄语前置词＋名词结构大致相当于汉语的介词结构，下文均称为介词结构。从句结构大致相当于汉语连词结构。标题中常见的俄语残余结构有：1）前置词—名词即介词结构；2）名词间接格，主要为第三

---

① Попов А. С. *Синтаксическая структура современных газетных заглавий и её развитие*, Наука, 1996, с. 90.

格和第五格；3)副动词短语；4)副词(包括比较级)、副词＋介词结构或介词结构＋副词；5)不带修饰词的形容词或形动词第一格，这类形容词和形动词后面没用名词，且没有名词化；6)从句结构，从句中已获得很大独立性的连接词为直义，其独立性类似于副词，该类句子的特点是未完结，使读者去寻找主句，该主句内容表现在正文中。汉语黏着结构用作标题的主要有介词结构、连词结构、方位结构、偏正结构以及动宾结构等。俄汉语黏着结构标题类型对比见表1。

表1　俄汉语黏着结构标题类型对比

语种 结构形式	俄语		汉语	
	数量(条)	比例(%)	数量(条)	比例(%)
介词结构	552	80.23	205	77.65
名词间接格	23	3.34	1(名词)	0.39
名词间接格＋介词结构	7	1.01		
介词结构＋名词间接格	2	0.29		
副词	5＋7(副词比较级)	1.74		
副词＋介词结构	27＋1(介词)	4.07		
介词结构＋副词	5	0.73		
副动词短语	16	2.33		
形动词	12	1.74		
形容词	10	1.45		
方位结构			22	8.33
偏正结构			17	6.44
动宾结构			7	2.65
连词(从句)结构	21	3.05	12	4.54
合计	688	100	264	100

说明，本表结构主体以词类作为划分依据，鉴于汉语有的黏着结构不便于归类，故在此表中采用了两种分法，即汉语方位结构与偏正结构根据结构关系的标准划分，而介词结构、副词结构、形容词结构、动词结构等根据词类性质划分。二者不处于同一平面上，相互间不具排斥性。如动宾短语并列而成的联合结构仍是动词结构，介词结构并列而成的联合结构也还是介词结构等。因以不同标准划分，难免出现结构交叉现象。如在俄语副词＋介词结构、介词结构＋副词、名词间接格＋介词结构、介词结构＋名词间接格中含有偏正结构；在俄语介词结构、副词＋介词结构等、汉语介词结构、方位结构中含有并列结构，我们分析时分别加以说明。

由表 1 可知，俄汉语黏着结构中，均有介词结构、连词结构和名词，俄语为名词间接格，因为名词第一格为称名结构标题，只有名词间接格才是残余结构。俄语名词有 23 个，汉语只有 1 个名词形式，在各自结构中所占比例俄语(3.34%)高于汉语(0.39%)。双语均以介词结构为最，俄语有 552 个，汉语有 205 个，其比例分别为 80.23%、77.65%，俄语高于汉语；而连词结构汉语(4.54%)高于俄语(3.05%)，尽管数量上俄语(21)多于汉语(12)。此外，俄汉语各有其特有结构。俄语各类型由多至少依次排列为：

介词结构＞副词＋介词结构＞名词间接格＞从句结构＞副动词短语＞副词＝形动词＞形容词＞名词间接格＋介词结构＞介词结构＋副词＞介词结构＋名词间接格

汉语各类型由多至少依次排列为：

介词结构＞方位结构＞偏正结构＞连词结构＞动宾结构＞名词

“前置词＋名词”在俄语残余结构中占绝对优势，几乎可见到不同“前置词＋名词”做标题的情况，具体使用情况如表 2(表中所列介词结构包括副词 ещё раз о＋六格〈10 个〉和 ещё раз к вопросу о＋六格〈6 个〉介词结构类)。

表 2 俄语前置词＋名词(介词结构)使用情况一览表

<table>
<tr><th>类型</th><th colspan="2">前置词及其固定结构</th><th>数量</th><th>总数</th><th>比例(%)</th><th>实例</th></tr>
<tr><td rowspan="7">单个前置词</td><td rowspan="2">о</td><td>о＋六格</td><td>123</td><td rowspan="2">133</td><td rowspan="2">23.42</td><td>О полупредикативности деепричастий(关于副动词的半述谓性)(Филол. науки, 2006, №4)</td></tr>
<tr><td>ещё раз о＋六格</td><td>10</td><td>Ещё раз о грамматическом статусе лексикологии(再谈词汇学的语法地位)(Филол. науки, 2005, №3)</td></tr>
<tr><td colspan="2">про＋四格</td><td>9</td><td>9</td><td>1.58</td><td>Про тюбетейку(关于绣花尖顶小圆帽)(Нева, 2006, №1)</td></tr>
<tr><td colspan="2">к＋三格</td><td>22</td><td>22</td><td>3.87</td><td>К теории литературных жанров(关于文学体裁理论)(Филол. науки, 2006, №3)</td></tr>
<tr><td rowspan="2">по＋</td><td>三格</td><td>22</td><td rowspan="2">24</td><td rowspan="2">4.23</td><td>По линии отрыва (沿着骑缝线)(Нов. мир, 2002, №7), По законам леса(根据森林法)(Нева, 2006, №5)</td></tr>
<tr><td>四格</td><td>2</td><td>По ту сторону одеяла(在被子的那边)(Знамя, 2005, №6)</td></tr>
</table>

（续表）

	в＋	四格	6	58	10.21	В день жёлтого тумана（秋天黄色落叶笼罩的日子）（Нов. мир，2005，№3）
		六格	52			В поисках смысла жизни（寻找生活意义）（Вестник МГУ，2002，№2）
	на＋	四格	10	49	8.63	На четыре стороны света（到世界各地）（Нов. мир，2006，№10）
		六格	39			На рассвете нашей Победы（在我们胜利前夕）（Нева，2003，№6）
	с＋	二格	3	15	2.64	С точки зрения работодателя（从雇主的角度来看）（Изв. 2006.04.06）
		五格	12			С тёплым ветром（带着暖风）（Нов. мир，2006，№8）
	за＋	四格	4	10	1.76	За пригоршню таблеток（为了一把药片儿）（Изв. 2006.03.03）
		五格	6			За кружкой доброго эля（在喝一杯好啤酒时）（Изв. 2006.01.09）
	из＋二格		25	25	4.40	Из жизни замечательных людей（名人生活选段）（Нева，2006，№6）
	без＋二格		13	13	2.29	Без тебя（没有你）（Нов. мир，2002，№7）
	под＋四格		1	10	1.76	Под ноль（光头）（Изв. 2006.04.10）
	под＋五格		9			Под сенью белого орла（白鹰影下）（Изв. 2006.02.10）
	между＋五格		8	9	1.58	Между невинностью и опытом（无辜与经验之间）（Нева，2003，№2） Меж двух списков（两份名单间）（Изв. 2006.03.29）
	меж＋二格		1			
	после＋二格		6	6	1.06	После жизни（生后）（Нева，2004，№9）
	у＋二格		5	5	0.88	У окраины сердца（心脏边缘）（Нов. мир，2003，№9）
	над＋五格		3	3	0.53	Над солью вод（在水盐上方）（Нов. мир，2004，№7）
	до＋二格		3	3	0.53	До сигнального блеска（信号弹闪耀前）（Нов. мир，2006，№10）

（续表）

	вокруг＋二格	1	1	0.18	Вокруг Никитских(在尼基茨基一家人周围)(Изв. 2006.12.08)
	через＋四格	2	2	0.35	Через трещины времени(穿过时间的缝隙)(Знамя, 2007, №12)
	сквозь＋四格	3	3	0.53	Сквозь медленное зрение травы(透过草细细看)(Знамя, 2006, №5)
	спустя＋四格	3	3	0.53	Двадцать лет спустя(20 年后)(Звезда, 2003, №6)
	от＋二格	5	5	0.88	«От пуля»(“因为子弹”)(Нева, 2002, №8)
	мимо＋二格	1	1	0.18	Мимо жимолости и сирени(经过金银花和紫丁香)(Нов. мир, 2003, №10)
	ради＋二格	1	1	0.18	Ради красного словца(为了华丽的辞藻)(Рус. речь, 2006, №6)
	поверх＋二格	3	3	0.53	Поверх старого текста(旧文上方)(Нов. мир, 2003, №4)
	вместо＋二格	2	2	0.35	Вместо предисловия(代序)(Вопр. яз., 2002, №1)
	против＋二格	1	1	0.18	Против всех(反对所有人)(Нов. мир, 2006, №9)
	из-под＋二格	1	1	0.18	Из-под козырька(从硬帽檐下)(Нов. мир, 2003, №7)
	путём＋二格	1	1	0.18	Путем резца(借助于车刀)(Знамя, 2005, №5)
	благодаря＋三格	1	1	0.18	Благодаря луне(多亏了月亮)(Нов. мир, 2002, №9)
	навстречу＋三格	1	1	0.18	Навстречу девятому валу(迎着滔天巨浪)(Изв. 2006.12.14)
	согласно＋三格	1	1	0.18	Согласно естеству(根据本性)(Нева, 2006, №11)
	вопреки＋三格	1	1	0.18	Вопреки трагизму бытия...(不顾生活凄凉……)(Нева, 2002, №12)
	при＋六格	1	1	0.18	При свете мрака(在暗光下)(Нов. мир, 2005, №4)
	вслед за＋五格	1	1	0.18	Вслед за лунной тенью и «Правдой»(追随月影和《真理》)(Изв. 2006.07.20)

（续表）

两个及以上前置词	к вопросу о＋六格	37＋1*	44	7.75	К вопросу о секретности（关于保密性问题）（Нева，2007，№9）
	ещё раз к вопросу о＋六格	6			Ещё раз к вопросу о картографии вымысла（再论虚构制图学问题）（Знамя，2006，№11）
	к（三格）＋в（六格）	1	1	0.18	К бабушке，в Бекачин...（去奶奶那儿，去别卡钦……）（Нов. мир，2003，№3）
	от（二格）＋до（二格）	16	16	2.82	От Москвы до Бреста（从莫斯科到布列斯特）（Изв. 2006.02.14）
	от（二格）＋к（三格）	16	16	2.82	От принципов к последствиям（从原则到后果）（Звезда，2004，№12）
	в（六格）＋за（五格）	2	2	0.35	В погоне за длинным рублем（追逐大利）（Нева，2003，№8）
	в（四格）＋ из（二格）	1	1	0.18	В огонь из омута（扑向堕落的深渊之火）（Нов. мир，2002，№7）
	в（六格）＋ без（二格）	1	1	0.18	В пространстве без дорог（在无路的空间）（Знамя，2006，№4）
	в（四格）＋с（五格）	3	3	0.53	В Новый год с новым правительством（新年，新政府）（Изв. 2006.12.13）
	в（六格）＋с（五格）	2	2	0.35	В борьбе с беспамятством（与狂乱的斗争中）（Нов. мир，2005，№10）
	в（六格）＋от（二格）	2	2	0.35	В стороне от дороги мимоезжей（侧道边）（Нева，2007，№7）
	в（六格）＋на（四格）	1	1	0.18	В узком кругу на 200 персон（在二百人的小圈子里）（Изв. 2006.03.06）
	в（六格）＋под（五格）	1	1	0.18	В кресле под яблоней（在苹果树下的椅子里）（Нов. мир，2006，№2）
	в（四格）＋ в（六格）	1	1	0.18	В нужное время в нужном месте（在必要的时间必要的地点）（Изв. 2006.08.24）
	в（六格）＋к（三格）	1	1	0.18	В направлении к Скотогонску（在斯科托洪斯克方向）（Знамя，2005，№3）
	в（六格）＋ в（六格）＋ в（六格）	1	1	0.18	«В Германии，в Германии，в проклятой стороне...»（在德国、在德国、在该死的那边……）（Нева，2006，№5）
	в（六格）＋вне（二格）	1	1	0.18	В «кругу» и вне «круга»（“圈内”和“圈外”）（Нов. мир，2003，№10）

（续表）

	с(五格)＋ в(六格)	4	4	0.70	Со спичкой в руке(手里拿着火柴)(Нов. мир, 2005, №8)
	с(五格)＋ в(四格)	1	1	0.18	С ветерком в тартарары(非常快地下地狱)(Нов. мир, 2005, №10)
	с(五格)＋ по(三格)	4	4	0.70	С русской душой по Европе(俄罗斯人去欧洲)(Нева, 2007, №5)
	с(五格)＋ к(三格)	1	1	0.18	С безразличием к женщине(对女人漠不关心)(Знамя, 2002, №6)
	с(五格)＋ на(四格)	1	1	0.18	С видом на твид(看到花呢的景致)(Изв. 2006.09.25)
	с(五格)＋без(二格)	1	1	0.18	С витамином С и без клещей(含维生素C与没有壁虱)(Изв. 2006.08.14)
	с(五格)＋за(五格)	1	1	0.18	С простором за спиной(背后的辽阔)(Знамя, 2007, №4)
	на(四格)＋за(五格)	1	1	0.18	На фондовый рынок за длинным рублем(去证券市场赚大钱)(Изв. 2006.08.22)
	на(六格)＋ к(三格)	1	1	0.18	На полпути к поражению(失败途中)(Знамя, 2006, №4)
	на(六格)＋у(二格)	1	1	0.18	На виду у базара(当着市场上人们的面)(Изв. 2006.03.20)
	на(六格)＋над(五格)	1	1	0.18	На земле или над землей(在地上还是在地面上方)(Изв. 2006.05.15)
	на(六格)＋ с(五格)	2	2	0.35	На короткой спиритической ноге с Джоном Ленноном(与乔治・连农有交情)(Изв. 2006.03.19)
	на(六格)＋в(六格)	1	1	0.18	На свету и в темнотах лирической самобытности(在独特抒情的光明与黑暗中)(Нов. мир, 2004, №1)
	на(六格)＋в(四格)	1	1	0.18	На дороге в никуда(在无处可通的路上)(Нева, 2002, №12)
	на(六格)＋ на(六格)＋в(六格)	1	1	0.18	На земле, на воде и в воздухе(地上、水中和空中)(Изв. 2006.06.28)
	на(六格)＋вне(二格)	1	1	0.18	На дорогах и вне(路里路外)(Изв. 2006.09.28)
	из(二格)＋в(四格)	3	3	0.53	Из варяг в греки(从瓦兰吉亚人到希腊人)(Нева, 2003, №4)

（续表）

	из(二格)＋ с(五格)	2	2	0.35	Из «пробирки» с любовью(来自爱的“试管”)(Изв. 2006.08.17)
	за(四格)＋ до(二格)	1	1	0.18	За секунду до пробужденья(觉醒前的一分钟内)(Нов. мир, 2004, №10)
	за(四格)＋ по(三格)	1	1	0.18	За обезьяну по банану(用一根香蕉换一只猴子)(Изв. 2006.03.02)
	за(五格)＋ с(五格)	1	1	0.18	За советом и с отчетом(征询与报告)(Изв. 2006.09.13)
	о(六格)＋ о(六格)	5	5	0.88	О спокойном достоинстве и не только о нём(关于平静的尊严且不仅仅如此)(Нева, 2003, №7)
	о(六格)＋ от(二格)	1	1	0.18	Об удовольствии от текста, персональной истории и утопический географиио(关于文本、个人史和乌托邦地理带来的乐趣)(Нов. мир, 2005, №7)
	с(二格)＋в(四格)	1	1	0.18	С места в карьеру(从原位升迁)(Изв. 2006.11.29)
	по(三格) ＋к(三格)	2	2	0.35	По дороге к небу(通天路上)(Звезда, 2002, №1)
	по(三格)＋по(三格)	1	1	0.18	По мосткам, по белым доскам(沿着小桥，沿着白色的木板)(Нов. мир, 2003, №4)
	по(三格) ＋ против(二格)	1	1	0.18	По Малой Невке, против течения(沿着小涅瓦河逆流而上)(Знамя, 2005, №12)
	по(三格) ＋с(五格)	2	2	0.35	По пути со спутником(与伴同行)(Изв. 2006.09.19)
	у(二格)＋в(四格)	1	1	0.18	У времени в плену(被时间所俘虏)(Звезда, 2002, №2)
	до(二格)＋ после(二格)	2	2	0.35	До и после войны(战前战后)(Знамя, 2005, №10)
	под(五格)＋ у(二格)	1	1	0.18	Под ногой у цапли(在鹭的脚下)(Нов. мир, 2003, №8)
	без(二格)＋ на (四格)	1	1	0.18	Без права на провал(没有失败的权力)(Изв. 2006.10.12)
	над(五格)＋ в(四格)	1	1	0.18	Над бездонным провалом в вечность(通向永恒的无底凹陷处的上方)(Знамя, 2007, №3)
	总数	568		100	

一、俄汉语介词结构

在现代汉语词类中，介词是用在词或短语（主要是名词和名词短语）前面，合起来一同表示起止、方向、时间、处所、对象、原因等的词。汉语“介词”这一名称最早见于《马氏文通》。1953 年，张志公第一次把“介词＋名词”组成的语言单位叫“介词结构”。这个术语出现后，有人沿用了这一术语，也有人称它“介宾短语”、“介词词组”、“介词结构”。介词短语在现代汉语中的使用频率很高，在一般政论文体中，几乎不到四个句子就要出现一个介词短语。通常把汉语的介词作为前置词看待。俄语前置词和汉语介词均属虚词，不能单独使用，要与其后面的词一起组成前置词结构即介词短语才能在句中充当句子成分，词汇语义比较抽象，主要是体现语法意义，表达词与词的各种语法关系。总之，它们的语法作用基本相同。在表达同一思想的俄汉语词组和句子中，它们常相对应。但俄语前置词和汉语介词之间也存在很多不可忽视的差异。一部分前置词相当于汉语后置词即方位结构。前置词与格形式的结合，构成了一个新的、特殊的、整体的意义单位。带前置词的格形式可用于相对独立的位置，“用作名称、题词、也可用于文章的篇首，如标题、篇目”。① 前置词与名词组合在俄语中不是词组，因此，本文采用“介词结构”之说。俄语前置词包括原始前置词和非原始前置词，“80 年语法”详尽列举了现代俄语的前置词，“计有 204 个”。② 但据初步统计，原始前置词约有 22 个，非原始前置词约 177 个，总共 199 个；“汉语介词共 93 个。除由‘从、打、当、对、给、跟、关于、叫、让、替、于、在’12 个可以构成自由词组外，其余 81 个构成的都是黏着词组。”③在表达时间、地点、原因、目的、对象、排除等意义关系时，俄汉语前置词和介词互为对应的时候较多。用作标题

---

① 苏联科学院研究所编，胡孟浩等译，《俄语语法》（下卷），上海外语教育出版社 1991 年版，第 960—961 页。

② 王培硕：“俄语前置词与汉语介词对比”，《中国俄语教学》，1988 年第 6 期，第 39—41 页。

③ 侯学超：“说词组的自由与黏着”，《语文研究》，1987 年第 2 期，第 2 页。

的介词结构俄语远远多于汉语，几乎所有的前置词与名词组合，只要表达需要，均可用作标题，而汉语中并不是所有的介宾结构都可以单独充当篇名，能够单独充当篇名的介宾结构主要是那些标志时间、空间、缘由、目的、关涉、排除和话题类的介词。

从词的语法功能来说，前置词、介词属虚词。它们虽不能单独使用和充当句子成分，但在实际的语言表达中，其使用频率很高。如表示起止、方向、处所时，俄语常用 с、от、из、на、в、к、до、по、у、над、под、из-под、за、между、поверх、вокруг、возле、около、мимо、сквозь、через、против、навстречу 等前置词，汉语常用“从、自从、至、往、在、当、当着、随着、沿着、顺着”等介词；表时间时，俄语常用 в、на、с、от、до、по、после、к、за、перед、под、через、спустя 等前置词，汉语常用“在……时(前、后)”等介词；表示方式、手段、依据时，俄语常用 по、при、на、с、согласно、путём 等前置词，汉语常用“按、按照、以、凭、依、依照、通过、鉴于、据、根据、用、拿、靠、作为”等介词；表原因、目的时，俄语常用 по、от、из、из-за、благодаря、для、за、ради、во имя、в поисках 等前置词，汉语常用“因、因为、由于、为、为了、为着”等介词；表范围、对象时，俄语常用 о、про、насчёт、к、для、за、с 等前置词，汉语常用“对、对于、关于、至于、替、同、与、跟、和、把、被、连、让”等介词；表比较、排除时，俄语常用 по сравнению с(与……相比)、подобно(类似于)、кроме(除……以外)等前置词，汉语常用“比、除、除了、除开”等介词；表离损关系时，俄语常用 без(没有)、против(反对)、вопреки(违背)、вместо(代替)等前置词，汉语没有相对应的介词。从介词结构的语法功能来说，俄语介词结构经常作句子的状语或补语，汉语介词短语经常作句子的状语、补语和定语，有时还能作宾语。

在所调查标题中俄语单个前置词＋名词中所用的前置词从多到少依次为 о、в、на、из、по、к、с、без、за、под、про、между(меж)、после、у、от、над、до、сквозь、спустя、поверх、через、вместо、вокруг、мимо、ради、против、из-под、путём、благодаря、навстречу、согласно、вопреки、при、вслед за，其中，使用最多的是前置词 о，出现 133 次，其次为 в，出现 58 次，再次为 на，

出现 49 次，此外，из、по、к、с、без 分别出现 25、24、22、15、13 次，за、под 均出现 10 次，про、между(меж)均出现 9 次，после 出现 6 次，у、от 均出现 5 次，над、до、сквозь、спустя、поверх 均出现 3 次，через、вместо 均出现 2 次，вокруг、мимо、ради、против、из-под、путём、благодаря、навстречу、согласно、вопреки、при、вслед за 均使用 1 次。(见表 2)俄语介词结构除由单个前置词＋名词构成的结构外，还有一些由互不联系或有联系的两个前置词—名词构成的结构，如：

[1] В нужное время в нужном месте(在必要的时间必要的地点)(Изв. 2006.08.24)

[2] В пространстве без дорог(在没有路的空间)(Знамя，2006，№4)

[3] Без права на провал(没有失败的权利)(Изв. 2006.10.12)

例[1]由两个互不联系的介词结构 в нужное время 和 в нужном месте 直接组成介词结构，例[2]由两个既相联系又可分开的介词结构 в пространстве 和 без дорог 组成介词结构，例[3]由有关联的介词结构 без права 和(права)на провал 构成，其中 права 既与前置词 без 有联系，又支配后面的名词 провал。汉语用作标题的介词结构从多到少依次为："关于……、从……到……、在……(之上/之下/之边/之间/背后)、从/由……说/谈/做起、……在……、为了……、由/从……想到、当……、对……、从……开始、为……、以……名义、以……为鉴"等。汉语介词结构中既有由纯介词构成的，也有介词方位复合结构。(见表 3)

表 3　汉语介词结构使用情况一览表

介词	数量	比例(%)	实例
关于/有关	60	29.3	关于鸳鸯蝴蝶派(《十月》，2007 年第 3 期)
从……到……	40	19.5	从"官员"到"服务员"(《人民日报》，2006 年 4 月 18 日) 从汉字研究到汉字教学——认识汉字符号体系过程中的几个问题(《世界汉语教学》，2007 年第 1 期)
在……(上/下/之间/之上/那边)	23	11.2	在西域(《人民文学》，2004 年第 1 期) 在水的另一方(《人民文学》，2006 年第 8 期)，在重压与轻松之间(《人民日报》，2006 年 2 月 16 日) 在旷野的那边(《人民文学》，2004 年第 2 期)，在峭壁之上(《收获》，2006 年第 5 期)

（续表）

从（由）……说/谈/做起	17	8.3	从“赌徒国家”说起（《人民日报》，2006年5月30日） 从《赵树理》谈起（《人民日报》，2006年6月15日） 从培育创新性思维做起（《人民日报》，2006年6月14日） 由“开门立法”谈起——如何理解加快法治社会建设（《人民日报》，2006年9月22日）
……在……	14	6.8	节约发展在惠安（《人民日报》，2006年5月1日）
为了……	13	6.3	为了国家的未来——访朝纪行之三（《人民日报》，2006年6月12日）
由/从……想到	11	5.4	由马路新旧对接想到的（《人民日报》，2006年4月6日） 从赵树理所想到（《人民日报》，2006年9月21日）
当……	9	4.4	当鱼水落花已成往事（《人民文学》，2004年第8期）
对……	8	3.9	对“NP＋的＋VP”结构的重新认识（《中国语文》，2003年第5期）
从……开始	4	2	从边缘的花瓣开始（《人民文学》，2006年第1期）
为……	3	1.5	为“天使”插上翅膀——记北京急救中心驾驶员韩超（《人民日报》，2006年6月14日）
以……名义	1	0.46	以科学的名义（《人民日报》，2006年7月27日）
以……为鉴	1	0.47	以“切尔诺贝利”为鉴（《人民日报》，2006年4月27日）
向……	1	0.47	向北方（《收获》，2006年第1期）
总数	205	100	

汉语介词结构类型主要有以下两种：1）由介词和名词（或代词）或名词性短语构成的介词短语；2）由介词和方位短语组成的介词短语。在这种介词短语“在……上”、“在……中”、“在……下”中间插入的应是名词或名词性短语，而不能是动词或形容词性的短语，不然就不符合语言习惯和语法的要求。俄语大多数前置词对应的汉语介词不止一个意义，往往一个前置词对应多个汉语介词，如前置词 в，в＋四格时可表方向处所、时间等，分别相当于汉语“到（往、向、朝、去等）”和“在……（时、期间

等)”,в十六格时可表位置处所、目的等,分别相当于汉语“在……里”和“为、为了”等;表同一意义时,俄语可由多个前置词表示,而对应的汉语介词则较少,如表时间时,俄语可用 в、на、до、после、к、за、под、через、спустя 等前置词,而汉语则只有“在……时(前、后)”等。尽管俄汉语介词结构有些大致相当的结构,但俄语介词结构用作标题无论是数量、还是类型远远多于汉语,且搭配灵活,这是因为俄语前置词本身多于汉语介词,且有的前置词可接不同的格表示不同的语义,俄语属于形合型语言,词序及搭配比较灵活。但总体看来,俄汉语介词结构既有相对应的、也有不同的,但同大于异。下面分别进行对比分析。

(一)“关于”类介词结构

当带前置词 к 和 о 表示“关于……”和“论……”意义时,常用作书名或文章标题,有学者把带 к 的这类标题排除在残余结构之外,我们则将其纳入。

在所调查标题中,俄语表示“关于”类的前置词有 о、про、к、к вопросу (проблеме) о 等,在介词结构中占绝对优势,共有 214 个,比例为 37.68%,汉语表示“关于”类的介词有“关于”、“有关”共 60 个,比例为 29.3%。(详见第三节)

(二)俄语前置词 в、на、к 与对应的汉语介词结构

与名词或名词性短语连用时俄语前置词 в、на、к 既可表时间、也可表处所,此外,в、на 还可表方式、目的、工具、条件等;в、на 均可接名词第四格或第六格,к 只接名词第三格。

1. 表时间

表时间时,俄语前置词 в、на、к 分别相当于汉语“在(到)……时候(期间)”、“在……之前、快到……(时间)”,в、на 对应于汉语介词“在……(时候)”,к 对应于汉语介词“在……(之前)”,在所调查标题中未发现表时间的前置词 к 介引的介词结构。如:

[1] В урочный час(在预定时刻)(Нов. мир, 2006, №7)

[2] На рассвете нашей Победы(在我们胜利前夕)(Нева, 2003, №6)

［3］在贞丰(《十月》,2006 年第 6 期)

以上三例中,俄语由前置词 в＋第四格、на＋第六格组成,汉语由介词“在……”与时间名词组合成表时间关系的介词结构。

2. 表空间

表空间时,俄语前置词 в、на、к 分别表示“在(到)……之内(里)”、“在(到)……(之)上”、“朝(向、快到)……”,与汉语“在……里(上、中)、向……”、“朝(向、快到)……”等在形式上相对应。如:

［1］В огонь из омута(扑向堕落的深渊之火)(Нов. мир, 2002, №7)

［2］На маяк(向灯塔前进)(Нов. мир, 2006, №5)

［3］На земле, на воде и в воздухе(地上、水中和空中)(Изв. 2006. 06. 28)

［4］На полпути к поражению(失败途中)(Знамя, 2006, №4)

［5］К бабушке, в Бекачин...(去奶奶那儿,去别卡钦……)(Нов. мир, 2003, №3)

［6］在道路上(《人民文学》,2004 年第 6 期)

［7］在一个伟大诗人的永久缺席中(《十月》,2007 年第 6 期)

［8］在那桃花灿烂的地方(《人民日报》,2006 年 6 月 18 日)

［9］向北方(《收获》,2006 年第 1 期)

空间又分为五小类:位置及其他、起点、路线、方向、目标。表位置及其他时,俄语由前置词 в/на＋第六格名词表示,如例［3］,汉语由介词“在……(上、中、里)”构成,如例［6］—［8］;表方向时,俄语由前置词 на＋第四格名词和 к＋第三格名词表示,例［4］由“位置＋方向”两部分组成,на полпути 表位置,к поражению 表方向;汉语由介词“向(朝、往)……”构成,如例［9］;表目标时,俄语由前置词 в/на＋第四格名词和 к＋第三格名词表示,其中 к 所接名词为动物名词,如例［1］、［2］和［5］,汉语由介词“朝(往)……”构成。前置词 в、на 除表时间、处所意义外,还表目的意义,на 还可表工具意义等。表目的意义时,一般为 в＋六格,на＋四格,相当于汉语介词“为(了)……”、“以防……”;表工具意义时,为 на+六格名词,相当于汉语“用……”。该类俄语较汉语多。如:

[1] В поисках красоты(为了寻找美)(Знамя, 2006, №1)

[2] На прощение(来告别)(Знамя, 2005, №9)

[3] На чистом русском языке(用地道的俄语)(Изв. 2006.06.22)

[4] 为了百姓的安宁(《人民日报》,2006 年 1 月 25 日)

以上各例中,例[1]、[2]和[4]表目的,例[3]表工具。例[1]由表目的的固定介词结构 в поисках 与第二格名词短语组成,该结构常见于标题;例[2]由前置词 на+第四格名词构成;例[3]由前置词 на+第六格名词短语构成;例[4]由介词“为了”加定心短语构成。

(三)俄语前置词 **над、поверх、под、между(меж)、из-под** 等与对应的汉语介词

俄语前置词 над、поверх、под、между(меж)、из-под 表处所时分别相应于汉语框式介词“在……上方”、“在(到)……下方(下面)”、“在……之间”、“从……下(方、面)”。该类俄语较多,汉语类似结构只找到 2 例。如:

[1] Над бездонным провалом в вечность(在通向永恒的无底凹陷处的上方)(Знамя, 2007, №3)

[2] Поверх лабиринта(在迷宫上方)(Нева, 2002, №9)

[3] Под ногой у цапли(在鹭的脚下)(Нов. мир, 2003, №8)

[4] Между рамами(框子之间)(Знамя, 2003, №6)

[5] Между невинностью и опытом(在无辜与经验之间)(Нева, 2003, №2)

[6] Меж двух списков(两份名单之间)(Изв. 2006.03.29)

[7] Из-под козырька(从硬帽檐下)(Нов. мир, 2003, №7)

[8] 在金字塔下(《人民文学》,2002 年第 1 期)

[9] 在重压与轻松之间(《人民日报》,2006 年 2 月 16 日)

以上各例大多表空间,如例[1]—[4]、[7]和[8],但也有表事物类,

如例[5]、[6]和[9]。例[1]由前置词 над＋第五格名词短语与另一介词结构构成，над＋第五格对应于汉语"在……上方"；例[2]由前置词 поверх 与第二格名词构成，相当于汉语"在……上"；例[3]由前置词 под＋第五格名词与另一介词结构构成，под＋第五格对应于汉语"在……下面"，如例[8]为框式介词"在……下"中嵌入名词；例[4]和[5]均由前置词 между 与名词间接格组成，不同的是例[4]为单个复数名词，例[5]为并列的单数名词，между 必须是两个或两个以上的事物，若用单个名词，必须用复数，又如例[6]，меж 与 между 为接不同格的同一前置词，汉语表此义时用框式介词"在……之间"，如例[9]，但汉语用单个名词或两个或两个以上并列名词与该介词连用时无差别，而俄语则明显不同，单个名词必须用复数，两个或两个以上并列名词大多用单数，从这点来看，俄语是显性的，汉语则是隐性的；例[7]由前置词 из-под 与第二格名词构成；此外，俄语 под 除表方位外，还表示近似意义，为固定表达法，如 Под ноль(光头)(Изв. 2006.04.10)。

(四) 前置词 за、для(ради)与对应的汉语介词

前置词 за＋四格或五格可以表空间、目的意义，за＋四格还可表时间意义。за＋四格或五格表空间时相当于汉语框式介词"往(在)……那边"、"往(在)……后面"；за＋四格表时间时表示所花的时间，相当于汉语中的介词"在……(时间)内"和动词"花(了)……(时间)"；за＋四格或五格与 для(ради)＋二格表目的时相当于汉语中的介词"为(了)……"；для＋二格表客体关系时相当于汉语中的介词"为(替、给)……"等。如：

[1] За что?(为了什么?)(Изв. 2006.06.15)

[2] За советом и с отчетом(征询与报告)(Изв. 2006.09.13)

[3] За секунду до пробужденья(觉醒前一分钟内)(Нов. мир, 2004, №10)

[4] С простором за спиной(背后的辽阔)(Знамя, 2007, №4)

[5] Ради красного словца(为了华丽的辞藻)(Рус. речь, 2006, №6)

[6] 在旷野的那边(《人民文学》,2004 年第 2 期)

[7] 在为了学生前途的背后(《人民日报》,2006 年 6 月 22 日)

[8] 为了农民的微笑——济宁市任城区探索农村社会管理新路(《人民日报》,2006 年 6 月 11 日)

以上各例中,尽管有的结构语义相同,但其结构形式不同,表目的时,俄语表达形式多于汉语,俄语有前置词 за＋四格或五格和前置词 для(ради、во имя)＋二格五种形式,汉语标题只见一种形式"为(了)……",如俄语例[1]由前置词 за＋第四格疑问代词组成,例[2]由前置词 за＋第五格名词与另一介词结构并列而成,例[5]由前置词 ради＋第二格名词短语组成;汉语例[8]由介词"为了＋定心结构"组成。表处所时,俄语有两种形式,前置词 за＋第五格/四格,如例[4]作定语的前置词 за＋第五格形式,汉语也有两种形式,如例[6]和[7]分别由介词"在……那边"和"在……背后"与名词和介词短语组成,其中例[7]表抽象空间意义,汉语这两种形式大致对应于俄语 за＋第五格一种形式,за＋四格表空间时对应于汉语"到……(那边、后面等)",但 за＋四格表具体的空间意义。表时间时,前置词 за＋四格时间名词对应于汉语介词结构"在……(时间)之内",如例[3]由固定成对前置词 за＋时间名词第四格与前置词 до＋第二格名词组成。汉语两个介词可以连用,如例[7],介词"在……背后"和介词"为了……"连用,俄语两个前置词不能连用,因为前置词有格的要求。与介词搭配的俄汉语形式有同有异,与俄语前置词搭配的只有名词或名词性短语,汉语则较灵活,介词除与名词或名词性短语搭配外,还可与形容词、主谓短语等搭配。

(五) 前置词 c 与对应的汉语介词

前置词 c 与第二格和第五格名词组合,用第二格时相当于汉语的"从……"和"从……(出发、开始、观点、角度等)",表空间起点、时间、视角等意义;用第五格时表示"和、跟、与、带着"等义,表"与事"或"有无"等意义(汉语没发现类似黏着结构标题)。如:

[1] С точки зрения работодателя(从雇主的角度来看)(Изв. 2006.

04.06)

[2] С тёплым ветром(带着暖风)(Нов. мир，2006，№8)

[3] С неводом по берегу(带着大渔网去岸边)(Звезда，2004，№11)

前置词 с 可用第二格或第五格，其语表形式共有两种，汉语相应的形式远远多于俄语，但在所调查的标题中未发现。例[1]为固定前置词结构 с точки зрения(从……观点)＋名词第二格，表“视角”意义；后两例带前置词 с 的前置词结构均表“有无”意义，例[2]为 с 与第五格名词短语组合，例[3]由 с 与第五格名词和另一前置词结构构成。

(六) 俄语 от… до… 类与汉语“从……到……”类结构

俄语 от… до… 类相当于汉语“从……到……”类结构，俄语 от… до… 和汉语“从……到……”是基本格式，是一种比较固定的结构形式，在“从……到……”这一基本格式的基础上，还有一些变化形式。在所调查文献中，俄语主要有 от… к…、из… по…、из… на… 等，汉语主要有“由……到……”，“从……走到……”。(见第三节)

(七) 前置词 из、по、от、без、после、согласно 与对应的汉语介词

俄语用作标题介引介词结构的前置词还有 из、по、от、без、после、согласно 等。

1. 前置词 из 与对应的汉语介词

前置词 из 与第二格名词组合，表示来源、组成部分、处所等。该类标题较多，共 25 条，其中尤以表来源类为多，相当于汉语动词“来自……”、“来源于……”；表组成时，相当于汉语“由……(组成)”；表空间起点时，相当于汉语介词“从……(开始)”。

[1] Из осколков дней(日子的碎片)(Нов. мир，2003，№6)

[2] Из воздуха и света(由空气和光组成)(Нева，2007，№9)

前例表示来源，由前置词 из 与第二格名词短语组成，后例表示组成部分，由前置词 из 与两个并列第二格名词组成。

2. 前置词 по、согласно 与对应的汉语介词

前置词 по、согласно 与第三格名词组合，表示根据、原因，相当于汉

语“按照”、“根据”、“由于”等，汉语表原因的一般为连词；по＋第三格还可表示处所、方面，相当于汉语“沿着”、“在……”、“在……方面”等。此外，по＋第四格还可表时间、方向。所调查标题中，没发现汉语类似例子。如：

[1] По мосткам, по белым доскам（沿着小桥，沿着白色的木板）（Нов. мир, 2003, №4）

[2] По ту сторону одеяла（在被子的那边）（Знамя, 2005, №6）

[3] По законам леса（根据森林法）（Нева, 2006, №5）

[4] Согласно естеству（根据本性）（Нева, 2006, №11）

[5] По вине инородных деталей（由于异类细节的过错）（Изв. 2006.11.27）

例[1]和[2]表空间，例[3]和[4]表根据，例[5]表原因；例[1]、[3]和[5]均由前置词 по 与第三格名词或名词短语组合；例[2]由前置词 по 与第四格名词短语组合；例[4]则由前置词 согласно 与第三格名词组成。

3. 前置词 от 与对应的汉语词类

前置词 от 与第二格名词组合，表示原因、来源等。表原因时，相当于汉语连词“由于……、因为……”，表来源时，相当于汉语动词“来自……”。

[1] От дальних платформ（来自远方的平台）（Знамя, 2002, №8）

[2] От купюр（因为有删节）（Изв. 2006.11.16）

前例由前置词 от 与第二格名词短语组成，表空间；后例由前置词 от 与第二格名词组成，表原因。

4. 前置词 без、после 与对应的汉语介词

前置词 без 和 после 均与名词第二格组合，без 表缺离关系，意为“没有”，汉语没有相对应的介词，一般用否定动词表示；после 表时间关系，相当于汉语框式介词“在……之后”，汉语该类也常用作标题，但在所调查标题中未见。如：

[1] Без тебя（没有你）（Нов. мир, 2002, №7）

［2］ После боя（战后）（Знамя，2004，№7）

前例表缺离关系，由前置词 без 与名词第二格组合；后例表时间关系，由前置词 после 与名词第二格组成。

（八）俄语其他前置词与名词组合

其他前置词与名词组合构成的残余结构标题，有的可在汉语中找到相应的介词结构，有的在汉语中无相应的介词结构。如：

［1］ У привокзальной ямы（在车站前的坑旁）（Изв. 2006.12.12）

［2］ Вокруг Никитских（在尼基茨基一家人周围）（Изв. 2006.12.08）

［3］ Сквозь дымку времени（透过时间之雾）（Звезда，2005，№5）

［4］ Через морской бинокль（借助观海用的望远镜）（Знамя，2003，№6）

［5］ Мимо жимолости и сирени（经过金银花和紫丁香）（Нов. мир，2003，№10）

［6］ Навстречу девятому валу（迎着滔天巨浪）（Изв. 2006.12.14）

［7］ Тридцать лет спустя（30 年后）（Звезда，2007，№4）

［8］ До времён торжества лесоруба（在伐木工庆祝前）（Знамя，2005，№4）

［9］ Вместо видения（不是梦幻）（Нов. мир，2007，№8）

［10］ При свете мрака（在暗光下）（Нов. мир，2005，№4）

［11］ Рядом с Шостаковичем（与肖斯塔科维奇在一起）（Нева，2002，№9）

［12］ Благодаря луне（多亏了月亮）（Нов. мир，2002，№9）

［13］ Против всех（反对所有人）（Нов. мир，2006，№9）

［14］ Вслед за лунной тенью и «Правдой»（追随月影和《真理》）（Изв. 2006.07.20）

上面例子由前置词 у、вокруг、сквозь、через、мимо、навстречу、спустя、до、вместо、при、рядом с、благодаря、против、вслед за 与名词或名词短语

组成。前置词 у＋二格，表处所，意为“在……旁（附近、身边等）”；вокруг＋二格也表处所，意为“在……周围”、“围绕”；сквозь＋四格、через＋四格，与表物体名词连用时表凭借，意为“用（利用、借助）……”；мимо＋二格，也表经由处所，意为“从……旁（附近）过”；навстречу＋三格，表客体或空间意义，意为“迎面、迎”；спустя＋四格表时间，意为“经过……（时间）”、“……（时间）后”、до＋二格也表时间，意为“在……之前”；вместо＋二格，表离损，意为“代替”、“不是……，而是……”；при＋六格表条件，意为“在……（条件）下”；由副词派生的合成前置词 рядом с＋五格，表与事，意为“与……一起”；благодаря＋三格表原因，意为“由于（因为）……”；против＋二格也表离损，意为“反对……”；вслед за＋五格表处所，意为“跟随，随后”等。例［3］、［4］、［6］、［7］、［9］和［12］—［14］对应于汉语的不是介词结构。还有 1 个表客体意义的固定结构 не до чего（顾不上……）作标题，如 Не до парадов（顾不上检阅）（Изв. 2006. 02. 17）。

（九）汉语特色介词结构

汉语还有介词“当……”、“对……”、“由（从）……想到（的）”、“从……说（谈）起”、“从……开始”、“……在……”等常用作标题。

1. “当……”和“对……”介词结构

汉语介词“当……”引导的介词结构大致相当于俄语连接词 когда 引导的从句，“对……”引导的介词结构部分相当于俄语前置词 о＋六格关于类标题。由调查可知，汉语介词“当……”，“对……”引导的黏着结构标题较多。如：

［1］当文人遭遇皇帝（《当代》，2005 年第 1 期）

［2］当冒险成为时尚（《人民日报》，2006 年 5 月 8 日）

［3］对高原的怀念和记忆（《人民文学》，2007 年第 1 期）

由上可知，“当”后多为主谓宾结构，“对”后多为偏正结构，前两例均为介词“当”介引的主谓宾结构，后例介词“对”后为偏正结构，而俄语前置词引导的只能是名词或名词性短语。

2. “由（从）……想到”类介词结构

这类标题以固定的格式“由（从）……想到（的）”，“从（由）……说

(谈)起","从……开始","从……做起"中间可以灵活地插入作者所要谈论的话题,插入的话题结构灵活多样,既可是单个名词,也可是短语。该类格式对应于俄语的不是介词结构,而是自由格式"动词+介词结构",如"从(由)……说(谈)起"译为俄语为 говорить с чего,"从……开始"可译为 начинать(-ся) с чего。如:

[1] 由"政府买单"想到的(《人民日报》,2006 年 12 月 5 日)

[2] 从赵树理所想到(《人民日报》,2006 年 9 月 21 日)

[3] 从特里丰诺夫的《大学生》说起(《收获》,2003 年第 6 期)

[4] 由"开门立法"谈起——如何理解加快法治社会建设(《人民日报》,2006 年 9 月 22 日)

[5] 从最小的可能性开始(《十月》,2002 年第 5 期)

[6] 从培育创新性思维做起(《人民日报》,2006 年 6 月 14 日)

由上可推出此类结构演变的过程,由基本的格式"由(从)……想到(的)"→"从(由)……说(谈)起"→"从……开始"→"从……做起",按思维的先后顺序,由"想到→谈起→开始→行动"。例[1]为"由……想到的"格式,中间插入主谓结构;例[2]在"从……所想到"格式中嵌入单个名词;例[3]格式"从……说起",嵌入定心结构;例[4]格式"由……谈起",嵌入主谓结构;例[5]格式"从……开始",嵌入偏正结构;例[6]为动宾结构嵌入格式"从……做起"。

3."……在……"标题

"……在……"这种标题格式通常给出全篇的话题——人或事物,以及时空范围。篇章以话题为中心,围绕给定的范围加以陈述或说明。此处"在"为介词。因为"在"为动词时,"……在……"格式是自由的主谓结构,能独立成句;只有当"在"为介词时,其格式才是黏着的省略结构,不能独立成句。此类结构语法不自足,语义不完整,表示"……的情况"的意思,译成俄语为自由格式。如:

[1] 人在军旅(《十月》,2005 年第 2 期)

[2] 梦在牡丹亭(《人民日报》,2006 年 1 月 29 日)

[3] 创新设计在德国(《人民日报》,2006 年 2 月 14 日)

[4] 后发优势在生态(《人民日报》,2006 年 4 月 9 日)

[5] 马克思先生在垂钓(《十月》,2007 年第 2 期)

“在”后一般为表地点名词,如“军旅”、“牡丹亭”、“德国”等,还有表示其他意义,如例[4]“生态”表方面意义,例[5]“垂钓”表动作。

二、俄语从句结构与汉语连词结构

俄语从句结构从 20 世纪 40 年代开始用作标题,至今仍较活跃地用于报纸,这类标题没有主句,只有从句,语义不完整,促使读者阅读下文,寻找主句。从句结构以简驭繁,极富表现力,很能吸引读者的眼球,在语用上具有“标引性和辖制性”。① 汉语中能单用的一定是复句前分句使用的关联词语。不同于汉语复句的是,通常行文中,汉语关联词语一般需要配对使用,俄语从句必须有主句。无主句的从句连接词(汉语称为连词)此时已获得很大的独立性,在独立的从句中为直义,其独立性类似于副词。由调查可知,俄汉语均有表假设、原因的连词连接的从句结构,此外,俄语还有表时间、目的、限定关系的从句,汉语还有表递进、选择、条件关系类连词结构,俄语有成对的指示词和关联词引导的从句结构;俄语表时间、目的关系的从句相当于汉语介词结构“当……”和“为了……”,汉语表递进关系连词结构相当于俄语成对的连接词,表选择关系相当于俄语表选择关系的并列复合句中的一个分句,俄语作为连接手段的除了连词外,还有关联词,汉语只有连词;从连词引导的结构看,俄语为句子,汉语既有句子,也有单个词,还有连词结构等。在所有黏着结构中,俄语从句结构与汉语连词结构分别有 21 条和 12 条,在各自黏着结构中所占的比例分别为 3.1%和 4.2%。俄语从句结构有两类:1)“连词”类;2)“指示词,关联词”类,汉语连词结构只有一类,即“连词”类。

(一)“连词”类

俄语最常用的从属连词结构是时间类,由连接词 когда 引导的独立

---

① 尹世超:“说几种黏着结构做标题”,《语言文字应用》,1992 年第 3 期,第 93 页。

从句在所调查文献中有 9 例，汉语中没发现表时间的连词结构，但介词结构“当……”相当于俄语表时间的从句结构；使用次之的是连接词 если 引导的条件从句，有 4 例，再次是连接词 чтобы 引导的目的从句，有 3 例，还有 потому что 引导的表原因的独立从句结构，有 2 例，表时间的以 прежде、чем 和 пока не 连接的从句以及由关联词 которая 连接的定语从句，各 1 例。汉语连词结构用作标题的有“如果……、假如……、即使……、因为……、不仅……、不是……、只能……”，其中以连词“因为”、“如果”连接的分别表“原因”、“假设”的连词结构各 3 例，以“假如”、“不仅”连接的分别表“假设”、“递进”的连词结构各 2 例，“只能”引导的表条件关系和“不是”引导的表选择关系的分句各 1 例，通常认为选择句前分句使用的单分句不可单用，甚至在标题中，但在我们所调查材料中存在此类标题。

[1] Когда вода исчезнет из чернил…（当瓶中墨水消失……）(Знамя, 2005, №10)

[2] Пока красный петух не клюнет…（直到火灾停止……）(Изв. 2006.09.27)

[3] Если посмотреть сквозь пузырек（如果透过气泡看一看）(Знамя, 2007, №12)

[4] Чтобы жизнь поосохла（为了生活渐渐变干）(Нов. мир, 2007, №4)

[5] Потому что они — банда（因为他们是匪帮）(Изв. 2006.01.13)

[6] Прежде, чем говорить о фашизме…（谈法西斯主义之前……）(Изв. 2006.04.04)

[7] Которая никому（我不属于任何人）(Нов. мир, 2006, №7)

[8] 如果医生不愿冒风险（《人民日报》，2006 年 5 月 25 日）

[9] 因为长征（《人民日报》，2006 年 9 月 30 日）

[10] 假如我不是高山滑雪选手（《人民日报》，2006 年 2 月 22 日）

[11] 不仅仅因为美丽（《人民日报》，2006 年 5 月 16 日）

[12] 不是小妹眼高手低(《人民日报》,2006 年 4 月 3 日)

[13] 只能梦中回味(《人民日报》,2006 年 4 月 28 日)

表时间关系时,俄语从句一般用连接词 когда 连接,带连接词 когда 的从句表示现实事情,表示同时关系或先后关系,如例[1]动词谓语为完成体将来时,表示先后关系;пока не(直到)连接的时间从句表示主句行为延续的界限,从句谓语常用完成体,如例[2];连接词 прежде, чем (在……之前)引导的从句表先后关系,如例[6],在一些带 прежде, чем 结构中,包含情节之间内在联系受上下文制约的信息;由连接词 если 引导的条件从句,在绝大部分情况下表示潜在条件,尽管在从句结构中主、要功能是表示现实条件,文中所谈的情景本身可能或经常是具体的、唯一的、现实的,带 если 从句标题概括事实,表示有无必要对类似情景作出反应,使它变成现实假设,如例[3];汉语借助连词"如果"、"假如"连接的结构,表示以假设为根据推断某种结果,标题中结果分句未出现,让读者产生无尽的遐想,其语气各种各样,可以用陈述、疑问、祈使、感叹等,如例[8]和[10],但要想知道个究竟,必须阅读原文;借助连接词 чтобы 连接的目的从句表示无差别的目的关系,表达一种合乎愿望的结果关系,即为了获得所需结果,保留必要性质,应该做什么,如例[4];由"因为"(потому что)引导的表原因的结构,强调事情的原因,让读者猜测"结果是什么",产生一种意犹未尽的感觉,如例[9],"因为长征",使人产生疑问"结果呢?"俄语 потому что 不能放在句首,但在标题中作为从句结构出现了,如例[5];由关联词 которая 连接的定语从句,如例[7],若只看标题,并不确知其具体意义,которая 指"谁"或"什么"? 因在通常行文中不这样说,只有读完原文,才知是一组诗的主标题,是作者的个人用法,一般用于诗歌,которая 指诗歌中的"我",Которая никому 可理解为 Я никому не досталась. 或 Я ничья. 意即"我不属于任何人"。汉语还有表示递进关系的连词结构,如例[11],以预递词"不仅"引导一分句,省略带承递词的后一分句,成为半截子复句;表选择关系连词结构,如例[12]由连词"不是"引导的分句,读罢标题,读者不禁要问"不是小妹眼高手低",

而是什么呢？表唯一条件的连词结构，如例[13]，"只能"省略了宾语，读者不禁要追问："只能梦中回味什么呢？"这类标题半含半露，有意残缺，造成悬念，激起阅读正文的兴趣。从结构看，俄语从句结构必须是一个句子，即有述谓中心，如前六例，而汉语则比较自由，既有句子（如例[8]、[10]和[12]），还有短语（如例[13]），也有单个词（如例[9]），还有连词结构（如例[11]）等。

（二）"指示词，关联词"类

俄语中还有"指示词，关联词"类的成对结构，所调查材料中只发现3例表地点的"там，где"类。如：

[1] Там, где престол сатаны（在撒旦的供桌那儿）（Звезда, 2004, №11）

[2] Там, где скверное эхо（在回声不好的地方）（Нева, 2006, №12）

此外还有其他，如：

[1] Почему они не любили Чехова?（为什么他们不喜欢契诃夫）（Звезда, 2002, №11）

[2] Где закрыта собака（狗被关在哪儿）（Нов. мир, 2002, №8）

[3] Как я чуть было не стал музыкантом（我是如何差点没成为音乐家的）（Нева, 2006, №9）

这类标题不归入残余结构，因为由副词 как、где、откуда、куда、отчего、почему、зачем 连接形成的从句结构标题在结构和语义上近似于简单疑问句。波波夫认为："甚至没有问号时，这类句子可理解为疑问句。"①

三、俄语名词间接格与汉语单个名词

俄语通常用具有行为对象意义的第三格和表示行为工具、方式方法、地点等意义的第五格名词作标题，这与俄语本身的特点有关，俄语是

① А. С. Попов, *Синтаксическая структура современных газетных заглавий и её развитие*, Наука, 1966, с. 96—97.

典型的屈折语，名词有性、数、格的变化，一定的语法形式表达一定的语法意义，语法关系和意义在形式上常常有明确的显示，而汉语是意合型语言，缺乏词形变化，俄语有些靠形态变化来表达的语法意义在汉语中通过某些词汇手段来表示，如俄语直接用第三格名词表示的标题，译成汉语要加词“给、献给”类，直接用第五格名词表示的标题译成汉语要加词“用”。因此，汉语直接用名词作黏着结构标题很少。用作标题的名词或名代词间接格，在句中一般用作状语或补语，据调查，最多的是名词第三格，有 14 例，其中以 памяти＋第二格人名（纪念……）为多，其次是名词第五格，有 8 例，还有其他间接格形式；汉语中仅发现 1 例用时间名词表示的标题，表时间名词一般在句中作状语，不宜单说，但却在标题中出现了。如：

[1] Двум（给两个人）（Знамя，2005，№9）

[2] Памяти Олега Николаевича Трубачева（纪念奥列格·尼古拉耶维奇·特鲁巴切夫）（Вопр. яз.，2003，№1）

[3] Судьбой и поэтической строкой（用命运与诗行）（Нева，2002，№10）

[4] 后来（《收获》，2006 年第 2 期）

例[1]和[2]分别用第三格名词和名词短语表示行为对象，例[3]为第五格的名词与名词短语并列，表示行为的方式方法；例[4]为表时间名词。俄语直接用第三格或第五格名词作标题，语义上是完整的，只是语法结构上残缺某个成分，一般为动词谓语，但这一动词不必补足，即使添补，有时可能不止一个动词，而且在大多情况下难以找到适当的动词，这种现象为省略现象。

四、俄汉语其他黏着结构类型

（一）俄语残余结构其他类型

1. 不带被修饰名词的形容词或形动词

形容词表示事物的特征，起修饰作用，主要修饰名词。残余结构中的形容词通常用做定语，有时也可用作名词性合成谓语中的表语部分。尽管被说明的名词在标题中没出现，但其性、数必须与被说明的名词一致。形动词长尾第一格形式也属于此类结构。独立的形动词和长尾形容词尽管后面没用名词，但没有受到通常的名词化过程，它在结构中作定语，实际上省略了名词，但该名词可在正文中找到。若结构中的形容词名词化了，则不属于残余结构。如 Плененные в Корее（在朝鲜的被俘者）（Изв. 2006.03.23），其中形容词 плененные（俘虏）已名词化。在所调查标题中长尾形动词比形容词多，分别有 12 和 10 例，所省略的名词大多为表人名词。这类标题具有吸引功能，读者若想探究到底省略了哪个名词，必须阅读正文。如：

[1] Настоящий（真正的人）（Нева，2004，№8）

[2] Розовое и голубое（玫瑰色的与天蓝色的）（Нов. мир，2004，№11）

[3] Заворожённые смертью（被死亡所迷惑的人）（Знамя，2002，№6）

[4] Маленькие в цене（价格上涨的小户型）（Изв. 2006.06.06）

[5] Исходящие（发文的作品）（Знамя，2006，№6）

[6] Пришедшая из прошлого（走出历史的）（Нева，2006，№5）

乍一看，读者会生疑问，形容词或形动词后究竟省略了什么词？表人名词还是表物名词？如例[1]、[2]和[6]，省略了表人名词，还是表物名词，很难断定，但例[3]较易判断为省略表人名词，例[4]和[5]较易判断为省略表物名词。

一般来说，单个形容词后名词是表人还是表物较难断定，有时根据形容词或形动词意义及其搭配可确定是省表人名词还是表物名词，但大多数情况下难以确定，因为形容词或形动词词汇所搭配的名词可以是动物名词，也可以是非动物名词。带修饰语的形容词有时可根据修饰语语义确定省略的是表人名词还是表物名词，如例[4]根据形容词的修饰语 по цене（在价格上）可推断为省表物名词；形动词后名词是表人还是表物,可根据形动词或带形动词结构的其他部分确定,如例[3]可根据本身意义确定省略的是表人名词,例[5]省略的是表物名词,例[6]根据形动词 пришедшая 的修饰语 из прошлого 可推断为省表物名词;此外,还可根据形容词的性与数推出形容词或形动词后省略的名词的性和数,如例[1]省略的是单数阳性名词,例[2]省略的是单数中性名词,例[6]省略的是单数阴性名词,其他省略的是复数名词,但到底省略的什么词,读者难以推测,这样激发了读者想探个究竟的兴趣,促使他采取行动——阅读原文。通过阅读原文可知,例[1]—[3]和[6]均省略表人名词。如例[1]省略 человек(人)这一表人名词;例[2]为中性形容词并列结构,文章涉及"人、人类、人类起源"的话题,省略表人名词;例[6]则较复杂,有两种所指,显性的和隐性的,显性的指一位女性(作者的熟人),隐性的指一切(作者所遇到的),既包括人,也包括事物。例[4]和[5]省略表物名词,如例[4]在文中指住宅,例[5]在文中指作品。

2. 副词及副词比较级

副词表示的是动作、状态和特征的特征,主要起修饰作用,修饰动词、静词或副词,一般不单用,但却用做了标题,在标题中通常说明标题中没出现的动词,具有各种状语意义。如:

[1] Навсегда (永远)(Нева, 2006, №6)

[2] Отчего или зачем? (因何或为何?)(Звезда, 2007, №4)

[3] Выше пониманья(高于理解)(Звезда, 2004, №11)

[4] Аккуратнее с агрессией(更认真对待侵略行为)(Изв. 2006.01.23)

例[1]由单个副词组成,表时间;例[2]为带疑问语调的选择疑问句,由两个并列的疑问副词构成,表目的;例[3]由副词比较级与第二格名词组成,表比较;例[4]为副词比较级与带前置词 с 的第五格名词组成,表程度。

3. 副词与介词结构组合

该类标题由副词和介词结构两部分组成,其位置有的可互换,有的不能。此类标题较多，且特别能产，在句中做状语，一般表示方式、方法，此外，还表示协同、时间、客体等。如：

[1] Везде и кроме(处处和例外)(Знамя, 2007, №2)

[2] Вверх по лестнице, ведущей к мыслу(沿着思想之梯爬升)(Звезда, 2006, №10)

[3] Вечером в Азии(亚洲之夜)(Знамя, 2006, №1)

[4] Немного о концертине(六角风琴略谈)(Нева, 2002, №12)

[5] Там, за Индией(在那里，在印度那边)(Знамя, 2003, №7)

[6] В Дудергоф и обратно(往返于杜杰尔戈夫)(Нева, 2007, №10)

[7] По морозу босиком(赤足走在严寒中)(Изв. 2006.01.19)

例[1]为副词＋介词，例[2]—[5]为副词＋介词结构，例[6]和[7]为介词结构＋副词。例[1]、[5]和[6]为并列结构，但例[5]中的介词结构确切说明其前面的副词，并列结构中，介词结构和副词的语法功能相同，即均在句中做状语；例[2]—[4]和[7]为状中结构。例[1]、[2]和[4]—[6]副词和介词结构的位置逻辑上不能互换。如例[2]介词结构 по лестнице 是由副词 вверх 语义上所要求的，例[4]немного о концертине，本身由结构 немного о чём 构成，例[5]第二部分的介词结构就是对前者副词的确切说明，顺序不能颠倒，例[1]和[6]有先后顺序，例[6]是按照行为先后排列，先去某个地方再返回；其他结构位置即使在语法、逻辑上可互换，但其语义重心发生转移，语用也随之发生变化。如例[3]本身语义重心在 в Азии 上，强调地点，若互换，其语义重心则在 вечером 上，强调的不再是地点，而是时间。副词、介词结构组合中，副词与介词结构在语法上有的联系紧密，有的很松散，前者如例[2]和[4]，后者如其他例。

4. *名词间接格与介词结构组合*

该类标题由不带前置词名词间接格与介词结构两部分组成，其位置有的可互换，有的不能。此类同单独做标题的名词间接格一样，也为省略结构。如：

[1] Ребятам о зверятах(给孩子们讲幼兽的故事)(Изв. 2006.04.19)

[2] Критикой на критику(以批评回应批评)(Изв. 2006.07.13)

[3] К мокрой шинели щекою(用脸颊贴近湿军大衣)(Знамя, 2005, №5)

[4] Молотком по Страдивари(拍卖斯特拉地瓦利小提琴)(Изв. 2006.05.16)

例[1]词序为正常词序,表示对象义的第三格名词与表示关涉义的介词结构互换位置,则语义重心移到对象义上,同时语用也发生变化,强调行为所涉及的对象;例[2]语序不能换,на критику 中的前置词 на 是 критикой 所要求的;其余结构位置即使在语法、逻辑上可互换,但互换后其语用均发生变化。

5. 副动词短语

副动词短语通常具有各种状语意义,如时间、条件、原因、目的、让步等。通常不能单说,但在标题中可单用。在所调查文献中,主要表示时间关系,有 16 例。如以下例[1]表时间关系的副动词短语可改为带连接词 когда 或 пока 的从句,即 Когда(пока) читал(-а、-ли) Набокова; 其次表示方式方法,回答 как 的问题,如例[2];再次表示条件、原因关系,如后两例。此类结构中副动词通常用未完成体,因为其特点是隐含强调未说完的内容,如前三例,但发现两例用完成体动词表示,如后两例。

[1] Читая Набокова(当读纳博科夫时)(Нева, 2003, №8)

[2] Взвешивая души(称灵魂)(Звезда, 2006, №4)

[3] Не приходя в сознание(没醒过来)(Знамя, 2006, №8)

[4] Оторвавшись от ветки(离开树枝后)(Нов. мир, 2005, №4)

[5] Не остыв от плача(哭得还没冷静下来)(Нов. мир, 2002, №8)

(二) 汉语黏着结构其他类型

汉语黏着结构用作标题的除了有与俄语相似的介词结构、连词结构等外,还有方位结构、偏正结构以及动宾结构等。

1. 方位结构

汉语方位结构隐含其后的中心语单独作标题的现象很常见，在所调查文献中仅次于介词结构，有22例。属于方位结构的有“……以后(之后)、……之前、……上、……下、……(之)中、……之间、……以东/西/南/北”等。如：

[1] 松花江上(《十月》,2004年第5期)

[2] 右肋下(《人民文学》,2004年第9期)

[3] 山中(《十月》,2004年第1期)

[4] 屋溪河以北(《人民文学》,2004年第1期)

[5] 卖积山之边(《十月》,2002年第3期)

[6] 第一场雪之后(《人民文学》,2005年第1期)

[7] 秋天之中(《十月》,2002年第3期)

[8] 输赢之间(《收获》,2006年第2期)

[9] 路牌提前改动后(《人民日报》,2006年12月10日)

以上标题中的方位结构都隐含其后的中心语，例[1]—[3]和[9]使用的是单纯方位词“上”、“下”、“中”和“后”，例[4]—[8]使用的是合成方位词“以北”、“之边”、“之后”、“之中”和“之间”。但例[1]—[5]是表示空间场的方位结构，例[6]、[7]和[9]是表示时间场的方位结构，例[8]表示抽象事物的方位结构。汉语大部分方位结构可用相应的俄语前置词结构表示，如例[1]“松花江上”相当于俄语前置词 на＋六格同位语 реке Сунгарь 或 над＋第五格同位语 рекой Сунгарь，例[4]“屋溪河以北”相当于俄语前置词 на＋六格名词(севере)＋二格定语(реки Уси)，例[6]“第一场雪之后”相当于俄语前置词 после＋二格名词短语(первого снега)，例[8]“输赢之间”相应于俄语前置词 между＋五格名词(проигрышем и выигрышем)。因鉴于二者属于不同的语法性质，故未将二者放在一起讨论。

2. 偏正结构

通常行文中除了介词结构、连词结构和方位结构这三种黏着结构外，有些表示时间的偏正结构也不能单独使用，但标题单独使用了，在所调查文献中仅次于方位结构，有17例。如：

[1] 原下的日子（《人民文学》，2004年第3期）

[2] 丁香花开的时候（《人民文学》，2004年第1期）

[3] 作为礼物的美女（《人民文学》，2004年第6期）

[4] 以前我在乡下（《人民文学》，2004年第1期）

[5] 就是（《十月》，2003年第6期）

以上五例均为表示时间的偏正结构，其中前三例为定心式偏正结构，后两例为状心式偏正结构，例[5]原为助词，用作标题，为状心式偏正结构。表时间偏正短语大多能转换成表示时间的介词短语，如例[2]在前加上介词"在"或"当"后构成介词结构，对应于俄语连接词 когда 或 пока 引导的时间从句。

3. 动宾结构

动宾短语在通常行文中有时带上特定语气语调，可以成为非主谓句。通常行文中有些动宾结构不能单独使用，标题却单独使用了，所调查文献有7例。如以下标题由动词"唱给"、"想起了"、"到……去"与名词构成动宾结构。

[1] 唱给母亲（《当代》，2002年第5期）

[2] 想起了任光（《人民日报》，2006年1月7日）

[3] 到顶楼去（《收获》，2006年第4期）

通过对比与分析俄汉语黏着结构类型，我们得出以下结论：

第一，从定义看，俄语残余结构外延较汉语黏着结构广，既包括通常行文中不单说，语法不自足、语义不完整的汉语黏着结构，也包括语法不自足、语义完整的如"名词间接格、名词间接格与介词结构组合"结构。

第二，俄汉语黏着结构中，均有介词结构、连词结构等。介词结构中，俄语明显多于汉语，因为俄语前置词远远多于汉语介词，且用作标题的也很多。连词结构类型俄语多于汉语，俄语从句结构有两类："连接词"类和"指示词，关联词"类，汉语只有一类，即"连词"类。连词结构中，俄语连词引导的只能是句子，汉语除句子外，还有短语和词；俄语还有名词间接格用作标题，汉语只有表时间的名词形式用作标题。

第三，俄汉语各有其特有结构，但俄语结构类型多于汉语，如俄语还有副动词短语、名词间接格、形动词、形容词、副词、副词与介词结构组合、名词间接格与介词结构组合；汉语还有方位结构、偏正结构、动宾结构。汉语大部分方位结构可用相应的俄语前置词结构表示，俄语有的残余结构包含有偏正结构，俄语动宾结构为自由格式。

第二节　俄语残余结构与汉语黏着结构标题语义类型对比

俄语残余结构是句子的主要部分被分割后剩下的独立使用的句子，主要是句子的次要成分，在原来的句子里一般充当定语、状语或补语。汉语作为黏着结构主体的介词短语也经常做句子的状语、补语和定语，有时还能做宾语，方位结构做状语，功能决定语义。汉语黏着结构做状语时，表动作行为发生的时间、地点、原因、目的、条件、方式等；做定语时，表示限定关系；做宾语（俄语中称为补语）时，表示客体关系。

由于俄语前置词繁多，其意义丰富，且用作标题的也多，因此要弄清俄语残余结构语义类型，必须了解残余结构中占主体的“前置词—名词结构”的语义类型。俄语前置词所表示的一般关系，与名词间接格所表示的一般关系相同（主体关系除外）：修饰关系（地点、时间、原因、条件、目的等）和客体关系中的某种关系，或者是必要的信息补足关系。前置词与名词的格形式一起组成句法统一体。多义前置词与不同名词组合，可能具有不同意义，如：前置词 до 在 дорога до дома 和 сон до рассвета 这两个词组中的不同界限意义，是根据词组中两个组成成分的词汇意义确定的（第一个词组的空间界限，第二个词组的时间界限）。前置词与格形式的结合，构成了一个新的、特殊的、整体的意义单位。它大致具有以下语义类型：空间、时间、原因、目的、条件、客体、动作方式、缺离、比较、协同、限定、工具、材料和起源等类型。汉语并不是所有的介词结构都可单独用作标题，能够单独用作标题的介词主要是那些标志时间、空间、缘由、目的、关涉、排除和话题类的介词。作为残余结构的俄语副词以及副动词短语通常具有各种状语意义，如时间、条件、原因、目的、让步等；不带被修饰名词的俄语形容词或形动词在句中做定语，起修饰作用，作为黏着结构的汉语方位结构做状语，表动作行为发生的时间、地点。从语义上看，刘云认为，“篇名中的孤立结构主要有三种语义类型：时间类、空间类和事物/事件类”。[①]

综上所述，结合所调查文献，我们认为，俄汉语黏着结构共同的语义类型有空间、时间、事物/事件、客体、原因、目的、条件、材料和起源等，此外，俄汉语因其黏着结构类型不完全相同而有各具特色的语义类型，俄语有凭借、缺离、比较、限定以及其他语义类型，汉语有递进、选择等语义类型。

一、时间类

一般来说，时间和空间对事件来说是外围环境，在通常行文中是很少单用的，标题恰好相反，正是这两种外围环境单用的最多。因为越是外围环境，其话题性和吸引性就越强。俄语表时间关系的残余结构类型繁多，以表时间的介词结构为最，其次，还有副动词短语、从句结构、时间副词等，汉语也以表时间的介词结构为最多，如“在、于、当、从、自、自从”等以及框式介词“在……上/下/后/之后/之前、当……时、打……起、从……到”等作为格标记，其次，还有表时间场的方位结构、偏正结构。俄语表时间的前置词有 в、на、после、через、перед、до、за、спустя 等，表时间的连接词 когда、пока、прежде чем 等，汉语表时间关系的一般是一些时间名词等。如：

［1］На рассвете нашей Победы（我们胜利前夕）（Нева，2003，№6）

① 刘云：《汉语篇名的篇章化研究》，华中师范大学出版社 2005 年版，第 180 页。

[2] После бала (舞会后)(Изв. 2006.07.24)

[3] До времён торжества лесоруба(伐木庆祝会之前)(Знамя, 2005, №4)

[4] Двести лет спустя(二百年后)(Нева, 2002, №10)

[5] Навсегда(永远)(Нева, 2006, №6)

[6] Прячась в свою же тень(当藏到自己的影子里时)(Нов. мир, 2002, №3)

[7] Когда поднимаются...(当上升时……)(Звезда, 2007, №4)

[8] 在午后,断续地(《十月》,2007 年第 2 期)

[9] 当童话落到纸上(《十月》,2004 年第 4 期)

[10] 蒿草即将塞进灶火的时刻(《十月》,2005 年第 2 期)

[11] 那个幸运的夏天(《人民文学》,2002 年第 5 期)

[12] 达·芬奇走了之后……(《人民日报》,2006 年 4 月 13 日)

[13] 忽然中年(《人民文学》,2005 年第 7 期)

[14] 后来(《收获》,2006 年第 2 期)

以上这些标题都是表示时间的黏着结构,在通常行文中都不能单用。由上可知,表时间关系的结构中俄语以介词结构为主,汉语除介词结构外,方位结构较多;俄汉语相同之处是均有介词结构,但俄语介词结构形式明显多于汉语,可用多个前置词+名词组合表示,如例[1]—[4]分别用单个前置词 на、после、до、спустя 与名词组合表时间,汉语则不多,如例[8]和[9]分别由单个介词"在"、"当"介引的介词结构表时间。此外,俄语还有副词(如例[5])、副动词短语(如例[6])、从句结构(如例[7]由连词 когда 引导的时间从句),汉语还有偏正结构(如例[10]和[11]由事件加上表时间词构成的偏正结构表时间,是这类时间结构的特点)、方位结构(如例[12]由方位词"之后"组成的方位结构表时间,汉语中大部分方位结构可用相应的俄语介词结构表示)、状心结构(如例[13])、时间名词(如例[14])。汉语有表时间的名词作标题,为黏着结构,俄语表时间的第一格名词不是黏着结构,而是称名结构。这种黏着时间结构单独用作标题，其话题性和吸引性都较强。

二、空间类

空间也是事件的外围环境，单用的也较多，俄语表空间的残余结构类型以表空间的介词结构为最多，表空间的前置词有 в、на、за、меж、между、над、под、перед、до、у、с、через、вокруг、из-под、сквозь、мимо、от、вне、по 以及固定结构 от... до... 等；其次，还有名词间接格等，主要是第五格；汉语表空间的也以表空间的介词结构为最多，如“在、从、自、向、往、朝、顺着、沿着”以及框式介词“从……到……”等作为格标记；其次，还有表空间场的方位结构、动宾结构等。如：

[1] В тени стиха（在诗的影子里）（Нов. мир，2004，№4）

[2] На Большом проспекте（在大街上）（Нева，2004，№7）

[3] Между небом и землёй（天地之间）（Знамя，2007，№6）

[4] Вокруг Никитских（在尼基茨基一家人周围）（Изв. 2006.12.08）

[5] Через морской бинокль（借助观海用的望远镜）（Знамя，2003，№6）

[6] Из-под козырька（从硬帽檐下）（Нов. мир，2003，№7）

[7] В кресле под яблоней（在苹果树下的椅子里）（Нов. мир，2006，№2）

[8] От Москвы до Бреста（从莫斯科到布列斯特）（Изв. 2006.02.14）

[9] Дорогой белою（在雪地上）（Нева，2002，№9）

[10] 从醉白楼到留椿屋（《收获》，2007 年第 3 期）

[11] 在异地（《人民文学》，2002 年第 8 期）

[12] 在峭壁之上（《收获》，2006 年第 5 期）

[13] 在金字塔下（《人民文学》，2002 年第 1 期）

[14] 在水的另一方（《人民文学》，2006 年第 8 期）

[15] 珍珠树上(《人民文学》,2004年第8期)

[16] 贺兰山以西(《十月》,2005年第2期)

[17] “碗”里“碗”外(《人民日报》,2006年5月22日)

[18] 到城里去(《十月》,2002年第3期)

[19]《共产党宣言》在中国(《人民日报》,2006年6月29日)

表空间关系细分起来,还可以有起始、目标、位置、经由等区别。其中表示动作位置最多,如例[1]—[4]、[7]、[9]、[11]和[17],例[18]表示动作的目标,例[6]表示动作的起始,例[5]表示动作的经由,例[8]和[10]表示动作的起始和目标。

由上可知,俄汉语表空间的介词结构均很多,但俄语表达手段比汉语丰富。俄语例[1]—[8]均为不同的前置词与名词或名词性短语组成介词结构,其中例[1]—[6]为单个介词结构,例[7]和[8]为两个介词结构组合,例[8]为固定的介词结构,对应于汉语例[10]的固定格式“从……到……”;汉语例[11]和[19]是介词结构,其中例[11]是由介词“在”与表地点名词组成的介词结构,例[19]是由固定格式“……在……”组成的介词结构;例[12]—[14]分别是由介词“在”与方位词“之上、下、另一方”中间插入名词构成的介词结构,例[15]和[17]均为方位结构,其中例[17]由两个方位结构并列而成。这些方位结构标题可用相应的俄语前置词结构表示。俄语还有第五格的名词短语,如例[9];汉语还有动宾结构,如例[18]。

三、事物/事件类

除了时间和空间这些属于外围环境的黏着结构可以单独充当标题外,也有一些表示事物或事件的黏着结构在通常行文中不能单独使用,但在标题中可以单用。由调查可知,该类俄汉语均有一些标记,俄语一般为前置词 между 和 от... до...,汉语为“(在)……之间、从……到……和……背后/前后”等,由这些标记词引导的标题一般为表示抽象的方位、时间等意义。如:

[1] Между Гергиевым и Ростроповичем(格尔吉耶维和罗斯特罗波维奇之间)(Изв. 2006.02.22)

[2] От хлопушек до частушек(从鞭炮到流行歌谣)(Изв. 2006.03.29)

[3] 在重压与轻松之间(《人民日报》,2006 年 2 月 16 日)

[4] 孙二娘开黑店的背后(《当代》,2005 年第 6 期)

[5] 从一大到七大(《人民日报》,2006 年 7 月 1 日)

例[5]表示事件,其余均表示事物。俄语均为介词结构,汉语例[4]为方位结构,其他为介词结构。例[1]带前置词 между+第五格对应于汉语例[3]"在……之间",例[2]和[5]由固定格式 от... до... 和"从……到……"组成的介词结构。

四、客体类

俄语主要以表关涉义的前置词 о、про 以及用作关涉义的前置词 к、по、за 等引导的介词结构和具有行为对象意义的名词第三格表示客体,汉语主要以表示动作与事的介词"给、替、为、向、对"等,表示动作的受事介词"把、将、对、管"等,表示动作、事件有关的关涉者介词"对、对于、关于、至于"等作为格标记表示客体。如:

[1] О парадоксе в рекламе(说说广告中的悖论)(Рус. речь, 2002, №2)

[2] Про масонов, содомитов и живую жизнь(说说共济会会员、索多玛城居民和新生活)(Изв. 2006.02.13)

[3] К вопросу о «русском бидермейере»(论"俄罗斯比德迈埃尔风格")(Филол. науки, 2006, №6)

[4] Начальнику хора(致合唱团团长)(Знамя, 2003, №7)

[5] 关于语法化的单向性问题(《当代语言学》,2003 年第 4 期)

[6] 对"集中取缔"的思考(《人民日报》,2006 年 9 月 25 日)

俄汉语表客体均有表关涉义的介词结构,如例[1]—[3]、[5]和[6]。例[1]—[3]分别是单个介词 о、про 和框式介词 к... о... 引导的介词结构,均表示动作、事件关涉的对象，例[5]和[6]为表示事件、动作关涉对象的介词结构；此外，俄语表客体关系的还有名词间接格，例[4]为第三格名词短语，表示行为对象意义，即与事。

五、原因类

俄语表原因的残余结构类型以表原因的介词结构为主，如表原因的前置词有 от、по、из、с、благодаря、из-за、за 等，其次还有表原因连接词引导的从句结构和副动词短语，表原因的连接词一般有 потому что、так как、оттого что、из-за того что、благодаря тому что、по причине того что 等，但在所调查标题中只见连词 потому что 引导的从句结构，汉语则以表原因的连词为主，表原因的连词一般有"因为、因、由于"等。和俄语一样，在所调查标题中只见连词"因为"引导的连词结构。如：

[1] От гневной горечи…（因为愤怒和痛苦……）（Знамя，2007，№4）

[2] По вине инородных деталей（由于异类细节的过错）（Изв. 2006.11.27）

[3] Потому что на 10 девчонок…（因为正好是十个女孩……）（Изв. 2006.01.16）

[4] 因为女人（《当代》，2007 年第 6 期）

前两例分别是表原因关系的介词 от 和 по 引导的介词结构；例[3]和[4]为表原因的连词分别引导的从句结构和连词结构。俄语连接词 потому что 与汉语连词"因为"无论从语义、还是语体都很接近，常用于口语中，这一点说明，标题语言趋向口语化。

六、目的类

俄语表目的关系的残余结构类型以表目的关系的介词结构为主，如表目的关系的前置词有 за、на、для、ради 和 в поисках 等，其中以 за 最为常见。此外，还常用连接词 чтобы 连接表目的的从句结构；汉语以表目的关系的介词“为了”引导的结构为主。如：

［1］Ради красного словца（为了华丽的辞藻）（Рус. речь，2006，№6）

［2］На четыре случая жизни（为了四种生活之需）（Изв. 2006.03.06）

［3］За себя и за енота（为了自己也为了浣熊）（Изв. 2006.05.29）

［4］За селзенями（去找公鸭）（Знамя，2006，№11）

［5］В поисках современной методологии（探寻现代方法论）（Вестник МГУ，2004，№3）

［6］Чтобы победить инфляцию（为了克服通货膨胀）（Изв. 2006.04.24）

［7］为了国家的未来——访朝纪行之三（《人民日报》，2006 年 6 月 12 日）

［8］为了乘客平安回家（《人民日报》，2006 年 1 月 27 日）

俄语表目的关系的介词结构明显多于汉语。前四例分别由前置词 ради、на、за＋四格/五格引导的表目的关系的介词结构，例［5］为表目的关系固定格式 в поисках 与名词短语组成的结构，该固定格式 в поисках ＋第二格名词或名词短语常见于标题；例［6］为连接词 чтобы 引导的从句结构；例［7］和［8］为表目的关系的介词“为了”引导的介词结构。

七、条件类

俄汉语表条件关系一般用表假设的连词表示，俄语用 если、при том условии если、если бы、когда бы、коли бы 等，标题中常见的是连词 если 引导的从句结构；汉语大多用“如果、假如、假若、倘若、假使”等。此外，俄语还有标记条件关系的前置词 при 介引的介词结构。如：

［1］Если завтра война（如果明天开战）（Изв. 2006.05.04）

［2］При свете мрака（在暗光下）（Нов. мир，2005，№4）

［3］如果对农民没感情（《人民日报》，2006 年 9 月 26 日）

［4］假如你还在(《人民文学》,2007 年第 8 期)

例［1］、［3］和［4］分别是由连词 если、“如果”、“假如”引导的结构，俄语连接词 если 与汉语连词“如果”、“假如”直接对应；例［2］则为前置词 при 引导的介词结构。

八、材料和起源类

俄语主要由表来源关系的前置词 из 与名词或名词短语组成的介词结构，有时带 от 的介词结构也可表示来源；汉语以介词结构“从……开始”为主。如：

［1］Из воздуха и света(由空气和光组成)(Нева，2007，№9)

［2］Из дневника(日记摘抄)(Нева，2002，№9)

［3］От дальних платформ(来自远方的平台)(Знамя，2002，№8)

［4］从最小的可能性开始(《十月》,2002 年第 5 期)

［5］从拿“身份证”卖山药说起(《人民日报》,2006 年 6 月 12 日)

例［1］表示材料关系，即“由……组成”；例［2］表示来源关系，俄语表来源关系的介词结构标题极为常见；例［3］—［5］均表起源，即“来自于……”和“从……开始(说起)”。

九、俄汉语其他语义类型

俄汉语除了有上述相同的语义类型外，还有各具特色的结构，俄语还有凭借、缺离、比较、限定等十几种语义类型，而汉语只有递进、选择以及复合语义类型。因此，从语义类型来看，俄语语义类型多于汉语。原因有二：一是俄语前置词丰富，大多前置词为多义，且大多数可用于标题，尽管汉语介词、方位词也不少，但远不如俄语多，也不是所有的都能用于标题；二是俄语残余结构类型较之汉语要多，除与汉语相同的介词结构、连词结构外，还有名词间接格、副词(包括比较级)、副词与介词结构组合、副动词短语、不带被修饰名词的形容词和形动词等，尽管汉语中还有方位结构(大部分方位结构可用相应的俄语介词结构表示)、偏正结构、个别表时间的副词和名词等，但仍少于俄语结构类型。语义是由形式来体现的，一定的语义要求一定的形式与之相匹配，形式多样，则语义相对丰富。

（一）俄有汉无的语义类型

1. 凭借类

动作的凭借，包括方式、工具、手段、根据等，表示"行为工具、方式方法"等意义，以名词第五格为主，其次还可用副词、副动词、前置词（на、с、сквозь）等引导的介词结构表示；表示"根据"义的主要以前置词 по 和 согласно 等作为格标记。如：

[1] Полной грудью（深呼吸）（Нов. мир，2002，№4）

[2] Языком диалога и сотрудничества（用对话和合作的语言）（Изв. 2006.05.25）

[3] Умно и с любовью（明智地且充满爱）（Нева，2004，№10）

[4] В движении（运动中）（Звезда，2005，№7）

[5] Минуя теснины（经过沟壑时）（Знамя，2006，№4）

[6] По законам леса（根据森林法）（Нева，2006，№5）

[7] Согласно естеству（根据本性）（Нева，2006，№11）

例[1]和[3]—[5]表示行为的方式方法，分别由五格名词、并列的副词与介词结构、介词结构和副动词短语表示；例[2]表示行为工具，由非一致定语的第五格名词表示；例[6]和[7]表示行为根据，分别由标记根据义的前置词 по 和 согласно 介引的介词结构表示。

2. 缺离类

主要以前置词 без（没有）、против（反对）、вопреки（不顾、违背）和 вместо（代替、不是）等作为格标记。该类在汉语中为自由格式。如：

[1] Без нажима（没有压力）（Нов. мир，2002，№7）

[2] Против всех（反对所有人）（Нов. мир，2006，№9）

[3] Вопреки трагизму бытия...（不顾生活凄凉……）（Нева，2002，№12）

[4] Вместо видения(不是梦幻)(Нов. мир, 2007, №8)

以上四例分别由标记缺离(缺少、排除)意义的前置词 без、против、вопреки、вместо 介引的介词结构表示。由调查可知,表示缺离关系的前置词 без 介引的介词结构标题较多。

3. 比较类

主要为副词比较级。如 Не плотнее ветра(不比风密实)(Знамя, 2002, №3)为副词比较级,表示比较关系。

4. 限定类

主要由不带被修饰名词的形容词或形动词表示。如以下两例形动词与副词组合表示限定关系,被限定的主导词一般出现在正文中。

[1] Поющие мимо(唱歌跑调者)(Изв. 2006.04.05)

[2] Идущие против(迎面走来的人)(Нева, 2006, №8)

此外,俄语中一些由两个介词结构或名词间接格与介词结构组成的残余结构具有不同的语义关系,具体如下:

特征—处所:Со спокойствием в сердце(心平气和地)(Нов. мир, 2003, №11)

处所—特征:На «России» с любовью(在《俄罗斯》电台深情朗读)(Изв. 2006.03.03)

客体—工具:К мокрой шинели щекою(把脸贴向湿透的外套)(Знамя, 2005, №5)

工具—客体:Молотком по Страдивари(拍卖斯特拉地瓦利小提琴)(Изв. 2006.05.16)

方式—处所:Проездом через Рязань(路过梁赞)(Знамя, 2004, №7)

处所—工具:В Стокгольм со своим самоваром(带着自己的茶炊去斯德哥尔摩)(Изв. 2006.09.28)

工具—处所:С неводом по берегу(带着大渔网去岸边)(Звезда, 2004, №11)

时间—处所：В нужное время в нужном месте（在必要的时间必要的地点）（Изв. 2006.08.24）

处所—目的：На фондовый рынок за длинным рублем（去证券市场赚大钱）（Изв. 2006.08.22）

反义关系：С витамином С и без клещей（含维生素 C 与没有壁虱）（Изв. 2006.08.14）

（二）汉有俄无的语义类型

连词结构俄汉语中均有，但俄语标题中没有发现表示以下语义关系的结构。如：

1. 递进关系

用表递进关系的连词表示。如以下两例为连词"不仅仅"和"不仅"引导的连词结构，表示递进关系。

[1] 不仅仅因为美丽（《人民日报》，2006 年 5 月 16 日）

[2] 不仅为了弥补遗憾（《人民日报》，2006 年 9 月 13 日）

2. 选择关系

表选择关系成对的连词"不是……，而是……"中前一个连词引导的结构可以组成标题。如"不是小妹眼高手低"（《人民日报》，2006 年 4 月 3 日）。

3. 汉语其他复合语义类型

动作—客体：想起了任光（《人民日报》，2006 年 1 月 7 日）

客体—动作：为烂杏买单（《人民文学》，2004 年第 8 期）

第三节　俄汉语黏着结构标题个案分析

一、O 类与"关于"类标题对比

俄语前置词 о、про 和 к 以及固定格式 к вопросу о чём 等表示"关于/论……"、"关于/论……问题"意义时，常用作书名或文章标题。有学者

将带 к 的这类标题排除在残余结构之外，我们认为应视为残余结构，因其在通常行文中不能单用，只能用作标题。汉语表"关于"类使用频率较高的介词主要有"关于"、"有关"、"对"、"对于"等。其中"关于"与"对于"在言语交际中，尤其在书面语中使用频率较高、交际功能较强，《现代汉语词典》解释为："'关于'有提示性质，用'关于'组成的介词结构，可以单独做文章的题目。"[①]俄汉语"关于"类结构在通常行文中不单用，但常见于标题，俄语尤见于科学论文和文件标题，一者易于拟制，二者具有典型的话题标记(俄语 к 用作该义时只见于标题)；"关于"用在句首独立使用，具有标记性和可识别性，表现出话题的显著特征，具有凸显焦点的功能。据调查可知，"关于"类黏着结构标题俄语有 214 条，汉语有 60 条。下面从词性、功能、格式、语义及翻译几方面进行对比。

(一) 词性对比

俄汉语"关于"类介词结构的后续单位均可是名词或名词性短语，俄语还可是从句，汉语还可是动词或动词性短语。但其后续单位的性质，俄语前置词尽管有搭配、修辞上的限制，但较汉语单一，均能与名词或名词性词组或从句组合(标题中只见前置词 о 与从句组合)，汉语中，尽管"关于"类介词均可与体词性成分或谓词性成分组合，但不同介词，如"关于"、"对"、"对于"等可搭配的词类频率有所不同。"对"是单音节词，后接名词、代词较多，也可接词组，"对于"是双音节词，主要接词组，较少接名词和代词(或指量词)。俄语"关于"类前置词结构还可并列作标题，如 О времени… и о себе(关于时间……和自己)(Знамя，2003，№4)和 Про Муму и о чём-то очень важном(说说木木和某件要事)(Изв. 2006.08.15)，前例由前置词 о 分别与单个第六格名词和单个第六格代词组成并列结构，后例由两个同义前置词，即 про 和 о 分别与单个第四格名词和第六格名词性短语组成并列结构，此类结构在汉语中存在，但在所调查标

① 中国社会科学院语言研究所词典编辑室编：《现代汉语词典》(修订本)，商务印书馆 1996 年版，第 462 页。

题中未见。

1. 介词＋名词

介词介引名词是基本特征，因单个名词所传递信息有限，故标题中出现不多，一般见于文学期刊，因为文学作品标题以形简意丰取胜，语法形式越简单，语义作用越突出，制约支撑力度越大。如：

[1] Про тюбетейку（关于绣花尖顶小圆帽）（Нева，2006，№1）

[2] О жертве и милости（关于牺牲和仁爱）（Нов. мир，2003，№5）

[3] 有关漠月（《十月》，2006年第2期）

例[1]由前置词 про 与单个第四格名词构成；例[2]由前置词 о 与两个并列的第六格名词构成，单个名词并列在俄语中仍是词，在汉语中是短语；例[3]由介词“有关”与一个名词构成。该类标题尽管形式简单，但留给读者联想的空间大，“语法简语义显，形合不足意合补”。①

2. 介词＋名词性偏正短语

俄汉语介词介引的名词短语在标题中常见，标题限定成分越多，则揭示文章内容越具体，所提供的信息越丰富。如：

[1] Об актуальности суверенитета（有关主权的现实性）（Изв. 2006.11.01）

[2] К фоностилистике порождения текста（стихотворения А. С. Пушкина）（关于文本产生的语音修辞）（Филол. науки，2005，№6）

[3] 关于语法化的单向性问题（《当代语言学》，2003年第4期）

[4] 有关卡尔维诺的谵语（《十月》，2003年第4期）

以上四例“关于”后的词语均为名词性偏正短语，前两例由介词 о 和 к 分别与第六格和第三格名词短语构成；后两例分别由介词“关于”和“有关”与一个定心短语构成；介词“关于”与名词性偏正短语组成的介词结构中，汉语中常常容易产生歧义，有两种分析：如例[4]“有关卡尔维诺的谵语”可分析为“有关卡尔维诺”和“谵语”借助结构助词“的”构成定心短

① 尹世超：《标题语法》，商务印书馆2001年版，第153页。

语或“有关”与“卡尔维诺的谵语”一起构成介词结构，为便于研究，我们取后一种分析。俄语不存在这种情况，因俄语前置词有格的要求，后面只能带某一格的名词或名词性短语。

3. 介词＋同位短语

关于同位结构俄汉语有不同的解释，俄语将同位结构分为“同位语”和“被说明词”，同位语是定语的一种特殊类型；汉语认为同位结构中每个结构成分都是同位项，是一定并立性和一定修饰性的统一体。我们分析时，不考虑这些因素，将其简单化，一律看作同位短语。俄汉语介词可介引同位短语。如：

[1] Про академика Иоффе（记科学院院士约费）（Нева，2006，№1）

[2] 一个英雄的传奇——关于电视剧《陈赓大将》（《人民日报》，2006年8月10日）

[3] 关于写作这件事（《十月》，2007年第2期）

例[1]表身份名词 академика 和人名 Иоффе 构成同位短语，此类汉语中存在，如“关于工程师老王”，但在所调查标题中未见；例[2]“电视剧”与《陈赓大将》构成同位短语，此类俄语中存在，如 Телесериал «Моя прекрасная няня»（电视剧《我的漂亮保姆》），但在所调查标题中未见；例[3]“写作”和“这件事”表示复指关系，此类同位短语为汉语特有。

4. 介词＋并列短语

由介词介引两个或两个以上并列的短语。由实例可知，介引并列短语一般为体词性成分，短语能较充分地揭示正文所述内容。如 О маршале Чуйкове и бонапартизме Жукова（崔可夫元帅和茹科夫的波拿巴主义）（Нева，2006，№7）、“关于《训世评话》的授予动词‘给’兼及版本问题”（《中国语文》，2004年第2期），前例由前置词 о 与一个同位语和一个名词短语并列结构组成，后例由介词“关于”与两个名词性短语组成。

5. 介词＋从句

前置词与从句组合是俄语特有结构形式，一般为定语从句，以从句形式体现的定语限定前置词 о 或 про 支配的某个名词。如 О том，чего не будет(关于不会有的事)(Изв. 2006.02.20),与前置词 о 直接组合的是带指示代词的定语从句。

6. 介词＋动词或动词性短语

介词介引动词或动词性短语为汉语特有结构形式,由汉语本身特点决定,俄语前置词只能与名词或名词性短语组合。在所调查标题中不多,如"关于虚构"(《人民文学》,2005 年第 3 期),由介词"关于"与单个动词组成;再如"关于我国税收发展与改革——国家税务总局局长谢旭人在中宣部等六部委联合举办的形势报告会上的报告(摘要)"(《人民日报》,2006 年 3 月 15 日),由介词"关于"与谓词性偏正短语组成。

(二) 功能对比

俄语"关于"类结构在句中做定语或补语,用作标题做定语时一般前面有名词,做补语时相当于其前省略了表示言语、思维类的动词;汉语用"关于……"组成的介词结构主要在句中做状语,做状语时只能用在主语前,还可以做定语、状语或谓语,做状语时表示引进某种行为的关系者,做定语时表示引进某种事物的关系者,通常后面要与"……的"配合使用,做谓语时也表示引进某种事物的关系者,但用在"是……的"中,与"是……的"共同做谓语。如以下自由格式:

[1] Новая книга о русской литературеXVIII века(关于 18 世纪俄国文学的新书)(Вестник МГУ, 2004, №4)

[2] Воспоминания о Михаиле Лозинском(回忆米哈伊尔·洛津斯基)(Нева, 2005, №6)

[3] Эмигрантско-советский критик о поэзии(苏侨诗学评论家)(Вестник МГУ, 2004, №3)

[4] 关于 3 月 1 日停水的通知

[5] 关于这点,我想谈点想法。

[6] 今天系里开了会,是关于评职称的。

例[1]、[2]和[4]中的"关于"类介词结构在自由短语中做定语,汉语"关于 X"常做定语,组成"关于 X 的 NP"结构,"关于"引导的介词结构做定语必须带结构助词“的”；例[3]省略了表示“说、谈”类的动词，在句中做补语；例[5]“关于”引导的介词结构在句中做状语；例[6]“关于”引导的介词结构在“是……的”中做谓语。

“关于”是一个特殊的介词。一方面，同其他介词一样，汉语“关于”必须组成介词短语置于其他语言单位之前，而俄语组成的介词结构置于其他语言单位之后，表达其宾语同后续单位之间的语义关系。另一方面，汉语“关于”介词短语的后续单位既可以是名词、名词性词语，也可以是小句、句组、语篇，而俄语前置词的后续单位只能是名词或名词性词语。

（三）格式对比

俄汉语“关于”类表达形式均有单一式和复合式，无论单一式还是复合式，俄语均丰富于汉语。

1. 单一式

单一式即只有单个介词构成的介词结构。俄语单一式同义格式是单个前置词＋名词或名词短语或从句：前置词 о＋第六格、про＋第四格、к＋第三格、насчёт＋第二格、относительно＋第二格、касательно＋第二格。前三个前置词常用于标题，尤其是前置词 о，后三个前置词在所调查标题中未见。汉语同义格式为“关于”、“有关”、“有关于”、“对”、“对于”、“至于”。“关于”和“有关”，尤其是“关于”常用于标题；“有关于”常用来表示关涉事物或者行为，近年来常用于人们的日常口语，“网络上出现了大量的‘有关于’的用例，在书面作品中也出现了许多‘有关于’的用例”；[①]“对”尽管常见于标题，但不构成黏着结构，而是偏正结构，和所介引成分一起做定语，如“对《标点符号用法》的一些意见”（《中国语文》，2003，№6）；“对于”不能作标题，“至于”、“有关于”在所调查标题中未见。如：

[1] О московской семантической школе（关于莫斯科语义学派）

① 李广瑜：“‘有关’、‘关于’、‘有关于’的比较分析”，《汉语学习》，2009 年第 5 期，第 101—105 页。

(Вопр. яз., 2005, №1)

[2] К теории литературных жанров(关于文学体裁理论)(Филол. науки, 2006, №3)

[3] Про нашу жизнь(关于我们的生活)(Знамя, 2002, №1)

[4] 关于鸳鸯蝴蝶派(《十月》,2007年第3期)

[5] 关于"X得很"中"很"的性质(《中国语文》,2005年第1期)

前三例分别由前置词о、к和про与名词短语构成前置词结构,后两例由介词"关于"与名词短语构成介宾短语。由调查可知,俄语前置词о、про、к常见于标题,汉语常见于标题的只有"关于","有关"出现很少。

2. 复合式

复合式是由介词与其他词搭配频率较高的结构。俄语标题使用复合式远远多于汉语。俄语复合式有:к вопросу/проблеме+第二格名词性短语、к вопросу о+第六格名词性短语、ещё раз (немного) о+第六格名词性短语、ещё раз к вопросу о+第六格名词性短语等,其中к вопросу о+第六格名词性短语用得最多,这些结构已成为固定结构。汉语由介词"关于"、"有关"、"对于"、"至于"与"问题"构成的复合式大多情况下不是黏着结构,而是自由格式,前置的"再谈/论/说/议……(问题)"、"也谈/说/论……(问题)"、"重谈/论/话/议……(问题)"、"略说/谈/论……"或后置的"……略说/谈/论"等也为自由格式,只有"关于……问题"、"有关……问题"常见于标题,尤其是科学论文标题。如:

[1] К вечно-юному вопросу(论永恒的新问题)(Нов. мир, 2002, №8)

[2] К вопросу о грамматике русского предлога(有关俄语前置词的语法问题)(Вестник МГУ, 2006, №2)

[3] К проблеме усвоения предикационных знаний при овладении вторым языком(论二语习得中述谓知识的掌握问题)(Вестник МГУ, 2002, №4)

[4] Ещё раз о Платонове(再论普拉东诺夫)(Знамя, 2002, №8)

［5］Ещё раз к вопросу о картографии вымысла（再论虚构制图学）（Знамя，2006，№11）

［6］Немного об отце народов（略谈民族之父）（Нева，2007，№3）

［7］关于“没（有）”跟“了”共现的问题（《世界汉语教学》，2006 年第 1 期）

［8］关于当前农业和农村工作的几个问题（2005 年 12 月 29 日）（《人民日报》，2006 年 1 月 20 日）

例［1］由固定格式 к вопросу＋第三格形容词，该类结构用的较少，其中 вопрос 有时可用 проблема 替换，即 к проблеме＋第二格名词性短语，如例［3］；例［2］为固定格式 к вопросу о＋名词短语，该类结构在标题中常见，在所调查复合式标题中占绝对优势，有 44 条，占 о 类标题的 14.5％；例［4］和［5］分别为副词 ещё раз 与前置词 о＋第六格名词、固定结构 к вопросу о＋第六格名词短语组成，有时可单用副词 ещё＋前置词结构，如：Ещё об исламе（再论伊斯兰教）（Нов. мир，2004，№6）；例［6］则为副词 немного о＋名词短语；немного（不多）可替换为 несколоко слов（几句话），如 Несколько слов о Борисе Викторовиче Томашевском（略论鲍里斯·维克托罗维奇·托玛舍夫斯基）（Звезда，2007，№8）；标题中也常见 к итогам（关于……总结）、к истории（关于……历史）形式，如 К итогам Ⅱ Международного конгресса исследователей русского языка：Секция литературоведения и фольклористики（关于俄语研究第二届国际会议总结……）（Вестник МГУ，2004，№4）；К истории рода писателя Л. Добычина（有关作家多贝钦的家族史）（Звезда，2002，№11）。例［7］和［8］在“关于……问题”这一格式中嵌入名词性短语。

（四）语义对比

俄语前置词与汉语介词属于虚词范围，它们本身并没有具体实在意义，和实词结合，使词语意义更加明确化、严密化。俄语 о 类前置词均表示关涉的对象、讲述的内容。о 使用最为广泛，搭配范围广，学术、公务语言中常用 о，涉及实质、内容时常用 о，在修辞上属于中性；про 与 о 意义相近，про前面主要与言语动词派生的名词连用，表示一般的言谈，两者的差异主要体现在修辞方面，当讲话者强调口语色彩时，往往用前置词про，про常与表示具体事物的名词，很少与表示抽象意义的名词搭配；据所分析材料来看，про后的结构一般较短，大多为单个名词；к只用于书报标题。汉语"'关于'类介词表示关涉、跟某人或某事相关联，不同介词所表达的意义有差别，'关于'在表示关涉事物、行为方面较为宽泛，可关涉具体的事物、行为，也可关涉抽象的事物、行为；而'有关'则更多用于关涉具体事物；'有关于'的情况则复杂些，笼统地说，其经历了一个由表示关联到表示关涉的泛化过程"①。由对比分析可知，俄汉语"关于"类相同的语义类型有事象类、事件类和人物类，其中以表事象类标题最多，尤见于学术论文。此外，俄语还有人物与事物混合类。

1. 事象类

"事象"是对事物和现象的统称。主要包括具体事物、抽象事物、抽象概念等。俄汉语表事象类标题所占比例均较大，尤其是俄语中，这反映了语言的共性。俄语常用前置词о，其次是про，汉语则常用介词"关于"。如：

[1] Об особенностях русского православия（俄国东正教的特点）（Звезда, 2006, №11）

[2] Про черемуху（话稠李）（Нева, 2006, №2）

[3] 关于时间的形而上学问题——《时间结构》(2003)略介（《外语教学与研究》,2005年第6期）

[4] 一个英雄的传奇——关于电视剧《陈赓大将》（《人民日报》,2006年8月10日）

例[1]和[3]介引名词性短语，关涉内容为抽象事物，例[2]和[4]分别介引单个名词同位语，关涉内容为具体事物。

2. 事件类

俄汉语表事件类标题均不多。俄语一般是前置词引导的从句结构，

① 宋静静："关于"式话题句考察，湖南师范大学硕士学位论文，2007年，第16页。

汉语一般由介词“关于”介引。如 О том, как я разоблачил грузинского шпиона(谈谈我是如何揭发格鲁吉亚间谍的)(Нева, 2005, №3)、“关于‘日本中国语检定’”(《世界汉语教学》2003 年第 2 期),两例关涉内容均为事件。前例前置词 о 介引的是带指示词的从句,讲的是 как я разоблачил грузинского шпиона 这件事,后例介词“关于”介引的是置于引号内的谓词性短语,讲的是“日本中国语检定”这件事。

3. 人物类

人物类主要有个体人物名称、集体人物名称、人称代词三类。该类俄汉语均不多。如 Про академика Иоффе(记科学院院士约费)(Нева, 2006, №1)、“有关漠月”(《十月》,2006 年第 2 期),两例关涉的对象均为个体人物名称,前例为表人同位语,后例是人名。

4. 人物与事物类

“关于”类介词介引的成分中兼有人物与事物类语义特点,我们将其称为异类混合型,该类只见于俄语。如 О Моисее Кагане, о дружбе, жизни, уроке из истории философии(论莫伊谢伊·卡甘,论友谊、生活和哲学史教训)(Нева, 2006, №11),由前置词 о 与人名 Моисее Кагане、抽象事物名词 дружбе, жизни 和表事物的名词性短语 уроке из истории философии 组合。

(五) 对翻译的启示

俄语表关涉意义的前置词 о+第六格、про+第四格、к+第三格除了直译为汉语的黏着结构“关于”、“有关”等外,根据俄语的灵活性和变通的译法,同时考虑汉语习惯,还可译为自由格式“论”、“说”、“谈”,其中“论”更具有书面语色彩,汉语科学论文标题中大量使用这类形式,据统计,三者使用次数分别为 47、13、6,“谈”使用最少;与 ещё раз о+第六格、ещё раз к вопросу о+第六格相对应的译法也很灵活,也有多种形式,可译为“再谈”、“再论”、“再说”(汉语标题中使用次数分别为 3、3、1)或“也谈”、“也说”、“也论”(汉语标题中使用次数分别为 11、6、2);немного о чём 可以译为前置的“略(浅)说(谈、论)……”或后置的“……略说(谈、论)”。

受汉语启发,俄语一个前置词可译为汉语多个对应形式,根据表达的需要,如 о+第六格、про+第四格、к+第三格可译为“关于”、“有关”、“论”、“说”、“谈”等问题,ещё раз о+第六格可译为“再谈”、“再论”、“再说”,ещё раз к вопросу о+第六格可译为“再谈……问题”、“再论……问题”、“再说……问题”、“再议……问题”,немного о чём 可以译为前置的“略(浅)说(谈、论)……”或后置的“……略说(谈、论)”。汉语该类标题很多,据调查有 92 条,其中主要用作科学论文标题。如:

[1] 论“做”字的音(《中国语文》,2003 年第 2 期)

[2] 说“生、死”与“前”的组合(《中国语文》,2003 年第 3 期)

[3] 谈《聊斋俚曲集》“日”母的音值及演变(《中国语文》,2005 年第 4 期)

[4] 再谈“吃了他三个苹果”一类结构的性质(《中国语文》,2002 年第 4 期)

[5] 再论“天津话连读变调之谜”(《当代语言学》,2005 年第 2 期)

[6] 再说广州话“听日”和“琴日”及词汇音变(《中国语文》,2007 年第 5 期)

[7] 也谈结构助词“得”的来源及“V 得 C”述补结构的形成(《中国语文》,2003 年第 4 期)

[8] 也说“就”和“才”(《当代语言学》,2005 年第 1 期)

[9] 也论唐写本《说文・木部》残帙的真伪问题(《中国语文》,2007 年第 6 期)

此外,汉语还有“试论”、“试说”、“试谈”类标题。如:

[1] 试说“X 不比 Y・Z”的语用功能(《中国语文》,2004 年第 3 期)

[2] 试论译作与原作的关系(《外语教学与研究》,2002 年第 1 期)

[3] 试谈韵律与某些双音词的形成(《中国语文》,2007 年第 3 期)

若在科学论文中,可译为“论”、“谈”、“关于”等,若在口头,可译为“谈”、“关于”、“有关”,还可以重叠,如“谈一谈”、“说一说”等,若用在一般语体中，可译为“有关”、“关于”、“说”等。

二、от... до... 类与“从……到……”类标题对比

俄语 от... до... 和汉语“从……到……”结构表示空间、时间、动作、状态或系列的起讫点，表示一段距离中所包容的形成系列的人、事物、情况、时间、地点和数量等，意义上具有“人物性、时空性、数量性”等。这种格式用做标题，可以最简单的形式表示人或事物等的发展变化，对比强烈，富有概括力、表现力和吸引力，它“为读者提供了一个阅读和思考的‘区间’和‘框架’”①。下面我们从词性、格式、功能和语义四个方面来考察。

（一）词性对比

1. 结构类型

俄语 от... до... 结构中 от 和 до 均为前置词，与名词或名词性短语组合只能看作前置词结构，不能看作短语，两者组成一个固定格式，这一格式为体词性，其表现形式只有一种，即联合前置词；而汉语“从 X 到 Y”结构为介宾短语，在该结构中，“从”带上宾语，只能是介词，“到”带上宾语，则有两种可能：动词或介词。由于“到”是个兼类词，“从 X 到 Y”就分化为两种不同的结构，“到”若为动词，是偏正结构，“到”若为介词，是联合结构。两类结构在功能上有较大差异，偏正结构是谓词性的，而联合结构具有一定的体词性。因为偏正式是由介词结构“从 X”和动宾结构“到 Y”结合而成的谓词性偏正词组，联合结构是由“从 X”和“到 Y”两个介词结构联合而成的词组。标题中以联合结构见多。如：

[1] От луны до порога（从月亮到门槛）（Нов. мир, 2006, №7）

[2] 从此处到别处（《人民文学》，2002 年第 2 期）

[3] 一封来自宁夏挂职干部的信——劳务输出：从“烦心事”到“乐心事”（《人民日报》，2006 年 5 月 21 日）

---

① 尹世超：“说几种黏着结构做标题”，《语言文字应用》，1992 年第 3 期，第 99 页。

例[1]由 от луны 和 до порога 两个前置词结构组成一个固定格式，这一格式只能是前置词组合；例[2]中的“到”是动词，“从 X 到 Y”为偏正结构；例[3]中的“到”是介词，“从 X 到 Y”为联合结构。在所调查标题中，汉语“从 X 到 Y”大多是联合结构。

俄汉语“从 X 到 Y”类还可以并列。如 От Мао к Дао, от Дао к Дэну(从毛到道，从道到邓)(Нева, 2007, №3)、从“贴牌”到“创牌”从“打工”到“当家”宁波外贸形成自主品牌集群(《人民日报》,2006 年 5 月 23 日)，俄语 от、до 所介引的均为名词，前后构成并列的两个前置词结构；汉语“从”、“到”后为动词，“从 X 到 Y”为联合结构，二者构成并列关系。

2. 词语性质

从“从 X”和“到 Y”后边词语的性质来看，俄语 от... до... 介引体词性同类成分；汉语“从 X 到 Y”除介引体词性成分外，还可介引谓词性、句子等同类成分，这是由汉语介词特点所决定，是俄语前置词所不具的，因为俄语前置词不能和动词、副词连用，只能和名词或名词性短语连用。此外，标题中常见“从 X”和“到 Y”所介引成分性质不同，我们称为异类成分，通常行文中少见。

1) 俄汉语共有类型

名词+名词。俄汉语“从 X”和“到 Y”均可介引名词，俄语该类较多。如 От принципов к последствиям(从原则到后果)(Звезда, 2004, №12)、“从‘漏斗’到‘聚宝盆’——浙江省级机关‘后勤经济’改革纪事”(《人民日报》,2006 年 6 月 24 日)，前例前置词 от 和 к 分别与单个名词组合，от... к... 构成联合前置词结构，后例“从”和“到”是介词，均介引名词，“从 X 到 Y”为联合结构。

名词性短语+名词性短语。俄汉语“从 X”和“到 Y”均可介引名词性短语，汉语比较注重形式的同一性，结构上讲究一种对称美，或是名词+名词，或是名词性短语+名词性短语。如：

[1] От классической фонологии к современному речеведению(从古典音位学到现代言语学)(Вестник МГУ, 2003, №1)

[2] 从 X 杠理论到光杆短语结构理论：关于废除短语结构理论不合理成分的论证(《现代外语》，2002 年第 4 期)

以上两例介词均介引名词性短语，前例由前置词 от... 和 к... 结合较为紧密，构成联合前置词结构，可看作固定格式；后例“从”和“到”均为介词，“从 X 到 Y”构成联合结构。

2) 俄有汉无类型

名词＋名词性短语。俄语“从 X”介引名词，“到 Y”介引名词性短语。该类汉语中理论上存在，在所调查标题中未见，只在俄语中发现一例，如 Из блокады — на Большую землю(从封锁到大地)(Нева，2002，№9)，由前置词 из 和 на 分别与单个名词和名词性短语组合，из... 和 на... 关系比较松散，为联合前置词结构，但不是固定格式。

名词性短语＋名词。俄语“从 X”介引名词性短语，“到 Y”介引名词。该类汉语中理论上存在，在所调查标题中未见，也只见于俄语。如 От связей с общественностью к коммуникологии(从与社会的联系到交际学)(Рус. речь，2006，№6)，由前置词 от 和 к 分别与单个名词性短语和名词组合，от... 和 к... 结合较为紧密，可看作固定格式。

3) 汉语特有类型

汉语“从 X 到 Y”既可介引体词性、谓词性乃至句子等同类成分外，还可介引词性不同的成分，我们称为异类成分。

同类成分。汉语不同于俄语的是介词除了介引体词性成分外，还可介引谓词性成分乃至句子，且常见于标题。如：

[1] 从汉字研究到汉字教学——认识汉字符号体系过程中的几个问题(《世界汉语教学》，2007 年第 1 期)

[2] 从广种薄收到少种多收——来自贵州毕节“开发扶贫生态建设”试验区的报告(《人民日报》，2006 年 9 月 5 日)

[3] 从“贴牌”到“创牌”　从“打工”到“当家”宁波外贸形成自主品牌集群(《人民日报》，2006 年 5 月 23 日)

[4] 湖北省咸宁市咸安区乡镇机构改革后，破除了“铁饭碗”和“官本

位”的意识，增强了竞争意识和服务意识——从“养人”到“养事”(《人民日报》，2006 年 9 月 17 日)

[5] 从“居者有其屋”到“居者优其屋”——如何看待房价趋高的问题(《人民日报》，2006 年 9 月 25 日)

以上各例“从”和“到”均为介词，“从 X 到 Y”构成联合结构。例[1]“从 X”和“到 Y”均介引主谓短语，常见于学术论文；例[2]“从 X”和“到 Y”均介引谓词性状中并列短语；例[3]“从 X”和“到 Y”均介引动宾短语；例[4]“从 X”和“到 Y”介引动词，介引动词是较常见的现象；例[5]“从 X”和“到 Y”均介引单句。

异类成分。“从 X”和“到 Y”所介引成分性质大体相同，但也有不同，异类成分短语是处于弱势地位、主要见于标题的介词短语，是与语言共性不同的汉语个性的一种表现。如“从热闹到门道”(《人民日报》，2006 年 9 月 6 日)，“从多边主义到边缘依赖”(《人民日报》，2006 年 6 月 13 日)，两例“从”和“到”均为介词，前例“从 X”介引形容词，“到 Y”介引名词，后例“从 X”介引名词，“到 Y”介引动宾短语，“从 X 到 Y”构成异类联合结构。

(二) 格式对比

俄语 от… до… 和汉语“从 X 到 Y”是基本格式，是一种比较固定的结构形式，在标题中广为运用，屡见不鲜，有极强的表现力。在“从 X 到 Y”这一基本格式的基础上，还有一些变化形式，汉语变式是对“从 X 到 Y”这一基本格式替换、增字、减字等改造，俄语则是完全不同的固定结构(如表时间的 с… до…、с… по…)或临时组合。通常行文中，汉语远远多于俄语，达 27 种之多，俄语只有 7 种构式，但标题中俄语变式丰富于汉语，俄语 5 种构式在标题中有所体现，汉语只发现两种，除常见 от… до… 这一基本格式外，от… к… 这一格式出现频率也很高，常见于学术论文标题，此外，其他变式也较常见；汉语标题中只常见“从 X 到 Y”这一基本格式。

1. 俄语变式

俄语的变式主要有：от… к…、с… до…、с… по…、из… по…、из…

на…、с… в… 等。如：

［1］От Моссовета до Кольца（从莫斯科市人民代表苏维埃到环行道）（Изв. 2006.11.13）

［2］От авангарда к соцреализму（从先锋队到社会现实主义）（Вестник МГУ，2006，№6）

［3］Из Салоников по Греции（从萨洛尼卡到整个希腊）（Нева，2006，№7）

［4］Из блокады — на Большую землю（从封锁到大地）（Нева，2002，№9）

［5］Из грязи — в Ревизоры（从泥泞到钦差大臣）（Изв. 2006.05.26）

［6］С места в карьеру（从原位升迁）（Изв. 2006.11.29）

［7］От катастройки через прихватизации к социкапизму（从灾难经私有化到社会资本主义）（Рус. речь，2006，№4）

例［1］от… до… 为基本格式，表示"从 X 到 Y"；例［2］от… к… 表示"由 X 向 Y 转变/变化"之义，此类常见于学术论文；例［3］из… по… 表示"从（来自）X 到（遍及）Y"；例［4］из… на… 表示"从（来自）X 到（向、朝）Y"；例［5］из… в… 表示"从（来自、起源）X 成为（到）Y"；例［6］с… в… 表示"从 X 到 Y"的变化；例［7］，在 от… к… 中间出现前置词 через，表中间过程，对应于汉语变式"从 X 经……到 Y"。俄语 7 种格式中，除 от… до…、с… до… 一般为固定格式外，其他结构大多属于临时句法组合，具体使用哪一种构式取决于其后的名词。

2. 汉语变式

经统计，汉语变式约有 26 种（不包括基本格式），主要有：

1）介词替换

基本格式"从 X 到 Y"有多种变化形式。"从"和"到"本身可以变化，即介词替换，与"从"相似的有"由、自、打、自从、自打、打从、从打"，"由、自、自从、自打"多用于书面语，"打、打从、从打"多用于口语，"从"在口语、书面语中均常用；与“到”相似的有“向、往、至、而”等，我们把由“从X”和“到Y”组合而成的结构概括为“从X”和“到Y”，这样可组成20种格式：

“从X向Y” “从X往Y” “从X至Y” “从X而Y” “由X到Y”

“由X向Y” “由X往Y” “由X至Y” “由X而Y” “自X到Y”

“自X向Y” “自X往Y” “自X至Y” “自X而Y” “打X到Y”

“打X至Y” “自打X到Y” “自打X至Y” “从打X到Y” “从打X至Y”

这些变式在现代汉语中出现的频率不一样。“自X至Y”和基本格式“从X到Y”的使用频率最接近，其次是“自X到Y”。这些格式大多情况下可互换，尽管不同介词之间也有差别，但运用较俄语灵活，俄语能替换的前置词只有表时间和空间的格式 от... до... 与 с... до...，其他一般不能替换，因为受俄语前置词与名词搭配限制，即使变换后，有的语义会发生变化。以上20种变式在所调查标题中未见，只见“从X到Y”这一基本格式。如“从醉白楼到留椿屋”(《收获》，2007年第3期)。

2) 增字式

“从X到Y”格式还可在原结构上加字，主要有：(1)从X到/至……到/至Y(可以看作“从X经……到/至Y”)，是一种扩展式，在基本格式“从X到Y”后再加一个“到Y”或在变式“从X至……”后再加一个“至Y”；(2)从X直到Y，该类结构也是增字的变化形式，在“到”前加“直”、“一直”、“又”一类副词，还可在“从X”后加一个“起”。但此类在所调查标题中未见。尽管俄语中有一种类似于(1)的格式，但俄语一般为两个前置词组合，若将汉语“从X到/至……到/至Y”译成俄语则很复杂，一般在后一前置词结构中添加连接词 и... до...，即 от... до... и... до...。

3) 简省式

“从X到Y”格式除了上述的变化形式外，还有一种省略形式，其中“从”不出现，即变式“X到Y”，若将“从”补上，句子意思不变。俄语前置词不能省，省后则其结构不复存在，因俄语属形态变化丰富的语言，前置词是参与构成这一结构的必要成分。

在所调查文献中，除了更多使用“从X到Y”格式外，只发现一例“从X走到Y”。如“从昨天走到今天——从国际农业博览会看法国农业(二)”(《人民日报》,2006年3月13日)，此例与“从X到Y”意义上有差别，在“到”前出现动词“走”，“到”作动词“走”的补语，强调“走”这一抽象的动作意义，表示过程的艰辛。

(三)功能对比

俄语 от... до... 在句中一般做状语，还可做定语，而汉语“从……到……”在句中可做主语、宾语、谓语、状语和定语，但当“从……到……”为介词结构时，不能在句中做主语和宾语。

做主语。当“从……到……”结构为偏正结构时，可做主语，多数是在表示判断的句子里。如“由乱到治谋发展”(《人民日报》,2006年1月17日)，其中“由乱到治”做主语；再如“从中学到大学再到研究生”。

做宾语。情况同做主语相似，大多数用在判断句中充当判断动词“是”的判断宾语。如“你能从无到有”。

做谓语。整个结构做谓语。如“发展进程由慢到快”，该例“由……到……”为谓词性偏正结构，在句中做谓语。

做状语。“从……到……”结构做状语，比较多的是修饰整个句子，即称为句状语。如以下两例 от... до... 和“从……到……”在句中做状语。

[1] Газета прочитаны от доски до доски.（从头到尾读报纸。）

[2] 连续作战，辛勤操劳，从黎明直到傍晚，从深夜又到明朝。

做定语。一般来说，汉语“从……到……”结构做定语，要加助词“的”。如以下两例 от... до... 和“从……直到……”在句中做定语。

[1] Путин от “Тополя” до Ключевского(普京从“白杨”到克柳切夫

斯基)(Изв. 2006.02.01)

[2] 我看了从大学、中学、小学,直到幼儿园的语言教育。

(四)语义对比

“从X到Y”的初始意义表示起讫点“X”和“Y”范围内的情况与变化等,运用中的具体语义由“X”和“Y”明确,受语言环境的制约,可表运动变化,也可指称事物等。俄汉语“从X到Y”格式表示的意义有多种,概括起来主要有两大类:一类是范围,另一类是运动变化。汉语中,当“从X到Y”为偏正结构时,“从X到Y”表运动变化;俄语中,от... к... 一般表变化语义,因为前置词 к 含有“向Y转变”之义。汉语中,当“从X到Y”是“从X”和“到Y”两个介词短语的联合时,“从X到Y”有两种情况,既可表某种范围,也可表运动变化;同理,俄语 от... до... 类为固定格式时,其语义也分两类,即范围与运动变化;当 от... до... 类关系很松散时,表示运动变化。如:От зоопарка до вокзала идёт автобус номер 2.(2路公共汽车从动物园开往火车站。)Он уезжает с зоопарка на вокзал.(他乘车从动物园去火车站。)前一例 от... до... 表示单纯的起讫点,为固定格式,表范围义;后一例 с... 表运动起点,на... 表运动方向,с... на... 为临时组合的句法结构,表运动变化;又如“从武汉到哈尔滨”既可理解为表空间运动,如“他坐飞机从武汉到哈尔滨”,也可理解为表空间范围,如“从武汉到哈尔滨有2400多公里”。

判断“从X到Y”属于哪种语义类型,取决于该格式前的词,此时必须阅读原文,但有的读原文后也存在两可现象。因此,我们在分析该类标题时,不考虑其是动态还是静态,根据“从X到Y”本身将其分为时间、空间、人物、事物、数量和行为等。由调查可知,俄汉语较多的是事物类,其次,俄语依次是空间、人物、时间、事件类,汉语依次是行为、人物、事件、空间、时间和数量类,汉语“从X到Y”偏正式语义类型易于确定;俄语 от... к... 一般表变化语义。

1. 时间类

俄汉语“从X到Y”类结构表时间的变化或范围较常见,时间是直线型的，方向很明确，时间范围实际上就是时间的跨度、时间的长短，即时段。俄语表时间关系的前置词格式一般为 с... до...、от... до...、с... по...等，汉语一般为"从 X 到 Y"、"自/打/自从/自打 X……到/至 Y"等，标题中只见"从 X 到 Y"这一基本格式。如：

[1] Литературный XX век: от прошлого к современности（文学的 20 世纪：从过去到现代）（Вестник МГУ, 2004, №4）

[2] От золотого века до глиняного（从黄金时代到黏土时代）（Рус. речь, 2006, №1）

[3] 从昨天走到今天——从国际农业博览会看法国农业（二）（《人民日报》，2006 年 3 月 13 日）

以上各例俄汉语"从 X"和"到 Y"所介引的均为时间名词。例[1]副标题从时间上限定"文学的 20 世纪"，由表方向前置词 к 极易判定 от... к... 表时间变化，例[2]也是从时间上限定某词，但很难确定是表示运动变化还是表示范围，例[3]中"走到"为动词，因此，"从昨天走到今天"为偏正结构，表示时间变化。

2. 空间类

表空间范围或空间运动是俄汉语"从 X 到 Y"类结构最基本的意义类型。空间一般是立体性，具有三维特征，但"从 X 到 Y"表空间范围或空间运动有时只具有一维性，表示空间距离。俄语表空间关系的前置词格式最常用的为 от... до...，汉语最常用的为"从 X 到 Y"。由调查可知，俄语表空间类较汉语多。如：

[1] От Москвы до Бреста（从莫斯科到布列斯特）（Изв. 2006.02.14）

[2] От Кремля до зоны с остановкой в Большом театре（从克里姆林宫到停靠大剧院的区域）（Изв. 2006.05.04）

[3] 从醉白楼到留椿屋（《收获》，2007 年第 3 期）

[4] 从此处到别处（《人民文学》，2002 年第 2 期）

以上各例"从 X"和"到 Y"后均为处所名词，除例[4]"从此处到别处”容易判断为偏正结构、表空间变化外，其余各例很难确定是表运动变化还是表运动范围。

3. 人物类

“从X到Y”表示人物范围相对较复杂，既可表示人物类型范围，即从某人到其他人这一范围语义，也可表示某一人物的发展变化。由调查可知，俄汉语表人物类标题均较多，俄语表人物类语义类型多属前一种，汉语则多为后一种。俄语常用格式为 от... до...，汉语为“从X到Y”。如：

[1] От Чонкина до Чонкина（从琼京到琼京）（Нева，2004，№3）

[2] От Владимира Мономаха до Юрия Лужкова（从弗拉基米尔·莫诺马赫到尤里·卢日科夫）（Изв. 2006.09.18）

[3] 从“农民工”到“总管家”（《人民日报》，2006年4月3日）

[4] 从国民党“督学”到坚强的共产主义战士　张谦光（《人民日报》，2006年4月21日）

俄语 от... до... 介引的是人名，汉语“从X到Y”则是某人的职业或社会/荣誉称号名词或名词短语。人物类相对容易判断是表示运动变化还是表示范围，若指同一个人的发展变化，则表示运动变化，如后两例；若指不同的人，究竟是表示运动变化还是表示范围则根据上下文确定，如例[1]从原文可知表变化，介绍与评价作者（Владимр Войнович）的小说«Чонкин»（《琼京》），该小说以主人公 Чонкин 为名，由«Чонкин»这一小说可能发展为另一部类似于«Чонкин»的作品；例[2]从原文可知表述范围，写已出版《重要的行政管理者》一书，计划还将写从 Владимир Мономах 到 Юрий Лужков 的有关人员。

4. 事物类

“从X到Y”既可表事物变化，也可表事物的范围。俄汉语表事物类标题均较多。俄语常用格式为 от... до... 和 от... к...，后者常见于学术论文标题，汉语为“从X到Y”。如：

[1] От классической фонологии к современному речеведению（从古

典音位学到现代言语学)(Вестник МГУ, 2003, №1)

[2] От хлопушек до частушек(从鞭炮到流行歌谣)(Изв. 2006.03.29)

[3] 从逻辑功能到经验功能——扩展"投射"现象的概念功能模式(《现代外语》,2002 年第 3 期)

以上各例均介引名词或名词性短语,例[1]由前置词 к 可判断为表抽象事物变化,有"向 Y 转变"之义;例[2]表具体事物;例[3]表抽象事物,后两例很难判断是表示事物变化还是表示事物范围。

5. 事件类

"从 X 到 Y"既可表事件变化,也可表事件的范围,俄语表事件类的很少。俄语常用格式为 от... до...,汉语为"从 X 到 Y"。如:

[1] От блокады до победы(从封锁到胜利)(Нева, 2005, №5)

[2] 从一大到七大(《人民日报》,2006 年 7 月 1 日)

[3] 从"草坪热"到"退草还树"——难道是草惹的祸(《人民日报》,2006 年 9 月 7 日)

前两例前置词 от 和 до 与介词"从"和"到"均介引名词,没有更多的语境提示,很难判断是表事件变化还是表事件范围;例[3]"从"介引名词短语,"到"介引动词短语,尽管"从 X 到 Y"为联合结构,但根据语境提示可判断为表事件变化。

6. 数量类

"从 X 到 Y"可表数量变化或范围,X、Y 分别表示数量的最小值、最大值,说明事物存在于这样的数量范围内或在这一数量内变化。该类只见于汉语。如"85 年　从 50 多万到 7080 万"(《人民日报》,2006 年 7 月 1 日),"到"前可加"增加",后可加动态助词"了",可判断"到"为动词,因此"从 X 到 Y"为偏正结构,表数量变化。

7. 行为类

"从 X 到 Y"还可表行为的变化或范围,尽管俄语前置词可介引表行为的动名词,但该类只见于汉语,因为汉语介词可以介引谓词性成分。

如“从汉字研究到汉字教学——认识汉字符号体系过程中的几个问题”(《世界汉语教学》2007年第1期)、“湖北省咸宁市咸安区乡镇机构改革后,破除了‘铁饭碗’和‘官本位’的意识,增强了竞争意识和服务意识——从‘养人’到‘养事’”(《人民日报》,2006年9月17日),两例介词“从”和“到”均介引谓词性成分,“从X到Y”为联合结构,根据语境提示可判断前例表行为范围,后例为表行为变化。

8. 人物及事物类

“从X到Y”所介引词汇除以上语义类型外,可能还兼有以上几种。此类只见于俄语如 От Мао к Дао, от Дао к Дэну(从毛到道,从道到邓)(Нева, 2007, №3),该例为两个并列的联合前置词结构,Мао 指“毛泽东”,为人名,由原文可知 Дэн 为汉语音译词,应为“Дэн”指“邓”,指“邓小平”;Дао 指“道教”,指事物,这一并列结构表运动变化。

由上可知,无论是俄语还是汉语,是表变化还是表范围,人物类语义类型相对易于确定。较之俄语,汉语较易确定其语义是表运动变化还是表范围,一者汉语标题所提供的信息较多;二者取决于“到”的词性,若“到”为动词,则“从X到Y”表运动变化,若“到”为介词,则有两种可能:表范围或表运动变化。俄语中,因 от 和 до 永远是前置词,要判断其语义类型尽管可视具体前置词而定,但较汉语复杂。

第五章

俄汉语特色标题结构个性分析

第一节 俄语分割结构

分割结构，谢尔巴（Л. В. Щерба）称为附加结构，认为其第二部分在第一部分结束后或进行中才出现。什韦茨（А. В. Швец）则称之为接续结构，借用了伊万契科娃（Е. А. Иванчикова）的观点“分割基础模仿自然口语扩展，言语随思想形成而非早已想好的和现成的模式”。[①] 但二者不同于分割结构，虽与其形式相似，却有质的区别，接续结构或附加结构是由部分组成整体，是日常口语边说边补充的一种句法现象，分割结构是将整体分解为部分，尽管它来源于口语附加结构，但它是为了强调突出某一部分而有意识的分解话语的一种句法现象；接续结构可用任一标点符号连接，分割结构一般用表示句子完结的标点符号，主要是句号分割。万尼科夫（Ю. В. Ванников）认为分割结构是一种句法结构（几个独立交际单位的句子）的言语呈现方式，他强调“分割现象属现代俄语口语特有，以各种言语语体呈现”。[②] 分割结构是将句中某些成分（主要是次要成分）用句号分割出去，使之成为一个独立的表述单位，有时分割的还有分句、从句乃至单句等。分割结构一般分为两部分，前部分语法和意义独立，后部分为词组或简单的扩展句，语法和意义从属于前部分，说明、补充、确切前部分，前后两部分一般用句号连接，语调独立，句法和意义

---

① А. В. Швец, *Разговорные конструкции вязыке газет*, Киевский университет, 1971, с. 25, 27.

② А. В. Фатина, *Функционирование заголовочных комплексов в современной российской газете: стилистико-синтаксический аспект*, Дис. канд. филол. наук. СПБ, 2003, с. 86.

关联。

分割结构于1960年代出现在报纸并得到广泛运用。由调查可知，标题被分割的主要是分句、从句、主要成分、次要成分以及少量的单句等。常见于报纸标题，因为报纸主要报道信息，读者所关注的是信息点，句子的语义重点往往成为注意的焦点。在所调查的文学期刊中未见，学术期刊中发现两例。如"Что-то новенькое в грамматике? Или в лексике?"(新现象是语法的？还是词汇的？)(Рус. речь，2002，№5)、"К 200-летию «Вестника Европы». От Карамзина до Каченовского"(纪念《欧洲学报》创刊200周年。从卡拉姆津到卡切诺夫斯基)(Рус. речь，2002，№1)，前例用问号分割，分割部分做状语，与主干部分的状语 в грамматике 具有选择关系；后例分割部分是残余结构，做主干部分的定语，从时间范围限定主干部分。

一、句子分割

实验心理学研究表明，人们对一个符号序列的记忆，效果最好的是在序列的开头和结尾部分，因为序列的开头和结尾部分最能吸引我们的注意。一个句子的语义重点一般置于句首或句尾，目的是为了引起受话人的注意。分割结构标题，分开的两个部分由于分别占据了开头和结尾的位置，也就相应地获得了句首焦点和句尾焦点的语用效果。这样的标题以概括、凝练的形式传达丰富的信息，以句首焦点和句尾焦点吸引读者。句子分割部分主要有单句、并列复合句中的分句和主从复合句中的从句。

（一）单句

分割部分可能是句子。分割部分本可融入主干部分，与主干部分间用逗号连接，但标题因语用上的需要，将其用句号分割，由复合句变成了句群。如：

[1] Американские ВВС метили по талибам, но попали в мирную деревушку близ Кандагара. Есть жертвы(美国空军瞄准了塔利班，但击

中了坎大哈附近的平民村。有人员伤亡)(Изв. 2006.05.22)

[2] Батюшка выиграл выборы. Грех-то какой!(神父赢得了选举。造孽啊!)(Изв. 2006.11.17)

以上两例分割部分为单句,与主干部分构成句群,前例主干部分与分割部分构成事实与结果关系,后例主干部分与分割部分构成事实与评价关系。根据尾重原则,分割部分放在句末,突出信息焦点。

(二) 分句

并列复合句中带 и、но 和 а 等单一连接词连接的分句常被分割,这些连接词使被分割的句子带有情感加强意味,赋予标题特殊的表现力和丰富的情感性。如:

[1] Тимошенковцы ушли из Рады. Но оставили флаг(季莫申科派离开了人民会议。但留下了旗帜)(Изв. 2006.07.21)

[2] Мужья хорошо поддаются дрессировке. И жены, конечно, тоже(丈夫们很易接受训练。妻子们,当然也是如此)(Изв. 2006.07.17)

[3] Станция"Семеновская". Двери открываются("谢苗诺夫"站到了。地铁门开了)(Изв. 2006.04.28)

以上三例均为并列复合句被分割成两个简单句,前两例有明显的形式标记,被分割部分分别以连接词 но 和 и 开头。例[1]用句号将一个表转折关系的并列复合句分割开;例[2]用句号将一个表并列关系的并列复合句分割开;例[3]用句号将一个表先后关系无连接词复合句分割开。分句被分割,地位显眼,使人对重要信息获得深刻印象。

(三) 从句

主从复合句中从句是选择性的扩展成素,常可分割。如带 потому что、ибо、хотя、так что、чтобы、если、когда、как 和 как будто 等连接词的从句。分割部分借助从属连接词与主干部分连接,从属连接词的主要意义保留,但含有细微差别的补充意义。带连接词的该类结构,除了具有时间、让步、条件和其他意义外,还对主干部分起补充说明、确切的作用。

所调查标题中只发现一例，如“Янукович попытается снизить цены на газ. Хотя бы на один доллар”(亚努科维奇尝试降低气价。哪怕是一美元)(Изв. 2006.08.15)。被分割的是由表让步意义的连接词 хотя 引导的让步从句，该从句省略了主要成分。

二、成分分割

分割结构是将完整的表述分割成若干部分，中间用句号隔开，把表述化整为零，使表述具有特殊的语调，这一语调把分割部分理解为完整的交际单位，赋予标题对话性，使它与读者的语言接近；采用分割结构旨在强调被分割部分的信息，增强其语势，用非常规结构吸引读者注意。分割结构减短表述结构，浓缩、节省表述，使标题简洁明快。

（一）主要成分

主要成分即主语或谓语被分割，由于主语、谓语是句子的结构—语义中心，尤其是谓语的分割在理论上是不可能的。因此被分割的主要成分多是主干部分的同等主语或同等谓语，使用这种结构是为了强调、突出被分割部分，使主句的主语或谓语具体化。

1. 同等主语的分割

主语同等成分分割在现代俄语中常见，非同等主语的分割少见，在所调查标题中未见。如“В столице 7,5 тысячи сирот. И всего 8 приемных семей”(首都有 7500 名孤儿。共有 8 个收养家庭)(Изв. 2006.03.23)，分割部分可直接纳入到主干部分中，与主要部分的 7,5 тысячи сирот(7500 名孤儿)构成同等主语，分成两部分，独立开来，强调分割部分这一信息。

2. 同等谓语的分割

分割的同等谓语可能表示与主要行为同时或先后发生的行为，分割部分可能不是一个谓语，而是几个同等谓语，有时同等谓语形成一个接一个的连接链，更充分、更富表现力地描述周围现实的某种现象。分割的同等谓语与主干部分除用标点分开外，还可同时借助连接词 и 和 а。如：

[1] Динар сражался, как солдат. И победил(第纳尔像士兵一样厮杀过。且取胜了)(Изв. 2006.08.16)

[2] Версия “Известий” опровергнута... И подтверждена(《消息报》的传说被推翻……并得到了确证)(Изв. 2006.08.28)

以上两例均将其中一个同等谓语分割开来,分割的同等谓语表示的是在主要行为之后发生的行为,主干部分是对事实的陈述,分割部分则是读者所关注的结果,是信息焦点。前例用句号分割,后例用省略号分割,省略号所省略的部分强调主干部分求证过程的艰难,谓语与主干部分借助连接词 и 连接。

3. 次要成分

常被分割的还有句子次要成分,将次要成分分割开来可吸引读者对其注意,同时分割部分在意义上更有分量,主要用途是为了确切主干部分的某种成分,用某种新的细节补充整个表述,使前面的表述进一步深化。分割的次要成分主要为定语、补语和状语,其中以状语最多,其次是定语,补语不多。

1) 定语

标题中最常见的被分割的定语是一致和非一致定语,类型繁多。

(1) 一致定语

一致定语表示事物特征,一般由形容词表示。分割的定语是带接续连接词或无连接词的一致定语,使主干部分所限定的某个词具体化,强调主要内容并补充传达表述后的主要思想,因此它在停顿之后再阅读,正是这类定语含有整个表述最重要、本质的内容。一致定语又分单个一致定语和链式一致定语。如:

[1] Рубль стал знаком. Денежным(卢布成为符号。钱的符号)(Изв. 2006.06.15)

[2] Россиянам прибавят зарплату. Минимальную(俄罗斯人要加薪了。最低限度的)(Изв. 2006.12.10)

[3] И выход был найден. Простой, но очень эффективный(出路找

到了。简单的，但极有效的)(Изв. 2006.07.27)

前两例被分割的是单个一致定语，定语从主干部分中分割出来，强调被分割部分的信息，增强被分割部分的语势，引起读者注意。例中，денежным 和 минимальную 分别限定主干部分中的 знаком 和 зарплату，使被限定语的内容具体化，凸显信息焦点。例[3]被分割的是两个一致定语，这两个定语从不同方面修饰主干部分被限定词，构成链状结构，第一个简单定语从难易程度上、第二个扩展定语从成效上修饰主干部分的 выход，同时对第一个定语具有补偿作用，定语被分割使所述内容如同剥笋一层层呈现，每一层均为读者所关注，最后聚焦句尾。

(2) 非一致定语

分割部分是主干部分的非一致定语，一般用不带前置词的第二格和第五格名词、带前置词的间接格名词、副词、不定式和人称代词第二格形式表示，在所调查标题中只见一例二格名词和两例带前置词 по 的表限定意义第三格名词状语。如：

[1] Игорный бизнес — за границу. Города(赌博生意——去郊外。市郊)(Изв. 2006.02.07)

[2] Мы с Украиной больше не братья. По оружию(我们与乌克兰不再是兄弟。在武器方面)(Изв. 2006.05.31)

前例分割部分的 города 作主干部分 бизнес 的非一致定语，后例分割部分均为主干部分唯一的方面、范围定语，表示限定关系，主干部分均为简单句，分割部分为标记"方面"义"前置词 по+第三格名词"。定语被分割，信息焦点得到凸显。

2) 补语

补语分割是对主干部分的谓语或其他成分的补充，使主干部分的补语具体化，它根据意义和语调划分，着重强调某个细节，是主干部分思想的继续，使之确切并得到发展。有学者认为，用作分割部分的间接补语较常见，而直接补语较少见，因为它往往与主要部分中的某个词是强必需联系，分割后主要部分在结构和意义上就不够完整。我们在调查中也

发现了直接补语,但这一直接补语通常是同等补语。如:

[1] Президент Ирана любит американцев. Всех, кроме Буша(伊朗总统喜欢美国人。一个都不落,布什除外)(Изв. 2006.12.01)

[2] "Не бывает чужого горя. И чужого геноцида"("别人的痛苦不存在"。别人的种族灭绝也不存在)(Изв. 2006.06.28)

前例分割部分为直接补语,与主干部分的补语构成同等成分,是对主干部分谓语的强调补充;后例分割部分为间接补语,与主干部分的补语构成同等成分,补充说明主干部分的谓语。用句号将完整的表述分开,使读者产生惊讶,强烈感染读者。

分割结构中占特殊地位的是分割部分重复主干部分的某一个成分,这种重复进一步发展思想,把注意重点转向主要内容,使读者有可能集中注意力、集中思想来感受所读内容。如"Белорусская оппозиция проголосовала 'За свободу'. Свободу без Лукашенко"(白俄罗斯反对派投票赞成"自由"。没有卢卡申科的自由)(Изв. 2006.04.27),分割部分重复主干部分中的 свободу 一词,свободу 带非一致定语 без Лукашенко,是对主干部分直接补语的扩展与确切。

3) 状语

分割结构使用最广的是各类状语,状语确切、解释思想发展过程中所述内容。分割部分说明主干部分谓语的或同等状语或谓语的唯一状语或其他非同等状语。

(1) 同等状语

分割部分说明主干部分谓语,与主干部分的某一状语互为同等成分,使其具体、确切,一般是确切行为地点、时间、方式、原因等状语。如:

[1] Мы пойдем другим путем. Огородами(我们将走另一条路。走菜园)(Изв. 2006.04.14)

[2] Михаил Горбачев лег под нож. В Германии(米哈伊尔·戈尔巴乔夫躺下做手术。在德国)(Изв. 2006.11.24)

前例分割部分是主干部分 другим путем 的同等方式状语,确切说明该状语，是对该状语的具体回答，可提问 Каким другим путём? 后例被分割部分是主干部分 под нож 的同等地点状语，前者表位置，后者表方向。

(2) 唯一状语或其他非同等状语

分割部分或是主干部分的唯一状语，或是不同于主干部分的其他状语。被分割的有行为方式方法状语（12 个）、处所状语（6 个）、时间状语（6 个）、度量状语（1 个）和原因状语（1 个）。

方式状语。从方式上修饰或限制句中谓语，表示行为的方式方法，一般用副词、副动词、带或不带前置词的间接格名词等表示，回答 как? каким образом? 等问题。该类状语被分割强调行为的方式方法，使之成为信息焦点。标题中被分割的常为第五格名词或带前置词的间接格名词。如：

[1] А я сяду в кабриолет. В порядке очереди（而我乘坐单马双轮座轻便马车。按次序）(Изв. 2006.09.25)

[2] Шедевр Пикассо порвали. Локтем（毕加索的艺术珍品被弄破。被胳膊肘）(Изв. 2006.10.19)

例中分割部分均为主干部分的方式状语，多数包含对已述内容的评价。前例对别连接词 а 位于主干部分开头，比较两种更有表现力的思想，借之报道某种补充信息，对标题中所省略内容作出补充说明；后例主干部分为简单句，分割部分是主干部分谓语唯一的工具状语，由不带前置词的第五格名词表示，使“工具”这一信息得到凸显。

地点状语。表示行为发生的地点、运动的方向以及行为的起点、终点等，通常由处所副词和带前置词的间接格名词表示，回答 где? куда? откуда? 等的问题。标题中被分割的常为带前置词的间接格名词。如：

[1] “Хезболлах” празднует победу. На руинах Южного Ливана（“赫兹博拉和”庆祝胜利。在南黎巴嫩的废墟上）(Изв. 2006.08.14)

[2] Путешествие из Москвы в Москву. Через Петербург（从莫斯科到莫斯科的旅行。途经彼得堡）(Изв. 2006.08.29)

[3] "Коммерсант"в очередной раз ушел с молотка. В никуда("商人"出版大楼又一次被拍卖。去向扑朔迷离)(Изв. 2006.08.11)

以上三例分割部分均为主干部分的处所状语。例[1]分割部分为主干部分谓语唯一的表位置的处所状语,因此在意义上分量更重,能一下子吸引读者注意;例[2]分割部分为主干部分的表经由的处所状语;例[3]分割部分为主干部分的表方向的处所状语。

时间状语。说明动作或特征,指出或不指出时间界限,通常用表时间的副词、副动词、副动词短语和带或不带前置词的间接格名词表示。回答 когда? как долго? сколько времени? как часто? с каких пор? до каких пор? за какой срок? 或 за какое время? на какой срок? 或 на какое время? 等的问题。标题中被分割的常为表时间副词。如:

[1] Достиг он высшей власти. Ненадолго(他升至高官。用时不长)(Изв. 2006.03.31)

[2] Следствие по делу мэра Томска прекращено. Временно(托姆斯克市长一案调查停止。暂时地)(Изв. 2006.12.10)

以上两例分割部分为表时间的副词状语,均是主干部分谓语唯一的时间状语。若将时间状语置于完整的表述中,读者可能会漫不经心地看一眼标题,不会留意于作次要成分的时间状语;若将时间状语独立开来,成为信息焦点,就会吸引读者的注意力,锁住读者的目光。

度量状语。表示动作、状态或特征的数量特点,用副词、带前置词的间接格名词以及副词性质的组合性成语表示,回答 насколько? в какой мере? сколько? 等问题,表示空间、时间、数量、重量或价值等的度量。调查中只发现一例,如"Пентагон поумерил долларовый аппетит Киргизии относительно базы Манас. В 13 раз"(五角大楼使吉尔吉斯斯坦对马纳斯基地的美元胃口略减。十三倍)(Изв. 2006.06.02),分割部分是主干部分的唯一表数量状语,使其动词义具体化。

原因状语。表示动作的原因或根据或表示被限定的句子成分所表示的特征产生的原因,常由带前置词的间接格名词、不带前置词的第五格名词、原因副词和副动词等表示，回答 почему? по какой причине? 等问题。所调查标题只发现一例。如“Ефрейтор Руденко вышел из строя. На инвалидность”（耶夫列伊托尔·鲁坚科退役。因为病残）（Изв. 2006.10.24），主干部分为简单句，分割部分为前置词结构。状语被分割，原因这一信息得到凸显，使一般的报道性标题一跃而为吸引读者眼球的标题。

4. 其他类

主干部分先报道主要信息，分割部分不是主干部分的某个句子成分，而是补充说明整个主干部分，有时比主干部分显得更重要。如：

[1] Самые желанные мужчины мира. Топ-100（世上最受欢迎的男人。前100名）（Изв. 2006.02.06）

[2] Календарь 2-го круга чемпионата России. Премьер-лига（俄罗斯第二轮冠军赛日程。主力队联盟）（Изв. 2006.08.21）

[3] Медведев признан самым перспективным кандидатом в президенты РФ. Данные опроса（梅德韦杰夫被认为是最有希望的俄罗斯联邦总统候选人。据调查数据）（Изв. 2006.06.08）

前两例主干部分分别提出“世上最受欢迎的男人”、“俄罗斯第二轮冠军赛日程”这一令人感兴趣的话题，真正详细的、更引人注目的是分割部分，这才是主要信息，是主要读点。例[1]分割部分形式上不是主干部分的任一成分，但语义上可看作主干部分的定语，可组合成 самые желанные Топ-100 мужчин мира（世上最受欢迎的前100名男人）；例[2]分割部分与主干部分之间应用冒号连接，是对主干部分的确切说明，但用句号分割，强调重要信息；例[3]主干部分为主要信息，分割部分是对主干部分的佐证，指出主干部分内容的依据，分割部分若借助前置词 по，可看作主干部分的状语，可合并为 Медведев признан самым перспективным кандидатом в президенты РФ по данным опросам（据调查数据梅德韦杰夫被认为是最有希望的俄罗斯联邦总统候选人）。

分割结构是一种动态的、具有表现力的句法现象，反映了现代俄语句法发展中某些共同的句法趋势——分析趋势，反映综合过程、功能语体相互渗透的过程。其分割部分具有补充、说明、确切和扩展主干部分的特点，具有解释性、确切性或摘要性。

第二节　汉语特有标题结构分析

“汉语语言组织弹性实体和流块建构的特点，汉语语言单位的弹性表现在功能上就是它的变性，亦即词义功能的发散性。汉语一个个词像一个个具有多面功能的螺丝钉，可以左转右转，以达意为主。只要语义上搭配，事理上明白，就可以粘连在一起，不受形态成分的约束。”①在语言上可表现为动词与宾语超常搭配、名词和名词的特殊搭配、形容词带宾语、四字格带宾语、五字格、七字格等，这些语言现象常见于标题。

一、动词与宾语超常搭配

近年来，动词与宾语超常搭配使用的频率越来越高，使用的范围也越来越广，在报纸标题中的运用尤为突出，且有流行开来的趋势。主要有以下类型：

（一）不及物动词带宾语

郝长留指出：“及物动词具有行为、动作的外向性，能带宾语；不及物动词具有行为、动作的内凝性，有的不能带宾语，有的只能带处所宾语、时间宾语或施事宾语。”②徐杰根据动词的及物特征重新将动词划为“不及物动词”、“潜及物动词”、“单及物动词”、“双及物动词”四类，认为可以带宾语的不及物动词实际上可归结为潜及物动词一类，句法上表现为最多可带一个名词词组，这个名词词组是受事，如“死、走、沉、倒、掉、塌、漂”等。由调查可知，不及物动词后所带宾语多为处所词语，这些不及物动词在通常行文中往往要接介词“于”、“在”、“向”、“对”等词才能使整个

① 申小龙：《当代中国语法学》，广东教育出版社1995年版，第128页。

② 郝长留：《语法辨识》，北京出版社1986年版，第63页。

语句成立，而在标题中却可不用这类介词，使标题结构显得简洁凝练。这类不及物动词有“服务、感受、感觉、感动、感悟、无缘、相遇、邂逅、出击、结束、演绎、问鼎、拷问、叩问、点评、会诊、青睐、挑战”等。如：

[1] **感受**刘庄(《人民日报》,2006 年 5 月 21 日)

[2] **感悟**罗布泊(《人民文学》,2006 年第 1 期)

[3] **相遇**伊瓜苏瀑布(《人民日报》,2006 年 10 月 14 日)

[4] “中国龙”**腾飞**汉堡(《人民日报》,2006 年 9 月 5 日)

[5] 国足**结束**济南集训(《人民日报》,2006 年 5 月 18 日)

[6] 凝析油不再**沉睡**塔里木(《人民日报》,2006 年 1 月 12 日)

[7] “曲江影视”**崛起**古都西安(《人民日报》,2006 年 5 月 12 日)

[8] 火热的心　勤劳的手——中国青年志愿者**服务**老挝(《人民日报》,2006 年 11 月 7 日)

[9] 贵州万名“小红帽”**服务**黄金周(《人民日报》,2006 年 5 月 1 日)

[10] 丁俊晖**无缘**世锦赛正选赛(《人民日报》,2006 年 3 月 16 日)

[11] **邂逅**车范根(《人民日报》,2006 年 6 月 12 日)

[12] **永别**“猫和老鼠”之父(《人民日报》,2006 年 12 月 26 日)

[13] 要**感动**人民　先**感动**自己(《人民日报》,2006 年 9 月 22 日)

[14] 南京　百万游客**青睐**“桨声灯影”(《人民日报》,2006 年 5 月 7 日)

[15] 社科界青年最高奖揭晓　九人**问鼎**“胡绳青年学术奖”(《人民日报》,2006 年 11 月 4 日)

[16] 警界生涯**成就**刑侦小说(《人民日报》,2006 年 5 月 13 日)

前 8 例为不及物动词后带处所宾语，该类把原本应处于状语位置上的处所名词移到动词后面宾语的位置上。“感受、感悟”通常不能带处所名词受事宾语，但在标题中却带了，如例[1]和[2]；“结束”通常除了带体词性宾语外，还可带体词化双音节动词宾语，所带宾语不能再带宾语或状语，但可带定语；例[5]带的是状心短语，意思是“国足结束在济南的集训”。这类处所名词前面可以加上介词“于”做处所补语，或者前加介词

“在”、“从”等放在动词前面做状语。如例[3]、[4]、[6]和[7]中的不及物动词“相遇、腾飞、沉睡、崛起”在通常行文中为“与……相遇”、“从……腾飞”或“腾飞于……”、“在……沉睡”或“沉睡在……”、“从……崛起”或“崛起于……”，均为不及物动词后带处所宾语；“服务”本来是不带宾语的动词，一般不能带受事或与事宾语，只能带时间补语，而例[8]和[9]“服务”后既可带处所词语“老挝”作受事宾语，也可带时间词语“黄金周”做受事宾语；例[10]—[12]中的“无缘”、“邂逅”、“永别”在通常行文中为“与……无缘”或“无缘于……”、“与……邂逅”、“与(和)……永别”，此类为把原本应处在状语位置的与事宾语移到动词后面做宾语；例[13]和[14]中的“感动”、“青睐”在通常行文中为“使……感动”、“使……受青睐”，把原本应处在状语位置的致使宾语移到动词后面做宾语；例[15]和[16]中的“问鼎”、“成就”在通常行文中为“问鼎于……”、“成就于……”，此类把处于补语位置上的介宾短语的介词“于”删掉，介宾短语的宾语直接做不及物动词的宾语。

(二) 动宾组合带宾语

除上述不及物动词在标题中可带宾语外，标题中出现频率更高的是很多动宾词组带处所宾语或普通名词宾语。这类动宾词组主要有“落户、亮相、登陆、做客、会战、催生、质疑、受聘、探秘、揭秘、揭底、聚焦、曝光、约会、入学、对话、携手、把脉、瞩目、问计、建言”等。如：

[1] 世界摔跤锦标赛**落户**羊城(《人民日报》,2006年4月18日)

[2] “克利伯”环球帆船赛首次**登陆**中国(《人民日报》,2006年4月5日)

[3] DEC中恒**亮相**美国CES(《人民日报》,2006年3月20日)

[4] 卡斯特罗**做客**我使馆并再晤陈至立(《人民日报》,2006年2月14日)

[5] **寻梦**西部(《人民文学》,2003年第1期2)

[6] **问路**北京(《人民日报》,2006年10月25日)

[7] **探秘**抚仙湖(图片)(《人民日报》,2006年6月17日)

[8] 同仁堂**饮誉**马来西亚(《人民日报》,2006 年 11 月 19 日)

[9] 两年半后再度**携手**央视　中超冀望恢复转播能双赢(《人民日报》,2006 年 7 月 25 日)

[10] 龙化石**现身**吉林　世界上首次发现"长春龙"(《人民日报》,2006 年 4 月 12 日)

[11] 一汽**进军**乌克兰市场(《人民日报》,2006 年 5 月 30 日)

[12] **喋血**长征路上　罗南辉(《人民日报》,2006 年 4 月 18 日)

[13] 秣马厉兵　**亮剑**亚运(《人民日报》,2006 年 11 月 29 日)

[14] UPS **牵手**北京奥组委(《人民日报》,2006 年 6 月 7 日)

[15] 老字号**备战**奥运会(《人民日报》,2006 年 12 月 20 日)

[16] 抓商机!　**搭车**世界杯(《人民日报》,2006 年 6 月 19 日)

[17] 抓商机!　**掘金**高考后(《人民日报》,2006 年 6 月 19 日)

[18] 小泉**缠身**靖国官司(《人民日报》,2006 年 7 月 6 日)

[19] 广州两幅首次限户型地块拍出　中小户型尴尬**牵手**高地价(《人民日报》,2006 年 9 月 8 日)

[20] 世界冠军**约会**大学生球迷(《人民日报》,2006 年 3 月 3 日)

[21] **聚焦**大熊猫(《人民日报》,2006 年 11 月 26 日)

[22] **定位**中美关系的关键性访问(《人民日报》,2006 年 4 月 19 日)

[23] **感恩**"编外妈妈"(《人民日报》,2006 年 5 月 13 日)

[24] 黄菊**寄语**中国金融出版社 50 周年(《人民日报》,2006 年 5 月 19 日)

[25] **解密**"鸟巢"钢结构卸载(《人民日报》,2006 年 9 月 18 日)

前 14 例为动宾词组后带处所宾语,前 13 例为地区类处所宾语,例[14]为部门类处所宾语。该类把原本应处于状语位置的处所名词移到动词后面宾语的位置上,并省略介词"在",或把处于补语位置的介宾短语的介词"于"删掉,例[11]除外,省略介词"向",在通常行文中为"向乌克兰市场进军",介宾短语的宾语直接做标题的宾语,在通常行文中一般有两种表达法:一种是直接在动宾词组后加介词"于",另一种是在地点名词前加介词“在”，然后移位至动宾词组前。如例[1]“落户羊城”在通常行文中为“在羊城落户”或“落户于羊城”。例[15]—[25]动宾词组后均为名词或名词性短语的其他宾语。例[15]为目的宾语，在通常行文中为“为奥运会备战”；例[16]为工具宾语，在通常行文中为“搭世界杯的车”；例[17]为时间宾语，在通常行文中为“在高考后掘金”；例[18]为施事宾语，在通常行文中为“靖国官司缠身”；例[19]为原因宾语，在通常行文中为“因高地价牵手”；例[20]为与事宾语，在通常行文中为“与大学生球迷约会”；例[21]和[22]为对象宾语，在通常行文中为“聚焦于……”、“定位于……”；例[23]和[24]也为对象宾语，在通常行文中为“对……感恩/寄语”；例[25]为受事宾语，在通常行文中为“为……解密”。

“动宾式动词＋宾语”的产生为原有格式提供了一种同义表义手段，两种形式共存消长。它不仅形式简洁，表意丰富，而且再生性强，便于套接，易于类化，标示着现代汉语动词的一种发展趋势。

（三）动词性短语后带宾语

标题中带宾语的动词性短语有两类，一类为“动词＋形容词”，另一类为“形容词＋动词”。如：

[1] 中国公交车**扮靓**喀麦隆(《人民日报》,2006年10月2日)

[2] 中国建材**走俏**蒙古(《人民日报》,2006年4月27日)

[3] “俄罗斯文化狂欢节”**逗乐**京城(《人民日报》,2006年10月14日)

[4] “三全博爱助学基金”**倾情**贫困大学生(《人民日报》,2006年12月28日)

[5] “育才图书室”**点亮**西部学子梦(《人民日报》,2006年10月14日)

[6] 中国足协**新签**全球市场合作伙伴(《人民日报》,2006年4月7日)

[7] **情动**塔克拉玛干(《人民文学》,2006年第5期)

[8] 浙江:“十送”活动**情注**“三农”(《人民日报》,2006年1月3日)

前五例为“动词＋形容词”构成的动词性短语后带宾语，前三例为处所宾语，后两例为对象宾语，“扮靓”、“走俏”、“逗乐”、“倾情”、“点亮”的意思是“打扮……使之靓”、“在……走俏”、“在……逗乐”、“为……倾情”、“为……点亮”；例[6]—[8]为“形容词＋动词”构成的动词性短语后带宾语，例[6]为与事宾语，例[7]为处所宾语或致使宾语，例[8]为受事宾语，“新签”、“情动”、“情注”在通常行文中的意思是“新近与……签订”、“用情感动……”或“使……动情/感动”、“用情投/关注……”。

（四）及物动词带特殊宾语

[1] **走近**争议（《人民日报》，2006 年 4 月 18 日）

[2] 色情广告**拷问**媒体责任（《人民日报》，2006 年 9 月 1 日）

[3] “实用主义”的**访问**（《人民日报》，2006 年 5 月 2 日）

以上 3 例均属搭配范围扩大，例[1]在通常行文中，搭配对象为名词，指具体的人或物，在此搭配的却是动词；例[2]搭配对象为表人名词，此处搭配的却是非表人名词；例[3]为定心结构，若定语与心语易位，则变为“访问‘实用主义’”，“访问”搭配范围扩大，原搭配对象指人或地点，在此却为抽象事物名词。

二、名词间的超常搭配

名词间的超常搭配即名词带宾语。名词的语法特征决定名词不能带宾语，但在标题中却能用作及物动词带宾语。这类名词主要有“序、概论、通论、刍论、刍议、杂感、杂记、杂忆、杂说、奇谈、奇遇、专访、呓语、新解、新论、新探、素描、速写、随想、特写、掠影、漫笔、臆说、顾问”等。但在所调查标题中只发现两例。如“涵养我们民族的精神气质——写在‘世界读书日’”（《人民日报》，2006 年 4 月 23 日）、**咸淡**伶仃洋（《人民文学》，2006 年第 1 期），“涵养”表示使（水分）蓄积时，做动词，其他情况下做名词，“咸淡”为名词，通常行文应为“伶仃洋的咸淡”。以上两例“涵养”和“咸淡”为名词用作及物动词带宾语。

三、形容词带宾语

形容词一个最重要的语法特征是“形容词不能带宾语”。邢福义认为：“有的词，在一般情况下是形容词，但运用中有时带上了宾语。这是一种‘入句变类’现象。”①无论它是否“入句变类”，但它在标题中却能用作及物动词带宾语。形容词所带宾语大多为处所名词，但也可带普通名词。如：

[1] 节能灯具**靓**闽江（《人民日报》，2006年10月1日）

[2] 南宁焰火**耀**夜空（《人民日报》，2006年10月2日）

[3] 龙潭灯会**醉**游人（《人民日报》，2006年9月24日）

[4] 来料加工**富**姐妹（《人民日报》，2006年9月22日）

[5] 夫妻剧团**俏**乡里（《人民日报》，2006年9月3日）

[6] 中国冰雕“**热**”美国（《人民日报》，2006年11月28日）

[7] “小土豆”**红透**莫斯科（《人民日报》，2006年4月29日）

前六例为单音节形容词带宾语，前四例为致使宾语，一般都可以调整为“使……靓（耀、醉、富）”；例[5]和[6]为处所宾语，一般可在处所名词前加介词“在”，然后移至形容词前，即为“在乡里俏”、“在美国‘热’”；例[7]为形补带处所名词宾语，通常行文中为“在……红透”。由调查可知，带宾语的形容词大多为单音节形容词，“形宾名”结构是汉人崇尚俭朴实用的传统文化价值观的体现。形容词带宾语凸显的是形容词的动态语义，淡化的是形容词的静态语义，化静为动，增强语言表达的动态感，所以更能引起人们的关注。形容词带宾语比不带宾语信息更突出、意义更鲜明、语言更简练。

四、四字格带宾语

汉语的语素具有单音节性，音节结构不很复杂。“为了避免语素同

① 邢福义：《汉语语法学》，东北师范大学出版社2000年版，第175页。

音，双音词就占了很大优势，四字格成了汉民族最喜欢使用的格式。再加上汉语的语素活动同步，形式上以排偶句或排偶与散句互相交错。”①音节结构整齐匀称，符合对偶、对称、铿锵的审美习惯。四字格带宾语在标题中较为常见，有些四字格动词性短语，多为成语。如：

[1] 一言难尽汉武帝（《十月》，2006年第6期）

[2] 刮目相看大学篮球（《人民日报》，2006年1月5日）

[3] 风情万种夏威夷（《人民日报》，2006年6月13日）

[4] 月圆时分孔子日（《人民日报》，2006年10月11日）

前两例为四字格动词性短语带宾语，例[3]为主谓短语带宾语，例[4]为定心结构的四字格带宾语。

五、五字格

五字格有三种形式：

（一）双音节词（名词或动词或形容词）＋单音节动词＋双音节词或词组

[1] 信念是灯塔（《人民日报》，2006年10月22日）

[2] 艰苦踩脚下（《人民日报》，2006年10月22日）

前例前面的双音节词为名词，后例为形容词。

（二）双音节形容词＋三音节名词词语

[1] 激情法兰西（《人民日报》，2006年5月25日）

[2] 漫漫红军路（《人民日报》，2006年10月22日）

（三）双音节动词＋三音节词语

[1] 期待中国游（《人民日报》，2006年11月6日）

[2] 见证双赢时（《人民日报》，2006年11月6日）

以上两例前项均为双音节动词，后项三音节中，前例为主谓结构，后例为定心结构。

---

① 申小龙：《当代中国语法学》，广东教育出版社1995年版，第295页。

六、七字格

七字格标题是一种沿用已久颇具民族特色的标题形式。它不仅是句法规则的产物，同时也是韵律规则与句法规则相互作用的结果。近年来活跃于报刊标题。七字格标题由“四字格＋名词性词语/述宾短语”组成，为特殊搭配。此类格式主要有二分式与三分式。

（一）二分式

二分式是由“四字格＋名词性短语”两部分组成。例见上文“四、四字格带宾语”。

（二）三分式

三分式有四种形式。

1. 四字格＋单音节动词＋双音节词或短语

此类格式中双音节词可以是名词或形容词或动词，短语可以是定心短语或主谓短语或动宾短语。四字格表示一种评价与修饰。由调查可知，单音节动词中“说”、“话”用得较多。此类占七字格标题的绝大部分。根据双音节词或词组的特点又可分为以下几类。

1）双音节词为名词

[1] 心平气和说空城（《人民文学》，2006 年第 7 期）

[2] 多方号脉说票价（《人民日报》，2006 年 2 月 17 日）

[3] 三封书信话“村官”（《人民日报》，2006 年 3 月 6 日）

[4] 非洲兄弟聚北京（《人民日报》，2006 年 11 月 2 日）

[5] 草原篝火映北斗（《人民日报》，2006 年 10 月 22 日）

[6] 一分为二看民俗（《人民日报》，2006 年 2 月 17 日）

[7] 虚拟言行有尺度（《人民日报》，2006 年 7 月 26 日）

[8] 泪洒平台祭岸英（《人民日报》，2006 年 5 月 27 日）

以上各例四字格中有形容词短语（如例[1]和[6]）、名词短语（如例[3]—[5]）、动词短语（如例[7]）和主谓短语（如例[2]—[8]），其共同模式是“四字格＋单音节动词＋双音节名词”。

2）双音节词为形容词

[1] 爆竹声中说安全(《人民日报》,2006 年 1 月 26 日)

[2] 五月戛纳话热闹(《人民日报》,2006 年 5 月 30 日)

[3] 社会组织保和谐(《人民日报》,2006 年 10 月 31 日)

以上三例双音节“安全”、“热闹”、“和谐”均为形容词,其共同模式是“四字格＋单音节动词＋双音节形容词”。

3）双音节词为动词或动词性短语

[1] 五大原则说选举(《人民日报》,2006 年 7 月 26 日)

[2] 印中合作促发展(《人民日报》,2006 年 10 月 24 日)

[3] 重阳节里话敬老(《人民日报》,2006 年 10 月 30 日)

[4] 悉尼街头观日落(《人民日报》,2006 年 5 月 23 日)

[5] 榆树村里话林改(《人民日报》,2006 年 9 月 17 日)

以上各例四字格除例[2]为主谓短语外,其余均是名词性短语。前两例单音节动词“说”和“促”后为动词“选举”和“发展”,例[3]单音节动词“话”后为动宾短语,例[4]和[5]单音节动词“观”和“话”后分别为主谓短语“日落”和“林改”。其共同模式是“四字格＋单音节动词＋双音节词动词”。

4）双音节词为形名组合

[1] 景区管理有妙招(《人民日报》,2006 年 5 月 23 日)

[2] 干干净净捐寒衣(《人民日报》,2006 年 9 月 22 日)

[3] 喜看木薯成新宠(《人民日报》,2006 年 9 月 24 日)

[4] 四渡赤水出奇兵(《人民日报》,2006 年 10 月 10 日)

以上各例双音节词“妙招”、“寒衣”、“新宠”、“奇兵”均为“形容词＋名词”,其共同模式是“四字格＋单音节动词＋单音节形容词＋单音节名词”。

2. 四字格＋单音节形容词(或动词)＋双音节词或词组

[1] 淹没前夕忙收割(《人民日报》,2006 年 9 月 24 日)

[2] “太空蔬菜”俏市场(《人民日报》,2006 年 2 月 5 日)

[3] 田园风光醉游人(《人民日报》,2006 年 6 月 6 日)

以上各例四字格均为名词性短语,单音节词均为形容词,双音节词例[1]形容词后为动词,其他为名词。

3. 四字格＋单音节名词＋双音节组合

该类格式中,双音节组合可能是“副词＋形容词/动词”组合,可能是双音节形容词。如:

[1] 杭州　中秋月圆心更亮(《人民日报》,2006 年 10 月 7 日)

[2] 盛世梨园歌不歇(《人民日报》,2006 年 4 月 2 日)

[3] 工伤赔偿路艰辛(《人民日报》,2006 年 1 月 20 日)

例[1]单音节名词后的双音节组合“更亮”是“副词＋形容词”组合,例[2]单音节名词后的双音节组合“不歇”是“副词＋动词”组合,例[3]单音节名词后的双音节组合“艰辛”是双音节形容词等。

4. 其他“四字格＋三音节”组合类型

[1] 扬州魅力面面观(《人民日报》,2006 年 10 月 28 日)

[2] 雪山草地无所惧(《人民日报》,2006 年 10 月 10 日)

[3] 常露“官气”非威信(《人民日报》,2006 年 9 月 26 日)

[4] 浴火重生新唐山(《人民日报》,2006 年 7 月 27 日)

[5] 三军会师尽开颜(《人民日报》,2006 年 10 月 10 日)

[6] 太空探索新起点(《人民日报》,2006 年 7 月 7 日)

这种七字格有的有规律可循,如例[4]—[6],四字格“浴火重生”、“三军会师”、“太空探索”均为主谓短语。在标题中有时还可以有其他类型的七字格,如“守国土志坚如铁　爱家园情柔似水　西沙卫士悉心呵护海岛生态环境”(《人民日报》,2006 年 5 月 5 日)为“三音节＋四字格”组合。四字格形式上较为整齐,音节上比较匀称,体现了对称美。

与形态丰富的俄语相比,汉语的一个突出特点是意合性,汉语词、短语和句子的构成,不注重形式上的标志,而要依靠构成成分之间的意义关联来理解。汉语这种体用兼备、虚实对转、动静互赅的词语多功能性同样是由汉人重悟而不重形式、重神似而不求形似的结果,因此汉语词与词之间搭配灵活，词类与句子成分没有固定的对应关系，这与汉人崇尚俭朴实用的传统文化价值观一致，是汉人重整体把握、不重具体分析，重相互关联、不重相互区别的思维的反映。俄语不及物动词、形容词、名词等带宾语时，宾语名词要用相应的间接格或带前置词的间接格；表处所关系时，汉语有特殊搭配宾语，即动词、名词或形容词可直接跟不带介词的处所名词搭配，而俄语处所名词前的前置词却不能省。因此，汉语中特殊搭配关系的标题，在俄语标题中不能看作是特殊搭配。

第三节　俄语简略结构与汉语省略现象

"省略"是所有语言均有的现象，指在具体的言语情境中省略某些词语，甚至某些句子。标题在可省可不省的情况下，总是选择省略。首先，无论汉语还是俄语，应廓清几个概念，即俄语不完全句与简略结构，汉语省略与隐含。

一、俄语简略结构与不完全句

关于简略结构与不完全句，语言学家界定的标准也各不相同，传统语法常把简略结构归入不完全句，现代俄语认为它不属于不完全句，某些现代语言学著作又将不完全句和简略结构统称为省略句。但不完全句和简略结构有明显差别。不完全句是省略某成分、脱离上下文和语言环境不能独立存在、不能表达完整思想的句子，所缺省的句子成分很容易从上下文或语境中看出来并得到恢复；简略结构是省略某成分、脱离上下文和语言环境可独立存在并表达完整思想的句子，它一般是一些运用广泛、具有较固定的形式的典型化句法结构模式，为理解其含义，被省略成分无须恢复，有时甚至不可能恢复。陈勇认为，简略句是"一种形式上缺少谓语，但其意义依据句子内容可以识别的句子，这种句子有完整的意义，能够独立使用”。[①] 陈国亭认为，“句子的简缩指简单句中缺少某个语法成分，但语义成分不缺（隐含），因而无须补足且不需要上文便可独立使用”。[②] 陈国亭所认为的简缩即简略。我们认为，不完全句是依赖上下文和情景来补足它所缺少的成分，是一种言语现象，只有通过上下文及情景才能充分理解，从而达到交际目的，简略结构是不依赖上下文和情景保持句子语义的完整，是一种定型了的语言现象，语法形式上缺少谓语动词，但语义自足的一种结构。

二、汉语省略和隐含

语言运用过程中的成分隐略现象存在着省略（句法省略）、隐含（语义省略）和暗示（语用省略）的区别。从语法分析的三个平面角度看，语言的句法、语义以及语用平面都存在成分隐略现象，因此看待汉语省略现象，必须区别不同平面，将句法上句法成分的隐略现象称为“省略”，将语义平面上语义要素的隐略称为“隐含”，将语用上某些语用意义的隐略称为“暗示”，从而将以往统称为“省略”的现象区别开来。

“省略是由句法成分的删略而形成的一种隐略现象，在汉语里极为常见，省略的是句法结构成分”，[③]属于言语范畴；隐含是不能添补但在语义上暗含着某个词语，或者可以添补但添补的词语不止一种可能的语言现象。从语义来看，隐含只是句子的空缺，隐含语义成分的句子在句法平面不能出现相应的句法成分；省略不只是语义成分的空缺，而且表现该语义成分的相应的句法成分在句法平面可出现而没有出现。省略可添补，且添补后句子意思和结构不变；隐含或无法添补，或不止一种添补的可能，即使勉强添补，添补后句子的句法结构和表达的意义均会发生改变。从语用上看，省略是一种语用现象，它必须结合特定的语境（含上

① 陈勇：“省略（эллипсис）的语用研究”，《解放军外国语学院学报》，1999 年第 5 期，第 53 页。

② 陈国亭：《俄汉语词组合与构句》，商务印书馆 2004 年版，第 291 页。

③ 范开泰、张亚军：《现代汉语语法分析》，华东师范大学出版社 2000 年版，第 252 页。

下文)来判定,而隐含不是语用现象,是一种语言现象。分析隐含可以无须语境。因此,可以说省略是语用平面言语链的变通形式,隐含是语义平面思维链呈现的“空位”。

三、俄语不完全句和简略与汉语省略和隐含

由此看来,俄语不完全句与汉语省略、俄语简略与汉语隐含大致相对应。从结构上看,俄语不完全句与汉语省略句都不完整,其表现形式均缺少某个语法成分,而这一语法成分是结构上必不可少,但在一定的语法条件下没出现。所缺的语法成分可以是主语、谓语、宾语、定语和心语等。从语义上看,俄语简略和汉语隐含在语义上是完整的,它的某一动词谓语无须补足,即使添补,有时可能不止一个动词,而且在大多情况下难以找到适当的动词。从语用上看,汉语省略和俄语不完全句均是突出的语用现象,而汉语隐含和俄语简略属于语言现象。俄语标题中,简略现象比较典型,而汉语标题中,省略现象常见。因此,本部分只探讨标题中俄语简略结构和汉语句法省略现象。

四、俄语标题简略结构

省略结构的最大特点是省略动词谓语,句子变成无动词的静词性结构。动词不出现使主体、对象、时态都模糊不清,同时,删去多余部分,突出主要内容,使这种结构具有高度的概括性和表现力。它常见于日常口语,作为日常口语的直接反映或书面语的修辞表达手段,用于有感染力和感情色彩的书面语言——文学语体和政论语体,公文和科学语体一般不用,因为科学语体具有严整性,表现为话题集中,概念准确,分析严密,叙述完整,多用完全句,很少用省略句。由调查可知,省略结构见于报纸和文学期刊标题,尤以报纸标题多见。常见的有单成分和双成分省略结构,更为常见的是双成分省略结构。

(一) 单成分省略结构

单成分省略结构由一个部分组成,一般为第三格名词或名词短语、

名词间接格与介词结构组合、介词结构与介词结构组合等，直接用这些形式作标题，语义上是完整的，只是语法结构上残缺某个成分，一般为动词谓语，省略的动词一般表示“致……”、“赠给”、“给予”等义，此类在句法结构上既是残余结构，也是省略结构。

1. 名词性短语第三格

直接用第三格名词或名词性短语作标题，表示行为对象意义，即与事。所省动词一般表示“致……、赠给、给予”等义；这类标题以简驭繁，极富表现力，能吸引读者眼球。如：

[1] Игорю и Ирине(致伊戈尔和伊利娜)(Звезда，2007，№2)

[2] Наставникам，хранившим юность нашу...(献给保护我们青少年的辅导员……)(Нева，2003，№1)

[3] Памяти выдающегося чешского учёного Милоша Докулила(纪念杰出的捷克学者米洛什·多库里尔)(Вопр. яз.，2003，№1)

前两例省略“致……、给……”类的动词，例[1]为单个第三格名词并列；例[2]为带形动词短语定语的第三格名词；例[3]为第三格 памяти＋第二格人名(纪念……)，省略表“目的”义动词，但具体是哪个动词，无法补出，此类在标题中常见。

2. 名词间接格与介词结构组合

通常用具有行为对象意义的第三格和表示行为工具、方式方法、地点等意义第五格名词与前置词结构组合作标题，这与俄语本身的特点有关，俄语是典型的屈折语，名词有性、数、格的变化，一定的语法形式表达一定的语法意义，语法关系和意义在形式上常常有明确的显示。这类标题半含半露，有意残缺，造成悬念，激起阅读正文的兴趣。如：

[1] Ребятам о зверятах(给孩子们讲野兽的故事)(Изв. 2006.04.19)

[2] Себе в убыток(让自己亏本)(Изв. 2006.11.23)

[3] По микробам колотушкой(用木槌击打细菌)(Изв. 2006.11.09)

[4] По ветру языком(见风使舵)(Нов. мир, 2007, №6)

以上各例一般用表示"给予"义的第三格、"工具"义的第五格名词与带前置词 о+名词第六格、по+名词第三格、в+名词第四格、на+名词第四格的介词结构组配以及少量的客体意义的第四格名词。例[1]用表示行为对象意义的名词第三格和带表示"关涉"义的"前置词 о+名词第六格"两部分组成,省略"讲述"类动词;例[2]用表示行为对象意义的代词第三格和表示"客体"义的"前置词 в+名词第四格"两部分组成,省略"让、使"义动词;例[3]表示"客体"义的"前置词 по+名词第三格"和表示"工具"义的"第五格名词"两部分组成,省略表示"敲打、击打(бить)"义动词;例[4]带表示"顺(着)"义的"前置词 по+名词第三格"和表示"工具"义的"第五格名词"两部分组成,省略表"迎着"义动词,此类形式上似乎缺少某个谓语动词,但根据词语不同格的形式及其相互组配,语义是完整的,所缺谓语无须补足,也很难补足。

(二) 双成分省略结构

它由两部分组成,最常见的是直接补语加间接补语或状语的双成分句形式,两部分一般以破折号相连。有的结构省略谓语,用停顿或破折号来切分,前一部分为已知信息,后一部分为新信息。尽管在某些情况下可补充一个动词,但加入后,这类标题特有的概括性和简短有力的表达效果将被破坏。而且很多情况下难以找到适当的动词。此类标题在现代报刊语言中迅速发展,已明确定型,形成了如下几种模式。

1. что — кому 或 кому — что

该结构是"名词第四格—名词第三格"或"名词第三格—名词第四格"。两个名词连接是一种最常见(是直接补语加间接补语或状语)的双部句形式,两成分之间常用破折号连接,破折号不代表某一个被省略的动词,而具有笼统概括的特点。省略动词,凸显信息焦点,既强调行为对象,又强调行为客体。此外,还有直接组合的,如"А вот кому арбуз 'Лунный'!"("月亮"西瓜给谁!)(Изв. 2006.09.25),该标题省略表示"给予(дать)"义动词。

1）что — кому

该结构是“名词第四格—名词第三格”。一般省略表示“给予”义动词，省略动词，直接补语置前，间接补语置后，地位显眼，使人对重要信息获得深刻的印象。如：

[1] Свободу ВЭБу！（给外经银行自由！）（Изв. 2006.09.20）

[2] Каждый пятый рубль — молодым（五分之一卢布给青年）（Изв. 2006.06.01）

以上两例由两部分组成：例[1]由第四格名词与第三格缩略语直接组成，例[2]由第四格名词性短语与第三格名词借助破折号组成，均省略表示“给予”义动词。

2）кому — что

该结构是“名词第三格—名词第四格”。一般省略表示“给予”义动词，词序与前一种相反，突出主要部分，集中地体现了标题的特点——简省性和吸引性。如：

[1] Молодоженам —“кованую свадьбу”（给新婚夫妇“锻造的婚姻”）（Изв. 2006.07.21）

[2] Президенту — воду с Северного полюса, подводникам — награды（北极水献给总统，奖品颁给潜水员）（Изв. 2006.10.03）

以上各例均由名词第三格和名词第四格借助破折号组成。该类模式既有单模式结构，如前例，也有双模式结构，无连接词复句，如后例，省略表示 “给予”、“（送、奖、献、颁等）给”、“提供”义的动词。

2. что/кто — чему/кому 或 кому — что

该结构是“名词第一格—名词第三格”或“名词第三格—名词第一格”。一般省略表示“向、为”等义的动词，省略动词，突出主体或事件与对象，以最少的词传递最主要的信息，既体现了语言交际中的“经济原则”，又能收到简洁明快的效果。

1）что/кто — чему/кому

该结构是“名词第一格—名词第三格”。一般省略表示“给、向”等义的动词，既凸显了行为对象，又强调了行为主体，吸引读者的眼球，较好地体现了标题的吸引性。如：

[1] Николсон и Скорцезе — новому поколению(尼科尔松和斯科尔采泽为新一代拍的电影)(Изв. 2006.10.26)

[2] Мир — детсадам, война — казино(和平留给幼儿园，战争留给赌场)(Изв. 2006.09.20)

以上两例均由两部分组成：名词第一格和名词第三格借助破折号连接。该类模式既有单模式结构，如前例，也有双模式结构，无连接词复句，如后例，省略表示"给、向、替、为"等义的动词。

2) кому — что

该结构是"名词第三格—名词第一格"。一般省略表示"替、为、献给"等义的动词，与"名词第一格—名词第三格"顺序刚好相反，表人的第三格名词提前，此类大多为周末海报，邀请人们参加某一活动，信息焦点是"事件"——对象"人"，具有较强的吸引功能。如：

[1] Шопоголикам —"Рождественская ярмарка"на ВВЦ(为购物迷举办全俄展览中心"圣诞交易会")(Изв. 2006.11.24)

[2] Молодым карьеристам — выставка лучших частных школ(为年轻的求职者举办最佳私立学校展)(Изв. 2006.11.10)

[3] Вегетарианцам —"Гамбургер без прикрас"(给素食者"毫不夸张的汉堡包")(注："毫不夸张的汉堡包"是一部纪录片)(Изв. 2006.12.08)

[4] Мужчинам — инфаркт, женщинам — депрессия. Болезни приходят по половому признаку?(男性心肌梗死，女性抑郁。生病分性别?)(Изв. 2006.08.02)

例[1]邀请人们周末去逛"圣诞交易会"；例[2]邀请年轻的求职者前往最好的私立学校招聘会；例[3]邀请人们去看某部影片。这几例均为省略表示"替、献给、提供、为"等义的动词；例[4]句点前的无连接词复合句为省略结构，省略表示"患/得……病"之义的动词。

3. кто — куда

该结构是"名词第一格—表处所的前置词＋名词间接格"。一般省略表示"去、到"义的运动动词，前后两部分——主体和去向是读者最关注的信息。在所调查标题中，此类很少。如 Душ Сантуш в Москву, а россияне — в Анголу（杜什·桑图什去莫斯科，而俄罗斯人去安加拉）（Изв. 2006.11.01）为并列复合句，省略表示"去、到"义的动词。

4. кому — по чему/куда

该结构是"名词第三格—前置词＋名词间接格"。一般省略表示"给予"或"派遣"义的动词，后部分常用表分配义的前置词 по，强调客体，同时在前部分交代行为对象，该类标题可读性强。如：

[1] Каждому музейному экспонату — по штрих-коду（给每件博物馆展品刻上条形码）（Изв. 2006.12.13）

[2] Лаврову — в Рим, Медведеву — в Грозный（拉夫罗夫应该去罗马，梅德韦杰夫应该去格罗兹尼）（Изв. 2006.07.24）

例[1]省略表示"给予"义的动词，该结构中前置词 по 表示分配义，例[2]文中写道 Владимир Путин отправил министра иностранных дел Сергея Лаврова в Рим ..., а первого вице-премьера Дмитрия Медведева — в Грозный.（弗拉基米尔·普京派外交部长谢尔盖·拉夫罗夫去罗马……，派第一副总理德米特里·梅德韦杰夫去格罗兹尼。）有及物动词 отправил（派），这一及物动词要求第四格，而标题中却用的是第三格，构成固定结构模式，省略表"应该"义的动词，前置词＋名词结构表示方向处所意义，回答 куда 的问题。

5. кого-что — куда

该结构是"名词第四格—前置词＋名词间接格"。一般省略表示"向、征召、推荐、选举"义的动词，根据尾重原则，信息重心由"客体"向"处所"转移。如：

[1] Ядерную программу — в Таджикистан!（把核计划推荐给塔吉克斯坦!）（Изв. 2006.08.28）

[2] Цветы и подарки — в машину(花和礼物放进车里)(Изв. 2006.03.20)

[3] Священников — в армию!(征召牧师入伍!)(Изв. 2006.04.12)

[4] Чубайса в президенты!(选丘拜斯当总统!)(Изв. 2006.03.24)

[5] Красный таксофон в каждую деревню(红色公用电话装进每个村庄)(Изв. 2006.01.19)

[6] Амнистированных — под наблюдение(特赦犯受监督)(Изв. 2006.05.12)

以上各例由两部分组成:名词第四格—前置词+名词间接格,其中名词间接格一般为第四格,如前五例均为前置词 в+名词第四格,例[6]为前置词 под+名词第四格。例[1]—[3]和[6]由破折号连接,例[4]和[5]直接组合,例[1]—[3]第二部分均为带表去向的前置词 в 的第四格名词,例[1]省略表示"执行、实现"义的动词;例[2]省略表示"放……到"义的动词;例[3]省略表示"征召"义的动词;例[4]省略表示"推荐、选举"义的动词;例[5]省略表示"安装、设置"义的动词;例[6]省略表示"置于"义的动词。

6. кому — кому-чему

该结构是"第三格名词—第三格名词"。一般省略表示"致、献给"义的动词,前部分先指出某人,后部分指出其性状等,该类标题形式上整齐划一,具有对称美。如:

[1] Юрию Лужкову — бренду и человеку(致尤里·卢日科夫——名人和普通人)(Изв. 2006.09.21)

[2] Сергею Безрукову — человеку и лицедею(致谢尔盖·别兹鲁克——普通人和演员)(Изв. 2006.04.10)

以上两例结构完全相同,前后两部分均指同一个人,例[1]第二部分的第一个名词 бренду 为表物名词,但在该语境下指人;例[2]前后两部分均为表人名词,此类格式是仿拟马雅可夫斯基的诗歌名«Товарищу Нетте — человеку и пароходу»(《致奈特同志——人和船》),省略表示“致”、“献给”义的动词。该类在所调查标题中很少。

7. куда — зачем 或 зачем — куда 或 куда — с чем 等

该结构是“前置词＋名词间接格—前置词＋名词间接格”。此类一部分大多表空间,另一部分除表目的、工具、方式外,还可表携带物、穿戴等,一般省略表“去、到、变化”义动词。省略动词,强调处所和目的,使未知信息凸显在读者面前,成为焦点信息,引起读者关注。如:

[1] В Бородино — на очередную битву(去博罗季诺参加例行战斗)(Изв. 2006.09.01)

[2] За деньгами — в Иран: ХАМАС надеется на помощь соседа(去伊朗借钱:哈马斯期待邻国帮助)(Изв. 2006.04.21)

[3] По Садовому — на двухэтажных автобусах(坐双层车游花园环线)(Изв. 2006.03.02)

[4] Через Запад — на Восток(穿过西方到东方)(Изв. 2006.12.05)

[5] К Еве — в валенках(穿毡靴去夏娃那儿)(Изв. 2006.02.06)

[6] В интернет — шагом марш!(一起去上网!)(Изв. 2006.05.15)

例[1]为周末海报,前部分表处所,后部分表目的;例[2]冒号前为省略结构,前部分表目的,后部分表处所;例[3]前部分表处所,后部分表工具;例[4]前部分表经由处所,后部分表目标处所;例[5]前部分表处所,后部分表穿戴;例[6]前部分表处所,后部分表方式。

8. кто о чём

该结构是“第一格表人名词＋前置词 о＋第六格名词”。一般省略表示“言语”义的动词。前部分点出主体,后部分“关于”的主要用途是表示叙述和说明的范围,它是典型的话题标记词,点明主题,表现出话题的显著特征,具有凸显焦点的功能。如:

[1] И. А. Ильин о «серебряном веке» и модернизме(伊里英论“白银

时代”和现代主义)(Филол. науки, 2005, №2)

[2] Социологи о погоде в доме(社会学家谈论室内天气)(Изв. 2006.02.21)

该类结构由两部分组成:表示行为主体的一格名词或代词与借助前置词 о 和 про 构成的表示行为客体的前置词结构,意即“谁谈论(说、论、谈等)”,省略“言语”类动词。

9. кому-чему — нет/да

该结构是“名词第三格—нет/да”。该类结构简短有力,具有鲜明、庄严、高昂色彩,赋予标题动态性和表现力。如:

[1] Ктулху — нет, роботам — да: Путин ответил на каверзные вопросы Рунета(不要邪神,要机器人:普京回复俄罗斯互联网的棘手问题)(Изв. 2006.07.06)

[2] Телевизору — нет, книгам — да. Как не пострадать от болезни Альцгеймера(不要电视,要书。怎样防治老年痴呆)(Изв. 2006.03.22)

该类结构通常词序为 Нет/Да —名词第三格,结构中 нет、да 已经名词化,其意为“不要……”、“要……”。在所调查标题中不多,只发现两例,且为“名词第三格—нет/да”模式,如例[1]冒号前部分,例[2]前一句。

10. 副词—куда

该结构是“副词—前置词+名词间接格”。一般省略表“去、到”义运动动词,信息焦点时间和地点得到凸显。该类结构具有简洁明快的功能,一方面便于交际双方说与听,另一方面又可以避免冗繁,符合语言经济原则。此类很少,在所调查标题中只发现一例。如“Днем — в парк, ночью — в музей”(白天去公园,晚上去博物馆)(Изв. 2006.05.19)。

此外,还有“выше—名词第四格”类,常省略动词谓语 поднять 等,结构中的名词第四格是行为的直接对象,意即“更高地举起……”,“把……提得更高”等。如“Выше знамя мира!”(把和平的旗帜举得更高!),выше 有时可用其他副词比较级代替,此时根据比较级及第四格名词的意义确定所省略的动词。如“Строже контроль!”(检查更严格!),但在所调查标题中未见。

由上可知，省略结构模式十余种，该类模式具有开放性，随着语言的发展，会有新的变体出现，旧的模式可能随着使用频率的减少逐渐消失。通常情况下，如果按动词的语义内涵进行分类，隐性动词可有以下几种："1)表示报道或言语行为的动词；2)表示运动或具体行为的动词；3)表示存在或出现意义的动词；4)表示拿取或拥有(获得)意义的动词；5)表示开始或持续意义的动词。"[①]由实例可知，省略谓语动词大致有以下语义类型：省略表示"给予、提供"类的动词；省略运动动词"去、到"类；省略表示"说"的言语类动词；省略表示其他义的动词，如"替、给、为"、"患/得……病"、"征召"、"执行、实现"、"推荐、选举"、"安装、设置"、"置于"等义的动词。其中最常见的是前三类。这些结构广泛用于日常口语，经常表示某种最常用的典型含义，在长期语言实践中发展成为带有一定程式性特点的结构模式。它们本身似乎包含了与产生这些结构的一定语言环境的联系，同时又能脱离这些环境而独立存在。这些结构的含义由语言体系的特点决定，不依赖具体语言环境。常用于表示号召、鼓动的语句中，常见于报刊标题。

汉语谓语动词表达的意思是整个句子的重点。一个句子可以没有主语，但不能没有谓语或谓语动词。因此谓语动词的省略是少见的。谓语或谓语动词的省略主要出现在答话省略语境里。在一定条件下，问话省略谓语也是可以的。由于俄语形态丰富，句中的其他词形和词义相互作用，受话人完全可以猜出句中省略的动词谓语。

五、汉语标题省略现象

省略是一种言语行为，是使用语言的结果。标题的一个显著特点是节约语言手段，大量使用省略结构。简略性是指语言成分(词语)的省略，即在一定条件下，语言中的某个成分(词语)可省去。该现象在汉语

---

① 陈国亭：《俄汉语词组合与构句》，商务印书馆2004年版，第292页。

中普遍存在。标题的特点决定了它没有语境也得省，只不过省的力度小一些而已。标题中省略的类型有：成分词省略、非成分词省略以及其他省略类型。

（一）成分词省略

成分词的省略，主要有方位名词的省略、时间名词的省略、动词的省略、连宾结构中宾语的省略、特殊成分词——量词等的省略。连宾结构的“宾语”的省略造成的结果较为特殊，形成黏着结构单独用作标题，因在“俄语残余结构与汉语黏着结构标题对比”一章中专门讨论，故此处不再赘述。

1. 方位名词的省略

处所词由于其提示作用很容易代替方位词的语义，从而省略方位词。此类省略一般不会引起歧义，人们可以根据认知经验添补省略的方位词。如：

[1] 平凡小事见真情（《人民日报》，2006 年 9 月 5 日）

[2] 铁窗岁月（《收获》，2005 年第 4 期）

[3] 马背 110（《人民日报》，2006 年 5 月 18 日）

例[1]省方位词“中”，即“平凡小事中”；伴随方位词省略时，还有其他类词的省略，如例[2]除省略方位词“里”外，还省略介词“在”和结构助词“的”，在通常行文中应为“在铁窗里的岁月”或“铁窗里的岁月”；例[3]省略方位词“上”和结构助词“的”，通常行文中为“马背上的 110”。

2. 时间名词的省略

时间名词省略的前提条件是有上下文或足够的语境。时间名词的省略主要体现在新闻标题中，它有正文作语境，因此为了避免重复，保持标题的简洁，常常省略时间名词。如：

[1] 全总第十四届执行委员会第四次全体会议闭幕（《人民日报》，2006 年 12 月 12 日）

[2] 第三届中俄妇女文化周在上海闭幕（《人民日报》，2006 年 10 月 25 日）

上述标题均未使用时间名词，但是正文中却用了时间名词，分别省略了时间名词“今天”和“今晚”。其正文分别为：“中华全国总工会第十四届执行委员会第四次全体会议今天在京闭幕”、“‘俄罗斯年’重要活动之一——第三届中俄妇女文化周今晚在上海闭幕”。标题中省略的时间名词大多是“今天”这一名词，因为新闻报道的一般是当天发生的事。省略时间名词不仅使标题更为简洁，同时还能起到突出主要信息、凸显焦点、平衡节奏的作用。

3. 动词的省略

从省略的角度来看，汉语中的省略主要以主语省略为主，省略谓语的情况很少。据调查，标题中动词的省略有两种形式：直接省略和移位省略。直接省略主要出现在问答性对话中，即使省略，所省略的动词一般也是发生在动词词组内的动词的省略或整个动词词组的省略。动词词组内的动词成分一般包括实义动词和操作词两部分，操作词主要指的是情态动词和助动词或能愿动词。标题常常省略操作词。移位省略主要是省略“使令”类动词的同时伴随移位。如：

[1] 马路晒场(《人民日报》,2006 年 6 月 27 日)

[2] 文学当关注农村(《人民日报》,2006 年 3 月 17 日)

[3] 陕西　学医大学生志愿下基层免学费(《人民日报》,2006 年 2 月 9 日)

[4] 教育部规范公办高中招生　择校生不得过三成(《人民日报》,2006 年 3 月 27 日)

[5] 观水镇　苹果鼓起农民腰包(《人民日报》,2006 年 11 月 26 日)

[6] 天津　山村农家乐游人(《人民日报》,2006 年 5 月 7 日)

[7] 蔬菜创汇　新右旗　创汇蔬菜富农家(《人民日报》,2006 年 11 月 26 日)

前 4 例是直接省略，例[1]名词“晒场”前省动词“作为”；例[2]省双音节动词中的另一动词“应”，此类在标题中颇为常见；例[3]省动词“除或掉”，即“免除/掉学费”；例[4]省动词“超”，即“超过”；例[5]是及物动词直接带宾语，最后两例为形容词后带宾语，动词和形容词后省略了“使、让”动词，并伴随移位，通常行文中为“使……鼓起、使……乐、使……富”。

4. 特殊成分词——量词的省略

较之俄语，汉语量词丰富，可分七小类：个体量词、集合量词、度量词、不定量词、临时量词、准量词和动量词。汉语数词必须带上量词才能修饰名词。俄语“数＋名”组合在汉语中为“数＋量＋名”组合。但有时由于表达和修辞的需要，标题中的量词常常省略。量词有时是隐性的。如：

[1] 巴基斯坦一客机坠毁(《人民日报》,2006 年 7 月 11 日)

[2] 汇源四获三峡移民安置最高奖(《人民日报》,2006 年 12 月 18 日)

[3] 新宝来 HS 再掀两厢车风暴(《人民日报》,2006 年 12 月 25 日)

[4] 朝鲜一康复中心投入运行(《人民日报》,2006 年 5 月 9 日)

[5] 亚运会一志愿者车祸遇难(《人民日报》,2006 年 12 月 5 日)

[6] 日三企业投资中国农业(《人民日报》,2006 年 3 月 2 日)

[7] 印控克什米尔一组织声称对爆炸案负责(《人民日报》,2006 年 3 月 10 日)

[8] 美一煤矿爆炸 13 矿工陷井下(《人民日报》,2006 年 1 月 4 日)

例[1]省略量词“架”；例[2]省略量词“次”，若加上“次”，则动词后要加“得”，这样对称，且读来上口；例[3]省略量词“次”和趋向动词“起”，其中“再掀”即“再次掀起”；冯广艺认为量词的隐省与否“具有一定的灵活性，与语义表达紧密相连，与表达时的韵律、节奏等有关”。① 又如例[4]省略量词“家”；例[5]省略量词“位”或“个”或“名”；例[6]省略量词“家”或“个”；例[7]省略量词“个”；例[8]分别省略了量词“个/家”和“名”。由于汉语量词与其后的名词搭配较为固定，所以省略量词并不影响理解，

---

① 冯广艺：“量词研究三题”，《湖北师范学院学报(哲社版)》，2005 年第 1 期，第 37 页。

反而使标题显得更为简练，因而标题中大量省略量词。

（二）非成分词省略

非成分词表达的是语法意义，标题常省略动态助词、结构助词、介词、趋向动词等虚化的词语及其他。吕叔湘在《现代汉语八百词》中谈到虚词的省略时指出："这里所说的省略，是可用而不用的意思，不是该用而不用的意思。"①

1．助词的省略

助词是附着在其他语言单位上的，表示一定辅助性附加义的虚词。按表示的语法意义分为结构助词、动态助词、比况助词等。据调查，标题省略最多的是结构助词"的"，其次为动态助词"了"，还有趋向动词"起"、"出"和"入"等。下面将讨论语言中出现频率高的结构助词"的"和动态助词"了"在标题中的省略情况，对其他省略情况简单举例说明。

1）助词"的"的省略

结构助词"的"是定语的标志。"的"的作用主要表现在两个方面："一是区别偏正关系与其他关系；二是强调其前面词语的修饰性、领属性和描写性。"②通常行文中，助词"的"使用频率较高，但在力求简洁的标题中，"的"大部分情况下都省略了。由调查可知，较之其他省略，助词"的"省略在标题中出现频率特别高，尤其是学术论文中。为使标题准确、具体化，学术论文标题限制性的修饰词很多，若再用"的"，则会使标题显得累赘、不简洁，因而"的"常省略。如：

[1] 内蒙古丰镇话第二、三人称代词（《中国语文》，2003 年第 6 期）

[2] 英语抽象名词研究新视角（《外语教学与研究》，2004 年第 6 期）

[3] 第二写作过程研究（《现代外语》，2007 年第 4 期）

通常行文中，例[1]"内蒙古丰镇话"与"第二、三人称代词"要加"的"，"研究"与名词组配，不加"的"，易构成动宾关系，加"的"构成定心关系，但例[2]"研究"与"新视角"之间 "的"可用可不用，作者选择了不

① 吕叔湘：《现代汉语八百词》（增订本），商务印书馆 1999 年版，第 8 页。

② 郭灿：论新闻标题中语法省略，湘潭大学硕士学位论文，2007 年，第 7 页。

用;例[3]“过程”与“研究”中间也一般也要加“的”。因为标题力求简洁,尤其是有的标题定语特别多,故大多数情况下,只要不产生歧义,“的”一般都省去,即能省则省。标题中“的”字省略主要有以下情况:

(1) 领属性定语后“的”的省略

标题中的领属性定语,有时单说也不用“的”字,一般是代词修饰语,如“我们老师”。其他情况下,根据定语的语法性质和音节数量,领属性定语后一般要加“的”,但在标题这一特殊的语言环境中,结构助词“的”大多都省了。如:

[1] 私人地图(《人民文学》,2003 年第 7 期)

[2] 战士本色(《人民日报》,2006 年 7 月 30 日)

[3] 名将心声(《人民日报》,2006 年 9 月 12 日)

[4] 牛根生观点(《人民日报》,2006 年 3 月 20 日)

以上几例均表示领属关系,定语均是具有生命力的表人名词,做心语的为表事物(如例[1])或抽象名词(如其他例)。通常行文中,“的”一般不省,但在标题中却省略了。

(2) 处所定语后“的”的省略

名词做处所定语,为了不产生歧义,即不与表示来源关系定语混淆,如“青岛啤酒”和“青岛的啤酒”,语义不同,前者表示来源关系,后者表示领属关系。其后一般要加“的”,但在标题中不加“的”却很常见。如:

[1] 北京候鸟(《人民文学》,2003 年第 7 期)

[2] 曼哈顿一夜(《十月》,2003 年第 5 期)

[3] 村庄生灵(《人民文学》,2002 年第 4 期)

[4] 尚义街女郎(《人民文学》,2002 年第 1 期)

[5] 索马里骆驼不一般(《人民日报》,2006 年 10 月 24 日)

[6] 莫斯科房价节节攀高(《人民日报》,2006 年 1 月 12 日)

上面例子的定语均为表示处所关系的处所名词,做定语时都没有带结构助词“的”,前四例均为定心结构,在通常行文中,一般要加“的”,如例[4]“尚义街女郎”,通常行文中为“尚义街的女郎”,其他几例均如此;

后两例为主谓结构，用做主语的定心结构在通常行文中要加“的”，即“索马里的骆驼”、“莫斯科的房价”，此处省“的”是为了音节均衡，读来顺口，更符合标题特点。

(3) 含义定语后“的”的省略

通常行文中，含义定语后“的”不能省，但在标题中却省略了。如以下两例含义定语相当于在定语前加表关涉意义的介词“关于”，而一般来说，由介词“关于”组成的介词短语后面要带上结构助词“的”。通常行文中，这两例为“冬藏种子的注意事项”、“中非关系的新篇章”。

[1] 冬藏种子注意事项(《人民日报》，2006 年 2 月 5 日)

[2] 中非关系新篇章(《人民日报》，2006 年 1 月 13 日)

(4) 时间名词后“的”的省略

时间词，说明和事物有关的时间，充当定语时，通常情况下其后要带助词“的”，但标题中却常省略。省略后形式更简洁，节奏感更强。如以下心语前做定语的时间名词均省略了结构助词“的”。

[1] 最终射手榜(《人民日报》，2006 年 7 月 11 日)

[2] 春天波尔卡(《人民文学》，2003 年第 1 期)

[3] 马年文本(《人民文学》，2002 年第 7 期)

(5) 方位名词后“的”的省略

方位词，指明事物的方位，充当定语时，其后一般也要带助词“的”，只有单音节的方位名词做定语，后边不加“的”，如“前四行”、“后三排”等，但在标题中为了简洁，可以不用。如“国歌背后故事”(《人民日报》，2006 年 11 月 6 日)，在方位名词短语“国歌背后”后省略了结构助词“的”。

(6) 双音节性质形容词后“的”的省略

一般来说，双音节形容词或多音节形容词性的短语做定语，其后要带“的”。通常行文中，双音节性质形容词修饰名词时，若为口语词一般不加“的”，若为书面语则要加“的”。但在标题这一书面语中却省略了。如以下几例中的“美丽”、“温柔”、“激情”、“惊险”、“快乐”均为书面语性质形容词，修饰名词时一般要加“的”，但在标题中却没用“的”。

[1] 美丽心情(《人民日报》，2006 年 11 月 1 日)

[2] 温柔陷阱(《人民日报》，2006 年 2 月 21 日)

[3] 激情年代(《人民文学》，2002 年第 9 期)

[4] 惊险一刻(《人民日报》，2006 年 7 月 26 日)

[5] 快乐艺术节(《人民日报》，2006 年 10 月 23 日)

(7) 状态形容词后“的”的省略

通常行文中，各种状态形容词后面必须带上结构助词“的”，但在标题中修饰名词时却省了。标题中状态形容词后“的”的省略主要有单音节形容词的重叠形式、双音节形容词的重叠式、XA 式状态形容词等后“的”的省略，通常行文中的单音节形容词可直接做定语，修饰名词，但单音节形容词重叠后变为状态形容词，修饰名词时要加“的”，而标题中很多单音节形容词重叠形式修饰名词时不加“的”，如“静静千步沙”(《人民日报》，2006 年 2 月 2 日)；标题中双音节形容词的重叠式后“的”也常省略，如“清清爽爽容祖儿”(《音乐世界》，2000 年第 3 期)；XA 式状态形容词后“的”也常省略，如“漆黑时刻”(《东海》，2000 年第 1 期)。后两类在所调查标题中未见，在所调查标题中只见单音形容词重叠形式后“的”的省略，但不多。

(8) 形名短语后“的”的省略

形容词与名词构成的定心短语做定语时通常要加“的”，否则，容易产生歧义。如“教育创新与新农村建设”(《人民日报》，2006 年 3 月 2 日)，通常行文中，形名短语“新农村”与名词“建设”之间要加 “的”。

(9) 动宾后“的”的省略

通常行文中，两个音节以上的动词性词语充当定语一定要带“的”。有“的”字出现才有助于标明它们与心语之间的结构关系，并使语义得以凸显，而标题中的“的”却常省略。如：

[1] 买书时刻(《人民日报》，2006 年 5 月 9 日)

[2] 看山老爹(《人民日报》，2006 年 6 月 27 日)

［3］值班女工(《人民日报》,2006 年 3 月 21 日)

［4］透视中国石油“惊人之举”(《人民日报》,2006 年 1 月 12 日)

［5］云驾岭煤矿 提高农民工安全意识(《人民日报》,2006 年 2 月 5 日)

［6］海外华侨华人 谴责陈水扁“台独”言论(《人民日报》,2006 年 2 月 10 日)

前三例定语中的“的”可省可不省,一般情况下多不省,但在标题中更常见的是省略;后三例的动宾结构中动词为双音节,通常行文中一般要加“的”,即为“透视中国石油的‘惊人之举’”、“提高农民工的安全意识”、“谴责陈水扁的‘台独’言论”,而标题中为了简洁却省了。

(10) 主谓后“的”的省略

一般情况下,主谓后的“的”不能省,但在标题中却省了。如以下四例主谓后的“的”在通常行文中一般不能省,尤其是为四字格做定语的［1］、［3］、［4］三例,但在标题中却省了。

［1］沙龙苏醒可能性越来越小(《人民日报》,2006 年 2 月 13 日)

［2］中医药“申遗”台前幕后(《人民日报》,2006 年 2 月 16 日)

［3］医院管理漏洞多(《人民日报》,2006 年 3 月 2 日)

［4］水中生存第七天(《人民日报》,2006 年 5 月 9 日)

(11) 离合结构中“的”的省略

离合词是汉语的一大特色,通常行文常见,标题少见,在所调查标题中发现几例。如以下两例动宾短语“搭车”和“掘金”后带宾语,在通常行文中为“搭世界杯的车”、“掘高考后的金”。这种离合结构大都是通过这种动宾式动词带上宾语并省略其中的“的”,其形式“VNX”可还原为“VX 的 N”。

［1］抓商机！搭车世界杯(《人民日报》,2006 年 6 月 19 日)

［2］抓商机！掘金高考后(《人民日报》,2006 年 6 月 19 日)

(12) 四字格后“的”的省略

通常行文中大多数四字格做定语时要带结构助词“的”,但标题中却常常省略“的”。如以下两例四字格“宁静温馨”和“执法如山”做定语时一般不能省“的”,但在标题这一特殊语言环境中省略了。

［1］宁静温馨云天宫(《人民日报》,2006 年 4 月 4 日)

［2］执法如山金桂兰(《人民日报》,2006 年 4 月 7 日)

(13) 移位后“的”的省略

一般为形容词后带宾语,形容词与宾语间“的”的省略。如“喜忧乒坛”(《人民日报》,2006 年 3 月 4 日),形容词后接宾语,由定心结构“乒坛的喜忧”先易位,后省“的”,构成形容词后带宾语的动宾结构。

2) 结构助词“地”的省略

标题中除大量省略结构助词“的”外,偶尔可见结构助词“地”的省略,因为标题中状心结构很少。如以下两例为“四字格＋三字格”。通常行文中,“四字格＋三字格”间一般要加结构助词“地”,但标题中却省了,省后使标题变得更简洁,更符合标题特点,构成标题中特有的七字格。

［1］实实在在去“接轨”(《人民日报》,2006 年 5 月 19 日)

［2］诚心诚意听真话 (《人民日报》,2006 年 10 月 9 日)

3) 动态助词“着、了、过”的省略

新闻标题特别是报道性标题往往反映动作行为的完成或新闻事物发生变化的时间,有些助词是表示动词的动态(体)的,如“了”表示动作的完成,“着”表示动作或状态的持续,“过”表示曾经发生某事或曾经经历某事。但标题中动态助词“着、了、过”常常不出现,最常见的是“了”的省略。标题中时体成分的省略突出了标题的特点——称名性,动词加上助词“着、了、过”,其陈述性加强,称名性相对减弱。动词的最主要特点是时间性,若不给动词以时体,则其动性自然减弱,陈述性也就降低,称名性加强。如:

［1］第二次国民体质监测结果公布　肥胖问题困扰成年男子　视力下降害苦少年儿童(《人民日报》,2006 年 9 月 19 日)

［2］欧洲成功进行飞机与卫星间激光数据传输(《人民日报》,2006 年 12 月 15 日)

[3] 宾阳"乡土人才"——打破自我封闭　告别"单打独斗"(《人民日报》,2006 年 1 月 4 日)

[4] 韩朝经合委达成九项协议(《人民日报》,2006 年 6 月 7 日)

[5] 李长春参观"俄罗斯艺术 300 年"展览(《人民日报》,2006 年 5 月 9 日)

[6] 普京听取俄乌天然气纠纷情况汇报　要求乌今年 4 月起按市场价购气　乌称俄通牒性做法不可接受(《人民日报》,2006 年 1 月 1 日)

[7] 李肇星阐述我对能源安全和东盟共同体建设看法(《人民日报》,2006 年 7 月 28 日)

"了"的省略是因为所报道的内容大多是正在进行的或新近发生的事情,其时间已大体为人所知,如例[1]动词"困扰"后省动态助词"着","害苦"后省动态助词"了",其中"困扰"词义本身表示进行意义,若表示"已过去"意义,则在其后加"过";例[2]动词"进行"前有表示结果意义的词"成功";例[3]动词"打破"、"告别"和例[4]动词"达成"均具有完成时结果意义;报道性标题中,标题不需任一条件,"了"均可省略。在正文中,这些标题均带上了"了",如例[5]—[7]动词"会见"、"参观"、"听取"和"阐述"均未带时体助词,但在正文中都带上了时体助词"了",这三例标题的正文分别如下:"中共中央政治局常委李长春 8 日下午来到中国美术馆,参观了正在这里展出的'俄罗斯艺术 300 年——国立特列恰科夫美术博物馆珍品展'"、"普京当天在俄安全会议上听取了有关方面就俄乌天然气纠纷问题所作的情况汇报"、"中国外交部长李肇星 27 日在马来西亚首都吉隆坡出席了东盟与对话国外长午餐会,就能源安全、东盟共同体建设等问题阐述了中方立场"。在新闻标题中,表示"某某会见某某"大部分都不用"了",而在正文中"会见"几乎都用了"了"。又如"希拉克会见郭伯雄"(《人民日报》,2006 年 7 月 28 日),正文内容"法国总统希拉克 27 日在巴黎爱丽舍宫会见了来访的中国中央军委副主席郭伯雄上将"。

2. 介词的省略

介词是黏着性很强的一类词,它总是与名词或名词性词语黏合成介词短语。介词短语主要充当状语、定语、补语。但只要语义明确,语用需要,它可省。书面语中,尤其是新闻标题中介词的省略更是常见。介词的省略主要分为两类:直接省略和移位省略。

1)直接省略

直接省略的介词一般是做状语或补语的介词,如"在、于、与、向、给、对、使、从、用"等。介词的省略,使得新闻标题简洁的特点更为突出,体现出了标题语言使用的经济性原则,这类标题常见于报纸新闻。如:

[1] 全国桥牌精英成都过招(《人民日报》,2006年3月20日)

[2] 刀尖上行走(《人民文学》,2003年第2期)

[3] 东京加油站问价(《人民日报》,2006年10月15日)

[4] 山歌天上来(《人民文学》,2004年第1期)

[5] 日本政府答辩书否定"中国威胁论"(《人民日报》,2006年2月1日)

[6] 有酒不卖少年郎(《人民日报》,2006年2月11日)

[7] 曾家山印象(《人民日报》,2006年11月28日)

[8] 欧元坚挺不利法国经济(《人民日报》,2006年11月28日)

[9] 掌声送给约翰逊(《人民日报》,2006年9月20日)

[10] 母语写作(《人民文学》,2003年第2期)

[11] 公厕透视文明(《人民日报》,2006年5月26日)

例[1]—[5]为表处所的介词省略。例[1]处所名词"成都"前省略介词"在";例[2]方位结构前省略介词"在";例[3]省"在"或"到",通常为"在东京加油站"或"到东京加油站";例[4]"天上来"前省介词"从"或"自";例[5]省介词"在"和方位词"中",即"在答辩书中";例[6]动词"卖"后省介词"给";例[7]省介词"对"与结构助词"的",通常行文中为"对……的印象";例[8]形容词"不利"后省介词"于";例[9]名词"掌声"前省介词"把"或"将";例[10]省略介词"用",一般为"用母语";例[11]名词"公厕"前省介词"通过"或"凭借"或动词"借助"。

2)移位省略

移位省略即省略介词的同时伴随有移位，省略的介词一般有“在、于、与、向、给、对”等；主要有不及物动词或短语扩大使用范围带来的介词省略和形容词扩大使用范围带来的介词省略，即非及物动词直接带宾语、形容词用作及物动词直接带宾语带来的介词省略。如：

[1] 鱼游小巷(《人民文学》，2006 年第 1 期)

[2] 相聚会议室(《人民文学》，2004 年第 6 期)

[3] 世界华人财富论坛永久会址落户遂宁(《人民日报》，2006 年 7 月 4 日)

[4] 北京首钢男女篮“变身”北京金隅(《人民日报》，2006 年 3 月 16 日)

[5] 邂逅孙玥(《人民日报》，2006 年 9 月 4 日)

[6] 上海出现“读经典、尊孔孟、颂莎翁、演数理”的“孟母堂”——现代私塾挑战学校教育(《人民日报》，2006 年 7 月 21 日)

[7] 五款全新车型齐亮相　首款自主品牌轿车登场　长安强势出击北京车展(《人民日报》，2006 年 11 月 21 日)

[8] 把脉中小学安全“症结”(《人民日报》，2006 年 7 月 27 日)

“有很多的动词本身不能带处所宾语，只有跟趋向动词或‘在’、‘到’等组合成述补结构以后才能带处所宾语。”①以上各例为非及物动词直接带宾语或形容词用作及物动词直接带宾语。前四例为非及物动词直接带宾语，动词“游”、“相聚”、“落户”、“变身”后除了省略介词“于”或“在”外，还伴随移位，即处所词语与介词组成的介宾短语充当无宾动词的状语，在通常行文中为“在小巷游、在会议室相聚、在遂宁落户、在北京金隅‘变身’”；标题中，动词不带介词与处所名词直接搭配是一种固定的格式，该类介词的省略最为常见。后四例也是非及物动词直接带宾语，在通常行文中一般为“与……邂逅、向……挑战、向……出击、给……把脉”；标题常常省略介词“于”、“在”、“对”、“向”等，以使得标题结构更为

① 朱德熙：《语法讲义》，商务印书馆 1982 年版，第 114 页。

紧凑和凝练。上述这些用法已逐渐渗入到人们日常生活语言中，尤其是新闻标题中。再如"'双都'辉映俄罗斯"(《人民日报》,2006 年 5 月 23 日)、"中国功夫热巴西"(《人民日报》,2006 年 5 月 10 日)、"乒乓世界冠军约会大学生球迷"(《人民日报》,2006 年 3 月 3 日)、"省委书记对话村支书"(《人民日报》,2006 年 4 月 8 日)、"感恩'编外妈妈'"(《人民日报》,2006 年 5 月 13 日)、"一汽进军乌克兰市场"(《人民日报》,2006 年 5 月 30 日)等，以上几例在通常行文中一般为"在俄罗斯辉映"、"在巴西(火)热"、"与大学生球迷约会"、"与村支书对话"、"对'编外妈妈'感恩"、"向乌克兰市场进军"。

3. 趋向动词的省略

据调查，标题中虚化了的趋向动词"起、起来、出、下去"常被省略。如以下两例均省略趋向动词。前例中的动词"引"后省趋向动词"起"，即"引起"；后例动词"落"后省趋向动词"入"，即"千余人落入红海"。

[1] 陈水扁元旦祝词　引岛内哗然(《人民日报》,2006 年 1 月 11 日)

[2] 埃及客轮失事　千余人落红海　截至发稿时仅救出百余人(《人民日报》,2006 年 2 月 4 日)

(三) 其他省略类型

1. 简单句中宾语的省略

在一个主谓宾简单句中，只出现主谓成分，而省略宾语。如"我听说"(《人民日报》,2006 年 3 月 13 日)，省略宾语，成为半截话。

2. "读"类后面名词的省略

有些动词与宾语的语义关系类型是标题中所多用的。如："'读'类动词通常多带'书'类宾语，但在标题中还经常带非'书'类宾语，表示观察评价某人或事物。"①类似于"读"的还有动词"看"、"观"等。如：

[1] 足球"三著"读后(《人民日报》,2006 年 7 月 25 日)

---

① 尹世超："标题中动词与宾语的特殊搭配"，《江汉大学学报(人文科学版)》,2006 年第 1 期，第 80 页。

[2] 伟大母爱的真实再现——电影《戎冠秀》观后(《人民日报》,2006年2月9日)

[3] 一笔一画 心血结晶——季羡林新作《病榻杂记》编后(《人民日报》,2006年12月24日)

[4] 孤舟在命运的沧海——读海明威《老人与海》(《外语教学与研究》,2003年第5期)

[5] 我观阿英与鲁迅(《人民日报》,2006年10月17日)

[6] 女孩子起名叫亚萍的不少,但全世界最有名气的亚萍恐怕是邓家那位曾在乒坛叱咤风云的女孩,那个带有传奇色彩、永不服输的乒乓女王——我看亚萍(《人民日报》,2006年3月8日)

通常行文中,上述标题中的"读"、"观"、"编"、"看"都是表义实在的动词,它们是句子的核心,决定了整个句子的格局,"读"可以理解为"阅读、朗读、诵读"等,"观"与"看"同义,可以理解为"观看、观赏"等义,"编"可理解为"编辑、编写"等义。但上述这些标题均省略了"感想、体会"之类的名词,例[1]—[3]"读后"即"读后感","观后"即"观后感"、"编后"即"编后感";例[4]"读……"即通常行文中的"读……有感",如"梅兰百年芳如故——读《梅兰芳画传》有感"(《人民日报》,2006年2月19日);例[5]和[6]中的"我观……"和"我看……"即"我观……有感"和"我看……有感"。此时,这些动词语义产生增值,包含比动词本身更多的信息,动词语义不再是信息焦点,信息焦点正是标题中所隐含的内容。

还有一种省略,是偏正结构中心成分的省略和复句中后一分句的省略,或连宾结构的"宾"的省略。这种省略造成的结果较为特殊,形成附着结构单独使用。在所调查标题中未见。

关于汉语标题中的省略现象还有很多,此处不一一列举。

主要参考文献

Валгина Н. С., Розенталь Д. Э., Фомина М. И. *Современный русский язык: учебник для вузов*, Изд. 6-е, перераб. и доп., Логос, 2005.

Виноградов В. В., *Вопросы изучения словосочетаний*, ВЯ, 1954 /3.

Лазарева Э. А. *Заголовок в газете*, Дис. канд. филол. наук. Свердловск, 2002.

Лисоченко О. В. *Культурный компонент газетных заголовков*, Проблемы лингвистики текста в культурологическом освещении: межвузовский сборник научных трудов, ТГПИ, 2001.

Попов А. С. *Синтаксическая структура современных газетных заглавий и её развитие*, Наука, 1966.

Прохоров, А. М. *Советский энциклопедический словарь*, Советская Энциклопедия, 1980.

Тикупова Г. С. *Взаимодействие структурных и содержательных характеристик художественного текста и его заглавия* (*на материале англоязычной литературы*), Москва, 2005.

Фатина А. В. *Функционирование заголовочных комплексов в современной российской газете: стилистико-синтаксический аспект*, Дис. канд. филол. наук. СПБ, 2003.

Швец А. В. *Разговорные конструкции в языке газет*, Киевский университет, 1971.

Щерба Л. В. *Избранные работы по русскому языку*, Москва: УЧПЕДГИЗ, 1957.

白荃:"论作主语的介词结构'从 X 到 Y'",《汉语学习》1992 年第 1 期。

陈昌来:《现代汉语句子》,华东师范大学出版社 2000 年版。

陈昌来:《介词与介引功能》,安徽教育出版社 2002 年版。

陈章:"'对'和'对于'的音节语值比较",《高等函授学报(哲学社会科学版)》,2000 年第 4 期。

陈忠:"文艺标题的结构特征",《山东社会科学》,1993 年第 3 期。

储泽祥、谢晓明、唐爱华、肖旸、曾庆香:《汉语联合短语研究》,湖南大学出版社2002年版。

窦焕新:“互文观照下的仿拟”,《辽宁工学院学报(社会科学版)》,2006年第3期。

范开泰、张亚军:《现代汉语语法分析》,华东师范大学出版社2000年版。

范晓:《短语》,商务印书馆2000年版。

范晓:《汉语的句子类型》,书海出版社1998年版。

郭聿楷:“俄语中的动词谓语省略结构”,《中国俄语教学》,1982年第2期。

黄东梅:“汉英‘介词短语’句法功能之比较”,《涪陵师专学报》,2000年第2期。

李芳杰:《汉语语义结构研究》,武汉大学出版社2003年版。

李芳杰:“说‘从……到……’”,《武汉大学学报(社科版)》,1983年第1期。

李谨香:汉俄语名词性短语的结构与功能研究,黑龙江大学博士学位论文,2006年。

李勤、孟庆和:《俄语语法学》,上海外语教育出版社2005年版。

李绍群:现代汉语“名1+(的)+名2”定中结构研究,福建师范大学博士学位论文,2005年。

李媛媛:现代汉语标题的语言特点研究,南京师范大学硕士论文,2007年。

刘街生:《现代汉语同位组构研究》,华中师范大学出版社2004年版。

刘云:《汉语篇名的篇章化研究》,华中师范大学出版社2005年版。

罗兰·巴特著,李幼蒸译:《符号学原理》,三联书店1988年版。

穆慧春、曲稚静:“俄语前置词与汉语介词差异研究”,《吉林省教育学院学报》,2006年第5期。

齐沪扬:《现代汉语短语》,华东师范大学出版社2000年版。

沈阳:“领属范畴及领属性名词短语的句法作用”,《北京大学学报(哲学社会科学版)》,1995年第5期。

苏联科学院研究所编,胡孟浩等译,《俄语语法》(下卷),上海外语教育出版社1991年版。

宋静静:“关于”式话题句考察,湖南师范大学硕士学位论文,2007年。

汪敏锋:现代汉语“形+宾-名”结构研究,暨南大学硕士学位论文,2006年。

王莉:“从X到Y”及其相关格式研究,上海师范大学硕士学位论文,2004年。

王珏:《现代汉语名词研究》,华东师范大学出版社2001年版。

王晓娜:“标题中的名词性相关并列”,《辽宁师范大学学报(社科版)》,1996年第2期。

吴贻翼:《现代俄语句法学》,北京大学出版社1988年版。

吴贻翼:“现代苏联报刊标题的句法结构”,《外语学刊》,1981年第1期。

吴贻翼:“现代俄语中的分割结构”,《南外学报》,1985年第3期。

萧国政:《邢福义选集》,东北师范大学出版社 2001 年版。

邢福义:“现代汉语数量词系统中的‘半’和‘双’”,《语言教学与研究》,1993 年第 4 期。

邢福义:《汉语语法学》,东北师范大学出版社 2000 年版。

邢福义:《汉语语法三百问》,商务印书馆 2002 年版。

邢福义、汪国胜:《现代汉语》,华中师范大学出版社 2003 年版。

徐杰、张林林:“疑问程度和疑问句式”,《江西师范大学学报(哲社版)》,1985 年第 2 期。

徐杰:《普遍语法原则和汉语语法现象》,北京大学出版社 2001 年版。

杨人龙:“谈介词和介词短语的功能特点”,《大理师专学报(哲社版)》,1994 年第 2 期。

尹世超:《标题语法》,商务印书馆 2001 年版。

张会森:《俄汉语对比研究》(上、下卷),上海外语教育出版社 2004 年版。

周日安:名名组合的句法语义研究,暨南大学博士学位论文,2007 年。